# HISTOIRE
## DU
## GRAND SCHISME
## D'OCCIDENT

*Par le* P. LOUIS MAIMBOURG, *de la Compagnie de* JESUS.

A PAR.IS,

Chez SEBASTIEN MABRE-CRAMOISY, Imprimeur du Roy, ruë Saint Jacques, aux Cicognes.

M. DC. LXXVIII.

AVEC APPROBATION ET PRIVILEGE DU ROY.

# AU ROY.

IRE,

*Le Schifme dont j'écris l'Hiftoire, &*
*qui en divifant l'Eglife fit naiftre de fu-*

# EPITRE.

rieux troubles dans toute l'Europe, seroit toutefois merveilleusement à la gloire de la France, puis qu'elle eût le bonheur de trouver, & de faire enfin valoir l'unique voye qui fut efficace pour l'abolir, en réünissant tout le monde Chrétien, par une heureuse paix, sous un seul Souverain Pontife. Ceux qui auront l'honneur d'écrire la plus belle partie de nostre Histoire, en nous donnant celle du Regne de VÔTRE MAJESTÉ, feront voir à toute la Terre une merveille bien plus éclatante, & qui sera éternellement le sujet de l'admiration de tous les siecles. Car c'est là qu'en faisant, même simplement, & sans le secours des ornemens de l'art, un fidelle narré de ce dont tout l'Univers est témoin, on pourra voir, avec une

EPITRE.

une agréable furprife, le plus beau &
le plus charmant fpectacle qui fut jamais.

C'eft d'une part, SIRE, LOUIS LE
CONQUERANT, toûjours victorieux,
par tout, de tant d'ennemis liguez contre
luy; qui, le premier de tous les Rois, a
eû le pouvoir, & l'adreffe de mettre l'a-
bondance de l'Efté, & les richeffes de
l'Automne dans le cœur de l'Hiver, pour
la fubfiftance de fes Armées; qui en fuite, malgré les rigueurs de cette intrai-
table faifon, a forcé les Places les mieux
fortifiées, & les plus imprenables de
l'Europe, & vient encore d'emporter
Ipres, aprés avoir pris la Capitale de
la Flandre; & qui enfin peut compter
autant de Victoires & de Triomphes,

ē

## EPITRE.

qu'il a fait d'entreprises, ou par luy-
même, ou par ses Lieutenans qu'il anime
de son esprit, & conduit par ses ordres.
D'autre part, CE GRAND ROY tout
couvert de gloire, & qui, par sa sage
conduite, & par son infatigable acti-
vité, semble avoir fixé la fortune à son
service, pour rendre son bonheur toûjours
constant, ne faisant néanmoins la guerre
que pour avoir lieu de donner la paix
à ses Ennemis, qui s'obstinent aveuglement dans leur malheur, sur de fausses
& trompeuses esperances. Et ce qu'il y
a de plus admirable, c'est que non seulement il est tout prest, mais aussi fort
asseûré de la donner, en l'une de ces
deux manieres, ou par sa puissance, ou
par sa bonté : par sa bonté, si les vains

# EPITRE.

en acceptent les conditions avantageuses qu'il leur offre, en sacrifiant
même à leur repos une partie de ses
conquestes, par une générosité sans exemple dans un Roy Conquerant : par sa
puissance, s'ils persistent opiniastrément
dans le refus qu'ils en ont fait, puis qu'en
l'estat où il a mis les choses par une si longue suite de victoires, il ne luy faut plus
gueres que les travaux d'une Campagne pour avoir une paix solide & éternelle, en chassant l'Ennemi de ce peu
qui luy reste encore de l'ancien patrimoine de nos Rois.

Voilà, SIRE, le comble de la gloire
où Dieu, qui benit vos justes desseins,
éleve VÔTRE MAJESTÉ, en faisant
que la paix soit le fruit infaillible de la

é ij

## EPITRE.

guerre qu'Elle a faite si glorieusement jusques icy, & qui sera si heureusement terminée, selon les vœux de tous ses bons Sujets, & principalement de celuy qui est avec une profonde veneration,

SIRE,

DE VOSTRE MAJESTE

Le tres-humble, tres-obeïssant,
& tres-fidelle sujet & serviteur,
LOUIS MAIMBOURG,
de la Compagnie de JESUS.

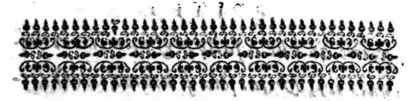

# AVERTISSEMENT.

APRE'S mes autres Avertissemens, je n'ay plus rien à dire en celuy-cy, ni du sujet de cette Histoire, ni de la maniere dont je l'ay traité, sinon que je prie le sçavant Lecteur de se donner la peine de revoir les Auteurs qui en ont écrit, & que je cite fort fidellement à la marge : aprés quoy il pourra juger équitablement du mérite de cét ouvrage, où je suis asseûré qu'il trouvera bien des choses, & des choses tres-importantes, qui avoient esté jusqu'à maintenant ensevelies dans une grande obscurité.

J'ajouste à cela que l'on m'a donné un avis dont il faut que je profite. De célebres Auteurs, depuis quelque tems, ont mis à la teste de leurs ouvrages un tres-grand nombre de belles & longues Approbations de Docteurs & d'Evêques, dont le nom & l'autorité est certainement d'un grand poids, pour donner de la réputation

ẽ iij

& de la vogue à un Auteur. Plusieurs
de mes amis m'ont dit que je devrois faire la même chose, quand ce ne seroit que
pour m'accommoder au goust & à l'usage de tant d'honnestes gens qui en ont usé
de la sorte. J'ay pris en cela un tempera-
ment qui sera peut-estre approuvé. Car
d'une part, pour satisfaire mes amis, &
de l'autre, pour ne pas fatiguer mon Lecteur par une longue suite de grandes Approbations, je me suis contenté d'en mettre une seule, mais une seule qui asseûrément en vaut plusieurs autres. C'est celle
qu'il a plû à N. S. P. le Pape de donner
à mon Histoire du Schisme des Grecs,
que je pris la liberté de luy envoyer, comme certaines personnes, à qui je dois toute sorte de respect, m'y avoient obligé.
Voicy donc ce que Sa Sainteté a eû la
bonté de me faire écrire par Monseigneur
l'Eminentissime Cardinal Cybo.

ADMODUM REVERENDO PATRI LUDOVICO MAIMBURGIO SOCIETATIS JESU PARISIOS.

## ADMODUM REVERENDI PATER.

Pergrata accidisse Sanctissimo Domino Nostro literæ tuæ, filialis in Sanctitatem suam observantiæ, officiique plenissimæ, cum egregio munere eruditæ piæque Historiæ quam de Orientali Schismate edidisti, satis jam viris doctis cognitæ, & probatæ. Apparet ex eâ quàm diu, & quàm utiliter ingenii tui conatus aciemque intenderis in profligandis Schismaticorum erroribus, & quâ pietate, fidoque, Apostolicam Sedem colas. Itaque Sanctitas sua tùm devoti animi tui significationem, tùm opus ipsum benigné excepit, & pluribus commendavit, simulque consilium probare visa est illud Italicè vertendi, quò plurium desiderio, & fructui satisfiat.

## AU TRES-REVEREND PERE LOUIS MAIMBOURG DE LA COMPAGNIE DE JESUS A PARIS.

## TRES-REVEREND PERE.

C'est avec bien du plaisir que Nostre Saint Pere a veu la Lettre que vous luy avez écrite, avec tant de respect, & de témoignages de vostre attachement au service de Sa Sainteté; en luy faisant le beau present de vostre docte & pieuse Histoire du Schisme d'Orient, laquelle est déja fort connuë & estimée de tous les Sçavans. On voit assez par cette Histoire, qu'il y a bien long-tems que vous employez tres-utilement toutes les forces de vostre esprit à combatre, & à détruire les erreurs des Schismatiques, & avec combien de fidelité & de pieté vous servez le Saint Siege Apostolique. C'est pourquoy Sa Sainteté a receu avec de grandes marques de bienveillance & d'affection, celles que vous luy avez données de vostre zele pour la Religion, & tout ensemble vostre Ouvrage, sur les loüanges duquel elle s'est fort étenduë. Elle a même témoigné qu'elle trouvoit à propos qu'il fût traduit en Italien, pour satisfaire au desir de plusieurs qui le souhaitent, & pour le fruit qu'ils en pourront tirer.

C'est ce que Sa Sainteté m'a ordonné de vous écrire, & de plus elle m'a commandé de vous donner affectueusement de sa part la Benediction Apostolique. Au reste, en m'aquitant de ce devoir, je suis bien-aise d'avoir lieu de vous asseûrer que je fais une estime tres-particuliere de vostre vertu & de vostre capacité, & que je ne laisseray jamais échaper aucune occasion de meriter vostre affection. Cependant je m'asseûre que Dieu, par sa bonté, vous comblera de toutes sortes de benedictions. A Rome ce 15. Décembre 1677.

Hæc ad Epistolam tuam rescribere me jussit Sanctitas sua, & Apostolicam Benedictionem tibi, Pontificiis verbis, amanter impartire. Quod ego dum exequor, occasionem libenter amplector confirmandi tibi, me & virtutem eruditionemque tuam plurimi facere, & nulli defuturum opportunitati benevolentiam promerendi. Cui læta interim omnia à Deo auguror. Romæ die 15. Decembris 1677.

Voftre affectionné à vous faire plaisir,
LE CARDINAL CYBO.

Ad officia,
A. CARDINALIS CYBO.

SOMMAIRE

# SOMMAIRE
## DES LIVRES.

### LIVRE PREMIER.

*L*E sujet de cette Histoire; la grandeur, & la qualité de ce Schisme d'Occident; l'injustice de l'Annaliste Ultramontain, qui a traité nos Ancestres de Schismatiques, & a dechiré la mémoire du Roy Charles V. Que les libertins & les héretiques ne peuvent tirer aucun avantage des desordres causez par ce Schisme. Le rétablissement du Saint Siege à Rome par Grégoire XI. Le repentir qu'il en eût à la mort, & pourquoy. Son sentiment touchant les révelations des particuliers. L'état de Rome en ce tems-là. Résolution qu'on prend à Rome d'avoir un Pape Romain ou Italien. Histoire des differentes manieres dont les Papes ont esté créez. Histoire du Conclave, où Urbain VI. fut éleû. Remontrance des Bannerets aux Cardinaux, pour avoir un Pape Romain, ou du moins Italien. L'horrible violence des Romains, pour avoir ce qu'ils prétendoient. L'élection de Berthelemi Prignano Archevêque de Bari, qui prit le nom d'Urbain VI. Son portrait, son éloge, & son changement depuis qu'il fut Pape. Sa conduite imprudente par une trop grande séverité à contre-tems. Le Cardinal d'Amiens luy donne un démenti. Les précautions que prirent les Cardinaux Ultramontains contre Urbain. Histoire de ce Pape, & de la Reine Jeanne I. avec laquelle il rompt. La retraite des Cardinaux à Anagnie, & puis à Fondi, où, après avoir déclaré Berthelemi Prignan Archevêque de Bari intrus au Pontificat, ils élisent le Cardinal de Genéve, qui prend le nom de Cle-

ĩ

# SOMMAIRE

---

## LIVRE SECOND.

LE Pape Urbain, en haine de la Reine Jeanne, donne
l'investiture du Royaume de Naples à Charles de Duras.
Extrème ingratitude de ce Prince envers la Reine, qui ensuite, à la persuasion du Pape Clement, adopte Loüis I. Duc d'Anjou. Les droits des Rois de France sur ce Royaume. La mort
du Roy Charles V. Son portrait, & son éloge. L'imposture &
l'ignorance d'Odoricus Raynaldus au sujet de cette mort. Le
Duc d'Anjou Regent s'empare du Tresor du Roy, & s'entend
avec le Pape Clement, au grand détriment de l'Eglise Gallicane. Plaintes de l'Université touchant cette conduite de Clement. Le Regent éclate contre le Recteur de l'Université, pour
avoir fait lire en pleine Assemblée une Lettre du Pape Urbain
avant que de l'avoir portée au Roy. Histoire de ce qui se fit
aux Etats du Royaume de Castille, pour se déterminer à l'une
des deux Obediences. Celle de Clement est choisie. Charles de
Duras reçoit du Pape Urbain l'investiture du Royaume de Naples, & fait la guerre à la Reine Jeanne. Histoire de cette
guerre & de la mort déplorable de cette Reine; son éloge, &

# LIVRE TROISIE'ME.

# SOMMAIRE

---

# LIVRE QUATRIEME.

LA mort du Pape Innocent VII. & l'élection de Grégoire
XII. son éloge, & son portrait. Ses beaux commencemens, & en suite sa collusion avec Benoist, & son intelligence

# DES LIVRES.

ĕ iij

# LIVRE CINQUIEME.

L'Hiſtoire du Concile de Conſtance. Deſcription de la Ville.
L'ouverture du Concile. Arrivée de l'Empereur Sigiſmond. Le portrait, & l'éloge de ce Prince. Qu'un Pape, meſme legitime, & tenu pour tel, eſt obligé de ceder, & de ſacrifier ſa dignité à la paix de l'Egliſe, quand on ne peut eſperer d'abolir un Schiſme par une autre voye. Preuve de cette
verité par l'Hiſtoire de ce que fit Saint Auguſtin dans une
Conference avec les Donatiſtes. Sigiſmond ſe déclare hautement
pour la voye de ceſſion. Superbe entrée de l'Archevêque de
Mayence au Concile. Sa jonction avec Frideric Duc d'Auſtri-
che & Jean Duc de Bourgogne, pour la défenſe du Pape Jean
XXIII. La promeſſe que ce Pape fait de ceder. Nouvelles
défiances & brouilleries entre luy & le Concile. Hiſtoire de
ſa fuite, & de ce que fit en ſuite Sigiſmond contre luy. Hiſtoire de la fameuſe Controverſe, touchant l'autorité du Concile
& du Pape à l'égard l'un de l'autre, & les trois partis qu'on
peut prendre en cette conteſtation. Hiſtoire de la priſe, de la
priſon, & de la condamnation du Pape, qui fut dépoſé par le
Concile. Le Roy deſapprouve cette action. Hiſtoire du Schiſme ſous le Pape Symmachus, laquelle juſtifie la conduite du
Conſeil du Roy en cette occaſion. Hiſtoire de la ceſſion que
Grégoire XII. fit en plein Concile par ſon Procureur Carlo
Malateſta Seigneur de Rimini. Hiſtoire de la condamnation
de Jean Hus & de Jérôme de Prague, au Concile de Conſtance, & comme on ne fit rien contre le ſaufconduit de l'Empe-
reur. Hiſtoire de la condamnation du Libelle de Mᵉ Jean
Petit, & des intrigues qu'on fit au Concile pour l'empêcher.
La Déclaration du Roy pour autoriſer la condamnation qu'en
fit l'Evêque de Paris, en joignant le droit & le fait, & les
Arreſts du Parlement, pour la faire valoir.

## LIVRE SIXIEME.

LE voyage de l'Empereur Sigismond en Aragon, pour tâcher de réduire Pierre de Lune. Decrets du Concile de Constance préjudiciables aux Droits des Souverains. Conference de Perpignan entre l'Empereur, le Roy Ferdinand, & Pierre de Lune. L'opiniâtreté de ce prétendu Pape, & sa retraite à Paniscole. Les Rois d'Espagne renoncent à son Obedience. Voyage de l'Empereur Sigismond à Paris & en Angleterre, où, au lieu de procurer la paix entre les deux Rois, il se déclare pour l'Anglois. Benoist est déposé juridiquement au Concile de Constance. Histoire de l'élection de Martin V. Son éloge, & son portrait. La conclusion du Concile de Constance. Le bannissement volontaire de Jean Gerson, qui passe saintement le reste de ses jours à Lyon; son éloge, & son portrait. Brouilleries entre les Evêques & l'Université. Histoire de ce que l'on fit en France au sujet de l'élection du Pape Martin. Jean Duc de Bourgogne s'empare de Paris & de la personne du Roy, & change tout ce qu'on avoit établi pour la Provision des Benefices. Nouveaux changemens par la Pragmatique Sanction, & par le Concordat. Retour du Pape en Italie; son séjour à Florence, où Balthazar Cossa, autrefois Jean XXIII. qu'on sollicitoit de reprendre les Ornemens Pontificaux, le va reconnoistre pour vray Pape, en cedant de nouveau. La mort, & l'éloge de ce Pape. Histoire de Jeanne ou Jeannelle Reine de Naples, d'Alphonse Roy d'Aragon, de Louis III. d'Anjou, & du Pape Martin, & des étranges changemens qui arriverent au Royaume de Naples. Rupture du Pape avec Alphonse, qui se déclare pour Pierre de Lune, & renouvelle le Schisme qui sembloit éteint. Ingratitude d'Alphonse envers la Reine Jeanne qui l'avoit adopté, & qu'il veut dépouiller de son Royaume. La mort de Pierre de Lune, dit Benoist XIII. & son éloge. Alphonse contraint les deux Cardinaux qui restoient à Benoist, de luy donner un successeur, qui fut Gilles Mugnos, qui s'appella Clement VIII. Les intrigues d'Alphonse contre

# HISTOIRE
## DU
## GRAND SCHISME
## D'OCCIDENT.

---

### LIVRE PREMIER.

'AY donné au public l'Histoi-
re du Schifme, qui a feparé l'E-
glife de l'Orient d'avec celle de
l'Occident, par la révolte des
Grecs contre le Saint Siége, &
enfuite, par l'hérefie, contre plus
d'un article de la Créance Catholique. Je veux

A

maintenant décrire celuy qui, dans le quatorziéme siécle, divisa tout l'Occident, sans héresie, & sans donner aucune atteinte à la suprême autorité de l'Eglise Romaine. Car ce ne
fut ni pour se rendre indépendant, ni pour soûtenir des dogmes contraires à la Foy, ni pour
vouloir condamner des usages differens des
leurs, que les Villes, les Républiques, les
Royaumes, & généralement tous les Peuples
Chrétiens de l'Europe se diviserent. Ils étoient
tous unis dans une mesme profession de Foy,
& reconnoissoient tous le Siége Apostolique
de Saint Pierre, comme le centre de l'unité
Chrétienne & Catholique. Cette malheureuse
division ne vint que de la diversité des Chefs,
que les peuples partagez reconnoissoient dans
l'Eglise, chacun prétendant que celuy pour lequel il se déclaroit, étoit le veritable successeur
de Saint Pierre.

Il est vray que ces sortes de Schismes ont
plusieurs fois miserablement déchiré l'Eglise par
l'intrusion des Antipapes: & depuis la damnable entreprise de l'ambitieux Novatien, Prêtre
de l'Eglise Romaine, qui s'éleva contre le Pape
Saint Corneille, & qui, par la cabale de Nova-
tus Evêque hérétique Africain, se fit sacrilege-
ment ordonner Evêque de Rome, & forma le
premier Schisme dans l'Eglise, celuy dont je
parle fut le vingt-neuviéme qui separa les Catholiques de Communion, en les partageant

255.
Cyprian. ep.
42. 45.
Eußeb. L. 7.
c. 37.
Socrat. l. 4.
c. 27.
1378.

entre plusieurs Chefs d'une même Eglise, laquelle, selon toutes les loix divines & humaines, n'en peut jamais avoir qu'un seul, & dans une seule personne. Mais il faut avoüer que tous ceux qui l'ont précedé dans le cours de plus d'onze cens ans, quoy-qu'ils ayent fait sans doute bien du desordre, n'ont rien eû neanmoins de funeste qu'on puisse comparer avec ce qui a rendu celuy-cy, sans contredit, le plus pernicieux de tous, soit pour la durée, soit pour le nombre, pour la puissance, & pour la qualité des Peuples, & des Royaumes qu'il a divisez; soit pour les maux inconcevables qu'il a causez généralement dans toute l'Europe; soit enfin pour l'extrême difficulté, & si je l'ose dire, pour cette impossibilité morale où l'on étoit de démêler les vrais Papes d'avec les Antipapes. De-sorte qu'un Concile même universel, qui a eû l'assistance infaillible du Saint Esprit pour toutes les choses qui appartiennent à la Foy, n'a pas crû avoir assez de lumiére en cette rencontre, pour dissiper ces tenébres, en prononçant sur le droit des parties. Ensuite il a jugé que pour prendre un parti seûr en cette incertitude, il valoit mieux agir par autorité, que par connoissance, & se servir de sa puissance souveraine, en déposant les deux prétendûs Papes, pour donner à l'Eglise, par une élection legitime & incontestable, un Chef auquel on ne pût disputer

cette auguste qualité, fans une révolte manifefte.

Ainfi l'on vit en ce malheureux tems ce qui
ne s'étoit jamais veû, & qu'apparemment on
ne verra jamais, à fçavoir un furieux Schifme
étendu par toute la Chrétienté, fans qu'il y
eût pourtant de veritables Schifmatiques. Car
enfin il eft tres-conftant qu'il y avoit dans les
partis contraires de grands hommes, de celébres Jurifconfultes, de tres-fçavans Theologiens, des Univerfitez entieres, & mefme des
Saints, & des Saints à révelations & à miracles.
Il y avoit aufli de part & d'autre, des pré-
fomptions, & des conjectures affez fortes, &
des raifons plaufibles, qui pouvoient, ou déterminer, ou du moins fufpendre les efprits,
felon qu'ils en étoient plus ou moins touchez.
De-là vient que chacun s'attachoit de bonne
foy à celuy que fa nation reconnoiffoit pour
Pape, aprés une meûre déliberation fur une
affaire de cette importance; ou que ne pouvant
fe réfoudre, dans l'embaras où l'on étoit, entre des raifons également apparentes des deux
coftez, on fe tenoit dans la neutralité, en attendant la réfolution de toute l'Eglife reprefentée dans un Concile Général, qui même
aprés tout ne fe trouva pas encore eftre une
voye affez efficace, pour abolir entiérement un
Schifme fi pernicieux.

Cela fait voir l'injufte paffion de ces Ecrivains de l'Histoire Ecclesiastique, qui traitent indignement de Schismatiques, & même d'Hérétiques, ceux qui suivoient un autre parti que le leur, quoy-que celuy-cy fût peut-être le legitime, mais qu'on pouvoit pourtant en conscience ne pas suivre, parce qu'on avoit lieu de croire qu'il ne l'étoit pas, ou du moins qu'il étoit permis d'en douter, jusques à ce que l'Eglise assemblée dans un Concile Oecumenique eût terminé ce differend. Sur tout on ne sçauroit dissimuler l'injustice, & l'emportement de cét Ecrivain de delà les Monts, qui a continué le dernier de tous, les Annales du Cardinal Baronius. Car non-seulement il veut que les François ayent esté Schismatiques, mais perdant mesme le respect qu'on doit à la memoire & à la personne sacrée de Charles V. l'un des plus sages, & des plus pieux de nos Rois, il écrit en des termes extrêmement outrageux, contre la verité toute évidente de l'Histoire, que ce grand Prince *fut l'auteur du Schisme, dans lequel il fit entrer par force ses sujets, en opprimant tyranniquement la liberté des Evêques & des Docteurs de son Royaume.*

Quand je n'aurois pas d'ailleurs de grandes raisons de choisir ce sujet, que j'ay entrepris de traiter; le zele que je dois avoir pour l'honneur de la France, & pour la gloire d'un de nos Monarques si indignement outragé, & l'amour que j'ay pour la verité, que ni la crain-

A iij

Nisi Carolus Francorum Rex, quem maximum schismatis suasorem vidimus . . . . per tyrannidem primùm invitos & reluctantes Gallos coegisset ad scelus, &c. Neque Gallicana Ecclesia sese ab Urbano divulsisset, nisi eam oppressisset politicorum tyrannis, &c. Oppressit Regià vi Carolus Doctorum Parisiensium libertaté, &c. Oderic. Rayn. ad ann. 1378. n. 60. & 62. & alibi.

te, ni l'esperance, dont mon humeur, & ma
profession m'ont affranchi, ne me feront jamais abandonner, m'obligeroient sans doute à
travailler à cette Histoire. Car en l'écrivant,
comme je feray, avec une exacte fidelité, sur
des Actes tres-authentiques, & sur les mémoi-
res de tous les partis, sans m'arrester aux Fa-
ctums d'un seul, comme a fait cét injurieux
Ecrivain, j'espere qu'on verra manifestement la
fausseté d'une si noire calomnie, & qu'on sera
persuadé que les François, bien loin d'être coupables de ce crime qu'il leur impose, ont eû
l'avantage d'avoir contribué plus que tous les
autres à l'abolition du Schisme, & au solide
rétablissement de la paix de l'Eglise.

Au reste, il ne faut pas que les Libertins, &
les Protestans, prétendent pouvoir insulter à
l'Eglise Romaine, à l'occasion des épouvantables desordres que ce Schisme a produits dans
tout l'Occident, par les injustes passions de
ceux qui se sont voulu maintenir, malgré même toute l'Eglise, dans le Siége Pontifical, qu'ils
occupoient, sans qu'il fût pourtant asseûré qu'ils
eussent droit de le remplir. Saint Paul a dit
dés la naissance du Christianisme, que, présup-
posé les dereglemens des hommes, selon le
cours ordinaire de la nature, que Dieu n'arreste
pas toûjours par des miracles de sa grace, il
falloit qu'il y eût des héresies, des divisions, &
des schismes. Mais Dieu, qui ne souffre jamais

Oportet hæ-
reses esse , ut
qui probati
sunt,manifesti
fiant.
1. Cor. 11.
v. 19.

qu'il arrive un mal, que pour en faire naître
un plus grand bien, par un merveilleux prodige de fa puiffance, & de fa bonté infinie, n'a
jamais manqué d'en tirer fa gloire, en faifant
éclater les merveilles qu'il opere, & la vertu de
ceux qu'il a choifis, pour en être les inftrumens.
Jamais la Primauté du Pape ne fut mieux établie que durant le Schifme des Grecs, par les
grands hommes que Dieu fufcita pour la maintenir contre ces Schifmatiques, qu'ils obligerent
même tres-fouvent de la reconnoître, en même
tems qu'ils la vouloient détruire ; & jamais l'u-
nité du Saint Siége, auquel toutes les Eglifes de la
Chrétienté fe doivent rendre comme les lignes
à leur centre dont elles font forties, ne fut mieux
confervée, que dans ce grand Schifme de l'Occident, où elle fut reconnuë, & réverée de
tous les peuples, nonobftant la pluralité des
Papes, bien plus encore qu'elle ne l'eft aujourd'hui, qu'il n'y en a qu'un feul, dont
la vie correfpond à la fainteté de fon cara-
&ere.

C'eft ce qui paroîtra dans mon Hiftoire, laquelle fera, comme je l'efpere, d'autant plus agréable, & plus utile, qu'elle contient la plus belle
partie de celle de tous les peuples de l'Europe,
qui prirent tous diverfement intereft dans cette
querelle, & dont je crois qu'il eft plus à propos
que je differe à reprefenter l'état où ils étoient
alors, jufqu'à ce qu'ils entrent les uns aprés l

autres, fur la ſcene de cette Hiſtoire que je vais
commencer.

Il y avoit déja prés de ſoixante-dix ans que
les Papes tenoient la Cour Romaine à Avignon, depuis que Clement V. y avoit tranſ-
porté le Saint Siége ; lors que Grégoire XI.
perſuadé par des raiſons extrêmement plauſi-
bles, & ſur tout par les preſſantes & conti-
*Epiſt. S. Cath.*
*Senenſ.* nuelles ſollicitations de Sainte Catherine de
Sienne, ſe réſolut enfin de le rétablir à Rome,
*Ann.*
1377. comme il fit, avec une incroyable joye des
Romains, qui l'y receûrent comme un Dieu
ſur terre. Il n'y avoit rien de plus déplorable
que l'état où ſe trouvoient alors & cette Capi-
*Platin.*
*Blond.*
*Corius.*
*Sigon.*
*Sabellic.*
*Nauclor. &*
*alii.* tale du Chriſtianiſme, preſque entierement de-
ſolée par la longue abſence des Papes, & l'Etat
Eccleſiaſtique, dont une partie s'étoit révoltée ;
l'autre étoit occupée par des Seigneurs particuliers, qui en avoient uſurpé le domaine ; & le
peu qui reſtoit étoit ravagé par la guerre que
les Florentins faiſoient au Saint Siége. Grégoire, qui avoit l'ame tres-grande, & beaucoup
de prudence & de courage, avoit entrepris de
remédier à tant de maux, qu'on luy avoit fait
eſperer qui ceſſeroient auſſi-toſt qu'il ſeroit à
Rome. Mais comme ſe voyant décheû de ſon
eſperance, il s'appliquoit à prendre encore d'autres voyes de pacifier les troubles d'Italie, &
qu'il commençoit à y réüſſir par la réduction
de Boulogne, & par la paix qu'il traitoit avec
la

la République de Florence, la mort qui l'enleva du monde l'année d'aprés, plongea de nouveau l'Eglise dans un abîme de malheurs & de desordres plus grands que jamais.

Le saint Pontife considerant de prés les affaires de l'Italie, avoit des veües toutes differentes de celles qu'il avoit eües de loin à Avignon; & comme il se vit à l'extrémité avant qu'il eût eû le loisir de détourner le mal qu'il prévoyoit, il déplora l'horrible malheur dont l'Eglise étoit menacée, & qu'il crût devoir arriver indubitablement aprés sa mort. Il voyoit bien que les Romains, qui contre la promesse qu'ils luy avoient faite d'une entiere soûmission, pour l'attirer à Rome, avoient repris l'autorité souveraine, sans luy en laisser autre chose qu'une vaine ombre, se rendroient maîtres du Conclave, & ne souffriroient pas qu'on fît un Pape Ultramontain, de-peur qu'il ne transportât de nouveau le Saint Siége hors de Rome. D'autre part, il jugeoit assez que les Cardinaux François, qui faisoient alors bien plus des deux parts du sacré College, pourroient en suite protester de la violence qu'on leur auroit faite, en une élection, qui en ce cas n'auroit pas esté libre, ni consequemment Canonique. Cette consideration jointe au peu de pouvoir qu'il se trouvoit avoir en Italie, contre les belles paroles qu'on luy avoit données, pour luy faire quitter la France, luy faisoit croire alors

*And. Vit.*
*Gregor. XI*
*Archiu. l. 8.*

B

1378.
*Epist. Encyl.
Bonif. IX.
ann. 1391. in
Cod. M. S.
Bib. Victor.*

qu'il en étoit forti à contre-tems, & luy avoit fait prendre quelque tems auparavant la réfolution d'y retourner, à l'exemple de fon Prédeceffeur Urbain V. qui auffi-toft qu'il eût fait fon entrée à Rome, reprit le chemin d'Avignon.

C'eft pour cela que fe trouvant proche de la mort, & tenant entre fes mains le facré Corps de Jefus-Chrift, un peu avant que d'expirer, il conjura les affiftans de fe donner de garde de certaines perfonnes de l'un & de l'autre fexe, qui propofoient des révelations felon lefquelles ils vouloient qu'on fe conduisît. Car ayant efté trompé, difoit-il, par ces fortes de gens, dont il avoit fuivi les vifions, contre l'avis des plus fages, qui luy donnoient un bien meilleur confeil, il voyoit alors, à fon grand regret, qu'il avoit précipité l'Eglife dans un peril éminent d'un dangereux Schifme, qui feroit d'horribles ravages, fi Jefus-Chrift fon divin Epoux, ne l'en retiroit par fon infinie mifericorde. C'étoit pourtant des celébres Saintes, Brigitte, & Catherine de Sienne, & de Pierre Infant d'Arragon, tres-faint Religieux de Saint François, dont ce Pape, homme d'ailleurs d'une vertu confommée, entendoit parler. Ce qui nous doit convaincre d'une importante verité, pour nous mettre à couvert de toute forte d'illufions; à fçavoir que les révelations des particuliers, quand même elles feroient ve-

*Quia per tales ipfe feductus, dimiffo fuorum rationabili confilio, fe traxerat, & Eccle-fiam, in difcrimen fchifmatis imminentis, nifi mifericors provideret fponfus Jefus.
Gerfon. de Examinat. Doctr. part. 2. Conf. 3.
Wading, Ann. Min. t, 4.*

1378.

ritables, ne font pas ordonnées de Dieu pour être la regle de nôtre conduite, & que les voyes feûres que nous devons prendre pour connoître comment nous devons nous conduire dans toutes les occafions, font l'Ecriture, la Tradition, le bon fens, & la raifon, l'avis des gens fages, & fur tout les ordres de ceux à qui nous devons obéïr.

L'effroyable malheur que ce bon Pape apprehendoit fi fort, & qu'il n'avoit pas eû le tems de détourner par fon retour en France, pour y attendre une conjoncture plus favorable, ne manqua pas, auffi-toft aprés fa mort, de tomber fur l'Eglife, de la maniere qu'il l'avoit préveû. Rome étoit gouvernée en ce tems-là par une efpece d'Ariftocratie, compofée d'un fuprême Magiftrat, appellé Senateur, de fes Confeillers, & des douze Capitaines de quartier, que l'on appelloit *Bannerets*, à caufe des bannieres differentes qu'ils avoient pour fe diftinguer. Céux-cy qui craignoient toûjours qu'on ne tranfportât de nouveau le Saint Siége en France, voyant le Pape Grégoire à l'extrémité, s'affemblerent, pour chercher les moyens de faire en forte que le nouveau Pape demeurât toûjours à Rome. On fit entrer dans ces confeils plufieurs Prélats Romains & Italiens, & entre autres Berthelemi Prignan Archevêque de Bari, homme de grande autorité dans la Cour Romaine, où il exerçoit l'Office de Chan-

*Bandere til.*

*Aut. V. Greg. XI. Coden Victor. Ciacon.*

*Aut. V. Greg.*

*Proteft. Card.*

B ij

1378. celier, en la place du Cardinal de Pampeline, qui étoit demeuré à Avignon. Outre l'intérest commun qu'on avoit de retenir le Pape à Rome, tous ces Prélats en avoient encore un particulier, en ce que chacun d'eux pouvoit aspirer au Pontificat, si les Ultramontains étoient exclus de cette dignité suprême. C'est pourquoy, aprés qu'on se fut assemblé plusieurs fois pour cela, particulierement depuis la mort de Grégoire, qui déceda le vingt-sixiéme de Mars, ils se rangerent aisément à l'avis des Magistrats, & des principaux Citoyens, qui conclurent tout d'une voix, que l'unique moyen efficace de retenir deformais les Papes à Rome, étoit d'en faire un qui fût ou Romain, ou du moins Italien. Sur cela il fut résolu, que pour obtenir une chose qu'on jugeoit si necessaire, & de laquelle on vouloit s'asseûrer, les Magistrats employeroient toutes sortes de voyes; premierement celles de la douceur, par prieres, & par remontrances; & puis, si elles étoient inutiles, qu'on useroit de contrainte, & de vive force, pour obliger à faire cette élection, ceux qui avoient alors uniquement le droit d'élire un Pape : ce qui s'est fait en divers tems, en plusieurs manieres tres-differentes, & dont je crois qu'on sera bien-aise d'être informé.

Il est certain que ce fut Jesus-Christ, qui fit le premier Pape, en la personne de Saint Pierre, auquel il ordonna de prendre soin de ses oüail-

*Et hortatos, fortè suis votis non acquiescentes, viis & modis omnibus eis possibilibus, compellere, & arctare, ut eligerent in Papam aliquem qui esset Romanus, vel Italicus natione. Aut. V. Greg. Quod si id precibus obtinere nequirent, vi eosdem cogerent. Ciacon. in Vrb. 6.*

les, qui font répanduës par toute la terre; que
ce Saint déclara Linus fon premier Succeffeur,
& que depuis ce tems-là tous les autres Papes
ont efté élûs aprés la mort de leurs prédécef-
feurs, mais en des manieres bien differentes.
Le Peuple & le Clergé conjointement, & quelquefois le Clergé feul, du confentement du
peuple, firent librement cette élection, à la pluralité des voix, dans les cinq premiers fiécles,
jufques à ce qu'aprés la mort du Pape Simpli-
cius, Odoacer Roy des Herules & d'Italie, fit
une Loy, par laquelle, fous prétexte de vouloir
remédier aux troubles & aux defordres qui ar-
rivoient quelquefois dans l'élection des Papes,
il défendit d'en élire aucun à l'avenir fans avoir
fceû auparavant la volonté du Prince, touchant
le fujet qu'on devoit élever au Pontificat. Cette
Loy fi contraire à la liberté des élections fut
abolie environ vingt ans aprés, au quatriéme
Concile de Rome, fous le Pape Symmachus,
du confentement du Roy Théodoric, qui regnoit alors avec beaucoup de fageffe & d'équité.
Mais ce Prince Arien, devenu feroce & cruel
fur la fin de fes jours, ayant fait mourir de miferes en prifon le Pape Saint Jean, ufurpa tyranniquement le droit de créer luy-même lé
Pape, en nommant au Pontificat Felix IV. Les
Rois Gots, qui luy fuccederent, fuivirent fon
exemple, à la réferve néanmoins, qu'ils fe
contenterent enfin de confirmer celuy que le

*Concil. Rom.*
*4. fub Sym-*
*mach. t. 4.*
*Conc. edit.*
*Parif.*
*502.*

*516.*

*Caffiod. l. 8.*
*v. 15.*

B iij

Clergé avoit élû, mais qui ne pouvoit prendre possession du Pontificat, que le Prince ne l'eût agréé. Justinien, qui ruina l'Empire des Gots en Italie, & après luy les autres Empereurs, retinrent ce droit usurpé, en réduisant mesme l'Eglise à une si honteuse servitude, qu'ils contraignoient l'élû de leur payer une certaine somme d'argent, pour obtenir la confirmation qu'il étoit obligé de demander, avant qu'il luy fût permis d'exercer aucune fonction de Pape. Constantin Pogonat delivra l'Eglise de cette infame servitude, en abolissant cette indigne exaction; mais cependant les Empereurs retinrent toûjours quelque autorité dans l'élection des Papes, qu'on ne consacroit pas sans le consentement & l'approbation de l'Empereur. Ce furent les François, à qui l'Eglise Romaine doit toute sa grandeur temporelle, qui la remirent aussi en pleine liberté, lors que les Empereurs Louïs le Debonnaire, Lothaire I. & Louïs II. déclarerent par leurs Constitutions Imperiales, qu'ils vouloient que l'élection des Papes se fît desormais librement & canoniquement, selon les anciennes coustumes.

Durant les horribles desordres du dixiéme siécle, & dans le déplorable état où le Saint Siége fut réduit en ce tems de son extrême desolation, par la tyrannie des Marquis d'Hetrurie, & des Comtes de Tusculum, ces tyrans, & les Grands de Rome, opprimerent de nouveau

Anastas. in Vigil.
Greger. in 4.
Psal. pœnit.
Baron. ad an. 555. & 590.
681.
Anastas. in Agath.
Anastas. in Leon. 4.
824.
Anastas. in Eug. 2.
Sig. de Reg. Ital.
Gretser. Apol.
Baron. c. 11. & l. 2. Repl. contra Goldast. c. 9.
864.
Decr. dist. 63. a. 31.
900.

la liberté de l'Eglife, en créant, & en dépofant 1378.
les Papes, comme il leur plaifoit, & felon qu'ils
les trouvoient plus ou moins propres pour fervir à leurs paffions. Othon le Grand, & aprés 965.
Luitpr. l. 6.
Crantz. Metr.
Saxo. l. 4.
luy les deux autres Othons, fon fils, & fon petit-fils, aprés avoir détruit la tyrannie de ceux
qui traitoient fi indignement l'Eglife, la retinrent encore dans une efpece d'efclavage, en
foûmettant à leur autorité l'élection des Papes, Baron. ad an.
1001.
qui dépendoit d'eux. L'Empereur Saint Henri
Duc de Baviére, & leur fucceffeur, la remit en
fon entiére liberté, en laiffant cette élection au 1014.
Diplo. Henr.
ap. Baron. hoc
ann.
Gretfer. Apol.
Baron. cap. 22.
& lib. 2. contra
Repli. Goldaft.
c. 17.
Clergé & au peuple Romain, à l'exemple des
Empereurs François, defquels il confirma folennellement la donation, quand il fut prendre
la Couronne Imperiale à Rome. Mais Henri III.
fon fils, & Henri IV. fon petit fils, du confentement des Romains, & de Nicolas II. au Concile de Sutri, fe remirent en poffeffion du pou- 1046.
voir de choifir eux-mêmes, ou de faire élire 1055.
celuy qu'ils vouloient qui fût Pape: ce qui, par
l'abus qu'ils en firent, caufa d'horribles troubles dans l'Eglife, & fit naître le Schifme, &
enfuite la guerre entre les Papes & les Empereurs, au fujet des inveftitures.

Enfin l'Eglife ayant encore efté troublée durant prefque tout un fiécle par les Antipapes,
que les Empereurs Schifmatiques d'une part, &
de l'autre les factieux d'entre le peuple & le
Clergé de Rome, oppofoient fouvent aux Pon-

tifes legitimement élûs, la paix & la liberté
des élections fut rétablie sous Innocent II. Car
aprés que le fameux Schisme de Pierre de Leon,
dit Anaclet, & de Victor IV. eût esté entiérement éteint par les soins principalement de
Saint Bernard, tous les Cardinaux réünis sous
l'obéïssance d'Innocent, & fortifiez des principaux membres du Clergé de Rome, que ce
Pape, par une grande adresse, mit avec eux dans
le Sacré College, aquirent tant d'autorité,
qu'aprés sa mort ils firent seuls l'élection du
Pape Celestin II. & depuis ce tems-là ils se sont
toûjours maintenus dans la possession de ce
beau droit, le Senat, le Peuple, & le reste du
Clergé ayant enfin cessé d'y prétendre aucune
part. Il y avoit donc à la mort de Grégoire XI. deux cens trente-cinq ans que les Cardinaux estoient en possession de faire seuls l'é-
lection des Papes, laquelle ils faisoient enfermez dans un Conclave, depuis Honoré III.
ou selon le sentiment de quelques Auteurs, depuis Grégoire X. & pour estre legitime & canonique, il falloit qu'elle fût libre, & que
celuy qu'on éliroit, eût les deux parts des voix.
Grégoire XI. néanmoins, qui prévit les désordres
qui arriveroient, si l'on ne luy donnoit promptement un Successeur, qui fût librement élû,
fit trois jours avant sa mort une Bulle, par laquelle il permit aux Cardinaux, pour cette fois
seulement, de faire l'élection d'un Pape, à la
pluralité

Panuin. ad
Plat. post Inn.
2.
Vit. Alphons.
Ciacon. in
Calest. 2.
1143

Ciacon. in
Honor. 3.
1216.
Panuin. ad
Vit. Greg. X.
1274.

M S. Process.
ap. Mothym.
Camp. fol. 35.
ex Biblioth.
Harlaa.

pluralité des voix , & où ils trouverent le plus **1378.**
à propos de la faire.

Or il n'y avoit en ce tems-là dans le Sacré *Ciacon:*
College que vingt-trois Cardinaux, dix-huit *Aut. V. Greg:*
*Not. Bifqu.*
François, quatre Italiens, & un Espagnol. De *p. 266.*
*Epist. Card.*
ceux-cy sept François étoient absens, six que *ad Avinion.*
Grégoire avoit laissé à Avignon, quand il en sor- *ap. Rayn. n.*
*19.*
tit pour aller à Rome, & un qu'il avoit envoyé
Legat dans la Toscane. De sorte qu'il ne s'en
trouvoit que seize à Rome pour l'élection du
Pape, quatre Italiens, à sçavoir Pierre Corsini,
Cardinal de Florence ; François Thebaldeschi,
Romain, Cardinal Archiprestre de Saint Pierre ;
Simon de Borsano, Cardinal de Milan ; & Jacques,
Cardinal des Ursins, Romain ; un Espagnol, qui
étoit Pierre de Lune, Arragonois ; & onze Fran-
çois, dont sept étoient Limousins, à sçavoir
Jean de Cros Cardinal de Limoges & Grand-Pe-
nitencier, Guillaume d'Aigrefeuille Cardinal du
titre de Saint Estienne au Mont Cœlius, Bertrand
Lagier Cardinal de Glandeve, Pierre de Sortenac
ou de Bernie Cardinal de Viviers, Guillaume
de Noëllet Cardinal de Saint Ange, Pierre de
Veruche Cardinal de Sainte Marie *in via lata*, &
Gui de Maillesec Evesque & Cardinal de Poitiers.
Les quatre autres François étoient Robert Cardinal de Geneve, Hugues de Mont-relaix Evêque de Saint Brieuc Cardinal de Bretagne, Gerard du Puy Abbé & Cardinal de Marmoustier,
& Pierre Flandrin Cardinal de Saint Eustache.

C

1378.

Ces seize Cardinaux, avant que d'entrer au Conclave, étoient fort divisez au sujet de l'élection. Les douze Ultramontains s'accordoient bien, en ce qu'ils étoient résolus d'exclure les Italiens, & de faire un Pape de leur Corps: mais des onze François, les sept Limousins, qui avoient eû consecutivement quatre Papes de leur nation dans l'espace de vingt-neuf ans, en vouloient avoir un cinquiéme; & les quatre autres, qui s'ennuyoient de la domination de ceux-cy, en vouloient créer un d'entre eux, pour ne pas perpetuer en quelque maniere le Pontificat dans une seule Province. Les quatre Italiens au contraire, qui, aussi-bien que les Romains, craignoient qu'on ne transportât de nouveau le Saint Siége en France, souhaitoient passionnément qu'un d'entre eux fût élû; & sur tout le Cardinal des Ursins, qui étoit alors extrêmement puissant à Rome, & qui avoit encore plus d'ambition que de support & de pouvoir, aspiroit de tout son cœur au Pontificat, & faisoit tous les efforts imaginables pour y parvenir.

Dans cette disposition où se trouvoient les Cardinaux, les Italiens, & les quatre François opposez aux Limousins, se joignirent, pour les exclure, esperant les uns & les autres, qu'en s'aidant réciproquement, pour cette fin, ils pourroient faire un Pape de leur Nation, au cas que les Limousins se déterminassent enfin à donner l'exclusion seulement à l'un des deux partis qui

*Ciason.*

leur étoient contraires. Mais comme ils pouvoient aussi s'obstiner toûjours à la donner à tous
les deux, il y avoit lieu de craindre qu'on ne
fît de long-tems un Pape dans une si grande
division, lors qu'elle cessa tout-à-coup, par la
conduite furieusement emportée des Romains,
laquelle fut la premiere, & la principale cause
d'une autre division beaucoup plus funeste, qui
produisit enfin le Schisme. Quand deux partis
se font la guerre, s'il s'en forme un troisiéme
qui les vienne attaquer tous deux, cela leur fait
d'ordinaire suspendre leur querelle, pour se réünir, & joindre leurs armes, afin de pouvoir combatre tous deux ensemble leur ennemi commun. C'est ce que l'on vit en cette rencontre.
Car tandis que les Cardinaux se liguoient ainsi
les uns contre les autres, les Bannerets, suivant
la résolution qu'on avoit prise dans leur assemblée, voyant qu'ils n'étoient asseûrez de rien,
aprés avoir souvent traité avec chacun d'eux
en particulier, les prierent de s'assembler, & celuy qui portoit la parole, leur dit, *Qu'ils venoient*
*de la part du Senat & du Peuple Romain, pour leur*
*remontrer que l'Eglise Romaine, par la translation du*
*Saint Siége en France, avoit durant soixante & dix*
*ans gémi dans une lamentable captivité, aussi longue*
*que celle des Israëlites à Babylone. Que pendant ce*
*tems-là Rome, la Capitale du monde Chrétien, avoit*
*bien plus souffert au spirituel, & au temporel, par*
*l'absence des Souverains Pontifes, qu'elle n'avoit fait*

*Aut. vit. Greg.*
*Chron. Vittor.*
*Hist. Card.*
*Ciacon.*
*Spondan.*

C ij

par la prefence des Barbares, lors qu'elle fut affujetie fous leur cruelle domination. Qu'en effet depuis que les Papes avoient abandonné le Siége de Saint Pierre, on n'avoit veû que troubles, que féditions, que révoltes, & de fanglantes guerres qui avoient defolé tout l'Etat Ecclefiaftique. Que fes provinces & fes villes étoient ufurpées pour la plufpart, par des Tyrans qui s'en étoient rendus les Maiftres, & les Souverains. Que les Republiques voifines, & les Princes de Lombardie en occupoient encore une partie. Que le refte étoit tous les jours ravagé par les courfes des ennemis, qui portoient le fer & la flamme jufqu'aux portes de Rome, laquelle n'avoit plus ni force, ni autorité, pour arrefter le cours, ou plûtôt le débordement de cette fureur: mais fur tout que la face de cette grande ville, autrefois réverée de toute la terre, fe voyoit défigurée d'une fi étrange maniere, qu'il étoit impoffible de la reconnoître pour la Sainte Cité, & pour le Chef de la Religion. Que les Temples les plus célebres & les plus faints de la Chrétienté, ces Monumens auguftes de la piété du Grand Conftantin, où les Souverains Pontifes prennent, avec les marques de leur fuprême dignité, poffeffion du Siége Apoftolique, font entiérement négligez fans honneur & fans ornement, fans réparation, & menacent ruïne de toutes parts. Que les titres des Cardinaux, ces lieux faints qui font les dépofitaires des facrées Reliques de tant de Martyrs étant abandonnez de ceux qui font honorez de leur titre & de leur nom, & chargez d'en prendre le foin, font fans toit, fans portes, & fans murailles, exposez aux bestes, qui vont broûter l'her- 1378. be qui y croît jusques sur les Autels. Qu'en suite les fidelles n'étant plus attirez à Rome, ni par leur dévotion, qu'ils ne peuvent plus satisfaire, en des Eglises devenuës profanes, ni par leur interest, pour y poursuivre leurs affaires, & y obtenir des graces du Pape, qui abandonne avec scandale son Eglise; cette malheureuse Ville s'en va réduite en une grande & affreuse solitude, & devenir le rebut du monde, dont elle est encore le Chef pour le spirituel, comme elle l'étoit autrefois pour le temporel. Il ajoûta, Qu'on étoit fort persuadé que pour empêcher qu'on ne retombast dans un si grand malheur, il étoit absolument necessaire que l'on exclût du Pontificat les Ultramontains, qui avoient tenu si long-tems le Saint Siége hors de Rome, & qu'on fît un Pape qui fût Romain, ou du moins Italien. Qu'on supplioit donc tres-humblement le Sacré College, d'accorder une si juste demande au Peuple Romain, parce qu'on le voyoit si fortement résolu d'obtenir par toutes sortes de voyes ce qu'il demandoit avec tant de raison, que s'il n'étoit promtement satisfait, il y avoit grande apparence qu'il se feroit justice luy-même, & qu'on ne pourroit empêcher qu'il ne se jettât sur les Cardinaux. Enfin qu'on desiroit même qu'avant que d'entrer au Conclave, ils déclarassent nettement sur cela leur intention.

Quoy-qu'une si étrange proposition pût flater en quelque maniere l'esperance des Cardinaux Italiens, qui pouvoient prétendre au Pon-

C iij

Qui ad hoc ia tantum afficiebatur, quòd si contrarium fieret, contra eos graviter turbaretur, ex quo timendú erat, ac verisimile, quòd insurgeret contra ipsos; cùm civium corda scirent sublevata, & ad hoc fortiter inclinata. *Aut. Vit. Greg. XI. ap. Bosquet.*

1378. tificat, l'honneur néanmoins & la confcience, &
même l'intereft qu'ils avoient à n'être pas élûs,
par une voye fi violente, les réunit tous avec
les Ultramontains, dans un même fentiment,
qui fut exprimé avec beaucoup de fermeté, par
la réponfe qu'on fit aux Bannerets. On leur dit

*Id.*

*Chr. Victor.* donc de la part du Sacré College, *Que l'on ne*
*devoit nullement traiter de cette grande affaire, avant*
*que l'on fût au Conclave. Que quand on y feroit,*

*Ciacon.* *alors les Cardinaux, aprés une meûre déliberation,*
*choifiroient, avec la grace de Dieu, fans aucune ac-*
*ception, ni de perfonne, ni de nation, celuy qu'ils ju-*

*Quam fi fa-* *geroient, en leur confcience, être le plus propre pour*
*cerent, eos ex-* *gouverner fagement l'Eglife de Dieu. Qu'au refte, ils*
*tunc avifavo-*
*runt quòd fi* *fe gardaffent bien de plus parler comme ils avoient*
*ejus occafione*
*aliquem eli-* *fait, ni d'employer ces menaces, qui donnoient lieu*
*gerent, ille*
*non effet Pa-* *de croire qu'on vouloit ufer de violence. Que pour cela*
*pa, fed intru-*
*fus.* *l'on proteftoit déja par avance que s'ils le faifoient,*
*Auth. Vit.*
*Greg. apud* *l'élection feroit nulle, & que celuy qu'on feroit ainfi*
*Bofq.* *Pape par contrainte, ne feroit qu'un Intrus.* Mais ces
gens qui étoient réfolus de fe fatisfaire, & d'a-
voir un Pape Romain, ou Italien, ne cefferent
point de leur dire encore tous les jours les mêmes chofes, & de redoubler les menaces qu'ils
leur faifoient du peuple, de la fureur duquel
on ne pourroit les garantir.

*Auth. Anony.* Ils firent plus: car craignant que les Cardi-
*Vit. Greg.*
*Cod. Victor.* naux ne fortiffent de Rome pour fe retirer en
*ap. Spond.* quelque lieu où ils pûffent librement élire celuy
qu'ils voudroient, ils mirent des Gardes aux

portes, & se saisirent des ponts, des passages, 1378.
& de toutes les avenûës par terre, & par eau:
de-sorte que personne ne pouvoit entrer à
Rome, ni en sortir, sans leur permission. Davantage, ils chasserent de la Ville tout ce qu'il
y avoit de gens de qualité, qui pouvoient défendre les Cardinaux, & s'opposer à la violence qu'on leur pourroit faire, & ils y firent entrer
en leur place toute la canaille qu'ils pûrent
ramasser de la campagne, & sur tout les Montagnars, gens feroces & demi-barbares, qu'ils
armerent, & qui courant continuellement les
rûës, comme autant de furies déchaînées, pour
donner de la terreur aux Cardinaux, faisoient
mille insultes à leurs domestiques, en menaçant de tout massacrer, si l'on differoit de satisfaire le Peuple Romain. Ce fut à ces sortes de
gens que les Magistrats, qui en étoient absolument les maîtres, commirent la garde du Conclave, sans vouloir que les Cardinaux, selon
la coûtume, choisissent eux-mêmes ceux qui
les devoient garder, afin de pourvoir non-seulement à la liberté du Conclave, mais aussi à la
seûreté de leurs personnes qu'il n'étoit pas
juste d'abandonner à la discrétion de gens inconnus, de la fidelité desquels ils ne seroient
pas asseûrez.

C'est ainsi que les choses se passerent dans
un desordre & tumulte continuel jusques au
septiéme d'Avril, que l'on porta la violen-

1378. ce & la fureur encore bien plus loin, quand il fallut enfin que les Cardinaux entraffent au Conclave. Car alors tout le peuple, & les Montagnars, accoururent en armes dans la grande Place de Saint Pierre, & fur tout à l'entrée du Palais, où l'on avoit préparé le Conclave; & entourant les Cardinaux qui vouloient y entrer, ils fe mirent tous à crier effroyablement, *Nous voulons un Pape Romain ou Italien: nous l'aurons; autrement, nous fçaurons nous faire juftice.* Et répetant toûjours la même chofe, avec des menaces épouvantables, ils fe jettent dans le Conclave, avec les Cardinaux qui eurent bien de la peine à fendre la preffe pour y entrer: & quand il fallut enfin, au commencement de la nuit, qu'on le fermât, & que ces mutins en fortiffent, les uns demeurerent dans le Palais, & fe jetterent dans tous les appartemens qui environnoient l'efpace où l'on avoit dreffé les chambrettes des Cardinaux, & principalement dans les chambres & dans les fales qui étoient au deffous, & les autres environnerent au dehors le Palais, pour empêcher que perfonne n'en pût fortir; puis fe tournant vers le Conclave, ils crioient de toute leur force, en menaçant les Cardinaux, & leur difant avec une infolence extrême, que s'ils ne les fatisfaifoient, ils leur feroient les teftes plus rouges que ne l'étoient leurs chapeaux: ce qui les étonnoit bien fort, parce que, comme dit agréablement un

*Romanum, vel Italicum volumus. Romanum, vel Italicum habeamus, alioquin, &c. Auth. Vit. Greger. ap. Bofq.*

*Froiffart. 1. vol. ch. 11.*

un Ecrivain de ce tems-là, ils aimoient beau-1378.
coup mieux être Confeſſeurs, que Martyrs.

On dit même que durant ce tumulte, il ſe Ex Codic.
fit de grands éclats de tonnerre, & que la fou-Eccleſ. Burd.
dre tomba ſur les deux Cellules, qui écheûrent ap. Spond.
dans le Conclave aux Cardinaux de Geneve &
d'Arragon, qu'on élût Papes dans ce Schiſme,
& qu'il briſa les armes du feu Pape Grégoire XI. Mais il eſt permis de douter de cette
circonſtance, que je ne trouve pas fort autori-
ſée, & qui reſſemble aſſez à ces prodiges que
des bruits incertains font naître, & que l'on
reçoit aiſément; par une trop grande creduli-
té, comme autant de préſages de l'avenir.
Quoy-qu'il en ſoit, il eſt certain que le deſordre
crût toûjours. Car en même tems les Bannerets Ant. V. Greg.
ſuivis d'un grand nombre de factieux, ſça-
chant que les Cardinaux étoient retirez dans
leurs Cellules, ſe font ouvrir la porte du Conclave, & y entrent contre l'uſage & la loy, qui
ne permet pas d'y entrer, qu'on n'ait publié l'é-
lection du Pape; & par une entrepriſe ſurpre-
nante, ils leur font dire imperieuſement qu'il
faut qu'ils s'aſſemblent à l'heure même, pour
leur faire entendre ce qu'on avoit ordre exprès
de leur dire de la part du Peuple Romain.

Quoy-qu'il n'y eût rien de plus extraordinaire, ni de plus inſolent que ce procedé, il
fallut pourtant que les Cardinaux épouvantez
de cette audace, qui leur faiſoit apprehender

D

1378. quelque chofe de plus funefte, s'affemblaffent
fur le champ, dans la Chappelle où ils devoient
faire l'élection; & là, celuy qui étoit à la tefte
de cette furieufe troupe, leur dit fiérement,
*Que comme ils avoient toûjours refufé jufqu'alors de
répondre précisément fur ce qu'on les avoit fouvent
requis de la part du Peuple, de ne point élire de Pape qui ne fût Romain, ou du moins Italien, qu'on
leur faifoit de nouveau la même demande; et qu'on
vouloit qu'ils s'expliquaffent nettement là-deffus à l'in-
ftant même, afin qu'on rapportât leur réponfe au Peuple, qui l'attendoit.* A quoy tous les Cardinaux
ayant répondu comme auparavant, qu'ils feroient ce que le Saint Efprit leur infpireroit, &
qu'ils donneroient, avec fa fainte grace, à l'E-
glife, un Chef dont tout le monde auroit fujet
d'être content. *Et nous,* repliquerent avec une
extrême infolence ces Bannerets, *nous vous déclarons auffi nettement, que fi vous refufez de nous
fatisfaire, le Peuple fe foûlevera contre vous, de forte
qu'il ne fera pas peut-être en nôtre pouvoir de vous
garantir de fa fureur. Et nous vous parlons ainfi clairement, fans vous rien diffimuler, afin que vous fon-
giez à pourvoir à la fûreté de vos perfonnes.* Et
puis qu'en parlons de la forte, dirent alors tout
d'une voix les Cardinaux, *vous nous déclarez
qu'on veut employer contre nous la force & la violence, nous proteftons auffi qu'en ce cas, celuy que
nous élirons, & que vous croirez être Pape, ne le
fera pas.* Et fur cela les Bannerets étant fortis,

& le Conclave fermé , les Cardinaux se retirerent dans leurs Cellules pour dormir. Mais l'effroyable emportement du Peuple les en empêcha bien.

Car ces furieux qui avoient investi le Palais,
& les autres qui en occupoient tout le dedans, se
mirent à crier épouvantablement toute la nuit,
qu'ils vouloient un Pape Romain, ou Italien,
en faisant d'horribles menaces de tout massacrer, s'ils n'en avoient un. Ceux-mêmes qui
s'étoient mis sous le Conclave, donnoient continuellement de grands coups de pique, & de
hallebarde, contre le plancher, pour épouvanter les Cardinaux; & entassant force fagots les
uns sur les autres, avec des roseaux secs, & de
la paille, ils les menaçoient d'y mettre le feu,
& de les brûler tous dans leur Conclave, s'ils ne
faisoient promptement ce qu'on vouloit d'eux.
C'est pourquoy dés le grand matin les Cardinaux, à qui le bruit, & la peur qu'on leur
avoit faite n'avoient pas permis de prendre un
moment de repos, s'assemblerent dans la Chappelle, où, tandis qu'on disoit la Messe, avant
que de proceder à l'élection, ils se trouverent
en plus grand danger que jamais, par le tumulte qui recommença d'une maniere encore
plus épouvantable qu'auparavant. Car ces déchaînez s'étant attroupez aux environs de la
Chappelle, hors du Conclave, sans aucun respect, ni du lieu sacré, ni des saints Mysteres

1378. qu'on y célébroit, fe prirent à redoubler leurs cris, & leurs menaces, avec des hurlemens fi terribles, qu'on ne pouvoit entendre le Prêtre à l'Autel : & en même tems le tocfin fonnant à Saint Pierre, & au Capitole, tout ce qui reftoit de peuple dans les maifons accourut comme forcené, vers Saint Pierre, les armes à la main, comme dans une guerre ouverte; & les uns fe jettant en foule dans le Palais, les autres rempliffant toute la Place, ils firent tant à force de cris & de coups qu'ils donnoient contre la porte du Conclave, qu'ils contraignirent enfin les trois Cardinaux Chefs d'Ordre, de fe préfenter aux feneftres qui regardoient fur la Place, pour demander ce qu'on vouloit. Alors le bruit s'étant tout-à-coup appaifé par leur préfence, on leur dit clairement à haute voix, que s'ils ne faifoient fur le champ, & fans aucun retardement, un Pape Romain, ou Italien, on les iroit tous mettre en piéces. Ce qui leur fut confirmé par quelques Ultramontains, qui fe trouverent parmi le Peuple, & qui les confeillerent de ne plus differer à pourvoir à leur falut, en faifant ce qu'on leur demandoit.

Ce fut en vain qu'on tâcha de les adoucir. Comme les cris & les emportemens de ces mutins recommençoient avec plus de furie, il fallut que ces Cardinaux, de l'avis de tous les autres; leur promiffent, que dans

le lendemain matin, avant les neuf heures, 1378.
ils auroient ce qu'ils prétendoient : car on ef-
pera que durant ce petit intervalle, cette fureur se pourroit appaiser. Mais cette esperance
fut vaine. Ces douces paroles, comme un peu
d'eau qu'on jette sur un grand brasier, ne firent qu'enflâmer la colere, où plûtost la rage
de ces furieux, qui criant qu'ils vouloient qu'on
les satisfît sur le champ, se mirent à donner
de si grands coups contre la porte du Conclave, que les Cardinaux voyant qu'on l'alloit en-
foncer, & craignant qu'on ne les vint tous
égorger, leur firent dire qu'ils alloient leur donner contentement, & faire tout ce qu'on
vouloit. Ils voulurent pourtant auparavant
prendre des précautions en une chose qui pou-
voit avoir des suites tres-funestes. En effet, *Attest. Card.*
presque tous les Cardinaux, & sur tout les Ul- *Aut. V. Greg.*
tramontains, protesterent que l'élection qu'ils *Anton. tit. 22.*
alloient faire d'un Pape Italien, ils ne la fai- *c. 2.*
soient que par force, & pour se garantir de la *Beninsegn.*
mort, de laquelle ils étoient menacez, & que *l. 4.*
s'ils étoient libres, & en lieu de seûreté, ils ne *Auth. V. Greg.*
la feroient pas. Quelques-uns même avoient *M. S.*
déja fait en secret auparavant, une pareille pro- *Procos. Meth.*
testation devant Notaire, en presence de té- *ex Bibl. Harl.*
moins. D'autres, & même des Italiens, ajoû- *Attest. Card.*
terent, que si on les avoit élûs de la sorte, ils
n'accepteroient jamais une élection de cette nature, qu'on ne pouvoit douter qui ne fût nul-

le; & quelques-uns enfin dirent qu'ils ne donnoient leurs voix, qu'à condition que quand ils feroient libres dans un autre lieu, on procederoit de nouveau à l'élection.

Aprés cela, comme les Ultramontains ne vouloient pas un des quatre Italiens qui étoient prefens, & que ceux qui étoient encore à Avignon étoient François, ils jetterent tous les yeux hors du Sacré College fur Berthelemi *Aut. V. Grag.* Prignano Napolitain, Archevêque de Bari, & ils le choifirent entre tous les autres Prélats, parce que, felon qu'ils le déclarerent au moment même de cette élection, comme il avoit efté témoin de la violence qu'on leur faifoit; qu'étant Docteur en Droit Canon, il fçavoit bien qu'une élection faite en cette maniere, ne pouvoit nullement fubfifter; & que d'ailleurs il étoit en réputation d'homme de confcience, & de probité: ils avoient lieu de croire que s'il acceptoit cette dignité pour les delivrer de l'extrême danger où ils étoient d'être tous maffacrez, il ne manqueroit pas d'y renoncer auffi-toft qu'on feroit en lieu de feûreté, où l'on pût faire une élection libre.

*In Cod. MS. Bibl. Victor. ap. Spond.* Et certes Simon de Cramaud Patriarche d'Alexandrie, qui vivoit en ce tems-là, affeûre dans un petit Traité qu'il a fait de cette élection, que Ponce Veraldi luy avoit protefté, avec ferment, que comme il étoit dans l'Eglife de Saint Pierre avec l'Archevêque de

Bari, lors que les Cardinaux entroient au Con- 1378.
clave, ce Prélat, duquel il étoit grand ami,
voyant l'horrible emportement du Peuple, &
la violence qu'on leur faisoit, luy dit que celuy que l'on éliroit dans ce tumulte, ne seroit
pas vray Pape, & qu'il ne voudroit jamais le
reconnoître. Quoy-qu'il en soit, parce que
l'Archevêque élû n'étoit pas au Conclave, &
qu'avant que de publier cette élection, il falloit sçavoir s'il y consentoit, on le fit appeller
avec six autres Prélats Italiens; ce qui fit croi- *Theodor. à*
re à tout le monde qu'un de ces sept sujets se- *Niem. l. 1.*
roit élû. *c. 2.*

Mais tandis que les Cardinaux traitoient avec
Berthelemi, qui consentit, sans aucune difficulté,
à son élection, laquelle, nonobstant qu'il fût
tres-instruit de tout ce qui s'étoit passé, il tint
toûjours pour tres-bonne, & tres-legitime, &
que néanmoins la pluspart, pour la rectifier
en quelque maniere durant cét intervalle assez
paisible, où le tumulte sembloit appaisé, commençoient de nouveau d'aller aux suffrages; un
accident impréveû fit recommencer tout-à-
coup le desordre & la violence, avec plus de
furie qu'auparavant. Comme le peuple qui remplissoit toute la place de Saint Pierre, attendoit
avec impatience, qu'on publiât l'élection, un
homme aposté par le Cardinal des Ursins, qui *Niem. c. 2.*
mouroit d'envie d'estre Pape, se prit à crier *Traité de M.*
de toute sa force, que le Barois étoit élû, & fit *du Pape.*

*Antonin. tit.*
*22. c. 2.*

entendre en même tems que ce Barois étoit
l'Ultramontain. Car le feu Pape Grégoire avoit
eû à son service un nommé Jean de Bar, Li-
mousin, qui étoit un de ses Cameriers secrets,
homme extrêmement haï des Romains, pour
son arrogance, & pour ses débauches. Alors le
peuple croyant que c'étoit en effet ce Jean de
Bar, qu'on avoit élû, il se fit par toute la place
un bruit, & un desordre épouvantable; & les
partisans du Cardinal des Ursins, qui étoient
en grand nombre, voulant profiter d'une occasion si favorable à leur dessein, se mirent à crier
que puisqu'on les avoit trompez, en faisant un
Pape François, contre la parole donnée, il falloit contraindre les Cardinaux d'en élire un autre, qui fût Romain; & là-dessus s'étant jettez
dans le Palais, suivis & du peuple & des Ma-

*Attest. Card.*
*Antonin.*
*Boninsegn.*
*Ciacon.*

gistrats, qui crioient tous avec de furieux hurlemens, *Nous voulons un Pape Romain*, ils en-
foncent les portes du Conclave, entrent dans la
Chappelle, rompent à coups de hache la porte
de la Sacristie, où les Cardinaux s'étoient sauvez, & les environnant, les épées nuës, crient
toûjours éffroyablement, qu'ils vouloient un
Pape Romain, jusques à ce qu'un Cardinal s'a-
visa de leur dire, pour se garantir de la mort,
qu'on les avoit trompez, & que c'étoit le Cardinal de Saint Pierre que l'on venoit d'élire:
mais que comme il faisoit difficulté de consentir à son élection, c'étoit à eux de l'y
obliger,

obliger, & que tout le Sacré College les en 1378.
prioit.

Il n'en fallut pas davantage, pour arrester la
fureur de ce Peuple. Car sans se donner le loisir, dans l'emportement où il étoit, d'examiner si la chose étoit veritable, il crût qu'on l'a-
voit satisfait, & que ce Cardinal de Saint Pierre,
ou Thebaldeski Romain, étoit Pape. En même
tems ce bruit s'étant répandu par tout le Palais, & du Palais dans la Ville, tout le monde courut en foule au Conclave, pour réverer *Theod.*
ce prétendu nouveau Pape, qui étoit un bon *Niem. l. 1.*
vieillard de plus quatre-vingts ans, si gouteux, *c. 2.*
qu'il ne pouvoit marcher, & l'emportant de
vive-force malgré qu'il en eût, dans l'Eglise de
Saint Pierre, où il faillit à estre étouffé dans la
presse, on le mit sur l'Autel de Saint Pierre, selon la coûtume, quoy-qu'il criât tant qu'il pouvoit, qu'il n'étoit point Pape, & que c'étoit
l'Archevêque de Bari qu'on avoit élû. Mais sans
vouloir l'écouter, on le reporta dans le Palais
Pontifical, où, quoy-qu'il pût dire pour desabuser le monde, il fut traité comme Pape,
jusqu'au lendemain, qu'on apprit enfin comme la chose s'étoit passée, & que Berthelemi
Prignano Napolitain, Archevêque de Bari, avoit
esté élû par les suffrages de tous les Cardinaux.
Alors le Peuple voyant que l'on avoit fait ce *Attest. Card.*
qu'il avoit si souvent demandé auparavant, à *Niem.*
sçavoir un Pape qui fût du moins Italien, té- *Antonin.*
*Boninseg.*

E

1378. moigna être satisfait, & le reconnut pour vray Pape.

*Attest. Card. Ciacon.*

Les Cardinaux cependant, s'étant doucement coulez hors du Palais, tandis qu'on emportoit le Cardinal de Saint Pierre à l'Eglise, dans la créance qu'on avoit qu'il fût Pape, s'étoient sauvez, ceux-cy dans leurs Palais, où ils se barricaderent, ceux-là dans le Château Saint Ange, & quelques-uns en habit déguisé hors de la Ville. Mais l'Elû, qui vouloit qu'on achevât de le reconnoître, en gardant toutes les ceremonies qui s'observent aprés l'élection des Papes, les fit tous rappeller; & bien loin de sortir de Rome, comme ils l'en prioient, afin qu'on pût ratifier librement son élection, il employa l'autorité des Magistrats & des Bannerets, pour les faire retourner au plûtost au Palais, comme firent d'abord ceux qui étoient à la Ville. Et quoy-que ceux qui s'étoient renfermez dans le Château Saint Ange leur eussent envoyé leur procuration par écrit, pour l'intronifer en leur nom, il voulut néanmoins qu'ils y vinssent en personne aussi-bien que ceux qui étoient sortis de Rome, & que conjointement avec les autres, ils l'élevassent en ceremonie sur le Trône Pontifical, aprés quoy il monta sur la Loge,

*Niem, c. 2.*

d'où il donna la Benediction Papale. Enfin toute la Noblesse étant retournée à Rome, il fut

*Cap. 1.*

solennellement couronné le jour de Pasques dix-huitiéme d'Avril, & fut conduit ensuite avec

une pompe tres-magnifique, à Saint Jean de 1378.
Latran, pour y prendre poſſeſſion de ſon Egliſe, ſelon la coûtume, & fut reconnu de tous
pour vray Pape, ſans que l'on parlât plus de
violence, ni que perſonne voulût, ou oſât révoquer en doute, qu'il n'eût eſté legitimement
& canoniquement élû.

Voilà ce qu'on peut dire de plus approchant
de la verité touchant l'élection de l'Archevêque de Bari, qui prit le nom d'Urbain VI. Je
ſçay qu'il y en a qui racontent la choſe d'une
autre maniere, & qui veulent que cette élection
ſe ſoit faite fort librement, & ſans aucune violence, produiſant pour cela les dépoſitions des
témoins qui furent ouïs dans les Informations
que l'on fit pour le parti d'Urbain. Mais comme ces ſortes de preuves ſont ſuſpectes, ſi je
n'y ay pas deferé, je ne me ſuis pas auſſi ſervi
de celles qui ſont de même nature dans les pieces que l'on a faites en faveur du parti contraire. Je me ſuis arreſté à ce qu'en ont dit preſque tous ceux qui ont écrit en ce tems-là, ou *Auth. Chr.*
peu aprés, & dont pluſieurs étoient à Rome, *M. S. Bibl.*
*Victor.*
& preſens à cette action; ce qui eſt tres-con- *Aut.V.Greg.*
*Baldus.*
forme à ce que le celébre Juriſconſulte Balde, *Froiſſard.*
*Antonin.*
qui floriſſoit ſous le Pontificat d'Urbain, avoüë *Beninſegn.*
*Hiſt. Florent.*
franchement de ce fait, quoy-qu'il ſoûtienne, *Threſ. des*
*Chart. dans*
en défendant la cauſe de ce Pontife, que la vio- *le Traité de*
lence qu'on fit, & la crainte qu'elle fit naître, *M. du Puy.*
n'empêchent pas que l'élection ne fût canoni-

E ij

1.378. que, & qu'il prétende qu'elle fut ratifiée par les Cardinaux en l'intronisant, & le couronnant, & traitant avec luy, prés de trois mois, comme avec le vray Pape. Aussi Alphonse Ciaconius, qui a si bien écrit les Vies des Papes, raconte la chose à peu prés de la même maniere, comme on le peut voir dans son Livre imprimé à Rome au Vatican, avec les Additions de trois sçavans hommes, qui ont fort enrichi son Ouvrage, qu'on a depuis peu augmenté. Mais ce qui sans doute est encore beaucoup plus considerable, c'est que les douze Cardinaux Ultramontains étant hors de Rome, & en pleine liberté, protesterent juridiquement, & avec serment, par un Acte authentique du second jour d'Aoust de cette même année, que tout s'étoit passé dans ce Conclave comme on vient de le raconter. Et il est tres-certain qu'il y avoit parmi ces Cardinaux des hommes tres-sçavans, de singuliere probité, & de grande vertu, comme entre autres les Cardinaux d'Aigrefeuïlle, de Poitiers, de Limoges, & de Glandeve, qu'on auroit peine d'accuser d'un horrible parjure, & dans lequel ils auroient persisté jusqu'à la mort, puis qu'ils ont toûjours dit constamment la même chose. Je trouve aussi que le Cardinal de Milan Simon de Brossano fit une pareille protestation dans son Testament, qu'il fit trois ans aprés, à Nice en Provence, un peu avant que de mourir. Et c'est sur ces sortes de preuves, qui

*Attest. Card. in Cod. Victor.*

*Thresor. des Chartes. V. M. du Puy du Schis. f. 209.*

font affeûrément d'un autre poids que des dépofitions des particuliers, qui ne parlent que par ouï dire, que j'ay crû devoir appuyer cette partie de mon Hiftoire, en racontant le fait de cette élection de Berthelemi Archevêque de Bari.

Il étoit de Naples, & d'un endroit de cette Ville qu'on appelloit l'Enfer; né d'un pere Pifan, & d'une mere Napolitaine, tous deux de maifon noble, âgé d'environ foixante ans, d'une taille beaucoup au deffous de la mediocre, étant gros, & replet, d'une complexion forte & robufte, ayant le teint fort bazané, les yeux pleins de feu, le naturel extrêmement ardent, l'efprit vif, & qu'il avoit cultivé par une grande affiduité à l'étude, qui l'avoit rendu trescapable, particulierement dans la fcience du Droit & des Canons de l'Eglife, des ufages & du ftile de la Cour de Rome; ce qui fut caufe qu'on luy fit exercer la Charge de Chancelier en l'abfence du Cardinal de Pampelune, qui étoit demeuré à Avignon. Et fur tout il s'étoit aquis la réputation de grand homme de bien, par beaucoup de vertus qu'il avoit fait hautement éclater en fa conduite, avant qu'il fût Pape, paroiffant extrêmement humble, modefte, retenu, ami des gens de lettres & de vertu, dévot, mortifié, portant jour & nuit le cilice, jeufnant tout l'Avent, & depuis la Sexagefime jufqu'à Pafques, & fort zelé pour la gloire de

Niem. l. 1. c. 1. Ciacon.

E iij

Dieu, & le bien de l'Eglise, qu'il recommandoit, avec empressement, à chaque Cardinal en particulier d'avoir uniquement devant les yeux dans l'élection qu'on feroit d'un Pape. Mais auffi-toft qu'il fut fur le Trône, il fe fit un fi prodigieux changement dans fa vie avec celuy de fa fortune, qu'il parut tout un autre homme, étant devenu en effet fuperbe, arrogant, ambitieux, imprudent, colere, feroce, emporté, vindicatif, inéxorable, & fevere jufques à des excés de cruauté qui font horreur : de-forte que paffant ainfi tout-à-coup d'une extrémité à l'autre, il donna lieu de croire, ou qu'il n'avoit jamais eû la plufpart de ces vertus qu'il avoit fait paroître en fa conduite, avant fon exaltation ; ou que la même fortune qui l'avoit élevé fi haut, les luy avoit fait perdre en un moment, lors qu'elles luy étoient le plus neceffaires, pour s'y maintenir avec honneur & feûreté. C'eft ainfi que les vices que l'on avoit cachez, par une fine hypocrifie, pour arriver à la fin qu'on fe propofoit, fe produifent prefque auffi-toft qu'on y eft parvenu ; & pour les apparences de vertu dont on les avoit couverts avec beaucoup d'artifice, elles fe diffipent en même tems qu'on croit n'avoir plus de fujet de fe contraindre quand on a ce qu'on prétendoit.

Le nouveau Pape cependant fe voyant établi fur le Trône de Saint Pierre, ne manqua pas d'écrire à tous les Princes Chrétiens, & à

Sed virtutes illas, Pontifex factus, vifus eft aut nûquam habuiffe, aut uno veluti momento amififfe, tunc cùm magnoperè illis indigebat. *Ciacon.*

tous les Evêques des Lettres Circulaires, dans
lesquelles il dit que par une rare merveille, qui
ne peut venir que du Saint Esprit, il a esté d'a-
bord élû Pape, d'un commun consentement de
tous les Cardinaux, quoy qu'il ne fût pas du Sacré College. Les Cardinaux firent le même, &
en commun, & en particulier, écrivant par tout
que l'élection d'Urbain, quoy qu'on en pût
dire, avoit esté tres-libre, & canonique. Mais
quelques-uns d'entre eux trouverent moyen d'é-
crire au Roy Charles V. qu'il ne falloit rien croire de ce qu'ils écriroient en faveur d'Urbain,
tandis qu'ils seroient à Rome, parce qu'ils
étoient obligez de faire tout ce que cét Elû & les
Magistrats Romains exigeoient d'eux, & qu'autrement ils couroient risque de perdre la vie.
Et comme on les observoit fort exactement,
ils avoient lieu de craindre que s'ils écrivoient
quelque chose au desavantage d'Urbain, leurs
lettres ne tombassent entre ses mains, & qu'ensuite il ne leur fît un mauvais parti.

Cette disposition si peu favorable, dans laquelle on étoit à l'égard d'Urbain, devint encore beaucoup plus fâcheuse, par la conduite
tout-à-fait imprudente, extraordinairement
severe à contretems, & trop emportée de ce
Pontife, qui se laissant aller à son tempera-
ment atrabilaire, au lieu d'adoucir les esprits,
pour les faire entrer peu à peu dans ses interests, & les mettre enfin en estat de le recon-

*Marginal notes:*

1378.

*Epist. Ency.
Vrb. ap. Raym*

*Litter. Card.
in Codic. Vict.*

*Chroniq. de
Charl. 5.
M. S. de la
Bibl. du Roy.
Henric. de
Hassia. in
Cod. Victor.
Continuat.
Nangi.*

*Fuit enim Ur-
banus, vir rigi-
dus, asper, ino-
xorabilis, arro-
gans, habendi
cupidus, ac
cunctis homi-
nibus, & iis
praesertim qui
de eo bene me-
riti fuerant,
Cardinalibus
ingratus, qui-
bus saepe ho-
nesta petenti-*

1378.

bus, cuncta ne-
gando, & gra-
vissimis objur-
gationibus, câ
aliis Prælatis
vexatos, ad sub-
sequens parùm
opportunè
schisma inci-
tavit.
*Ciaconius in
Chron. t.*

*Theodor.
Niem. l. 1. c. 4.*

*Ciacon.*

noître de pure & franche volonté, les aigrit
d'une si étrange maniére, qu'on se résolut enfin de porter les choses aux derniéres extrémitez. Car d'abord dés le lendemain de son couronnement, s'adressant à tous les Evêques qui
avoient assisté aux Vespres dans la Chappelle
Pontificale, il se mit à leur dire des injures, les
traitant de perfides, de parjures, & d'ennemis
de Dieu, qui trahissant ses interests, abandonnoient leurs Eglises, pour joüir des délices de
la Cour de Rome. A quoy, comme tous les
autres, surpris d'un si terrible discours, se tai-
soient, Martin de Selve, célèbre Docteur Espagnol, qui étoit alors Evêque de Pampelune, & exerçoit à Rome la Charge de Référen-
daire, répondit avec beaucoup de fermeté, sans
pourtant perdre le respect, qu'il n'étoit ni parjure, ni perfide, puis qu'il n'étoit attaché à la
Cour Romaine ni pour son interest, ni pour
son plaisir, mais pour le bien public, qu'il tâchoit de procurer, en y exerçant en homme
de bien la Charge dont le feu Pape l'avoit
honoré, & que si on vouloit l'en décharger,
il s'en retourneroit sur le champ en son Evêché, où il feroit bien mieux qu'à Rome. Et
ensuite il ne manqua pas, comme il étoit homme de grande autorité, d'avertir en particulier
Urbain, qu'il étoit dangereux de s'en prendre
ainsi généralement à tous sans aucune distinction, & de confondre injustement les gens de
bien

bien avec les coupables, s'il s'en trouvoit quelques-uns dans cette affemblée. Mais ce Pape
profita mal d'un fi fage avis. En effet, quinze
jours aprés, dans le premier Confiftoire qu'il
tint le Lundy qui fuit le fecond Dimanche
d'aprés Pafques, il fit fur ce texte de l'Evangile *Ego fum Paftor bonus,* un long difcours auffi
offenfant & injurieux qu'il étoit mal poli, &
mal entendu, dans lequel il accufa tous les Prélats en général, & finguliérement les Cardinaux, de fimonie, d'injuftice, d'exactions, de
luxe fcandaleux, de perfidie, d'intelligence même avec les ennemis de l'Eglife, & de cent autres crimes de cette nature; & il conclut enfin
fon difcours par de terribles menaces qu'il leur
fit, de les maltraiter, s'ils ne changeoient de
vie, & de les punir, fans avoir égard à leur dignité, avec tout autant de feverité que le moindre de fes fujets.

Quoy-que l'on puiffe dire que cela venoit
du grand zele qu'il avoit alors pour la réformation de la Cour de Rome, il eft pourtant
certain, comme fon Secretaire même, qui a écrit
en fa faveur, le reconnoît, que ce zele fut tout-
à-fait indifcret & immodéré, & qu'enfuite
il produifit un méchant effet, & qu'il irrita extrêmement les efprits de ceux qui croyoient
avoir droit de luy difputer fon élection, & de
foûtenir qu'ayant efté faite par violence, elle
étoit nulle. Ce qu'il y eût en cette rencontre

F

1378.
*Theod.*
*Niem. ibid.*
*Ciacon.*

*Niem. c. 5.*

1578.

Nullo repre-
henfionibus
modo impofi-
to. Ciac.

Brevius n. 14.
& Order.
Rayn. n. 25.
ex Walfingam.
in Rich. 2.
Walfing. ibid.

de plus inexcufable, & qui fut caufe d'un tres-
grand fcandale; c'eft qu'Urbain, qui étoit d'un
naturel extrêmement impetueux, & qui ne gardoit aucunes mefures, quand il étoit une fois
échaufé contre quelqu'un, s'emporta jufqu'à
dire; comme s'il eût efté le maiftre des Souverains, qu'il feroit même juftice des Rois de
France & d'Angleterre, qui troubloient toute la Chrétienté par leurs querelles. Puis dé-
fignant manifeftement en particulier un des
Cardinaux qui étoit prefent, il ajoûta que c'é-
toit un perfide; & qu'au lieu de procurer la
paix entre ces Princes, comme il en avoit efté
chargé par le défunt Pape, il avoit toûjours
fomenté fous main leurs divifions, par fon exécrable avarice, afin de tirer de l'argent des
deux côtez.

Celuy auquel un fi fanglant reproche s'a-
dreffoit, étoit le Cardinal d'Amiens Jean de
la Grange, Moine Benedictin, Abbé de Fef-
camp, qui depuis huit jours étoit retourné de
fa Legation de Tofcane, où le Pape Gregoire
l'avoit envoyé pour traiter de la paix. C'étoit
un homme pour le moins auffi fier qu'Urbain, &
qui le portoit extrêmement haut, étant appuyé,
comme il l'étoit, de la faveur du Roy Charles V.
qui luy avoit procuré le Chapeau. C'eft pourquoy fe fentant piqué jufqu'au vif, en même
tems que l'on faifoit au Roy fon Maître un
outrage qu'il ne pût fouffrir, il fe leve tout en

furie, & s'adreſſant au Pape, il luy dit avec un **1378.** geſte menaçant, *que comme Archevêque de Bari il en avoit menti.* Et ſans luy donner le loiſir de le faire arreſter, il ſort bruſquement du Conſiſtoire, monte à cheval, & ſe ſauve; & quelque tems aprés, il ſe rendit auprés du Roy, & y reprit ſa place dans le amniement des Affaires & des Finances. Mais comme il y agit toûjours avec cette humeur hautaine, & imperieuſe, qui luy étoit ſi naturelle, il s'attira les maledictions du Peuple, qui le croyoit auteur de tous ſes maux: & aprés la mort de ſon maître, le jeune Roy Charles VI. auquel, lors que ce Prince étoit encore Dauphin, il avoit manqué de reſpect, ayant dit à Savoiſi ſon Treſorier, que le tems étoit venu auquel il ſe vengeroit de ce Prêtre, il ſe retira promptement à Avignon, où il paſſa le reſte de ſes jours.

*Iean Iuven. des Vrſins Hiſt. de Charles VI.*

Sur quoy Robert Gaguin, Général de l'Ordre de la Tres-Sainte Trinité de la Rédemption des Captifs, a écrit dans ſon Hiſtoire, que l'on s'étoit ſouvent plus mal trouvé du miniſtere, & du gouvernement des Prêtres, que de celuy des gens du monde; parce que ceux-là qui n'ont point de ſuite, & qui croyent, dit-il, que leur dignité ſacrée les met à couvert de la punition qu'un autre pourroit craindre, ne ſongent qu'à eux-mêmes, ſans ſe ſoucier du bien public. Mais ceux-cy voyant bien que la fortune de leur maiſon, auſſi-bien que la leur, eſt attachée

*Rob. Gaguin. de Franc. Geſt. in Carol. VI.*

F ij

à celle de l'Etat, & trouvant enfuite leur intereft dans celuy du public, s'appliquent auffi plus fortement à le faire valoir autant qu'ils peuvent.

Quoy-que cette reflexion faite par un homme d'Eglife defintereffé, ait efté inferée parmi les Annotations fur l'Hiftoire de Charles VI. qu'on nous a donnée de l'Imprimerie Royale, je ne laifferay pas de dire qu'elle ne me femble pas fort jufte. Car outre que les Ecclefiaftiques travaillent fouvent pour l'établiffement de leur Maifon, avec autant d'application que les autres; que ceux-cy pouvant avoir dans une nombreufe famille plus de gens à pourvoir, peuvent eftre plus intereffez; & qu'il y a plufieurs exemples de la punition qu'on a faite des gens d'Eglife, qui abufoient de leur pouvoir; ce qui détruit abfolument la raifon qu'apporte Gaguin: outre tout cela, dis-je, il eft certain que plufieurs grands Prélats, & mefme des Saints, avant & aprés le fiécle de cét Ecrivain, ont fervi tres-utilement l'Etat dans les premieres Charges, dans le Miniftere, dans les Ambaffades, & dans le gouvernement des Provinces. Il eft donc plus feûr, ce me femble, & plus raifonnable, de dire que les uns & les autres peuvent également fervir au bien du Royaume, quand ils ont le bonheur d'eftre choifis par un Roy à peu prés femblable à Louïs le Grand, que l'on peut dire, fort veritablement, eftre celuy de

S. Melaine.
S. Landry.
S. Oüen.
L'Abbé Su-
ger &c.

tous les Rois qui a esté le mieux servi, en toutes ses héroïques entreprises, qu'il a si glorieusement executées; parce que c'est celuy qui par
son génie dominant, & superieur à tous les autres, a le mieux entendu l'art de bien choisir les
Ministres & les sujets dont il se sert, & lesquels
il applique, avec un merveilleux discernement,
chacun selon son talent & sa capacité, à de
differens emplois, pour le bien de l'Eglise &
de l'Etat. Voilà ce que j'ay crû devoir dire sur
la réflexion que cét Historien a faite, à l'occasion de ce violent Cardinal d'Amiens, dont
j'ay esté obligé de parler, & qui donna un démenti en plein Consistoire à Urbain VI.

Ce Pape pourtant n'en devint pas plus moderé à l'égard ni des Cardinaux, ni des Princes
mêmes, qu'il traita d'une maniere que son Secretaire n'a pû s'empêcher d'appeller insolente. *Niem. c. 1.*
Et comme s'il eût entrepris d'obliger les Ultramontains à se separer de luy, en les irritant
toûjours davantage; en même tems qu'il les
traitoit avec tant de hauteur & de fierté, il prenoit plaisir à se rendre extrêmement complai-
sant aux Romains, & à combler de faveurs &
de graces, ceux qui avoient si fort offensé
le sacré College, en le contraignant de créer
un Pape Italien. Il fit enfin tant de choses
qui leur parurent si bizarres, tantost en repoussant avec injure l'Officier qui luy appor- *Niem.*
toit l'argent du revenu de la Chambre Aposto- *Ciacon.*

**1378.** lique , tantoſt en refuſant de ratifier la paix qu'on avoit heureuſement concluë avec les Florentins, & en agiſſant tous les jours en cent autres façons tout-à-fait irregulieres; qu'ils crûrent qu'il avoit perdu l'eſprit , & prirent réſolution de s'en tenir à ce qu'ils avoient proteſté plus d'une fois, avant & durant le Conclave , à ſçavoir que celuy qu'on auroit élû dans cét horrible tumulte qu'on avoit fait, ne ſeroit point du tout vray Pape.

Ainſi, comme la violence du Peuple Romain fut la premiere cauſe du Schiſme, il eſt certain que la ſeconde fut cette conduite farouche & bizarre d'Urbain VI. laquelle acheva de faire réſoudre les Cardinaux à caſſer ſon élection, comme ayant eſté faite contre les Canons. Mais parce qu'ils ne pouvoient agir librement, ni ſe déclarer, tandis qu'ils ſeroient à Rome; ils garderent inviolablement le ſecret, & prirent cependant leurs précautions, pour ſe mettre en lieu de ſeûreté , & en état de pouvoir agir tout ouvertement contre Urbain, ſans aucune apprehenſion des forces, & de la violence des Romains.

*Ciacon.* Premierement, ils s'aſſeûrerent du Château Saint Ange, dont le Gouverneur Pierre Gontelin, qui étoit François, & tout au Cardinal de Marmouſkier, qui luy avoit procuré cette Charge, leur promit qu'il ſe déclareroit pour *Niem.*<br>*Marian. l. 11.* eux contre les Romains. Secondement, ils traiterent fecretement avec Honorat Caïetan Comte de Fondi, que le défunt Pape avoit fait Gouverneur de la Champagne de Rome, & à qui Urbain voulut d'abord oster fon Gouvernement, pour le donner à Thomas de Saint Severin ennemi de ce Comte. C'eft pourquoy s'étant révolté contre le Pape, il fit ligue avec ces Cardinaux, aufquels il promit fa protection, & les affeûra qu'il joindroit fes forces aux leurs. Car en même tems ils avoient trouvé moyen *Froiffart.* d'attirer à leur parti les troupes étrangeres qui *Niem.* étoient au fervice du Saint Siége, & qui fe ré-*Platin.* volterent contre Urbain. C'étoient les gens de *Boninfeg. l. 4.* *Argentré l. 8.* guerre que Grégoire XI. avoit fait lever en *Ciacon.* Bretagne, au nombre de cinq à fix mille chevaux, & quelque quatre mille fantaffins, & qui étoient paffez trois ans auparavant en Italie, fous la conduite du Cardinal de Geneve, contre les Florentins, & les Villes rebelles au Saint Siége. Mais quoy-qu'ils fuffent tres-vaillans, ils fe ren-*Argentré l. 8.* dirent néanmoins fi odieux aux Italiens par les horribles defordres qu'ils firent par tout, fans épargner non plus les amis que les ennemis: qu'on les tuoit auffi par tout, où l'on pouvoit les prendre avec avantage; de-forte qu'il n'en reftoit pas le tiers. Ils étoient commandez par les Capitaines Jean de Maletroit, & Silveftre de Budes, parent du Conneftable Bertrand du Guefclin, fous lequel il avoit fervi avec beaucoup de réputation dans la guerre d'Efpagne.

1378.  Et comme Bernard de la Sale Capitaine Gafcon s'étoit joint à eux avec de bonnes troupes de fa nation, qui avoient aufli pafsé les
Alpes, pour chercher à faire fortune dans ces
guerres d'Italie, ils faifoient encore un corps
tres-confiderable, que les Cardinaux trouverent
moyen de gagner, par l'entremife du Cardinal de
Saint Euftache, qui débaucha ces Capitaines,
avec l'argent même du Pape : de forte qu'ils promirent de les fervir contre les Romains, comme ils firent.

Ces Cardinaux Ultramontains ayant fi bien
pris leurs mefures, fans qu'Urbain en pût jamais rien découvrir, tant ils fceûrent adroitement diffimuler, ils luy demanderent permif-
fion de fortir de Rome, durant les chaleurs qui
commençoient à fe faire fentir, & de pafser le
refte de l'efté à Anagnie, comme ils avoient
fait l'année précedente avec le feu Pape. L'ayant
obtenuë fans difficulté, & fans qu'Urbain fe
défiât de leur deffein, ils ne manquerent pas de
s'y rendre tous, les uns aprés les autres, dans le
mois de Juin, aufli bien que le Cardinal d'A-
miens, qui voulut voir la confommation de
cette grande affaire, avant que de s'en retourner en France. Pierre de Cros Archevêque d'Arles, frere du Cardinal de Limoges, & Camerlingue de la Sainte Eglife, s'y rendit aufli des
premiers, fans en avoir demandé la permif-
fion, & emporta avec foy la Tiare, & tout le
refte

*Ciacon.*

*Ciacon:*

reſte des ornemens Pontificaux, avec la Chap- **1378.**
pelle Papale qu'il avoit en garde. Cela fit ſoupçonner à Urbain qu'on avoit conſpiré contre
luy, principalement quand il vit que des Cardinaux refuſerent ouvertement de le luy renvoyer, & de faire remettre entre ſes mains le
Château Saint Ange, comme il le leur avoit
tres-expreſſément ordonné. Alors il ſe repen- *Niem.*
tit, mais un peu trop tard, de les avoir laiſſé
ſortir de Rome; & changeant de méthode pour
les rappeller doucement, il en ſortit luy-même,
& s'avança juſques à Tivoli, où il demeura
tout le reſte de l'eſté. Ce fut de là qu'il en- *Ciacon.*
voya les trois Cardinaux Italiens, & pluſieurs
autres Prélats de mérite, à ceux d'Anagnie, pour
les exhorter à rentrer dans leur devoir, & à
retourner auprés de luy, leur promettant qu'il
oublieroit tout le paſſé. Mais ceux-cy qui avoient *Continuat.*
déja envoyé l'Evêque de Famagoſte, & Ni- *Naug.*
colas de Saint Saturnin, Maître du Sacré Palais,
au Roy Charles, & à l'Univerſité de Paris,
avec des Lettres de créance, pour les informer de
tout ce qu'ils avoient réſolu de faire, luy firent
réciproquement remontrer par ces mêmes Cardinaux de Milan, de Florence, & des Urſins,
par l'Evêque de Pampelune, & par le Prieur
des Chartreux de Naples, qu'il ſçavoit en ſa *Ep. Card. ap.*
conſcience, qu'ayant eſté élû par cette horri- *Walſing. in*
ble violence qu'on leur avoit faite, il n'étoit *Ric. 2.*
point vray Pape. C'eſt pourquoy ils le conju-

G

1378. rerent au nom de Dieu , de n'eſtre pas cauſe d'un Schiſme dans l'Egliſe , par ſon opiniâtreté à vouloir retenir une dignité qu'il ne pouvoit poſſeder legitimement. Mais Urbain rejetta bien loin cette propoſition , diſant toûjours qu'il étoit vray Pape , & offrant néanmoins de terminer leur differend par la voye d'un Concile Général. A quoy les Cardinaux ne voulurent jamais entendre, parce qu'ils prétendoient que c'étoit à eux de ſçavoir s'ils avoient fait cette élection par force , & qu'ils croyoient que dans l'état où étoient les choſes, il étoit impoſſible d'aſſembler un Concile.

*Ep. 3. Card. ad Vrb. ap. Raynal. n. 42. & ſeq.*

Cependant, comme on travailloit encore à chercher quelque voye d'accord , Urbain fit une action qui aigrit furieuſement les eſprits, donna un grand appuy aux Cardinaux ſes ennemis, & acheva de ruiner ſes affaires, à cette occaſion que je vais dire. Jeanne, fille de Charles Duc de Calabre , fils de Robert Roy de Naples, petit-fils du Roy Charles d'Anjou, frere de Saint Louïs, étoit en ce temps-là Reine de Naples, & Comteſſe de Provence , & avoit épouſé en quatriémes nopces Othon Duc de Brunſwik, de la tres-illuſtre Maiſon de Saxe, Prince qui à la beauté du corps joignoit mille perfections de l'ame qui le rendoient extrêmement aimable; ce qui pourtant ne luy pût faire jamais aquerir le titre de Roy, que cette imperieuſe Princeſſe ne ſe pouvoit ré-

soudre, qu'avec bien de la peine, à partager 1378.
avec pas un de ses maris. Urbain avoit tres- *Niem c. 6.*
grande obligation à l'un & à l'autre. Othon
avoit esté son ami & son protecteur, lors qu'il
n'étoit encore qu'Archevêque de Bari, peu ac-
commodé des biens de fortune; & ce fut ce
Prince qui luy rendit, le premier de tous, ses devoirs, aussi-tost aprés son Exaltation, & luy
offrit tout ce qui dépendoit de luy, quoy-que
ce Pape, selon son humeur altiere, le traitât
en même tems d'une maniere tres-desobligean-
te. La Reine Jeanne aussi de son costé n'avoit *Id. c. 7.*
rien omis de tout ce qui pouvoit faire hautement éclater la joye qu'elle avoit de son Exal- *Id. c. 6.*
tation, & luy avoit envoyé d'abord quarante
mille écus, & des vaisseaux chargez de toutes
sortes de rafraîchissemens & de provisions, en
le priant de disposer de tout ce qu'elle avoit
en son Royaume. Il n'avoit même alors pour
sa garde que des soldats que cette Reine luy
avoit envoyez de Naples, ne doutant point que
comme il étoit Napolitain, il ne dût, au moins
par reconnoissance, la gratifier en tout ce qu'il
pourroit, veû principalement que le Saint Siege
luy avoit une extrême obligation, pour avoir
aliené en sa faveur une des plus belles parties
du Comté de Provence.

Car ce fut cette même Reine, qui trente ans *V. le Traité de*
auparavant, & lors qu'elle n'en avoit encore que *M. du Puy,*
*& M. Bouche*
vingt, vendit Avignon au Pape Clement VI. *Hist. de Prov.*

G ij

1378.
1348.

pour une fomme tres-modique, qui ne montoit pas à plus de quarante-huit mille livres, en luy donnant tout ce que cét Etat pouvoit valoir au delà; quoy-que les Provençaux, qui ont toûjours appellé maudite & malheureuſe cette alienation, proteſtaſſent qu'elle étoit nulle, parce que leurs Comtes avoient déclaré qu'on ne pouvoit jamais rien démembrer du Comté de Provence; & que Robert ayeul de cette Reine, en l'inſtituant ſon heritiere, avoit ordonné par ſon Teſtament, qu'avant l'âge de vingt-cinq ans elle ne pût rien vendre de ſon Domaine, ſans le conſentement des Tuteurs qu'il luy avoit donnez, & qui n'avoient jamais voulu conſentir à un Contract ſi deſavantageux à la Provence. Elle ne laiſſa pas néanmoins de paſſer outre, & de faire enfin mettre le Pape en poſſeſſion d'une ſi belle Ville; ce qui luy faiſoit eſperer qu'Urbain joignant cette obligation qui luy étoit commune avec tous les Papes, à celles qu'il luy avoit en ſon particulier, auroit quelque bonté pour elle, & ſeroit bienaiſe d'avoir occaſion de la favoriſer.

Mais elle perdit bien-toſt cette eſperance par le traitement qu'il luy fit. Elle venoit de luy envoyer une magnifique Ambaſſade, dont le Chef étoit ſon mary même Othon de Brunſwik, accompagné de Nicolas Spinelli Chancelier de Naples, & ſuivi d'un tres-grand nombre de Nobleſſe. Le ſujet de cette Ambaſſade étoit pre-

*Niem. t. 1.*

mierement pour luy rendre l'obeïſſance, & les
devoirs que les Princes Chrétiens ont accoûtumé de rendre ſolennellement aux Souverains
Pontifes; ſecondement, pour trouver les voyes
de pacifier cês dangereux troubles, & de ré-
concilier le Pape avec les Cardinaux ; & en
troiſiéme lieu, pour le ſupplier tres-humblement d'agréer qu'on fît le mariage du jeune
Marquis de Montferrat parent du Prince Othon,
avec Marie fille de Frideric I V. d'Arragon, Roy
de Trinacrie, ou de l'Iſle de Sicile, & heritiere de
ce Royaume; ce qui par l'union de ces deux
Royaumes de Naples & de Sicile, pourroit extrêmement ſervir à celle de l'Egliſe, & empêcher le Schiſme.

C'eſt une étrange maladie que celle de l'ambition, ſur tout dans un homme d'Egliſe. Depuis qu'il en eſt une fois frappé, il ne peut
ſouffrir de repos; & ſi la fortune a fait au-delà
de tout ce qu'il pouvoit eſperer pour le rendre
heureux, cette inquiete paſſion fait en même
tems tout ce qu'il faut pour le rendre tres-
malheureux, en luy inſpirant cét ardent deſir,
dont il brûle, d'agrandir ſes parens. Urbain;
qui, contre ſon attente, & même contre toute
apparence, étoit parvenu au Souverain Pontificat, voyant qu'il ne pouvoit monter plus
haut dans l'Egliſe, ſe mit dans l'eſprit que c'é-
toit alors qu'il falloit commencer à travailler
pour l'agrandiſſement de ſa Maiſon, & qu'il

1378.
Collenut.
Hiſt. Neap.
l.s.
Niem.
Ciacon.

Niem. c. 8

Ciacon.

1378.

devoit tirer tout l'avantage qu'il luy feroit poſſible de ſa ſuprême dignité, pour élever le plus haut qu'il pourroit dans le monde ceux de ſon ſang. Là-deſſus croyant qu'il avoit une tres-belle occaſion de faire ce qu'il prétendoit, ſon aveugle paſſion luy fit concevoir cét ambitieux deſſein qu'il forma ſi peu raiſonnablement, & à contre-tems, de faire tomber la Couronne de Sicile ſur la teſte de ſon neveu François Prignano, jeune homme ſans aucun mérite, en luy faiſant épouſer cette jeune Reine, que les Grands du Royaume avoient déja deſtinée, de ſon conſentement, au Marquis de Montferrat. Et parce qu'il vit bien qu'enſuite de ſon refus, il auroit pour ennemis la Reine Jeanne, & le Prince Othon, qui s'oppoſeroient de toute leur force à l'accompliſſement d'une entrepriſe ſi bizarre, il réſolut dés lors d'aſſeûrer la ſucceſſion du Royaume de Naples, à Charles de Duras, couſin iſſu de germain de Louïs Roy de Hongrie, & de la Reine Jeanne, fous prétexte d'empêcher que cette Princeſſe ne la fît paſſer à Othon, qui étoit Allemand, ne doutant point du tout que Charles qu'il feroit ainſi Roy de Naples, ne le dût réciproquement aider à exécuter ſon deſſein. Nicolas Spinelli, qui avoit eſté fort ami d'Urbain avant ſon Pontificat, fit tout ce qu'il pût en public & en particulier, pour luy perſuader que pour le bien de l'Egliſe, & pour ſon propre intereſt,

*Niem.*
*Ciacon.*

*Summont.*
*Hiſt. Neap.*
*l. 3.*

*Niem.*

il devoit en cette rencontre satisfaire aux justes
demandes de la Reine, & du Duc de Brunswik.
Mais bien loin de se rendre à ses raisons, ou
du moins de dissimuler en habile politique,
& de l'amuser par de belles paroles; ce Pontife, suivant son naturel impetueux, non seulement ne voulut rien faire de tout ce qu'il luy
proposoit, mais aussi luy fit le plus grand outrage, & le plus sanglant affront qu'un homme de
son caractere, & de son merite pût recevoir.
Car comme en un magnifique festin qu'il fit    *Collenut.Hist.*
à tous ceux qui luy étoient venus rendre leurs    *Neap. l. 5.*
devoirs, on eût mis le Chancelier, en qualité
d'Ambassadeur de la Reine de Naples, en la
place la plus honorable, auprés du Prince Othon,
il luy envoya commander de se lever sur le
champ d'une place qu'il ne devoit pas occuper,
& de s'aller mettre plus bas.

Ce Pape, qui étoit Napolitain, & d'humeur
extrêmement vindicative, pouvoit bien croire que Spinelli homme de qualité, qui étoit
de la même Ville, & sans doute aussi de la même humeur, ne luy pardonneroit jamais une
injure si atroce, & qu'il chercheroit les moyens
de s'en venger comme il fit. Car soit qu'il eût
découvert quelque chose du dessein d'Urbain,
ou qu'il jugeât par son humeur imperieuse, qui
luy étoit assez connûë, de ce qu'il pourroit faire; il est certain qu'étant de retour à Naples,
il dit tant de choses à la Reine, pour luy per-

1378.
MS. Vatic.
ap. Raynald.
Collenut.
Hoß. Pignat.
Diar. apud
Raym.
Niem.
Ciacon.

suader que ce Pontife violent songeoit à la
chasser de son Royaume, qu'il la fit aisément
résoudre à se déclarer pour celuy que les Cardinaux feroient Pape. Et ceux-cy ensuite animez par ses discours, & assûrez d'une si puissante protection, résolurent enfin d'exécuter ce
qu'ils croyoient avoir droit de faire, en créant
un nouveau Pontife; & voicy comment ils s'y
prirent.

D'abord ils donnerent leurs ordres pour faire avancer les Bretons & les Gascons, qui étoient
déja sur les terres de l'Eglise, afin d'avoir une
armée toute preste dans la Champagne de Rome, pour maintenir contre Urbain l'élection
qu'ils alloient faire; & cependant, ils firent devant l'Archevêque d'Arles Camerlingue, cette
Attestation Juridique, dont j'ay parlé, & dans
laquelle, aprés avoir exposé tout ce qui s'étoit
passé dans l'élection d'Urbain, par la violence
que les Romains leur avoient faite, ils prote-
stent avec serment, que par toutes les choses
qu'ils ont faites aprés son élection dans Rome,
où ils n'étoient pas libres, ils n'ont nullement
prétendu qu'il acquît plus de droit qu'il n'en
avoit, étant élû d'une maniere si forcée, & si
contraire aux Saints Canons. Aprés cela, ce Camerlingue le cita devant son Tribunal, ne le
qualifiant que Berthelemi Archevêque de Bari,
intrus dans le Pontificat, & en même tems
les treize Cardinaux Ultramontains sommerent

les

les quatre Italiens de se rendre auprés d'eux à
la ville d'Anagnie, pour y proceder tous ensemble canoniquement à l'élection d'un Pape,
puis qu'ils ne pouvoient douter que le Siege ne fût vacant, par l'intrusion manifeste de
Berthelemi Prignano ; & cependant le neuviéme d'Aoust l'Archevêque d'Otrante, Patriarche de Constantinople, aprés avoir celebré la
Messe Pontificalement dans la grande Eglise
d'Anagnie, monta sur la Tribune, & en presence des treize Cardinaux, & d'une multitude
innombrable de Prélats, d'Ecclesiastiques, de
Noblesse, & de Peuple accouru de toutes parts,
pour être témoin de cette action, il leût une
Déclaration, par laquelle les Cardinaux aver-
tissoient tous les Fidelles de ne point reconnoître pour Pape Berthelemi Archevêque de Bari,
intrus dans le Pontificat, puis que son élection
ne s'étoit faite que par force.

Aprés cela, pour être encore plus en seûreté
que dans Anagnie, Ville sans défense, & de
l'Etat Ecclesiastique, ils se retirerent à Fondi,
au Royaume de Naples, sous la protection de
la Reine, & du Comte Caïetan. Et ce fut là que
par le conseil du Chancelier Nicolas Spinelli,
qui traitoit sans cesse avec eux, comme Ambassadeur de la Reine, ils trouverent enfin moyen
d'attirer les trois Cardinaux Italiens qui restoient ; car le bon homme Thebaldeski Cardinal de Saint Pierre, étoit déja mort, en recon-

H

1378.
Epist. Card.
ap. Raynald.
n. 48.

Ciacon.

Declar. Card.
ap. Walsing.
in Rich. 2.

Niem.
Ciacon.

1378. noiſſant, à ce qu'on dit, Urbain pour vray Pape.
Ces trois, qui étoient les Cardinaux de Milan,
de Florence, & des Urſins, n'ayant pas encore
bien réſolu ce qu'ils devoient faire en cette
rencontre, s'étoient rendus à Seſſa, pour déliberer entre eux ſur le parti qu'ils devoient prendre
en cette querelle, qu'on voyoit bien qui n'étoit
plus en état de pouvoir être accommodée; &
ce fut inutilement qu'Urbain, qui craignit alors
qu'ils ne ſe joigniſſent aux autres, leur fit porter l'ordre de revenir auprés de ſa perſonne à
Tivoli. Ils differoient toûjours d'obéïr, ſous
quelque prétexte; & cependant le Cardinal des
Urſins fut ſecretement à Naples s'aboucher avec
la Reine, pour ſçavoir au vray ſes intentions,
& revint auſſi-tôt aprés à Seſſa, pour en informer les deux autres. Alors les Ultramontains
s'aviſerent, ſuivant le conſeil de Spinelli, de ſe
ſervir d'un moyen qu'ils crûrent tres-propre,
pour les déterminer enfin à s'unir avec eux,
& qui en effet réüſſit. Ils ſçavoient bien que
tous trois, mais ſur tout Jacques des Urſins,
avoient eû grande envie d'être Pape, aprés la
mort de Gregoire, & que s'ils eſperoient encore de l'être à cette élection qu'on alloit faire,
cette eſperance, qui flatteroit agréablement leur
ambition, ſeroit une puiſſante raiſon, pour
leur perſuader de ſe joindre à eux, dans la réſolution d'élire un nouveau Pape. C'eſt pourquoy, aprés les avoir encore invitez, & ſom-

*Niem. c. 9.*
*Ciacon. in*
*Clem. 7.*

mez tous trois en commun, de venir au nouveau Conclave, ils leur firent rendre, à chacun
en particulier, fort fecretement, une Lettre, par
laquelle on l'avertiffoit qu'on avoit réfolu de le
faire Pape, s'il fe rendoit au plûtoft à Fondi.
Mais on le prioit inftamment de tenir la chofe fort fecrete, de-peur que les deux autres, s'ils
venoient à la découvrir, irritez de fe voir exclus, ne trouvaffent quelque moyen d'empêcher qu'elle ne fe fît.

Il n'y a rien de fi propre à tromper un homme, quelque adroit & fpirituel qu'il puiffe eftre,
que fa propre paffion, qui l'aveugle, pour ne
pas voir ce que les moins éclairez pourroient
découvrir, s'ils n'étoient point préoccupez.
L'ambition de ces Cardinaux, & le defir paffionné qu'ils avoient d'eftre Pape, les éblouït
tellement par l'éclat de la Tiare, laquelle cette
fauffe efperance qu'on leur donnoit fit briller à
leurs yeux, que fans raifonner davantage fur
une chofe fi délicate, & que bien des raifons
leur pouvoient rendre fort fufpecte, ils donnerent aveuglément dans le piége qu'on leur
tendoit. De-forte que chacun d'eux fe croyant
déja Pape, & tenant bonne mine, par une affez plaifante comédie, pour empêcher que fon
compagnon, qui faifoit de fon cofté la même
chofe à fon égard, ne découvrît le fecret, ils
ne manquerent pas de fe trouver tous trois d'un
même avis, quand ils confererent enfemble, fur

H ij

**1378.** cette derniere sommation qu'on venoit de leur faire; & ils conclurent qu'ils se devoient joindre aux Ultramontains leurs confreres, qui faisoient plus des deux parts du Sacré College. Cela résolu de la sorte, ils se rendirent au mois de Septembre à Fondi, où ils furent magnifiquement receûs des Cardinaux & du Comte, qui furent au-devant d'eux, & les conduisirent dans le Palais, où, peu de jours aprés leur arrivée, le Conclave fut préparé. Et là, comme on eût arresté que l'élection se feroit par la voye du Scrutin, afin qu'il y eût plus de liberté, les seize Cardinaux, c'est à dire, tous ceux qui étoient alors en Italie, allerent aux suffrages; & dés le premier Scrutin les trois Italiens se trouverent déchûs de leur esperance. Car Robert Cardinal de Géneve, ayant eû toutes les voix des Ultramontains qui s'étoient réünis, fut élû Pape le vingtiéme du même mois, adoré, selon la coûtume, aprés avoir pris le nom de Clement V I I. & couronné ensuite devant la grande Eglise de Fondi, avec toutes les ceremonies accoûtumées, en presence du Duc Othon de Brunswik, Prince de Tarente, des Ambassadeurs de la Reine Jeanne, & de la plufpart des Grands du Royaume.

*Hist. Genealo. de la Maif. de Franc. l. 29. s. 5. Aubery Hist. des Card.* Il étoit fils d'Amedée I I I. Comte de Géneve, & de Mahaut de Boulogne & d'Auvergne, & frere d'Amedée I V. aprés la mort duquel, & de ses deux autres freres Jean & Pierre,

décedez fans enfans, il fut luy-même Comte; **1378.**
& ce fut en luy que finit la tres-illuftre Maifon
des anciens Comtes de Geneve. S'étant dévoûé
à l'Eglife, il fut d'abord Chanoine de Nôtre- *Ciacon.*
Dame de Paris, & Protonotaire Apoftolique, *Du Chefne*
puis Evêque de Teroûenne. De cét Evêché il
paffa trois ans aprés à celuy de Cambray. Grégoire X I. le créa Cardinal à la premiere pro- *Aut. V. Clem*
motion qu'il fit en l'année mil trois foixante
& onze; & fept ans aprés il fut élû Pape de la
maniere que nous l'avons dit. Il étoit alors dans
la force de fon âge, n'ayant encore que trente- *Ciacon*
fix ans, d'une médiocre ftature, affez replet,
tant foit peu boiteux, mais prenant grand foin
de couvrir ce defaut, comme il faifoit avec
beaucoup d'adreffe, par une démarche fort re-
guliere, & mefurée; ayant les inclinations &
les manieres d'un grand Prince, mais avec un
peu trop d'excés, vivant dans un éclat & une
magnificence qui donnoit beaucoup au-delà
de ce que demande l'état d'un Prince de l'E- *Niem:*
glife, & n'ayant enfuite jamais affez pour four- *Ciacon*
nir à fes exceffives dépenfes, & aux profufions
qu'il faifoit, donnant tout plûtoft en prodi-
gue, qu'en Prince liberal, & n'épargnant rien
pour traiter avec une magnificence Royale, les
Princes, les Ambaffadeurs, & les perfonnes de
grande qualité, qu'il faifoit manger à fa table;
aimant fort fes parens & fes alliez, qu'il prenoit
grand foin d'élever; peu appliqué aux affaires,

1378. & peu scrupuleux ; au reste homme d'esprit, tres-éloquent, & qui s'exprimoit agréablement & facilement en François, en Latin, en Allemand, & en Italien ; & sur tout d'un grand cœur, & d'un courage à mépriser toutes sortes de perils, pour maintenir ce qu'il avoit une fois résolu d'exécuter : ce qui fut cause que les Ultramontains, qui le connoissoient, le choisirent tous d'une voix, étant persuadez qu'il n'y avoit personne plus capable que luy, de faire valoir son élection contre Urbain. Outre que, comme il étoit parent ou allié de presque tous les Princes de l'Europe, ils crûrent qu'une si puissante consideration les obligeroit à se déclarer en sa faveur.

Il n'en alla pas néanmoins ainsi. Car bien qu'aussi-tost aprés cette élection, ils eussent écrit à tous ces Princes, & à tous les Fidelles, pour les informer de tout ce qui s'étoit passé à Rome, à Anagnie, & à Fondi, protestant toûjours constamment, qu'ils n'avoient élû Urbain que par force : comme il y avoit déja quatre mois qu'on l'avoit reconnu pour vray Pape, selon les premieres Lettres qu'eux-mêmes avoient écrites touchant son élection, il n'y eût d'abord que la Reine Jeanne, & son Royaume, la Provence, & la Ville d'Avignon, & les six Cardinaux que Grégoire y avoit laissez, qui suivirent le parti de Clement. Et quoy-que plusieurs autres Royaumes, Etats, & Na-

*Auth. M. S.*
*S. Vict.*
*Du Chesne.*
*Aut. V. Clem.*

tions se déclarerent enfin pour le même Pape, 1378. comme on le verra dans la suite de cette Histoire, la plus grande partie du monde Chrétien demeura pourtant ferme dans l'obédience d'Urbain. Et c'est pour cela qu'on le met ordinairement, & ses successeurs, dans la liste des vrais Papes, quoy-que l'Eglise assemblée dans un Concile Général, n'ait pas voulu décider cette grande question, à sçavoir lequel de ces deux avoit esté le legitime Souverain Pontife, ni ensuite qui d'entre ceux qui leur ont succedé devoit estre tenu pour tel. Elle crût qu'il y avoit lieu d'en doüter, jusques à ce que les ayant déposez par son autorité suprême pour le bien de la paix, on en fit un qu'on ne devoit point douter alors qui ne fût le vray Pape. Avant cela, il est certain que le droit des parties ne fut jamais si bien éclairci, qu'on ne pût se déterminer pour l'un ou pour l'autre parti. En effet, il y eût des deux costez de tres-sçavans Jurisconsultes, de celébres Theologiens, & de grands Docteurs, qui écrivirent immediatement aprés le Schisme des Traitez, les uns pour Urbain, & les autres pour Clement. Outre ceux qui sont imprimez, on en peut voir de tres-beaux Manuscrits qui m'ont esté communiquez par le sçavant M. Baluze, qui a soin de la Bibliotheque de M. Colbert, remplie de ces sortes de Pieces rares, qui sont d'un grand secours à ceux qui s'appliquent à cultiver les Sciences,

1378. & les beaux Arts. On en trouve auſſi quantité
dans les anciennes Bibliotheques de Saint Victor de Paris, du College de Foix à Toulouſe,
& ſur tout dans la Vaticane à Rome, où il y a
juſqu'à trente-deux gros volumes, contenant
une infinité de Pieces, qu'on écrivit de part
& d'autre, pour ſoûtenir le droit que chacun
prétendoit avoir de ſon coſté. Enfin, Dieu
même, auquel il plût de faire éclater, par de
grands miracles, la ſainteté de pluſieurs d'entre
ceux qui ſe trouverent partagez dans cette querelle, en l'une & en l'autre obedience, déclara
manifeſtement par là qu'on y pouvoit eſtre de
bonne foy, en ſuivant une opinion qui étoit
probable de part & d'autre.

Ainſi les foudres & les anathêmes, que les
deux Papes lançoient réciproquement l'un contre l'autre, & contre tous ceux qui ſuivoient un
parti contraire au leur, ne faiſoient nul mal à
perſonne. Et ces Ecrivains emportez qui traitent encore aujourd'huy de Schiſmatiques, avec
d'horribles outrages, ceux qui étoient dans une
obédience qu'ils n'approuvent pas, ne ſçavent
ce que c'eſt que d'écrire en honneſtes gens, &
en Hiſtorien, n'étant que de foibles Déclama-
teurs, qui oſent décider de leur autorité particuliere, avec tres-peu de jugement, & beaucoup de temerité, ce que l'Egliſe même n'a
pas jugé qu'elle dût déterminer. C'eſt ainſi qu'il
y eût en même tems deux Papes, ſans qu'on
ſceût

sceût de certitude qui étoit le faux ou le vray;
& quoy-que les Fidelles fussent divisez à l'é-
gard de la personne qu'ils reconnoissoient pour
Pape, en quoy ils se pouvoient tromper inno-
cemment, ils ne laissoient pas néanmoins d'ê-
tre tous parfaitement unis dans l'attachement
qu'ils avoient au Saint Siege, comme au centre de l'unité, aussi veritablement qu'ils le font,
quand ce même Siege est vacant.

Urbain, qui étoit retourné à Rome un peu
auparavant, & qui s'étoit logé à Sainte Marie
au-delà du Tibre, à cause du Château Saint *Ciacon.*
*Niem. t. 12.*
Ange, qui tenoit pour les Cardinaux, fut bien
étonné de se voir abandonné de tout le Sacré
College, & même de la pluspart des Prélats,
& des Officiers de la Cour de Rome, qui se re-
tiroient, ou à Fondi, ou en leurs maisons, dans
l'incertitude où ils étoient encore du parti qu'ils
devoient prendre. Il en conceût tant de douleur, que tout fier & hautain qu'il étoit, il ne
pût retenir les larmes, que son Secretaire nous
asseûre luy avoir veû verser en abondance, dans
le déplorable état où il se voyoit réduit, aprés
avoir esté solennellement adoré, par ceux-là
mêmes qui entreprenoient de le renverser du
Trône, sur lequel ils l'avoient élevé. Mais en
même tems il fut consolé par les Lettres que
luy écrivit Sainte Catherine de Sienne, qui l'en- *Epist. S. Cath.*
courageoit à se maintenir dans sa dignité con-
tre tous les efforts que ses ennemis faisoient

I

1378. pour l'en dépouïller. Cette admirable fille, qui à une éminente sainteté joignoit un rare esprit, & un courage beaucoup au dessus de la force ordinaire de son sexe, avoit esté la principale cause du retour du Pape Grégoire, qui se gouverna en cela particulierement par ses conseils, selon certaines révelations qu'elle croyoit indubitables, ce que pourtant il avoûa depuis, & même à la mort, qu'il eût voulu n'avoir pas fait. Comme elle tenoit l'élection d'Urbain pour legitime, & qu'elle sçavoit fort bien, selon que luy-même l'avoit protesté, qu'il ne quitteroit pas Rome pour Avignon, ce qu'on apprehendoit en Italie qu'un Pape Ultramontain ne fît encore: elle se déclara hautement pour luy, & employa tout ce qu'elle avoit d'esprit, d'éloquence & de force, en écrivant par tout, pour obliger tout le monde à le reconnoître. Elle luy écrivit aussi ces six Lettres que l'on peut voir parmi les siennes qu'on a recueïllies, & où aprés l'avoir exhorté à la constance dans cette persecution, elle luy conseille de se radoucir un peu, en relâchant quelque chose de cette trop grande severité qui luy faisoit tant d'ennemis, & de faire au-plûtost un nouveau College rempli de sujets capables de servir l'Eglise en cette occasion, par un mérite extraordinaire, qui les fît estre comme autant de fermes colomnes pour en soûtenir l'édifice.

*Ciacon.*

*Epist. S. Cath. Senens.*

Urbain, que l'adverſité, comme il arrive 1378.
d'ordinaire, avoit rendu plus traitable, ne manqua pas de profiter de ces avis. Ce Pape, qui
s'étoit rendu d'abord ſi formidable, en traitant
avec tant de hauteur & de fierté les Cardinaux, *Niem. c. 12.*
paſſa tout-à-coup d'une extrémité à l'autre, &
s'abbaiſſa juſqu'à flater les moindres Officiers, en
s'humiliant devant eux, & les élevant, pour les
retenir auprés de ſoy, aux Charges de ceux qui
s'étoient retirez. Et pour ſe faire une Cour digne d'un Souverain Pontife, luy qui n'avoit
pas un ſeul Cardinal, en fit dans une ſeule pro- *Aut. V. Clem.*
motion vingt-neuf de toutes les Nations, deux *Ciacon.*
jours avant l'élection de Clement à Fondi, ſans *V. Not. Boſq.*
comprendre en ce nombre quelques-uns qui *p. 244.*
refuſerent le Chapeau. Ce fut en cette occa-
ſion que pour gagner le Roy Charles V. il créa *Hiſt. Gen. de*
Cardinal Philippes d'Alençon, Prince du ſang, *la Maiſ. de*
neveu du Roy Philippes de Valois, le fit Lé- *Ciacon. in*
gat dans la Toſcane, & dans l'Ombrie, avec un *Onuphr.*
pouvoir abſolu, & du Patriarcat titulaire de *Garimb. de*
Jeruſalem, le transfera à celuy d'Aquilée. Mais *Car. l. 5.*
comme quelque tems aprés, le Roy ſe fut déclaré
pour Clement, le Cardinal fut obligé de ſe retirer, pour ſe mettre à couvert des ſoupçons de ce
Pape, qui en effet, pour ſe venger de ce que les
François l'abandonnoient, luy oſta le Chapeau.
Son ſucceſſeur Boniface le luy rendit, en le ré-
tabliſſant dans tous les biens & les honneurs
qu'il tenoit du Saint Siége; & il mourut enfin 1397.

I ij

*Perceval. de*
*Caign. dans*
*l'Hist. de S.*
*Marthe.*

à Rome en une haute réputation de sainteté, laquelle il plût à Dieu de confirmer par quelques guerisons miraculeuses qui se firent à son tombeau, dans l'Eglise de Sainte Marie au-delà du Tibre, qui étoit celle de son Titre.

*Aut. V. Greg.*
*XI.*
*Ciacon.*

Au reste, les deux Papes ne manquerent pas d'envoyer en même tems leurs Légats à tous les Princes de l'Europe, pour les engager dans leurs interests: mais Urbain l'emporta de beaucoup, pour le nombre de ceux qui demeurerent fermes dans son obedience, pardessus Clement, qui fit aussi de nouveaux Cardinaux, afin d'égaler son College à celuy d'Urbain. Comme celuy-cy venoit de confirmer à Tivoli l'élection qu'on avoit faite de Wenceslas Roy de Boëme, pour succeder à la Couronne Imperiale, l'Empereur Charles IV. & aprés sa mort, qui arriva cette même année, son fils Wenceslas, retinrent dans l'obeïssance de ce Pape, toute la Boëme, & presque tout l'Empire; & cét exemple fut suivi des Royaumes & des Peuples du Nord. Les Anglois, qui prenoient toûjours le

*Walfing. in*
*Rich. 2.*
*Hist. des Card.*
*Aubcr.*

contrepied des François, ausquels ils faisoient la guerre, ne voulurent pas seulement écouter le Cardinal de Poitiers Gui de Maillesec de Châlus, Légat de Clement, qu'ils traiterent toûjours d'Antipape. Ce Cardinal ne réüssit pas mieux dans les Païs-Bas, qui suivoient assez les Anglois, & se déclarerent pour Urbain, excepté le Hainaut, qui demeura neutre. Louïs Comte

de Flandre, quoy-qu'il fût parent de Clement, **1378.**
ne le voulut enfuite jamais reconnoître, prenant pour prétexte qu'il s'en vouloit tenir à ce *Meyer.*
que luy-même, étant Cardinal de Geneve, luy *Froiſſard.*
avoit écrit aprés l'élection d'Urbain, laquelle il
avoit approuvée. Louïs Roy de Hongrie, ennemi de Jeanne Reine de Naples, fit la même *Theodor.*
chofe; & la Reine Elifabeth voulant honorer *Niem. l. t.*
Jefus-Chrift en la perfonne d'Urbain, luy en- *c. 17.*
voya, avec des ornemens tres-précieux, une magnifique Tiare, toute étincellante de pierreries, au lieu de celle que l'Archevêque d'Arles
Camerlingue avoit emportée, quand il fuivit
les Cardinaux à Anagnie. Ce qui attacha encore plus fortement le Roy, auffi-bien que
Wenceflas, au parti d'Urbain, fut, à ce qu'on *Niem. c. 16.*
dit, l'action tout-à-fait inexcufable de Clement,
& de fes Cardinaux, qui, extrêmement irritez
de ce que ces deux Princes les avoient envoyé
prier, lors qu'ils étoient encore à Fondi, de rentrer dans leur devoir, & de fe foûmettre à celuy qu'eux-mêmes avoient fait Pape, maltraite-
rent, contre le droit des gens, leurs Envoyez,
qui étoient Ecclefiaftiques, & les mirent en
prifon comme des fcelerats, & des rebelles à
l'Eglife. La plus grande partie de l'Italie, pour
l'intereft de la Nation, qui ne vouloit plus de
Pape Ultramontain, fut pour Urbain, qui fit la
paix avec les Florentins, & les Vifcomti de Milan; & pour les Rois d'Efpagne, en ce commen-

cement du Schifme, ils demeurerent encore quelque tems dans fon obedience, n'ayant receû le
Cardinal Pierre de Lune, que comme Efpagnol,
& nullement comme Légat du Pape Clement.

*Auth. Vit.*
*Clement.*

Mais une fi grande profperité des affaires
d'Urbain, luy ayant fait reprendre cét efprit
hautain, violent & impetueux, avec lequel il
agiffoit prefque toûjours, quand la fortune le
favorifoit, luy fit bien-toft perdre cét avantage qu'il avoit d'eftre reconnu de toute l'Efpagne. Car s'étant mis encore dans l'efprit,
par une aveugle ambition, le bizarre deffein
de faire fon indigne neveu Roy de Sicile, en

*Sorit. l. 5.*

luy faifant époufer l'heritiere de ce beau Royaume, il rejetta bien loin les demandes de Pierre
Roy d'Arragon, qui prétendoit que ce Royaume luy devoit appartenir, par la fubftitution
qu'en avoit faite, en fa faveur, le Roy Frideric I. fon grand oncle. Et non content du
refus qu'il luy en fit, d'une maniere affez de-
fobligeante, il pouffa fa fierté fi loin, qu'il le
menaça de le dépouïller de fon Royaume d'Arragon, s'il fongeoit plus ni à la Sicile, ni même
à la Sardaigne, qu'il vouloit encore luy ofter.
Cette entreprife tout-à-fait infoûtenable, & fi
injurieufe à tous les Rois, & aux autres Souverains qui ne tiennent leur Couronne que de
Dieu feul, irrita tellement ce Prince, qu'il ne
voûlut plus le reconnoiftre, fans vouloir néanmoins encore adherer au Pape Clement; de-

forte que prenant la voye de la neutralité, dans
le doute où l'on pouvoit eftre du droit des deux
Papes, il fit mettre en fequeftre tous les biens
qui appartenoient au Saint Siége en fon Royaume, jufqu'à ce qu'on eût décidé la queftion, &
qu'on fceût de toute certitude, qui des deux
étoit le vrai Pape; ce que Henri Roy de Caftille trouva auffi de ſon cofté, qu'il étoit à
propos de faire en ſon Royaume, comme il le
fit, dans une grande affemblée qu'il tint à Tolede pour cét effet : voilà ce que l'ambition
d'Urbain luy valut. Pour avoir voulu mettre
un Royaume dans fa maifon, il n'eût pas celui qu'il prétendoit pour fon neveu; car Marie
heritiere de Sicile fut enfin donnée à Martin
fils du Duc de Montblanc, defcendu de ce Pierre
Roy d'Arragon ; & il en perdit deux qui étoient
dans fon obedience, & qui fe mirent quelque
tems aprés dans celle de Clement.

Ceux qui reconnurent ce Pape avant cela,
furent les Royaumes de Naples, d'Ecoffe, &
de Chypre ; le Comte de Savoye ; celuy de Geneve frere de Clement ; le Duc de Lorraine,
& le Duc de Bar, qui étant tous dans les interefts de la France, fuivirent auffi fon exemple,
pour les raifons qui l'obligerent à reconnoiftre
le Pape Clement. Le jeune Leopolde, Duc d'Auftriche, & quelques Princes & Villes d'Allemagne, furent gagnez par le Cardinal d'Aigrefeuille, qui étoit Légat de Clement, & que

Surit. ibid.
Fazel.
V. Spond. hoc
ann.

Marian. l. 17.
c. 2.

Auth. Vit.
Clem. 7.

1378. l'Empereur hautement déclaré contre ce Pape, ne voulut pas souffrir dans ses Etats. Mais ce qui rendit enfin son parti tres-considerable, fut que la France se déclara fort solennellement pour luy de la maniere que je vais raconter.

Celuy qui y regnoit alors, étoit Charles V. qui pour les Royales perfections, & les éminentes vertus qu'il fit éclater en toute sa conduite, & singulierement pour sa prudence consommée, jointe à une rare pieté, a merité le glorieux surnom de Sage, qui vaut tout seul un éloge tres-accompli. Ce fut en cette occasion qu'il agit avec une merveilleuse prudence, pour ne se pas laisser surprendre à l'un ou à l'autre des deux Papes, qui taschoient de gagner un si puissant Prince. En effet, comme il eût receû au mois de May des lettres particulieres de quelques Cardinaux, qui s'étoient hazardez de luy écrire, pour le prier de ne rien croire de ce qu'Urbain luy feroit dire, touchant son élection, jusqu'à ce qu'on l'eût bien informé de la verité, il répondit aux Envoyez du nouveau Pape, qui arriverent peu de jours aprés, que n'ayant encore rien appris de cette élection par les gens qu'il avoit à Rome, l'ordre & la coûtume vouloient qu'il attendît à rendre ses devoirs à celuy qu'on disoit estre élû canoniquement jusqu'à ce qu'ils l'en asseûrassent. Mais aussi d'autre part, comme l'Evesque de Famaguste, & le Pere Nicolas de Saint Saturnin

*Chr. de Charl. V. MS. de la Biblioth. du Roy c. 71. Continuat. de Nang.*

*Ibid. c. 72.*

turnin Dominicain, Maître du Sacré Palais, en-1378.
voyez par les Cardinaux au Roy vers le mois
d'Aouſt, pour l'inſtruire particulierement de
tout ce qui s'étoit paſſé dans l'élection de l'Archevêque de Bari, qu'ils déclaroient ne pouvoir
tenir pour vray Pape, l'eûrent prié de leur part,
de vouloir adherer à cette déclaration, & de leur
accorder ſa protection contre cét Intrus ; il ne
voulut prendre aucune réſolution ſur cela, ſans
l'avis des plus ſages de ſon Royaume.

Pour cét effet, il fit à Paris, l'onziéme de *Paul. Æmil.*
Septembre, dans la grand' Sale du Palais, une *in Car. 5.*
aſſemblée de ſix Archevêques, de trente Evêques, & de pluſieurs Docteurs en Theologie,
& en Droit Canon. Il y fut enfin arreſté que
le Roy ſeroit conſeillé de pourvoir à la ſeûreté *MS. Chron.*
des Cardinaux ; & cependant de ne ſe déclarer *de Char. 5.*
ni pour, ni contre l'élection d'Urbain, juſqu'à *Contin. Nang.*
ce qu'il eût plus clairement connu la verité du
fait, d'où dépendoit la réſolution qu'on devoit
prendre ſur une affaire de cette importance. Le
Roy, ſuivant cét avis, fit donner cette réponſe
à l'Evêque, & au Maître du Sacré Palais, qu'il
fit accompagner, à leur retour, de quelques
habiles gens de ſon Conſeil. Ceux-cy n'étant *Vie du Mar.*
arrivez qu'aprés l'élection du Pape Clement à *de Bouciçaut.*
Fondi, prirent grand ſoin de s'informer fort *M. du Puy*
exactement de toutes choſes, & receûrent la *traité du Schiſ-*
*me.*
dépoſition des Cardinaux, qui aprés avoir juré *Du Chefne*
ſur le précieux Corps de Ieſus-Chriſt, que tout *Vies des Papes.*

K

ce qu'ils difoient de l'élection forcée de l'Archevêque de Bari, étoit la pure verité, en donnerent leurs Lettres authentiques, fcellées de leurs Sceaux, que ces Envoyez du Roy luy rapporterent. Et comme les deux Papes faifoient tous leurs efforts auprés de luy, pour maintenir, chacun de fon côté, le droit qu'ils prétendoient avoir, il tint une feconde affemblée, qui commença le feiziéme de Novembre, au Château de Vincennes, où les plus grands hommes du Royaume, & ceux du Confeil affifterent, avec les Prélats de France, & les plus celebres Docteurs de plufieurs Univerfitez.

*Chron. MS.*
*Car. 5. c. 75.*

On y examina de nouveau cette grande affaire, avec tout le foin, & toute l'exactitude que l'on y pouvoit apporter. On fut parfaitement inftruit de toutes les raifons qu'on peut alleguer pour les deux partis. Car de tres-celebres Docteurs avoient déja fait de part & d'autre, de tres-beaux Traitez fur ce grand differend, & entre les autres, Jean de Lignano Docteur de Boulogne, & l'Abbé de Saint Waft d'Arras Jean Fabri, ou le Fevre, tres-fçavant Homme, qui étoit en cette Affemblée, en qualité de Confeiller du Roy, avoient écrit en ce tems-là tout ce qu'il y a de plus fort & de plus plaufible, le premier pour le droit d'Urbain, & le fecond pour celuy de Clement. Chacun propofa fon avis, avec tres-grande liberté, pour l'un ou pour l'autre de ces deux Papes,

*t. 4. Hift.*
*Univ.*
*Du Chefne.*

Il y en eût auffi qui furent pour la neutralité, 1378.
jufqu'à ce que le Schifme fût éteint par un *Paul. Æmil.*
Concile Général, ou par quelque autre voye. *in Car. 5.*
L'Evêque de Cambray foûtint fortement cette
opinion. Le Chantre de Paris, qui étoit auffi
tres-habile, luy répondit par un Ecrit, dans
lequel il luy montre, que s'il croit au rapport
des Cardinaux, il doit reconnoître Clement;
& s'il ne veut pas qu'on y croye, il faut qu'il
tienne pour Urbain: qu'ainfi on ne peut eftre
neutre.

Ce fut là juftement le parti qu'on prit dans *Chron. M. S.*
cette Affemblée. On ne voulut point de neu- *Car. 5.*
tralité, parce qu'on fut perfuadé qu'on pouvoit, & que l'on devoit décider l'affaire en faveur de l'un ou de l'autre. En effet, c'eft le
droit commun, & toutes les loix Ecclefiaftiques & Civiles veulent que quand il y a con-
teftation entre deux prétendans, chacun tienne ce qu'il poffede, jufqu'à ce qu'on ait veû, autant qu'on le peut, à qui eft le droit; autrement il faudroit que quand deux hommes plai-
dent pour l'entiere poffeffion d'une terre, dont
chacun poffede une partie, on commençât d'a-
bord par les dépoffeder tous deux: ce qui feroit
une injuftice. Comme donc on tenoit pour
indubitable, que l'un des deux étoit le vray
Pape, & l'autre un intrus; on crût en cette Affemblée, que l'on ne pouvoit refufer à l'un &
à l'autre l'obéïffance par la neutralité, fans fai-

1378. re tort à celuy qui étoit legitimement élû; &
qu'en s'attachant à celuy des deux concurrens
que l'on jugeroit raisonnablement avoir le droit
de son costé, on seroit dans la bonne foy. Il
est vray que l'on prit long-tems aprés cette
voye de souftraction d'obéïssance à tous les deux
Papes, & qu'on déposseda l'un & l'autre, pour
en faire un qui fût indubitablement le vray
Pontife. Mais c'est que ce que les Communautez
particulieres n'eussent pû faire qu'injustement,
& contre ses loix, devint tres-juste, quand
toute l'Eglise inspirée par le Saint Esprit le
fit pour abolir le Schisme, dont elle ne crût
pas se pouvoir garantir sans cela. Outre que les
deux Papes en ce tems-là, qui avoient promis
de se démettre chacun de son costé, au cas que
son adversaire se voulût aussi déposer, usant
de collusion, comme ils firent, pour se maintenir éternellement, chacun dans son obédience; on n'étoit plus obligé d'adherer à l'un ou à
l'autre, & l'on ne fit que les vouloir contraindre, par une autorité suprême, de garder leur
serment. On jugea donc dans l'Assemblée, qu'il
ne falloit point de neutralité, & que l'on devoit
reconnoître pour Pape, celuy des deux qu'on
jugeroit être mieux fondé que son adversaire.

Et dautant que cette décision dépendoit de
l'éclaircissement d'un fait, à sçavoir si les Cardinaux avoient esté libres avant & aprés l'é-
lection d'Urbain, on conclut enfin, selon l'a-

vis du fçavant Abbé de Saint Waft, qu'on ne 1378.
pouvoit fçavoir la verité de ce fait, que par la
voye des témoignages, & qu'il n'y en avoit
point de plus affeûrez, ni aufquels on dût plus
raifonnablement déferer, que ceux des Cardinaux mêmes qui avoient fait cette élection,
qui fçavoient mieux que perfonne ce qui en
étoit, & qui avoient envoyé au Roy leur At-
teftation authentique en tres-bonne forme,
confirmée par le plus grand ferment qu'on
puiffe faire, & fcellée de leurs Sceaux. Aprés
qu'on en eût fait la lecture, le Roy voulut,
pour plus grande affeûrance, que le Cardinal de
Limoges, Évêque de Paleftrine, que Clement
luy avoit envoyé, fût juridiquement interrogé
fur ce fait, & fommé de déclarer nettement &
fincerement, devant une fi augufte Affemblée,
ce qu'il fçavoit en confcience qui s'étoit paffé
dans cette élection d'Urbain. Alors ce Cardinal
ayant briévement raconté ce que fes Confre- *Contin. Nang.*
res affeûroient dans leur déclaration, de la vio- *Du Chefne.*
lence qu'ils avoient foufferte, & de la proteftation qu'ils avoient faite que tout ce qu'ils feroient enfuite à Rome, où ils n'étoient pas libres, feroit nul, prit le grand Dieu vivant à
témoin, & protefta avec le plus grand & le
plus terrible de tous les fermens, que tout ce
qu'il venoit de dire fur un fait de cette im- *Chron. MS.*
portance, étoit veritable. Aprés quoy l'on fut *de Charl. V.*
aux avis; & tous, fans aucune diverfité de fen- *Contin. Nang.*
*Du Chefne.*

K iij

1378. timens, demeurerent d'accord qu'on ne pouvoit avoir humainement une plus grande certitude de ce fait dont il s'agissoit, parce que les
Cardinaux, qui souls avoient fait cette élection
dans le Conclave, étoient les uniques témoins
de ce qui s'y étoit passé entre eux, après la violence qu'ils protestoient leur avoir esté faite;
& qu'on ne pouvoit croire raisonnablement
qu'un aussi homme de bien que le Cardinal de
Limoges, Prélat d'une probité reconnuë, voulût se parjurer, dans un point de cette importance, & se damner ensuite, sans aucun interest
particulier, & pour l'avancement d'un autre.

Ciacon. in
Gregor. XI.
Aubery Hist.
des Cardin.

Et certes cela ne s'accorde pas mal avec ce
que raconte Ciaconius, à sçavoir que le Cardinal de Florence ayant un jour obligé par serment celuy de Limoges de luy répondre aussi
sincerement que s'il étoit à l'article de la mort,
tout prest d'aller répondre devant Dieu, luy
demanda s'il n'avoit pas élû librement Urbain,
ou si du moins il n'avoit pas ratifié librement
son élection, après le Conclave, en le reconnoissant pour Pape. A quoy ce Cardinal avoit
protesté, sans hésiter, comme firent pareillement les Cardinaux de Glandeve, de Bretagne,
& de Viviers, que tout ce qu'il avoit fait à
Rome, au sujet de cette élection, il ne l'avoit
fait que par contrainte, pour se garantir de la
mort; & que s'il eût esté hors de Rome, en
lieu seûr, il n'eût jamais donné sa voix à l'Ar-

chevêque de Bari. Ainſi donc, comme on eût 1378.
arreſté dans l'Aſſemblée qu'il s'en falloit tenir
à l'atteſtation des Cardinaux, laquelle devoit
prévaloir à tous les autres témoignages des particuliers, & que la queſtion de droit qu'on vouloit réſoudre, dépendoit uniquement du fait
dont on convenoit; le Conſeil du Roy, les Prélats de France, & les Docteurs, conclurent tout
d'une voix, que l'élection d'Urbain étoit nulle, *Chron. M.S.*
celle de Clement, qui avoit eſté faite libre- *de Char. s. c.*
ment par tous les Cardinaux qui étoient alors *75. 76.*
en Italie, & receüe par ceux d'Avignon, étoit
tres-legitime & canonique; qu'enſuite il ſeroit
reconnu pour vray Pape dans toute la France,
& que le Roy le devoit déclarer, comme il fit,
à tous les Rois, & à tous les Princes ſes alliez.

Voilà ce qui fut réſolu dans cette célebre
Aſſemblée de Vincennes. Mais ce ſage Roy, qui
vouloit ſe ſatisfaire pleinement ſur un point
auſſi délicat que celuy-cy, voulut encore s'é-
claircir par une autre voye, qu'il crût tres-ſoli-
de, & tres-propre pour ſe mettre tout-à-fait
l'eſprit en repos, & pour eſtre en eſtat de ne
ſe pouvoir jamais rien reprocher de ce coſté-là.
Et voicy quelle fut cette voye.

L'Univerſité de Paris, qui doit ſon premier *Gaguin.*
établiſſement à Charlemagne, ſon accroiſſement *Hid. Boët.*
*Platin. in*
à Louïs le Debonnaire & à Charles le Chauve, *Leon. III.*
& ſa perfection aux Rois de la troiſiéme race, *Papyr. Maſſ.*
*Annal.*
& ſur tout à Louïs le Jeune, & à ſon fils Phi- *Gaut. Tabl.*
*Chron.*

lippe Augufte, a toûjours efté la plus florifſan-
te de toutes celles qui ont eû quelque réputation dans le monde : mais il faut avoûër que
ce fut principalement au tems dont je parle, &
durant ce Schifme, qu'elle eût encore plus d'é-
clat & d'autorité que jamais, par une particuliere providence de Dieu, qui en vouloit faire
l'un des principaux inftrumens dont il fe fervit
pour rendre la paix à l'Eglife. Car elle fit de
fi belles chofes, principalement dans ce qua-
ziéme fiécle, en fervant l'Eglife & l'Etat, pour
mainténir, contre les héreſies, & contre les abus
& les entreprifes, la pureté & l'integrité de la
Foy, l'autorité fuprême du Saint Siége pour le
fpirituel, la fouveraineté de nos Rois indépendante de toute puiffance que de celle de Dieu
pour le temporel, leurs droits pour la collation des Benefices, les Immunitez du Clergé, &
les Libertez de l'Eglife Gallicane; que non-feulement les Papes, & les Evêques la confultoient
dans les affaires Ecclefiaftiques, mais auffi que
les Rois écoutoient fes remontrances, & prenoient fes avis dans celles qui concernoient le
bien public, & le gouvernement de leur
Royaume.

Or comme il s'agiffoit icy d'une affaire qui
importoit extrêmement au bien de l'Eglife &
de l'Etat, où l'on pouvoit apprehender une
grande divifion, fi les efprits n'étoient réünis
dans un même fentiment; le Roy, pour s'affeûrer

ïer de toutes parts, fut bienaife d'avoir encore 1378.
celuy de cét illuftre Corps de l'Univerfité, où
tandis qu'on déliberoit à Vincennes, les dif-
putes étoient fort échauffées dans les Ecoles fur
le même fujet, ceux-cy tenant pour Urbain,
ceux-là pour Clement, & quelques-uns pour
la neutralité. Le Roy donc ayant envoyé pour *Hiftor. Vni-*
cela fes Lettres à l'Univerfité, on tint une Af- *verf. t. 4.*
femblée générale le huitiéme de Janvier aux *Ann.*
Bernardins, où il fut arrefté que Sa Majefté fe- 1379.
roit tres-humblement fuppliée de donner du
tems, pour déliberer tout à loifir, fur un point
tres-difficile à décider, veû les raifons que plufieurs Docteurs avoient alleguées par écrit de
part & d'autre, & qu'il falloit examiner avec
beaucoup d'exactitude. Et puis comme la chofe
étoit de la derniere importance, & même fans
exemple dans l'Eglife, qu'on fupplieroit auffi le
Roy de permettre que l'on ne s'en tint pas, felon
la coûtume, à la pluralité des fuffrages, & qu'on
ne la pût décider que du commun confentement
de toute les Facultez, & de toutes les Nations.

Il paroît bien que le Roy, qui étoit le plus
fage, & le plus moderé de tous les Princes de
fon tems, confentit, fans peine, à tout ce que
ces Docteurs témoignoient fouhaiter. Car il
differa de leur demander une réponfe & décifion précife jufques au vingtiéme de May, qu'il
leur envoya pour cét effet l'Evêque de Laon,
& L'Abbé de Saint Waft. Il voulut auffi qu'on

L

1379.

Diftriĉtè præ-
cipiendo man-
dantes, quòd,
omnibus paf-
fionibus ab a-
nimo' veftrum
cujufcumque
rejeĉtis, folum
Deum , &
ejus judicium
habentes præ
oculis, juftè
& deliberatè
concludere
ftudeatis,quòd
ad divinam
laudem, Ec-
clefiæ ac fi-
dei &c.
Ep. Reg. Ca-
rol. ad Vni-
ver.

déliberaft fur fes Lettres, avec une pleine &
entiere liberté , fans aucune paffion , & fans
avoir égard à autre chofe qu'à la gloire de
Dieu, au bien de l'Etat, & à leur propre confcience. Durant plus de quatre mois qu'on s'é-
toit appliqué à examiner tres-exaĉtement cette
grande queftion, les trois Facultez de Theologie, de Droit Canon, & de Medecine; & pour
celle des Arts, les Nations de France , & de
Normandie, avoient toûjours conclu pour le
parti de Clement; & celles de Picardie, & l'Anglicane, ou la Germanique, comme on l'appelle depuis le Schifme d'Angleterre, avoient toûjours tenu ferme pour la neutralité. C'eft pourquoy, comme il y avoit de la diverfité dans les
avis ; quoy-que les trois Facultez, & les deux
Nations qui étoient d'accord, proteftaffent que
l'affaire étoit terminée, on tint néanmoins encore deux Affemblées, où les deux autres Nations qui vouloient la neutralité, revinrent enfin à l'avis commun : ce qui paroît clairement

Litt. Climen-
tis ad Facult.
Art. 7. Kal.
Aug.
Poftquàm ali-
quantulùm
hæfitaftis ,
refponfionem
benevolam , &
orthodoxæ fi-
dei congruam
piâ mente de-
diftis.

par le Bref que Clement écrivit à la Faculté
des Arts, pour luy témoigner la joye qu'il avoit
de ce qu'aprés avoir un peu hefité, elle avoit
enfin conclu favorablement pour fon éleĉtion.
Ainfi toutes les Facultez fe trouvant dans un
même fentiment, l'Univerfité fit, le trentiéme
de May, une folennelle députation au Roy,
qui voulut entendre fa réponfe & fa décifion
dans une audience publique.

Il étoit au Château de Vincennes accompagné du Duc d'Anjou fon frere, du Prince Charles de Navarre, d'un tres-grand nombre des
plus grands Seigneurs du Royaume, & des Evêques de Paris, de Laon, de Beauvais, de Sarlat,
& de plufieurs autres Prélats, ayant à fes coftez
les Cardinaux de Limoges Legat de Clement
en France, d'Aigrefeuïlle, & de Poitiers, qui
alloient à leurs Legations d'Allemagne & d'Angleterre, & celuy d'Autun Pierre de la Barriere,
qui aprés avoir refufé le Chapeau qu'Urbain luy
vouloit donner, le receût de Clement, & fut
un de ceux qui écrivirent le plus fortement
pour ce Pape, comme il paroît par le Traité
qu'il fit contre le Docteur Jean de Lignano,
qui en avoit fait deux ou trois pour Urbain.
Celuy qui portoit la parole rendit tres-humbles actions de graces au Roy, d'avoir témoigné tant de zele, en les exhortant, comme il
avoit fait, à ne fonger dans leur déliberation
qu'à faire valoir la juftice & la verité. Enfuite
il fupplia Sa Majefté de les excufer, s'ils avoient
fi long-tems differé à déclarer le fentiment de
l'Univerfité, difant que, felon Saint Grégoire,
Marie Magdeleine n'avoit pas tant fait pour le
bien de l'Eglife, en croyant d'abord la Réfur-
rection, que Saint Thomas qui en avoit long-
tems douté, parce que ce doute avoit efté caufe
que cette grande verité avoit efté mieux éclaircie, & plus fortement confirmée. Aprés cela
L ij

1372. il fit fa déclaration au nom de tous les autres en ces termes, *Que l'Univerſité adberoit, & vouloit deſormais adberer au Pape Clement VII. comme au vray Pape, Souverain Pontiſe & Paſteur de l'Egliſe Univerſelle*, de quoy l'on fit juridiquement un acte authentique.

Ce ſont-là les ſages précautions que prit le Roy Charles, & les meſures qu'il garda pour ſe déterminer en une occaſion ſi délicate. Aprés quoy il fit publier ſa Déclaration, & écrivit à ſes Alliez, pour les informer de la réſolution qu'il avoit priſe, & des raiſons qu'il avoit eûës de ſuivre le parti de Clement, que tant de gens conſommez en doctrine & en prudence, & d'une ſinguliere probité, avoient jugé, en leur conſcience, eſtre le meilleur. Cela découvre manifeſtement l'impoſture, & la calomnie de cét Annaliſte, qui traitant outrageuſement la memoire d'un des meilleurs, & des plus ſages Rois qui fut jamais, a oſé écrire *qu'il avoit opprimé tyranniquement la liberté de ſes ſujets, de l'Egliſe Gallicane, & de l'Univerſité de Paris, les précipitant dans le Schiſme, & les faiſant adherer, par force, à Clement.* Et il ajoûte, *qu'il attira, par ſes artifices, dans le même crime, le Roy de Caſtille ſon allié.* Mais il ne voit pas, par une ignorance qui fait pitié, que ce ne fut qu'aprés la mort de Charles V. & ſous le regne de Charles VI. ſon Succeſſeur, que le nouveau Roy de Caſtille Jean I. qui ne l'étoit pas du vivant du Sage, choiſit avec tout

*Froiſſart. 2. vol. chap. 35.*

*Odoric. Raynald. ad hunc ann. n. 60.*

son Royaume l'obedience de Clement. Voilà
comme ce pitoyable Ecrivain examine les choses qu'il avance contre l'honneur d'un Roy de
France, dont le nom & la vertu ont toûjours
esté en venération dans tout le monde.

Au reste, une déclaration si solennelle du
Royaume Tres-Chrétien, qui a toûjours esté si
fortement attaché au Saint Siége, dont il est le
plus ferme appuï, fit grand bruit par tout, &
fortifia merveilleusement le parti de Clement.
C'est ce qui obligea Sainte Catherine de Sien- *S. Cath. ep. 901*
ne, qui agissoit avec toute la vigueur imagina-
ble pour le Pape Urbain, d'écrire au Roy des
Lettres tres-pressantes, pour le ramener à ce
Pape ; ce que fit aussi Frere Pierre d'Arragon, *Ep. F. Pet. de*
de l'Ordre de Saint François, Religieux de gran- *Arragon. ad*
de vertu, & qui avoit l'honneur d'être proche *M. S. Vatic.*
parent du Roy du costé maternel. Mais com- *Rayn. n. 48.*
me d'une part ce saint homme alleguoit des révelations qu'il croyoit avoir eûës, & que de
l'autre l'illustre Catherine, emportée sans doute
par l'ardeur de son zele un peu violent, traitoit Clement & ses Cardinaux de Démons in- *Ep. S. Cath.*
carnez, & leur donnoit encore d'autres titres
à peu prés de même force, cela ne fit aucune
impression sur l'esprit de ce Prince. Car comme il agissoit toûjours avec beaucoup de prudence & de circonspection, particuliérement
en ce qui concernoit l'Eglise & la Religion, il
n'avoit garde de préferer au sentiment des Evê-

L iij

1379. ques, des Théologiens, & des plus habiles gens de son Royaume, ni des révelations incertaines, qu'on n'est nullement obligé de croire sur la foy d'un homme qui dit les avoir eûës; ni les avis d'une Religieuse, qui, toute .sainte qu'on la pouvoit croire avant qu'elle fût canonisée, luy écrivoit pourtant d'un stile un peu trop aigre, pour persuader un Prince aussi moderé qu'il l'étoit. Mais c'est qu'il faut qu'on soit une fois bien persuadé, que toutes les actions des Saints ne sont pas des effets & des marques de leur sainteté, comme le prétendent ceux qui voulant faire de gros volumes, en écrivant leur vie, veulent aussi que tout y entre, & que tout y soit admirable. Et certes Saint Vincent Ferriére, entre autres grands & saints personnages qui ont esté dans un autre parti, se garda bien d'en user de la sorte, & de traiter de Schismatiques ceux qui se trouvoient dans l'obedience contraire à celle où il étoit, & avec lesquels il communiquoit avec beaucoup de charité, comme on le voit en quelques-unes de ses Lettres; parce que cét homme de Dieu, & aussi éclairé qu'il en fut jamais, sçavoit fort bien qu'on pouvoit estre de part & d'autre, dans la bonne foy, avant que l'Eglise eût enfin terminé ce grand differend. Et c'est aussi la sage conduite que M. de Sponde Evêque de Pamiers, & M. du Bosquet Evêque de Montpellier, tous deux tres-sçavans hommes, & tres-Catholiques,

*Ep. S. Vinc. Ferr. 17. Decem. 1403. Bouche Hist. de Prov. t. 2.*

& fortement attachez au Saint Siege, & même Paul Emile, tout Italien qu'il étoit, ont tenue, fans traiter de Schifmatiques ceux de l'une ou de l'autre obedience; & il feroit à fouhaiter que quelques-uns de nos Ecrivains, qui fe font laiffé furprendre en cela, euffent fuivi un fi bel exemple que ces grands hommes leur avoient donné.

Cependant les deux Papes ne gardoient nullement des mefures fi raifonnables. Car en fe faifant leur procés l'un à l'autre, ils continuoient à fe lancer réciproquement, de tems en tems, mille foudres de maledictions; ce qui caufoit un furieux fcandale, & de terribles defordres par toute la Chrétienté. Mais comme ils fe foucioient peu de ces foudres, qu'on fe lançoit ainfi à coup perdu, il en fallut venir à d'autres armes qui firent beaucoup plus de mal, en produifant des effets tres-fanglans & tres-funeftes. Les troupes Bretonnes & les Gafconnes, fous les Capitaines Sylveftre de Budes, & Bernard de la Sale, aufquels le Comte de Montjoye neveu du Pape Clement s'étoit joint avec les forces qu'il avoit tirées de la Savoye pour le fecours de fon oncle, s'étoient avancées jufqu'au Tibre, faifant par tout un furieux ravage. Les Romains, qui depuis la déclaration des Cardinaux contre le Pape Urbain, tenoient affiégé le Château Saint Ange, dont ils recevoient d'étranges incommoditez, fortirent Enfeignes déployées au devant de cette armée, pour luy

Niem.l.1.c.5. Collen. Hift. Neap. l. 5.

empêcher le paſſage. Mais comme ils y allerent en deſordre, ſans experience & ſans diſcipline, & ſans autre conduite que celle d'une ſotte préſomption qui les aveugloit, ils ne pûrent ſeulement ſoûtenir les regards, & les approches de ces vieux ſoldats aguerris, qui forçant le paſſage, leur marchent ſur le ventre, en étendent d'abord plus de ſept à huit cens ſur la place, mettent le reſte en fuite, pourſuivent les fuyars l'épée dans les reins, entrent avec eux peſle meſle dans Rome, & aprés avoir renforcé la garniſon du Château, & fait un retranchement dans le Bourg Saint Pierre, ſe vont joindre à ce que Clement y avoit de troupes dans la Champagne d'Italie, d'où ils faiſoient continuellement des courſes ſur tout ce qui tenoit pour Urbain : de ſorte que les Romains ſe trouverent en tres-peu de tems réduits aux derniéres extrémitez. Car d'une part les Bretons, qui tenoient la campagne, ravageoient tout au-delà du Tibre, du coſté du Royaume de Naples; & de l'autre Jean & Renaud des Urſins freres du Cardinal, & le Comte Jourdan leur parent, ayant un corps conſiderable, faiſoient le degaſt au-deçà du même fleuve, enlevant tout, juſqu'aux portes de Rome, tandis qu'au dedans la garniſon du Château Saint Ange ne ceſſoit point de la batre en ruine, & de faire mille maux aux Romains, par de frequentes & furieuſes ſorties qui les deſoloient.

On

*Niemus.*
*Ciacon.*

*Froiſſart.*
*Argentré.*

*Niem. c. 19.*
*Ciacon.*
*Ep. Vrb. 6.*
*Froiſſart.*
*Argentré.*

On dit même que Sylveſtre de Budes acheva 1379.
de les mettre au deſeſpoir, par une des plus har- *Froiſſart. 2l vol. c. 81.*
dies actions qui ſe ſoient jamais faites. Car s'é-
tant détaché du gros de l'armée Clementine,
avec l'élite de ſes Cavaliers Bretons, gens intré-
pides, & déterminez à tout entreprendre, ſans
avoir égard au peril, il ſe haſarda d'entrer dans
Rome par la Porte de Saint Jean de Latran,
qui étoit mal gardée; & s'en étant ſaiſi, pour
favoriſer ſa retraite, il courut droit au Capitole,
où il avoit appris que les Bannerets, & les plus
notables de Rome, étoient aſſemblez. Comme
il fut arrivé dans la place, qui eſt au pied du
Capitole, au même tems que ces Meſſieurs, au
ſortir du Conſeil, s'y promenoient en grande
compagnie, il donne, l'épée à la main, dans
cette multitude deſarmée, ſuivi de ſes Bretons,
qui frapant à droit & à gauche, renverſant, &
foulant aux pieds des chevaux tout ce qui ne
pût ſe ſauver dans cette effroyable confuſion
de gens qui s'embaraſſoient en fuyant, & ſe pré-
cipitoient les uns ſur les autres, en étendirent
morts ſur la place plus de deux cens, entre leſquels ſe trouverent ſept Bannerets; puis ils ſe
retirerent un peu avant la nuit, qui empêcha les
Romains de ſe reconnoître, & de les ſuivre dans
l'horrible deſordre où ils étoient, & dans la
crainte qu'ils avoient que toute l'armée ennemie ne ſe fût avancée, pour les combatre
s'ils ſortoient. Mais dés le lendemain, pour

M

1379. fe venger brutalement de ceux qui les avoient
furpris, ils fe jetterent indifferemment, comme
autant de beftes feroces, fur tout ce qu'il y
Niem. c, 14. avoit d'Ultramontains dans Rome, fans aucune diftinction d'âge, de fexe, & de condition ;
fans même avoir égard au facré caractere des
Prélats, tuerent ceux-cy, blefferent ceux-là, &
aprés leur avoir fait à tous une infinité d'outrages, les jetterent dans des cachots, où ils les
laifferent long-tems languir accablez de toute
Froiffart. forte de miferes. Sur tout ils déchargerent im-
pitoyablement leur rage fur les pauvres Preftres
Bretons qui étoient à Rome en affez grand nombre, pour obtenir des benefices, & ils les maf-
facrerent fans mifericorde, quoy-que la Bretagne reconnût le Pape Urbain, parce que le Duc
Jean de Montfort, qui tenoit le parti d'Angleterre, étoit auffi pour Urbain, en faveur duquel
les Anglois s'étoient déclarez.

Ce Pape cependant fe vit bien-toft en état
de fe rétablir par une bonne armée qu'il avoit
pris grand foin de mettre fur pied, auffi-toft
qu'il fceût que les Cardinaux procedoient tout
ouvertement contre luy. Elle étoit compofée
des troupes que l'Empereur luy avoit envoyées,
de celles qu'il avoit fait lever en Lombardie,
Froiffart.
Blond.
Platin.
Boninfegn.
Sabellic.
Walfing. in
Ricard. 2. & des vieilles Bandes du fameux Capitaine Anglois ou Gafcon Jean Aucut, qui aprés la paix
de Bretigny paffa les Alpes au fervice du Marquis de Monferrat, avec la plus grande partie

des Compagnies defapointées, qu'on appelloit 1379,
*les Tard-venus*. Il avoit fait durant quinze ou
feize ans de fi belles chofes en fervant les Papes & les autres Princes, felon qu'il y trouvoit
fes avantages, que les Italiens mêmes avoüent,
que c'eft de luy qu'ils ont appris l'art de faire la guerre réguliérement, que l'on ne fçavoit prefque plus en Italie, quand il y vint. Il
avoit environ quatre mille hommes de gens
ramaffez, mais qu'il avoit bien aguerris; &
comme il étoit toûjours à celui qui faifoit fes
conditions meilleures, Urbain qui n'épargnoit
rien pour fe maintenir, fit fi bien à force d'argent, qu'il l'obligea à fe joindre à fon armée,
commandée par le Comte Alberic de Balbiano, qui quelque tems aprés, ayant armé & dif-
cipliné les troupes Italiennes, felon l'art qu'il
avoit appris du Capitaine Aucut, eût la gloire
de delivrer l'Italie de l'oppreffion des Aventu-
riers étrangers qui la ravageoient, & qu'il défit,
& repouffa les uns aprés les autres au-delà des
Alpes.

Urbain fe voyant de fi grandes forces, rentre dans Rome avec toute l'armée, fe rend d'a-
bord maiftre du Bourg Saint Pierre, d'où l'on
chaffa fans peine ce peu de Bretons qui s'y
étoient retranchez, & qui fe fauverent dans le
Château Saint Ange, fait pourfuivre avec plus
d'ardeur le fiege, que l'on avoit mis depuis
prés d'un an devant cette Place, & la réduit

*Froiffart.*
*S. Anton. 3. p.*
*tit. 24.*
*Niem.*
*Pand. Collen.*
*Hift. l. 5.*
*Platin.*
*Argentré l. 8.*

M ij

enfin en peu de tems à la derniere extrémité. C'est pourquoy l'armée de Clement s'étant avancée pour la secourir, alla mettre le siege devant Marino, petite Ville à quatre lieuës de Rome, en tirant vers Naples, soit pour ne pas laisser derriere soy une Place qui luy eût pû couper les vivres, soit pour faire diversion, & attirer hors de Rome les Urbanistes, par la crainte de perdre un poste qui leur étoit necessaire, & d'où l'ennemi pouvoit faire tous les jours des courses jusques aux portes de la Ville. Cette derniere chose ne manqua pas d'arriver; le Comte Alberic de Balbiano ayant laissé peu de gens pour garder ses postes devant le Château, sortit de Rome avec toute l'armée, le vingt-huitiéme d'Avril, & vint camper sur le soir à la veuë de Marino. Le Comte de Montjoye ne voulant pas attendre l'ennemi en de foibles retranchemens, qu'on eût pû aisément forcer en quelque quartier, en sortit aussi résolu de donner bataille, à quoy l'on se disposa des deux costez, durant la nuit, de sorte que le lendemain de bon matin les deux armées se trouverent rangées en bataille selon cét ordre.

Le Comte Alberic avoit partagé son infanterie en deux grands bataillons quarrez, ayant à droit & à gauche la Cavalerie sur les aîles, de sorte que ces deux grands Corps étoient comme deux differentes armées, disposées sur une même ligne, qui avoit beaucoup de hau-

teur, & qu'on ne pouvoit pas fi facilement en-
foncer. Il prit celuy de la droite à conduire;
& comme il étoit fort jaloux de la gloire de
fon païs, il donna celuy de la gauche à Galeazzo Peppoli, Capitaine de grande réputation parmi les Italiens. D'autre cofté le Comte
de Montjoye, felon l'ufage de deçà les monts,
où les armées font d'ordinaire divifées en avant-
garde, arriére-garde, & corps de bataille, par-
tagea la fienne en trois Corps. Il fe mit à la
tefte des Bretons, aufquels il avoit donné l'aîle
droite; les Gafcons furent à la gauche commandée par Bernard de la Sale; & ce qu'il avoit
d'Italiens & de Savoyards fut mis au milieu,
fous la conduite du Capitaine Pierre de la Sogie.

Ce fut alors qu'on vit ce qu'on n'avoit pas
encore veû, à fçavoir les Clefs de Saint Pierre,
& des Tiares Pontificales oppofées les unes aux
autres, &, fi je l'ofe dire, s'entremenaçant fur
les Drapeaux & les Cornettes de deux armées
ennemies qui alloient combatre, & répandre
le fang Chrétien, pour le trône de ce Royaume tout fpirituel que Jefus-Chrift n'a établi
dans fon Églife, qu'en verfant tout fon fang
pour le falut de tous les hommes, & en paci-
fiant toutes chofes au Ciel & fur la terre. Tant
nos paffions déreglées tirent de force de noftre
foibleffe, pour renverfer tous les deffeins de
Dieu, en tournant contre nous, par un extrême
-defordre, pour nous perdre, les mêmes chofes

1379. que Dieu a ordonnées par une fageſſe infinie, pour nous rendre heureux.

On combatit de part & d'autre avec plus d'ardeur & d'opiniâtreté que l'on n'avoit fait de long-tems dans les guerres d'Italie. Le Comte Alberic s'ébranla le premier au ſon des trompettes; & comme les troupes du grand Corps qu'il conduiſoit étoient diſpoſées ſur un tres-grand front, il alla fondre en même tems ſur le petit Corps du milieu, & ſur l'aîle gauche des ennemis, où Bernard de la Sale combatoit avec ſes Gaſcons. Le Corps de bataille qui étoit foible, ne pût pas long-tems réſiſter; & quoique les Gaſcons combatiſſent tres-vaillamment, toutefois comme ils étoient en aſſez petit nombre, & qu'ils eûrent ſur les bras toutes les troupes d'Alberic, qui aprés la déroute du Corps de bataille, s'étoient réunies pour les attaquer toutes enſemble, ils furent enfin enfoncez, & preſque tous taillez en piéces, ou faits priſonniers, avec leur Capitaine Bernard de la Sale.

Cependant la fortune des deux armées étoit bien differente de l'autre coſté. Car les Bretons qui avoient la pointe droite, & à leur teſte le Comte de Montjoye Général de l'armée Clementine, donnerent avec tant de furie dans le gros Bataillon de Galeazzo Peppoli, & retournerent ſi ſouvent à la charge, qu'ils le firent enfin plier, & l'enfoncerent, quelque effort que pût faire Peppoli pour arreſter ſes

gens, qui ne combattoient plus qu'en reculant, 1379.
& en defordre: de forte que le Général Montjoye, qui les pouffant toûjours plus vivement,
leur fit enfin lafcher le pied, croyoit déja tenir
la victoire, lors que le Comte Alberic qui avoit
vaincu de fon cofté, la luy vint ravir, pour la
mettre toute entiére dans fon parti. Car comme il vit fes gens de la gauche fi mal menez,
il laiffa là les fuyars, & accourant promtement au fecours des fiens, il alla prendre l'ennemi par derriére, & en même tems Peppoli
ralliant & animant fes troupes, qui reprirent
cœur à la veüë d'un fi puiffant fecours, les ra-
mene au combat, arrefte ceux qui pourfuivoient
chaudement la victoire, & les attaque de front
tandis qu'on les prend auffi par les flancs, &
qu'on les charge furieufement en queuë. Ainfi
les Bretons enfermez entre deux grands Corps,
dont le moindre furpaffoit le leur, furent fi
entiérement défaits, qu'à peine en refta-t-il un
feul qui ne fût ou pris ou tué. Le Comte de
Montjoye fut du nombre des prifonniers avec
Bernard de la Sale, Sylveftre de Budes, qui fut
pris par le Capitaine Aucut, & foixante autres *Walfing. in*
des principaux Chefs; & plus de cinq mille *Ric. 2.*
hommes demeurerent étendus fur la place.

Le victorieux Alberic retourna le même jour
à Rome, où il fit fon entrée comme en triomphe, avec de grandes acclamations des Romains,
qui l'appellerent le fecond Camille, pour avoir

1379.
Litt. Encycl.
Vrban. apud
Odoric.
Raynald.
Raym. Capuc.
V. S. Cathar.
Sen. p. 3. c. 2.

delivré Rome des Gaulois. En effet, pour comble de joye, le même jour la garnison Françoise du Château Saint Ange n'efperant plus de fecours, & manquant de vivres, fe rendit à compofition, & les Romains, dans le tranfport & l'excés de la joye qu'ils eûrent de fe voir enfin delivrez des furieufes incommoditez qu'ils

Niem. l. 1. c. 20.

en avoient receûës, le démolirent prefque tout entier; mais il fut rebafti quelque tems aprés par Boniface IX. fucceffeur d'Urbain. On ne peut exprimer la joye que ce Pape receût d'une fi belle victoire, dont il crût que les fuites luy feroient extrêmement avantageufes. Il fit le

Pand. Colle-
nut. Hiftor.
Neap. l. 5.

Raymund.
Capuc. Vit. S.
Cath. Sen.
S. Antonin.
loc. cit.

foir même le Comte de Balbiano, & Galeazzo Peppoli, Chevaliers de la Sainte Eglife; & peu de jours aprés il rendit de folennelles actions de graces à Dieu dans la Bafilique de Saint Pierre, où, fuivant le confeil de Sainte Catherine de Sienne, il alla, pieds nus, en proceffion, depuis Sainte Marie au-delà du Tibre, où il étoit logé durant le fiége du Château Saint Ange.

On dit auffi que cette Sainte Siennoife avoit

In lib. ep. S.
Cathar. n. 221.

fort exhorté, par lettres, le Comte Alberic, & les autres Chefs de l'armée d'Urbain, à fe porter vaillamment en cette bataille, où ils pouvoient même aquerir, par une glorieufe mort, la palme du Martyre, leur promettant au refte, qu'à l'exemple de Moyfe, elle leveroit pour eux les mains au Ciel, dans l'ardeur du combat qu'ils alloient donner. Mais comme dans l'Auteur

qui

qui rapporte le contenu de cette Lettre, on voit *1379.*
que la date, écrite tout au long fans chiffre, eſt
du ſixiéme jour de May de cette année mil trois
cens ſoixante & dix-neuf, & que dans la page
ſuivante il dit, ſelon de bons Auteurs, & entre autres le Confeſſeur de cette Sainte, que
cette bataille ſe donna le vingt-neuviéme jour
d'Avril de cette même année; je crois qu'il me
ſera permis de dire, qu'on ne doit gueres s'arreſter à un homme qui examine ſi peu ce qu'il
écrit, qu'il ne s'apperçoit pas d'un ſi ridicu-
le parachroniſme, qui luy oſte toute créance.
Auſſi j'avoüeray franchement, que c'eſt cela
même qui fait que ces Lettres de Sainte Catherine, qui ſont toutes remplies de terribles injures, contre le ſtyle ordinaire des Saints, &
qu'on dit pourtant qu'elle dicta pendant qu'elle
étoit en extaſe, me ſont extrêmement ſuſpectes,
& qu'elles pourroient bien eſtre ſuppoſées, vû
la contradiction manifeſte qu'on y trouve, &
le peu d'apparence qu'il y a qu'on ait l'eſprit
appliqué à écrire ou à dicter des Lettres, & des
Lettres pleines d'injures, tandis que l'on eſt en
extaſe.

Quoy qu'il en ſoit, il eſt certain que cette
victoire déconcerta le parti de Clement, qui ſe
trouvant ſans forces, & ne ſe croyant pas trop
en ſeûreté à Fondi, pria la Reyne de Naples
de luy envoyer une puiſſante eſcorte qui le
conduiſit dans cette grande Ville, où il fut re-

N

*Per literas, quas alienato à ſenſibus a-nimo, ſexto Maii die, hoc anno dictavit. Oderic. Reynald. n. 24.*

*Collenut. l. 5. Diar. M. S. Hoſt. Pignat. ap. Reynald.*

ceû avec toute forte de magnificence par la
Reine, qui avec le Prince Othon fon mari, &
tous les Grands du Royaume, luy rendit publiquement dans fon Palais tous les devoirs que
les Princes Chrétiens ont coûtume de rendre
au Vicaire de Jefus-Chrift en terre. Mais cette
pompe fut bien-toft troublée, par l'horrible tumulte qui fe fit dans toute la Ville, où tout prit
les armes contre la Reine pour le Pape Urbain.
Car foit que le peuple, qui avoit eû beaucoup de
joye de l'exaltation d'un Napolitain, fût irrité
de ce qu'on vouloit priver leur Ville de cét honneur, en mettant en fa place un François; ou
qu'il craignît qu'Urbain, qui étoit alors le plus
fort, & avoit fulminé contre tous ceux qui ad-
hereroient encore à la Reine qu'il avoit déja
dépofée, ne vint fondre fur eux, avec fon armée
victorieufe: il eft certain qu'on murmuroit ouvertement dans Naples contre la Reyne, &
qu'on chargeoit de maledictions Clement, qui
étoit traité d'Antipape par le peuple, au moment même que toute la Cour l'adoroit comme le vray Succeffeur de Saint Pierre.

Or il arriva que durant cette ceremonie, un
artifan, qui dans la foule de ceux qui accouroient à ce fpectacle, s'étoit avancé des premiers, déteftant comme les autres ce qu'on y
faifoit, fe prit à crier tant qu'il pût qu'on leur
vouloit faire adorer la befte, en leur faifant
reconnoître un intrus, & un Schifmatique

pour Pape ; ce qu'un homme de qualité, qui 1372.
étoit tout auprés de luy, ne pouvant souffrir,
il luy donna un si grand coup de poing sur le
visage, qu'il luy enfonça le pouce dans l'œil,
& le luy creva. Alors un neveu de cét artisan,
jeune homme plein de feu, & résolu de ven-
gér cette injure, fit tant de bruit parmi le peuple déja tout disposé à la révolte, par l'aver-
sion qu'il avoit au parti de Clement, qu'en un
instant tout courut aux armes dans tous les
quartiers. L'on se saisit des principaux postes ;
on fit des barricades, qu'on poussa jusqu'auprés
du Palais de la Reine ; on chargea les gardes,
qui furent obligez de se retirer ; on se rendit
enfin maistre de tout, à la réserve de tres-peu
de postes, qu'on étoit en état de forcer, sans
beaucoup de résistance ; comme on a vû de nos
jours, un jeune pescheur, dans cette même
Ville, faire soûlever tout le peuple, qui luy
obéïssoit aveuglément, & contraindre enfin le
Viceroy de ceder à cét effroyable débordement de fureur & de violence, auquel il fut
d'abord impossible de résister. Ainsi ce Pape &
la Reine, surpris dans ce soudain soûlevement,
ne pûrent se mettre à couvert d'un si terrible
orage, qu'en se sauvant, comme ils firent, dans *Auth. V.*
le Château de l'Oeuf, où l'on entreprit même *Collenus.*
de les assieger. C'est pourquoy Clement voyant *Summont. l.2]*
bien qu'il n'y avoit plus de seûreté pour luy,
dans l'Italie, où son adversaire étoit tres-puis-

N ij.

1379.

fant, & luy tres-foible, aprés la défaite de fon
armée, & la révolte de Naples, réfolut de fe
retirer en France, & de tranfporter fa Cour à
Avignon, où les Papes avoient tenu leur Siege
fi long-tems.

Ayant donc concerté avec la Reine, qui
prit des mefures pour fe tirer adroitement du
danger où elle fe trouvoit, il s'embarqua fur
les galeres de cette Princeffe, avec tous fes Cardinaux, excepté deux, qui furent le Cardinal de
Sainte Praxede, & celuy de Saint Sixte, qu'il
laiffa pour avoir foin de fes affaires, & pour
foûtenir ceux qui étoient encore à luy; & aprés
une affez fâcheufe navigation, il furgit enfin

Auth. V,
Clem.
Collenut.
Du Puy.
Du Chefne.

le dixiéme de Juin au Port de Marfeille, d'où
aprés y avoir receû, par les ordres de la Reine
Comteffe de Provence, tous les honneurs qu'on
rend aux Papes, il fe rendit à la Ville Pontificale d'Avignon, qui le receût avec une magnificence proportionnée à la joye qu'elle avoit
d'eftre de nouveau la demeure & le Siege des
Souverains Pontifes.

T. 2. de Schif.
M. S. Vatic.
ap. Raynald.
Lit. Encycl,
Vrban.
Ciacon.

Cependant la Reyne, laquelle fe voyoit pref-
fée des rebelles, qui proteftoient de ne point
mettre bas les armes qu'on n'eût rendu obéïffance au Pape Urbain, fit femblant de fe repentir d'avoir fuivi le parti de Clement, & promit folennellement au peuple, de rentrer dans
celuy d'Urbain, auffi-toft que pour prendre fes
feûretez, elle auroit obtenu la paix qu'elle luy

alloit demander. En effet, elle luy envoya les 1379.
Comtes de Nole, & de Saint Severin, avec
l'Admiral de Naples, qui en furent tres-bien
receûs, parce qu'il esperoit tirer de grands avantages de ce Traité, & de la prompte réduction
de ce Royaume, où il avoit grande envie d'é-
tablir puissamment sa Maison. Mais comme
cette Reine adroite ne faisoit toutes ces avan-
ces que pour l'amuser, aussi-bien que ceux de
Naples, en attendant que le Prince Othon son
mari eût ramassé les troupes Allemandes, qui
étoient aux environs de cette Ville; si-tost
qu'elle eût de ses nouvelles, elle rappella ses
Ambassadeurs, sans avoir rien conclu, & peu de
jours aprés, le Prince étant entré dans Naples
avec ses vieilles bandes d'Allemans, surprit les
rebelles, força leurs postes; & aprés avoir battu en plusieurs petits combats les plus opiniâtres de cette populace mutinée, il contraignit
les autres de se soûmettre à tout ce que la Rei- *Diar. Neapol.*
ne voulut: de-sorte qu'ils souffrirent même *Hist. Pignat.*
qu'on ruinât le Palais de l'Archevêque, qu'Ur- *ap. Raynald.*
bain avoit nommé, & que le peuple, au commencement du tumulte, y avoit établi, pour
faire dépit à la Reine. Tant on doit peu conter
sur les mouvemens du peuple, qui passe aisément
d'une extrémité à l'autre, selon que les passions
differentes, dont il est agité, le tournent, & qui
ensuite n'a rien de plus asseûré, ni de plus constant, que sa legereté & son inconstance.

N iij

1379. Et c'eſt ce qu'Urbain même experimenta
dans Rome, preſque en même tems que la
Reine à Naples. Car comme dans la proſperité de ſes affaires, il agiſſoit aſſez ſelon ſon humeur altiere & ſevere, qui ne plaiſoit pas aux
Romains ; & que d'ailleurs les troupes de la
Reine, aprés que le tumulte de Naples fut appaiſé, faiſoient de grands ravages juſques à leurs
portes, ils ſe ſoûleverent contre le Pape, qu'ils
*Gobel. in Coſ-* croyoient auteur de leurs maux. Ils entrepri-
*mod. at. 6.*
*a. 76.* rent même de le faire perir par le poiſon ; &
cét horrible attentat n'ayant pas réüſſi, ils allerent inveſtir en armes le Palais. Mais le Pape,
ſans s'étonner, ſe réſolut ſur le champ de faire
en cette occaſion ce que fit Boniface VIII.
quand il fut ſurpris dans Anagnie, par les Colonnes, & de mourir avec les marques de ſa
dignité. S'étant donc reveſtu de ſes ornemens
Pontificaux, il ſe mit ſur ſon trône, fit ouvrir
toutes les portes, & s'adreſſant à ces furieux, qui
entroient en foule l'épée à la main, il les arreſta tout court, ſans faire autre choſe que leur
dire d'un ton majeſtueux, ce que Jeſus-Chriſt
dit aux Juifs, qui venoient à luy pour le prendre, *A qui en voulez-vous ?* Cela les ſurprit tellement, & leur jetta tant de terreur dans l'ame,
qu'ils ſe retirerent les yeux baiſſez, comme ne
*Raym. Capuc.* pouvant ſoûtenir l'éclat d'une ſi haute majeſté,
*V. S. Cath. 3. p.*
*S. Antonin.* & ayant honte & horreur de leur attentat. Et
*3. p. tit. 24.* peu de tems aprés, par l'entremiſe principale-

ment de Sainte Catherine, qui agit puiſſamment en cette occaſion auprés de Dieu par ſes prieres, & auprés des Romains par ſes remontrances, ce peuple rentra ſi bien dans ſon devoir, que les mêmes armes qu'il avoit priſes contre Urbain, il les employa pour ſa défenſe contre les troupes de la Reine.

Alors ce Pape reprenant, ſelon ſa coûtume toute ſa fierté, quand ſes affaires ſe trouvoient en meilleur état, fulmina de nouveau contre elle, & contre Clement. Il publia même une Croiſade, & accorda de grandes Indulgences à tous ceux qui prendroient les armes pour leur faire la guerre, & qui courroient ſus à leurs partiſans ; ce que Clement, pour rendre la pareille à ſon Rival, ne manqua pas de faire auſſi de ſon coſté. Ainſi ces deux Papes, abuſant de leur autorité, furent cauſe d'une infinité de maux, & d'horribles deſordres, qui ſe firent dans preſque toutes les Provinces de la Chrétienté, où, ſous prétexte d'obéïr aux Bulles des Papes, on traitoit comme des Schiſmatiques, & des Héretiques, avec d'étranges cruautez, ceux qui étoient d'une autre obedience ; & l'on ne vit par tout, au commencement de ce Schiſme, que de ſcandaleux & ſanglans effets de cette funeſte diviſion, qui les armoit, d'une maniere ſi injuſte, & ſi bizarre, les uns contre les autres, quoy-qu'ils fuſſent tous unis par le lien d'une même Religion, & de l'o-

*Apud Odoric. Raynal. hoc an. & ſequent.*

*Theod. Niem. l. 1. c. 19. Du Cheſne.*

1379. béïſſance qu'ils rendoient de bonne foy au Saint Siege, en la perſonne de celuy qu'ils croyoient eſtre le vray Pape. C'étoient-là les guerres qui ſe faiſoient entre les particuliers, tandis que la Reine Jeanne ſe diſpoſoit à ſoûtenir celle dont elle étoit tout ouvertement menacée, & pour laquelle on faiſoit de fort grands préparatifs. Car cette Princeſſe, qui étoit aſſeûrée de Naples, où le Prince ſon mari étoit le plus fort, voyant qu'Urbain, qui ne craignoit auſſi plus rien du coſté des Romains, luy ſuſcitoit un puiſſant ennemi, auquel il donnoit ſon Royaume pour luy faire la guerre, paſſa promptement en Provence, pour en tirer le ſecours qu'elle en eſperoit. Et aprés avoir conferé avec le Pape Clement à Avignon, pour trouver les voyes de ruiner le deſſein de leur ennemi, elle remonta ſur ſes galeres, avec ce qu'elle pût emmener de Provençaux, & reprit la route de Naples, où, ſuivant le conſeil de Clement, elle fit l'année ſuivante la celebre adoption de Louïs Duc d'Anjou, de laquelle il faut maintenant que je faſſe voir l'importance, les cauſes, la maniere, la juſtice, & les ſuites qu'elle eût particulierement durant le Schiſme.

*Du Puy Hiſt. du Schiſ. Du Cheſne. Bouche Hiſt. de Prov.*

HISTOIRE

# HISTOIRE
## DU
## GRAND SCHISME
## D'OCCIDENT.

---

### LIVRE SECOND.

Ussi-tôst que le Pape Urbain vit que la Reine Jeanne s'étoit déclarée pour Clement, & qu'il eût fulminé contre elle, il se résolut d'investir du Royaume de Naples, comme d'un Fief dévolu au Saint Siége, quelque puissant Prince

*Ann.*
1380.
*Aut. V. Clem.*

O

qui fût capable d'en chasser cette Reine. Et comme, outre la haine, & la vengeance qui le portoient à cette résolution, il avoit encore l'ambition dans l'ame, & le desir desordonné d'agrandir sa Maison: il s'imagina que le Prince qu'il choisiroit, seroit bienaise, pour avoir l'investiture d'un si beau Royaume, de luy faire, en faveur de François Prignan son neveu, des avantages qu'il n'auroit pû obtenir de la Reine Jeanne. Pour cét effet, il envoya vers Louïs Roy de Hongrie, parent de cette Princesse, laquelle ce Prince haïssoit mortellement, & qu'il avoit même autrefois contraint, à forces d'armes, de sortir du Royaume, parce qu'il la croyoit coupable du parricide commis en la personne du Prince André son premier mari, & frere de ce Roy. Et parce que ces deux Royaumes sont trop éloignez, pour pouvoir estre possedez par un seul; & que luy-même, aprés avoir esté trois ans dans celuy de Naples, lors qu'il y fut pour venger la mort de son frere, n'en avoit pas voulu prendre la Couronne, il la luy offrit pour Charles le Jeune Duc de Duras, Prince de son sang, & le plus proche heritier, aprés luy, de la Reine Jeanne; car ils étoient tous trois issus de germain, ayant également pour bisayeul Charles II. Roy de Naples, fils du grand Charles d'Anjou, frere de Saint Louïs.

Cette proposition fut receüe agréablement du Roy de Hongrie. Comme il étoit accablé

Niem. l. 1, c. 21,

V. les Tables Geneal. de M. du Puy au Traité des Droits du Roy.

Niem.

de vieilleſſe, & de maladie, & qu'il n'avoit que 1380.
deux filles, qu'il vouloit faire l'une Reine de
Hongrie, & l'autre Reine de Pologne, il craignoit que s'il venoit à mourir, les Hongrois
ne miſſent ſur le trône Charles de Duras, qui
avoit aquis parmi eux beaucoup de réputation,
& qu'enſuite il n'exclût ſes filles de ces deux
Royaumes qu'il leur deſtinoit. C'eſt pourquoy,
voyant que ſon intereſt s'accordoit avec ſa vengeance, il ſe réſolut d'embraſſer une ſi belle
occaſion d'éloigner pour toûjours de la Hongrie, ce Prince Charles ſon couſin, en luy faiſant conquerir un Royaume en même tems
qu'on l'oſteroit à celle qu'il regardoit toûjours
comme la meurtriere de ſon frere. D'autre part,
Charles de Duras eût d'abord, ou du moins fit
ſemblant d'avoir quelque peine à conſentir à
une choſe ſi avantageuſe, que le Pape & le
Roy de Hongrie luy propoſoient. La Reine
Jeanne avoit pris ſoin de l'élever dés ſon en-
fance avec beaucoup de tendreſſe & d'affe-
ſtion, comme ſi c'eût eſté ſon propre fils,
qu'elle deſtinoit à la Couronne de Naples, ſi
elle ſe trouvoit à la mort ſans enfans, comme
il y avoit beaucoup d'apparence qu'elle n'en
auroit point. Et en effet, c'étoit dans ce deſſein qu'elle luy avoit fait épouſer la Princeſſe
Marguerite ſa niéce, fille de ſa ſœur Marie,
qui avoit épouſé le vieux Charles de Duras,
oncle de celuy-cy : de-ſorte qu'il y avoit une

ingratitude effroyable à se déclarer ennemi de cette Reine, qu'il étoit obligé, par toutes les loix divines & humaines, de confiderer comme sa propre mere; outre que la succeffion du Royaume qu'on luy offroit, ne luy pouvoit manquer; que la Reine l'en pouvoit priver, en punition de son ingratitude; qu'il étoit incertain si le succés de la guerre qu'il faudroit entreprendre pour le conquerir, luy seroit favorable; & qu'ayant laissé sa femme, & ses enfans au pouvoir de la Reine, quand il passa de Naples en Hongrie, il avoit lieu d'apprehender qu'elle ne vengeât sur eux une si horrible perfidie. Cela sans doute étoit capable de le détourner de cette entreprise. Mais comme il avoit l'ame méchante & perfide, & une extrême ambition, l'esperance d'un bien present, quoy qu'incertain, prévalut tellement, dans son esprit, à la certitude qu'il avoit de le poffeder legitimement aprés la mort de la Reine sa bienfaitrice, qu'il se résolut de sacrifier à cette aveugle paffion sa confcience, son honneur, sa femme, ses enfans, sa fortune même, qu'il tiroit de l'état certain où elle étoit en affeûrance, pour l'expofer au hafard d'eftre entierement ruinée, ou par le sort des armes, ou par la jufte indignation d'une Reine, qu'il trahiffoit avec tant d'infamie. Tant les bienfaits, l'honneur, l'alliance, la parenté, la confcience, & tous les devoirs les plus indifpenfables de la focieté ci-

vile, ont peu de pouvoir fur le cœur de ces 1380.
Princes qui n'ont pour maxime fondamentale
de leur politique, & pour regle de leur conduite, que leur intereft, & la poffeffion prefen-
te de tout ce qui les accommode.

La Reine ayant efté bien informée de cette
ligue qui fe formoit contre elle, prit confeil
du Pape Clement, pour trouver les moyens de
fe mettre à couvert de cette tempefte qui devoit bientoft fondre fur elle. Clement, qui
avoit à peu prés autant d'intereft qu'elle en
cette affaire, & qui avoit befoin d'un puiffant
Prince qui luy confervât la poffeffion d'une
partie fi confiderable de l'Italie, la fit aifément
convenir de ce qu'il avoit projetté. Car il luy
remontra, *Que puifque fes parens les plus proches,*
*qui avoient l'honneur d'eftre defcendus, comme elle, du*
*Roy Charles d'Anjou, & celuy-là même qu'elle*
*avoit défigné fon fucceffeur, au lieu d'eftre fes pro-*
*tecteurs, étoient devenus fes plus mortels ennemis, &*
*fes plus implacables perfecuteurs; il falloit, pour punir*
*la plus déteftable ingratitude qui fut jamais, & pour*
*s'affeûrer un puiffant fecours, qu'elle prît dans l'au-*
*gufte Maifon de France, dont elle étoit fortie, quel-*
*que Prince qu'elle adoptât pour fon fils & fon fuc-*
*ceffeur, & qui enfuite feroit obligé, par générofité,*
*par amour, par reconnoiffance, & par intereft, à la fe-*
*courir de toutes fes forces: Qu'il n'y en avoit point de*
*plus propre que l'aîné des trois freres du Roy Charles*
*le Sage, Loüis Duc d'Anjou, qui en vertu de cette*

O iij

adoption feroit le chef de la feconde Maifon Royale d'Anjou, comme Charles Comte d'Anjou, & frere du Roy Saint Loüis, l'avoit efté de la premiere : Que c'étoit un Prince, qui dans la force de fon âge où il fe trouvoit alors, poffedoit beaucoup d'excellentes qualitez, toutes propres à faire un grand Roy, étant également fage, & vaillant, tres-experimenté dans les affaires politiques, & dans celles de la guerre, l'ayant faite avec beaucoup de gloire & de bonheur en Guienne contre les Anglois : Que la Nobleffe Françoife, & tous les Braves du Royaume qui avoient fervi fous ce Prince dans les guerres de Guienne, de Gafcogne, & de Languedoc, ne manqueroient pas de le fuivre encore dans celle d'Italie, où avec la gloire qu'ils acquerroient, ils pouvoient attendre de grandes récompenfes, aprés la victoire, dans un Royaume où il devoit un jour eftre le maître, & qu'enfuite l'on pouvoit croire qu'il auroit le même fuccés contre les Hongrois de Charles de Duras, que le grand Charles d'Anjou avoit eû contre les Allemans de Conradin.

Il n'en fallut pas davantage pour perfuader une Reine qui avoit tant de fujet de haïr fes plus proches parens, dont elle étoit perfecutée d'une fi cruelle maniere, & qui ne cherchoit qu'un puiffant appui, qu'elle pouvoit aifément trouver fans fortir de la Maifon Royale dont elle étoit, & dans un Prince qui étant fils d'un Roy de France, étoit incomparablement plus prés de la Couronne que tous ces cadets de Hongrie & de Duras, qui en étoient éloignez

de tant de degrez. C'eſt pourquoy, quand elle vit 1380.
que Charles ſon couſin & ſon neveu étoit diſpoſé à luy faire la guerre, & que le Pape Urbain,
pour l'obliger à marcher au-plûtoſt contre elle,
avoit recommencé à la foudroyer de ſes Ana- *Treſor des*
thêmes, à la priver de ſon Royaume, & à ab- *Chartes.*
ſoudre ſes ſujets du ſerment de fidelité, elle *V. les Annot.*
ſigna, le vingt-neuviéme de Juin, à Naples, dans *ſur l'Hiſt. de*
le Château de l'Oeuf, l'Acte authentique qu'elle *Ch. 6.*
fit de l'adoption & filiation legitime de Louïs *S. Marthe.*
Duc d'Anjou, pour luy ſucceder au Royaume *Du Puy.*
de Naples, ou de Sicile, comme on l'appelloit *Bouche Hiſt.*
alors, & aux Comtez de Provence, de For- *de Prov.*
calquier, & de Piémont, & aprés luy le Prince Louïs ſon fils, & leur poſterité. Ces Lettres
furent confirmées par le Pape Clement le vingt-
uniéme Juillet de cette même année. Et dautant que par l'Acte de l'inveſtiture que Clement IV. donna au Roy Charles d'Anjou, il
eſt porté que perſonne ne pourra ſucceder au
Royaume qu'il ne ſoit deſcendu du même Roy
Charles, le Pape, en confirmant cét Acte d'a-
doption, révoqua cette clauſe, & l'annulla, du
conſentement de la Reine, qui ratifia cét article.

Voilà le fondement du droit que les Princes
de la ſeconde Maiſon d'Anjou ont eû au Royaume de Naples, & que nos Rois y ont encore
aujourd'huy, en vertu du Teſtament de Charles
IV. Roy de Naples, & Comte du Maine, le

dernier de ces Rois Angevins, qui inſtitua ſon heritier en ſon Royaume & en ſes Comtez de Provence & de Forcalquier, le Roy Louïs XI. ſon Couſin germain, & aprés luy tous ſes Succeſſeurs Rois de France. Et il ne ſert de rien de dire que pluſieurs ont crû que Clement étoit Antipape; la Reine de Naples & les François l'avoient reconnu, de bonne foy, pour vray Pape, aprés qu'on eût examiné cette importante queſtion, avec toute l'exactitude imaginable, dans la grande Aſſemblée du bois de Vincennes, & dans celles de l'Univerſité de Paris, qui fit ſur cela ſon Decret du commun conſentement de toutes les quatre Facultez. Et d'ailleurs, on n'a jamais pû ſçavoir de certitude, ni enſuite faire paroître qu'il ne le fût pas, puis que l'Egliſe même n'a pas crû avoir d'aſſez fortes preuves, pour rien déterminer ſur ce ſujet. D'où il s'enſuit manifeſtement, que, ſelon toutes les Loix, l'Acte qu'il fit en confirmant celuy de l'adoption du Duc d'Anjou, étoit treslegitime; & que comme ce Pape étoit en poſſeſſion du Pontificat, à l'égard de la Reine Jeanne, & des François, ces deux Actes tresauthentiques aqueroient inconteſtablement à ce Prince, pour luy & pour ſes heritiers, le droit de ſucceder à ce Royaume. Auſſi Alexandre V. & Jean XXIII. reconnus de toute l'Egliſe repreſentée par le Concile de Conſtance, pour vrais Papes, confirmerent l'adoption du Duc d'Anjou,

en

1409.
Summons.
Du Puy.
Droits des Rois
de France
Annotat. ſur
l'Hiſtoire de
Charles VI.

en donnant l'inveſtiture du Royaume à Louïs 1380.
II. fils de ce Prince, contre Lancelot, ou Ladiſlas ſon competiteur. Le Concile même, &
Martin V. aprés que le Schiſme fut aboli, en
firent autant en faveur de Louïs III. qui fut 1419.
adopté par Jeanne II. laquelle irritée contre Alphonſe Roy d'Arragon, qui par une extrême
ingratitude la vouloit traiter en Tyran, révoqua l'adoption qu'elle avoit faite auparavant en
ſa faveur. Les deux freres de Louïs, René &
Charles Comte du Maine, furent ſubſtituez à
ſes droits; & enſuite Charles IV. fils de ce dernier, ſucceda aux Etats de ſon oncle René Roy 1474.
de Sicile, en vertu de l'acte de cette inveſtiture
& du Teſtament de ce Roy, que la Reine Jeanne II. avoit encore inſtitué ſon heritier; &
comme Charles mourut ſans enfans, il déclara 1481.
ſes heritiers ſes plus proches parens du côté des
maſles Louïs XI. & Charles ſon fils, & leurs
ſucceſſeurs Rois de France; ce qui fut confirmé
par les inveſtitures que donna le Pape Alexandre VI. Ainſi le Royaume de Naples ayant 1495.
eſté ſi ſolennellement uni à la Couronne de 1504.
France, par des Actes ſi authentiques, pas un
de nos Rois, ſelon les Loix fondamentales de
l'Etat, n'y a pû renoncer par aucun traité ni
libre, ni forcé, au préjudice de ſes ſucceſſeurs, leſquels y ſont appellez par un droit, qui
prend ſon origine d'une adoption tres-legitime,
& confirmée tant de fois par les Papes, de qui

P

1380.

ce Royaume releve. Je crois que j'ay dû éclaïr-
cir en peu de mots ce point important, & qui
entre fi naturellement en mon Hiftoire, à l'occafion du Schifme, qui par les puiffans ennemis que le Pape Urbain fufcita à la Reine
Jeanne, donna lieu à l'adoption qu'elle fit de
Louïs d'Anjou.

*Auth. Vit.*
*Clem.*

Cette Princeffe, en luy envoyant les Lettres
Patentes de fon adoption, luy en écrivit de
particulieres, par lefquelles elle le conjuroit de
marcher promptement à fon fecours, pour prévenir fon ennemi: mais la mort de Charles V.
arrivée fur ces entrefaites, fi à contre-tems pour
cette entreprife, y apporta de fi grands obfta-
cles, qu'il ne pût arriver affez tôt pour la garantir du malheur dont elle fe voyoit menacée.
Ce Sage Roy Charles mourut en la quarante-
deuxiéme année de fon âge, le feiziéme de
Septembre de cette année mil trois cens quatre-
vingts, en laiffant à fes fucceffeurs, dans la
memoire de fon regne, la parfaite idée d'un
Roy tres-accompli en toutes fortes de vertus
Chrétiennes, morales, & politiques, ayant même tellement fuppléé, par fa prudence, au defaut des militaires, dont fa complexion trop
foible, & fa langueur continuelle, ne luy per-
mirent pas d'avoir l'ufage, qu'il obligea le plus

*Froiffart.*

belliqueux des Rois d'Angleterre, d'avoüer que
jamais Roy ne luy avoit donné tant d'affaires,
quoy qu'il n'y eût jamais de Prince qui maniât

moins les armes que luy. Mais fur tout il fit 1380.
éclater parmi tant de perfections Royales qu'on
vit reluire en toute fa conduite, un grand
amour de la Religion, & une folide pieté Chrétienne, dont il a laiffé d'illuftres marques à *I. Iuvenal.*
la pofterité durant fa vie, dans fes belles fon- *des Vyf. Hift.*
dations, & principalement en fa mort, où il *de Char. VI.*
receût les Sacremens avec une parfaite tranquillité & prefence d'efprit, accompagnée
de tous les fentimens Chrétiens qui peuvent
rendre la mort des Saints précieufe devant
Dieu.

Cela fait bien voir que le choix qu'il avoit
fait de l'obedience de Clement, felon l'avis des
plus fages, des plus gens de bien, & des plus
fçavans hommes de la France, auquel il devoit
déferer pour agir prudemment, ne luy donna
nulle inquietude fur le point qu'il étoit de comparoître devant Dieu : & ce que l'injurieux An- *Agnovit fcili-*
nalifte, qui a fi indignement dechiré fa mémoi- *cet, quamvis*
*ferò, temerè*
re, a ofé écrire de fon prétendu repentir, en di- *fe ab Urbano*
*ad Antipa-*
fant qu'il avoit enfin reconnu, mais trop tard, *pam defeciffe:*
qu'il s'étoit temerairement fouftrait de l'obéif- *Odor. Rayn.*
*ad ann. 1380.*
fance du Pape Urbain, pour adherer à l'Anti- *n. 10.*
pape, eft une fauffeté toute vifible. Il la débi-
te même avec fi peu de jugement, qu'elle fe détruit par les propres termes de la proteftation
qu'il veut que ce Prince ait faite authentiquement devant Notaire, peu d'heures avant que *Ibid. n. 10.*
de mourir, & laquelle il produit, l'ayant tirée *initio.*

P ij

1580. des Archives de Rome. Car dans cét Acte, comme il le rapporte tout au long, le Roy expofe briévement que les Cardinaux aufquels il appartient de faire l'élection des Papes, & dont le témoignage, comme de ceux qui fçavent mieux ce qui s'eft paffé en cette élection, doit eftre eftimé plus veritable que tous les autres, l'ont affeûré par un Ecrit authentique, en leur confcience, que Clement étoit le vray Pape, canoniquement élû, & qu'on a fait enfuite fur cela une longue & meûre déliberation, dans une grande Affemblée de Prélats, de Docteurs, & des gens de fon Confeil, fuivant laquelle il s'eft déterminé. Aprés quoy il ajoûte que ce n'eft point par la confideration du fang, & de l'alliance, ni par aucune autre affection defordonnée; mais que c'eft uniquement par la détermination des Cardinaux, des Prélats, des Docteurs, & de tout fon Confeil, que croyant bien faire, il a tenu, & tient encore le parti du Pape Clement; qu'il protefte néanmoins, comme il a déja fait, que fon intention a toûjours efté de fuivre tout ce que l'Eglife univerfelle en ordonneroit, fi elle s'affembloit dans un Concile Général, & qu'il veut mourir en cette proteftation, comme vray fils de l'Eglife.

Voilà comme ce fage Roy mourut tres-catholiquement dans l'obedience du Pape Clement, felon l'Acte même vray ou faux que produit cét Annalifte, qui veut qu'il ait recon-

Dominus nofter Rex affe-ruit, & confeffus eft, quòd ipfe non ex cognatione carnali, feu aliâ inordinatâ affectione quacunque motus, fed folùm determinatione, & declaratione dictorum Dominorum Cardinalium, Prælatorumque, & aliorum Clericorum prædictorum, & confilii fui deliberatione intervenientibus, credens benè, & licitè facere, partem præfati D.N. Papæ (Clementis) tenuit, & tenet, &c.

nu, mais trop tard, qu'il avoit temerairement 1380,
adheré à l'Antipape. Ce qu'il y a encore de
plus temeraire, & tout ensemble de plus pitoyable dans la conduite de cét Ecrivain, c'est *Neque ità*
qu'il asseûre hardiment, que, par un terrible *multò pòst*
effet de la colere du Ciel, ce Roy fut frapé de *Carolus, cæ-*
la maladie qui le fit perir miserablement desse- *lesti irâ, ob*
*disciffam Ec-*
ché, pour avoir dechiré l'Eglise par le Schis- *clesiam per-*
me : ce qu'il confirme par le témoignage d'un *cussus, exaruit.*
certain Rodrigue Ruiz Cordelier Espagnol, *Ibid. n. p.*
qu'on disoit estre doûé d'un grand don de *Froissart.*
Prophetie. Comme si tout le monde ne sçavoit *Contin. de*
pas que la maladie qui consuma peu à peu ce *Nang.*
*Duplex.*
grand Prince, & le fit enfin mourir de langueur, fut un effet du poison que Charles, dit
le Cruel & le Mauvais, Roy de Navarre, luy
avoit fait donner un peu aprés la malheureuse
journée de Poitiers, plus de vingt ans avant le
Schisme. C'est ainsi que les Ecrivains passionnez,
& les visionnaires, qu'il a plû aux simples dévots d'ériger en prophetes, entreprennent, avec
une étrange temerité, de disposer des Jugemens
de Dieu, comme il leur plaist, pour les faire
servir à leur passion, ou à leur réverie si aveuglément, qu'ils ne voyent pas même les veritez les plus connuës de l'Histoire, qui les con-
vainquent honteusement de fausseté, en décou-
vrant le peu qu'ils ont de lumiere & de connoissance. J'ay crû devoir rendre cette justice
à la glorieuse mémoire de Charles le Sage, du-

1380. quel on peut dire, à parler fort équitablement, qu'en cette occasion il ne fit rien dont il se dût repentir, & qui ne fût digne d'un Roy Tres-Chrétien, quoy qu'il ait reconnu le Pape Clement jusques à la mort.

Cette mort arresta long-tems à Paris le Duc d'Anjou, que le feu Roy avoit déclaré Regent du Royaume. Et comme son dessein étoit de profiter de l'occasion, & de tirer tout l'avantage qu'il pourroit de l'autorité que luy donnoit une si haute dignité, pour se mettre en état d'aller avec une puissante armée au Royaume de Naples; il s'empara d'abord du Tresor du Roy défunt, qui en lingots d'or, en pierreries, en meubles, & en argent, montoit à dix-sept millions de livres d'or, qui en ce tems-là revenoient à nos écus: ce qui fit naître de grands troubles, & de dangereuses séditions en France, & particulierement à Paris, & à Roüen, à cause des subsides que le Roy Charles VI. venoit d'abolir, & qu'il fallut remettre, pour remplir l'Epargne que le Duc Regent avoit épuisé. Il y eût aussi bien du trouble parmi les Ecclesiastiques, & sur tout dans l'Université de Paris, qui se plaignoit hautement de la conduite du Pape Clement, appuyé de l'autorité du Regent, qui agissoit de concert avec luy, plus encore par interest que par affection. Comme par un malheur inévitable dans un Schisme pareil à celuy-cy, il falloit que les Papes, pour se con-

*Du Tillet.*
*Dupleix.*

ferver leur obedience, dépendiſſent honteuſe- 1380.
ment des Princes & des Grands de la Cour,
parce qu'ils craignoient d'en eſtre abandonnez;
Clement, qui vouloit ſatisfaire les trente-ſix
Cardinaux qu'il avoit de ſon coſté, & tous ceux
qui avoient le plus de faveur & de pouvoir
auprés du Roy, afin qu'ils le ſoûtinſſent, leur *Iean Iuven.*
abandonnoit en quelque maniere, ſi j'oſe m'ex- *Gaguin. l. 9.*
primer ainſi, l'Egliſe Gallicane au pillage. Car *Spond.*
il leur donnoit preſque tous les Benefices, non-
ſeulement quand ils vaquoient, mais auſſi par
avance, avant la mort des legitimes poſſeſſeurs,
en vertu des réſervations & des graces expecta-
tives, qui étoient alors en uſage, au grand détriment de l'Egliſe, qu'on privoit par là des
habiles gens, au mérite deſquels on n'avoit
plus aucun égard. On faiſoit même de ſi grandes exactions ſur ces Benefices, ſous le nom
de Décimes, & d'arrerages prétendus par la
Chambre Apoſtolique, qu'on levoit quelquefois pour le dixiéme, & ſous d'autres prétextes,
plus que le Benefice ne valoit.

Cela fit que les Ecoliers, & les Regens de
l'Univerſité, voyant qu'on leur oſtoit toute eſperance d'aquerir quelque Benefice par les voyes
du mérite, & de la ſcience, & que ceux qui en
poſſedoient quelqu'un, étoient opprimez par
ces exactions inſupportables, ſortoient tous les
jours de Paris en foule, & alloient chercher, à
la honte de la France, chez les Etrangers, la

1380.

juſtice, & la récompenſe qu'on doit au merite, & qu'ils n'eſperoient plus pouvoir trouver
en leur païs. C'eſt pourquoy l'Univerſité, qui
craignoit de voir bien-toſt tout deſerter, députa Jean Rouſſe, celebre Docteur, & Profeſſeur
en Theologie, pour faire ſur cela de tres-humbles remonſtrances au Roy, & le ſupplier de
vouloir apporter quelque reméde à de ſi grands
deſordres. Mais le Regent, qu'on diſoit avoir
part à ce butin pour ſa guerre de Naples, & à
qui enſuite Clement donna plus d'une fois la
Décime ſur tous les biens Eccleſiaſtiques, en
fut ſi irrité, que dés la nuit ſuivante il fit enlever, & mettre en priſon ce pauvre Docteur,
qui ne pût eſtre delivré qu'à grand' peine, &
aprés avoir promis d'obéïr toûjours au Pape
Clement. Mais il ne fut pas plûtoſt ſorti du
Chaſtelet, qu'il ſe ſauva de viteſſe, & s'alla
rendre à Rome au Pape Urbain, qui eſpérant
de pouvoir profiter de cette occaſion, pour ramener à ſon parti une ſi fameuſe Univerſité,
luy écrivit à ce ſujet une belle & grande Lettre, que le Recteur fit lire en pleine Aſſemblée.

A la verité c'étoit donner lieu au Regent de
le maltraiter, parce que comme il n'eſt pas permis de ſe liguer, & de faire une eſpece d'aſſo-
ciation pour écrire en commun, particulierement à quelque Prince hors du Royaume, ſous
quelque prétexte que ce puiſſe eſtre, ſans la
permiſſion

permiſſion du Roy. Il l'eſt encore moins d'en 1380. recevoir des Lettres, & de les lire dans une Aſſemblée, avant que de les avoir portées toutes fermées au Roy, auquel ſeul il appartient de les ouvrir, & d'en uſer aprés cela comme il trouvera bon. Le Regent donc ravi d'avoir trouvé l'occaſion de ſe venger en ſon particulier, en puniſſant juſtement un crime d'Etat, ne manqua pas d'éclater hautement contre le Recteur, pour avoir fait lire publiquement une Lettre de dehors, & de la part de celuy qu'on tenoit en France pour un Intrus dans le Pontificat, & pour un ennemi, qui abuſant de ſa prétenduë autorité, avoit entrepris ſur le temporel des Rois, qui ne le croyoient pas vray Pape. Cela étonna tellement le Recteur, que craignant même pour ſa vie, il s'enfuit promptement à Rome, comme le Docteur Jean Rouſſe avoit fait, & il fut ſuivi de pluſieurs autres, qui apprehenderent qu'on ne les traitât comme des criminels d'Etat. Ce procedé ne laiſſa pas d'affliger un peu le Pape Clement, qui ne vouloit pas irriter l'Univerſité, ſur laquelle il faiſoit grand fonds, & il craignoit que ſon Rival ne profitât de cette fâcheuſe diviſion. Mais il ſe conſola de ſon chagrin, ſur l'eſperance qu'il eût de voir bien-toſt le Duc d'Anjou puiſſamment armé pour la Reine Jeanne contre Urbain, & bien plus encore, ſur la déclaration ſolennelle que le Royaume de Caſtille

Q

1380. fit prefque en même tems en fa faveur, de la maniere que je vais raconter, & que je puis dire n'avoir pas efté jufques à maintenant bien éclaircie.

Henry Roy de Caftille, qui étoit encore neutre entre les deux partis formez dans l'Eglife, mourut le trentiéme de May de l'année mil trois cens foixante-dix-neuf, entre les bras de l'Evêque de Siguenza, auquel il donna ordre de recommander à fon fils particulierement deux chofes; l'une, de garder inviolablement l'alliance que l'on avoit faite avec la France, à laquelle ils devoient leur fortune, & la Couronne, par le fecours que le feu Roy Charles leur avoit donné contre Pierre le Cruel; l'autre, qu'ayant toûjours Dieu, & le bien de fon Eglife devant les yeux, il ne fe déclarât ni pour l'un ni pour l'autre Pape, qu'aprés avoir bien fait examiner lequel des deux on devoit tenir pour le veritable Pontife. Jean I. fon fils, & fon fuccefleur, fuivant cette derniere volonté de fon pere, voulut prendre l'avis des Prélats, des Docteurs, & des Seigneurs de fon Royaume, qui s'étoient rendus à Burgos, pour affifter à la ceremonie de fon Couronnement, qui fe fit auffi-toft aprés les obfeques du défunt Roy; & là il fut réfolu, d'un commun confentement, qu'on envoyeroit le Confeiller Rodrigue Bernardi, & le Pere François de Illefcas Cordelier, Confefleur du Roy, & le Docteur Alva-

Marian. l. 17. c. 2.

re Melendi, Ambaſſadeurs vers les deux Papes,
pour les ſupplier tres-humblement de les bien
informer de tout ce qu'ils avoient à dire, pour
faire valoir leur élection ; de leur donner copie
des Procés verbaux qu'on en avoit faits, & d'envoyer leurs Nonces au Roy, pour luy repre-
ſenter leur droit, puis qu'il ne demandoit qu'à
eſtre éclairci de la verité.

*Pars 1. Proceſ.*
*habiti coram*
*Rege Ioan.*
*ex MS. Bibl.*
*Harlaa.*

Ces Ambaſſadeurs ſe tranſporterent conjointement à Rome, & à Avignon ; & ils employerent la fin de cette année, avec la plus grande
partie de la ſuivante, à s'aquiter exactement d'une
commiſſion, qui demandoit beaucoup de tems,
pour ne rien omettre de ce qui étoit néceſſai-
re à l'éclairciſſement d'une affaire ſi difficile. Ils
furent bien receûs des deux coſtez, parce que
l'un & l'autre Pape avoit grande envie d'attirer
un Royaume ſi conſiderable à ſon obedience.
On leur communiqua les Procés verbaux qu'ils
demandoient des deux élections ; ils interroge-
rent ceux qui s'y étoient trouvez ; ils receûrent
les dépoſitions des témoins qui en avoient appris les circonſtances : ils voulurent avoir les
Pieces qu'on avoit faites de part & d'autre, &
ſingulierement les Traitez du celebre Balde, &
du Docteur Jean de Lignano, pour Urbain, &
celuy du ſçavant Abbé de Saint Waſt, Docteur
de Paris, pour Clement. On leur donna même
à Rome les Lettres de Sainte Catherine de Sienne, qui étoit morte tres - ſaintement l'année

*2. Pars Proceſ.*
*ejuſd. apud*
*Spondan.*

1380. précedente. Enfin, aprés s'être bien informez de toutes choses, le Pere Ferdinand de Illescas étant demeuré malade à Naples, Rodrigue Bernardi s'en retourna bien muni de tant de Pieces, & arriva en Castille sur la fin de Septembre, avec les Nonces des deux Papes, à sçavoir pour le Pape Urbain, François d'Urbin Evêque de Faënze, & le Docteur François de Padoüë, qui se devoient joindre au Cardinal Guttiérez Espagnol; & pour le Pape Clement, l'Evêque de Pezzaro, qui se joignit au Cardinal d'Arragon Pierre de Lune, que Clement avoit d'abord envoyé Légat en Castille. Ainsi, comme le Roy eût tout ce qu'il pouvoit souhaiter, pour avoir un parfait éclaircissement, il tint une grande Assemblée des Prélats, des Seigneurs, des Magistrats, des Docteurs, & des Députez des Chapitres, & des principaux Monasteres de son Royaume, avec les Gens de son Conseil, à Medina del Campo, Ville du Diocese de Salamanque, pour y terminer cette grande affaire.

L'ouverture s'en fit un Vendredi vingt-troisiéme de Novembre de l'année mil trois cens quatre-vingts, par le Cardinal d'Arragon, qui fit une belle Harangue en Espagnol, dans laquelle il prétendit montrer la nullité de l'élection de Berthelemi de Bari, comme ayant esté faite par force, & la validité de celle du Pape Clement. Le Dimanche vingt-cinquiéme, l'Evêque de

Faënze harangua pour le Pape Urbain, & en-
treprit de prouver, par dix-huit raifons, qu'il *Ibid. f. 4.*
avoit efté legitimement & canoniquement élû.
Le lendemain, & les jours fuivans, l'Ambaffa- *Ibid. f. 10.*
deur Rodrigue Bernardi rendit conte de fa Lé- *16, 17.*
gation, & l'on prefenta au Roy l'expofé du
fait des deux élections, comme il étoit contenu fort diverfement, dans les deux Bulles
que les deux Papes en avoient fait dreffer.
L'Ambaffadeur ajoûta, fur la fin de fa rela-
tion, deux chofes extrêmement confiderables,
qu'on n'a pas fceûës jufques à maintenant, &
dont il importe que la pofterité foit informée. La premiere eft, que comme il eût pro-
pofé en particulier de la part du Roy fon
Maître au Pape Urbain, la voye d'un Concile général, comme la plus propre pour juger fouverainement cette grande affaire, &
pour éteindre entierement le Schifme, Urbain
ne la voulut jamais accepter, difant que ce
feroit révoquer en doute fon droit, qui étoit
inconteftable ; outre que l'experience avoit
montré dans le Schifme des Grecs, que cette
voye n'étoit nullement propre, puis qu'aprés
les Conciles qu'on avoit celebrez pour l'abolir, on l'avoit toûjours veû recommencer plus
furieux, & plus étendu qu'il n'étoit auparavant. Il s'efforça même de confirmer fon fentiment par des exemples qu'il citoit de l'Hiftoire Tripartite, par lefquels il prétendoit mon-

**1580.**

trer, que les Conciles ne servent de rien pour cét effet, tant il étoit alors déterminé à ne s'y pas soûmettre. La seconde chose que rapporta l'Ambassadeur, est tres-remarquable. Comme il eût dit au commencement de son Audiance, que le Roy son Maître avoit voulu demeurer dans l'indifference & la neutralité, afin de pouvoir estre pleinement informé de la verité du fait de l'élection, & du droit des parties, avant que de se déclarer pour l'une ou pour l'autre; Urbain, qui s'étoit extrêmement plaint de cette indifference, par laquelle il disoit que le Roy l'avoit injustement dépouïllé de sa possession, promit néanmoins, à la fin de l'Audiance, qu'il luy envoyeroit ses Nonces, pour l'informer, & ajoûta qu'il craignoit bien fort, que l'alliance que ce Prince avoit avec le Roy de France, ne le retirât du chemin de la verité. Alors l'Ambassadeur fit une réponse que je veux rapporter icy tout au long, parce qu'elle est tres-avantageuse à la France, & sur tout à la glorieuse memoire de Charles V. dont elle fait hautement éclater la sagesse & la probité.

*Je sçay*, répondit donc le sage Dom Rodrigue Bernardi, *je sçay, selon que je connois la bonne foy & la conscience du Roy mon Maître, qu'il demeurera toûjours ferme, & inviolablement dans les termes de l'alliance qu'il a faite avec le Roy de France, sans que pour cela il s'éloigne jamais de son devoir, & du chemin de la verité, particulierement en ce qui*

Dominus meus Rex voluit esse indifferens, ut melius, & plenius se posset informare de veritate facti, & juris, circa istud Schisma. *ibid. fol. 18.* Asserens quòd spoliaveratis eum possessione suâ indebitè. *ibid.*

regarde la foy, *&* le bien de toute l'Eglise. Mais d'autre part, je suis aussi tres-asseûré que le Roy de France n'a rien fait en cette occasion du Schisme par aucune affection desordonnée, *&* qu'il ne s'y est conduit que par le seul desir qu'il a eû de faire connoître la verité autant qu'on le peut, comme luy-même me le protesta, *&* avec serment, à Paris, lors que j'y fus en Ambassade. J'y fus, poursuivit-il, voyant qu'Urbain témoignoit souhaiter qu'il s'expliquât un peu plus précisément, j'y fus envoyé par le feu Roy Henry mon Maître, avec le Docteur Pierre Fernandes, pour prier de sa part le Roy Charles V. de demeurer, comme luy, dans l'indifference, jusqu'à ce que tous les Rois d'Espagne agissant de concert, en une affaire de si grande importance, se fussent éclaircis de la verité. Ce sage Roy nous répondit sur le champ, sans balancer, qu'il en étoit déja informé aussi parfaitement qu'on le peut estre, par toutes les voyes les plus certaines, que les hommes puissent prendre, pour s'éclaircir d'une pareille chose, *&* qu'il ne pouvoit, en conscience, differer plus long-tems de faire connoître le vray Pasteur à ses sujets, en faisant publier la Déclaration qu'il avoit faite, par l'avis de tous les plus sages de son Royaume. Car enfin, nous dit-il, on ne peut sçavoir la verité d'un fait de cette nature, que par les preuves *&* les témoignages qu'on tire, ou du dehors, ou bien du dedans du Conclave. Pour le dehors, tout y fait éclater la violence manifeste : les cris du peuple, qui proteste, que si on ne fait un Pape Romain, ou du moins Italien, il mettra

1380. en pieces les Cardinaux ; l'irruption à main armée dans le Conclave, aprés en avoir enfoncé les portes, & la fuite des Cardinaux. Et pour ce qui regarde le dedans, qui peut mieux sçavoir ce qui s'est passé dans l'élection, que les Cardinaux mêmes, qui asseûrent tous, avec serment, qu'ils n'ont élû l'Archevêque de Bari, que par force, & pour éviter une mort presente, sans quoy ils ne l'eussent jamais choisi? Que pour luy, il étoit persuadé que cette preuve, qui luy sembloit tres-forte, suffisoit pour connoître la verité. Qu'il prioit néanmoins le Roy de Castille, son frere, de s'en informer encore, comme il jugeroit à propos. Et cependant ce grand Roy jura solennellement devant nous, sur les Saints Evangiles, & sur les précieuses Reliques qu'on garde, & qu'on révere dans la Sainte Chapelle du Palais, où nous estions alors, qu'il n'agissoit en cette affaire par aucune affection particuliere, mais seulement parce qu'il avoit connu clairement que l'élection de Berthelemi estoit nulle, comme ayant esté forcée; & qu'au contraire celle de Clement s'étoit faite avec une pleine & entiere liberté, selon les Canons, par tous les Cardinaux. C'est pourquoy il luy adheroit comme au seul veritable Pape, à l'exemple de ses Predecesseurs, qui n'avoient jamais épargné ni leurs biens, ni leurs personnes, pour le service de Dieu & de l'Eglise, en protegeant les Papes. Il ajoûta même, en faisant un nouveau serment sur les sacrées Reliques, que s'il sçavoit de certitude qu'Urbain eût esté canoniquement élû, il s'attacheroit à luy, quand même il se trouveroit abandonné de tout le reste de la terre.

Voilà

· Voilà ce que cét Ambassadeur Castillan soûtint à Urbain, qui ne répondit autre chose à
cela, sinon que les Cardinaux l'avoient reconnu depuis en l'intronisant. Mais ce Dom Rodrigue, qui étoit fort habile homme, avoit
déja répondu au Jurisconsulte Balde, qui luy
avoit dit la même chose, en quoy consiste le
plus fort de son Traité, que si l'élection avoit
esté forcée, elle ne pouvoit, selon la Loy,
estre renduë valide par aucun Acte qui se fît
au même lieu où l'on auroit esté violenté.
Outre que les Cardinaux avoient souvent protesté, devant & aprés l'élection, que tout ce
qu'ils feroient à Rome, au sujet d'Urbain, seroit nul, comme étant fait par la même crainte de perir, qu'ils avoient eûë dans le Conclave.

Ce rapport étant fait, & toutes les Instructions & Dépositions qu'on avoit rapportées
de Rome & d'Avignon, ayant esté represen-
tées, le Roy entra le sixiéme de Décembre dans
la Sale de l'Assemblée, toute remplie des Députez de toutes les Provinces du Royaume, &
où l'on avoit dressé un Autel, pour y celebrer
les divins Mysteres, afin de rendre plus auguste
& plus authentique l'Acte qu'on alloit faire.
Aussi-tost qu'il fut sur son Trône, ayant à sa
droite le Cardinal d'Arragon Pierre de Lune,
qui se disoit Légat du Pape Clement VII. &
à sa gauche Guttier Gomes Evêque de Palentia,

R

*Ego dicebam quòd si electio esset impressiva, validari non poterat in eo loco ubi facta fuit impressio, juxta c. In nomine Domini. Ibid. f. 19.*

*Ibid. f. 10.*

1380.

se portant pour Cardinal , & pour Légat du Pape Urbain, qui l'avoit promû au Cardinalat, l'Evêque d'Avila officia Pontificalement, & le Doyen de Burgos fit un beau Sermon sur ce texte, *Ostende quem elegeris ex his duobus unum:* Faites - nous connoître , Seigneur , lequel de ces deux vous avez choisi. Avant la Communion, le Roy s'alla mettre à genoux devant l'Autel, & l'Evêque tenant le Sacré Corps de Jesus-Christ, se tourna gravement vers luy. Alors les deux Cardinaux s'étant approchez, avec leurs Collegues, le Roy fit lire hautement & distinctement la Formule du Serment, par lequel ils juroient sur le précieux Corps du Fils de Dieu, present dans l'adorable Eucharistie, & sur leur salut éternel, *qu'ils diroient de bonne foy, & sans aucun déguisement, au Roy & à ses Commissaires, sans même en estre interrogez, tout ce qu'ils sçauroient en leur conscience, touchant les deux Papes, soit qu'il fût favorable, ou qu'il fût contraire à celuy pour lequel ils agissoient; qu'ils ne combatroient point opiniâtrément les raisons qu'on feroit valoir, quand ils verroient, en leur conscience, qu'elles sont bonnes; & que si en celant quelque chose, de ce qu'ils s'obligent de réveler, ils sont cause que le Roy tombe dans l'erreur, ils en seront seuls responsables devant Dieu.* A quoy ils répondirent tous, *Amen.*

Les Archevêques de Tolede & de Seville, cinq Evêques, & dix Docteurs choisis des Chapitres & des Ordres Religieux, & que le Roy

AA. 1.

avoit nommez pour ſes Commiſſaires, firent 1380.
enſuite la même choſe; jurant qu'aprés avoir
examiné auſſi exactement qu'ils le pourroient
toutes les Pieces, & toutes les raiſons de part
& d'autre, ils diroient tres-ſincerement en leur
conſcience, au Roy ſeul, leur avis ſur ce qu'ils
croyoient qu'il dût faire pour le ſalut de ſon
ame, & pour celuy de ſes ſujets, & que cependant ils garderoient un ſecret inviolable.
Cela fait, les deux Cardinaux, & leurs Collegues, & puis les Commiſſaires, ayant touché
l'un aprés l'autre la Patene, s'en retournerent
à leur place, aprés le Roy, qui s'étoit remis
ſur ſon trône. Et l'Archidiacre de l'Egliſe de
Palentia, Pedro Fernandes Notaire Apoſtolique, ayant fait faire en même tems ce dernier
ſerment à l'Evêque Officiant, qui étoit l'un des
Commiſſaires, on acheva la Meſſe.

Et comme on eût diſpoſé toutes choſes du- *Ibid. f. 14*
rant quelques jours pour l'inſtruction de ce
grand Procés, les Commiſſaires, par l'ordre du
Roy, commencerent à y travailler le vingt-
huitiéme de Décembre; & ils le firent avec
tout le ſoin, & toute l'exactitude imaginable,
en cette maniere, & ſuivant cét ordre.

Premierement, on leût l'une aprés l'autre,
& l'on examina tres-ſoigneuſement les Dépoſitions que les Ambaſſadeurs avoient receûës
juridiquement à Avignon, de dix Cardinaux, *Ibid. f. 16.*
de trois Archevêques, d'autant d'Evêques, de *& ſeq.*

1580. quatre Docteurs en Droit Canon, du Procureur Général des Carmes, de l'Inquisiteur d'Arragon, du Général des Cordeliers, & de quelques autres qui étoient à Rome, quand l'Archevêque de Bari y fut élû Pape, & qui témoignent tous, sans varier, la violence qu'on fit au Sacré College en cette élection, en l'obligeant, par force, à faire un Pape qui fût Romain, ou Italien.

Ibid. f. 67.
& seq. Ensuite l'on examina les Dépositions que les mêmes Ambassadeurs prirent à Rome, de trois Cardinaux promeûs par Urbain, de trois Evêques, d'un des Bannerets, & de dix-sept tant Officiers de la Cour de Rome, que Chanoines, & Citoyens Romains, dont la plufpart s'accordent assez dans leurs témoignages avec ceux d'Avignon, pour ce qui regarde la violence. Il y a même deux de ces témoins, dont l'un avoit esté Medecin du feu Cardinal de Saint Pierre, & l'autre son Camerier, qui rendent extrêmement suspecte, par leurs témoignages, la déclaration qu'on prétend que ce Cardinal fit un peu avant sa mort, en faveur de l'élection du Pape Urbain. Aprés cela l'on prit les Dépositions de prés de cinquante témoins, toutes personnes qualifiées, Evêques, Abbez, Chanoines, Docteurs, & Religieux de divers Ordres, qui s'étant trouvez à Rome, quand Urbain fut élû, étoient alors en Espagne, & qui jurerent sur les Evangiles, & sur la Sainte Croix, qu'ils

diroient sincerement la verité de ce qu'ils avoient 1380.
ou veû, ou appris de cette élection, & qu'ils
garderoient inviolablement le secret, jusqu'à ce
que le Roy trouvât bon de faire sa déclaration.

D'abord, on voulut avoir par écrit les té- *Ibid. f. 99.*
moignages de treize témoins, qu'on choisit en- *& seq.*
tre ceux-cy, & qui déclarerent d'eux-mêmes, &
sans estre interrogez, ce qu'ils sçavoient. Et puis *Ann.*
comme on eût rédigé en quatre-vingts-cinq 1381.
articles ce que les Urbanistes publioient sur *Ibid. f. 11.*
le fait de l'élection d'Urbain, & en cent huit
ce qu'en disoient les Clementins, les autres té- *Ibid. f. 11.*
moins furent interrogez sur tous ces articles, & *Ibid. f. 110.*
l'on mit leurs réponses par écrit, afin de les *& seq. &*
examiner à loisir, en les confrontant les unes *f. 101. & seq.*
avec les autres.

Tout cela fut exécuté dans l'espace de deux
mois, depuis le vingt-huitiéme de Décem-
bre jusques au quatriéme de Mars. Et alors, *Ibid. f. 153.*
pour achever d'éclaircir, autant qu'on le peut, *& seq.*
une affaire si difficile à décider, le Roy, dans
l'Assemblée générale qu'il convoqua pour cét
effet, & où il entra ayant les deux Infants de
Portugal Jean & Denis à ses costez, déclara
qu'il vouloit que le Cardinal Guttier Gomes, &
ses deux Collegues, répondissent publiquement
à tous les articles que les Clementins soûtenoient touchant l'élection d'Urbain; & que le
Cardinal Pierre de Lune, & ses deux Ajoints,

R iij

**1381.** fiſſent auſſi réciproquement le même à l'égard des articles qui étoient ſoûtenus par leurs adverſaires, ſur le fait de cette même élection. En effet, ils le firent les jours ſuivans en preſence du Roy, des Commiſſaires, & des Gens de ſon Conſeil, dans la Chapelle du Palais Royal, où le Saint Sacrement fut expoſé, afin que la preſence de Jeſus-Chriſt même jointe à celle du Roy, leur remplît l'ame de certains ſentimens meſlez de crainte, de reſpect, & de Religion, qui les empêchaſſent de mentir à ces redoutables Majeſtez. Cela fait, aprés que les Commiſſaires eûrent encore examiné les témoignages qui faiſoient pour la liberté de l'élection d'Urbain, & ceux qui prouvoient la contrainte, & la violence, en comparant les uns avec les autres, ſelon toutes les circonſtances ; enfin, le vingt-quatriéme jour d'Avril, ils preſenterent au Roy leur Avis par lequel, *Veû les Informations qu'on avoit faites à Rome, à Avignon, & en Eſpagne, & aprés avoir leû, & ouï ce que les Docteurs avoient propoſé par écrit, & de vive voix, en cette conteſtation, ils concluoient que Berthelemi avoit eſté élû par la violence toute notoire que les Romains avoient faite aux Cardinaux, & telle qu'il n'y avoit pas lieu de douter qu'elle ne ſuffit pour faire naître la crainte d'une mort preſente, dans l'ame des plus fermes, & des plus aſſeûrez. Que ce qu'on alleguoit en faveur du premier élû, ou étoit manifeſtement détruit par des preuves inconteſtables,*

*Ibid. f. 269. & ſeq.*
*Ibid. f. 274.*

*Ibid. f. 275. 276.*

*ne n'étant pas contraire à la violence qu'on avoit fai-* 1381.
*te, ne luy pouvoit acquerir aucun nouveau droit, ou*
*se pouvant interpreter en faveur de l'un & de l'autre*
*parti, n'avoit rien de certain. Qu'ainsi on devoit le*
*laisser, & s'arrester uniquement à la violence, laquelle*
*étoit indubitable, & de notorieté publique. C'est pour-*
*quoy, que sa Majesté devoit tenir pour un intrus celuy*
*qui s'appelloit Urbain VI. & tenir pour vray Pape*
*Clement VII. qui avoit esté librement & canoni-*
*quement élû.* Le Roy ayant examiné la chose, *Ibid. f. 270.*
résolut, d'un commun consentement de tous
les Gens de son Conseil, d'agir conformément
à cette résolution qu'avoient donnée les Commissaires qui étoient tous Evêques, ou Docteurs,
de grande réputation, Religieux, ou Ecclesiastiques Seculiers. Ensuite s'étant transporté à
Salamanque, suivi de toute l'Assemblée, il alla le
Dimanche dix-neuviéme de May dans la grande
Eglise, où après qu'on eût celebré Pontificalement la Messe, il fit lire hautement sa Déclaration, dans laquelle il expose tout ce qui s'est
fait pour s'éclaircir, autant qu'on le peut, de la
verité; remercie Dieu de ce qu'il la luy a fait
clairement connoître; déclare ensuite qu'il tient
Berthelemi pour Intrus & Usurpateur du Saint
Siége, & qu'il reconnoît Clement VII. pour
vray Pape, & enjoint enfin à tous ses sujets de
luy rendre l'obéïssance qui est dûë au Vicaire
de Jesus-Christ en terre.

Voilà ce qui se fit dans les Etats de Castille,

1381. en faveur du Pape Clement, aprés avoir examiné, durant prés de six mois, cette grande affaire, avec toute l'exactitude qu'on peut apporter, & toutes les lumieres que l'on peut
avoir naturellement, pour découvrir la verité,
& ensuite pour se déterminer sur un fait de
cette nature. Au reste, il me semble que pour
la satisfaction de mon Lecteur, je dois l'asseûrer que tout ce que je viens de dire sur ce sujet,
je l'ay tiré du Manuscrit le plus authentique
qui fut jamais, & auquel il n'y a personne qui
puisse refuser, avec honneur, de donner toute
sorte de créance. C'est un gros Livre *in folio*, de
deux cens quatre-vingts-dix-sept feuïllets de
parchemin, contenant le Procés verbal de tout
ce qui s'est passé dans la grande Assemblée tenuë à Medina del Campo, en presence de Jean I.
Roy de Castille & de Leon, au sujet du Schifme, touchant les deux élections d'Urbain &
de Clement. Toutes les Pieces y sont décrites
tout au long, collationnées à l'Original, & pa-
raphées à chaque page, par Pierre Fernandez
Archidiacre de Carion, dans l'Eglise de Palentia, Notaire Apostolique, & qui fut present à
tout en cette Assemblée. Ce fut le Cardinal
d'Arragon Pierre de Lune, Légat de Clement,
qui fit faire cette Copie si authentique, que le
Cardinal de Foix, Légat de Martin V. trouva

1429. dans le Château de Paniscole, lors qu'il y fut
aprés l'entiere abolition du Schisme, pour se

saisir

faifir de tous les Regiftres, & de toutes les Pieces qui appartenoient à l'Eglife Romaine, que
Pierre de Lune, dit Benoift XIII. en fon obedience, quand il fut Pape, y avoit fait tranfporter d'Avignon. Ce Cardinal de Foix en-
richit d'un fi rare Manufcrit la Bibliotheque
du fameux College qu'il fonda à Touloufe, &
qui porte encore aujourd'huy fon illuftre nom.
Le fçavant M. du Bofquet, dont nous avons
veû de nos jours la fcience & la vertu ré-
compenfées de l'Evêché de Montpellier, eût
quelque lumiere de ce Manufcrit, lors qu'on
le gardoit encore dans cette Bibliotheque de
Foix à Touloufe. Enfuite, dans les belles Notes
qu'il a faites fur l'Auteur Anonyme de la Vie
du Pape Clement, il en dit le fujet en général, comme il l'avoit pû apprendre de ceux qui
l'avoient veû : mais en même tems il fe plaint,
en termes un peu forts, des Adminiftrateurs
de ce College, qui ne pouvant profiter par
eux-mêmes de la lecture de ce Livre, en en-
vioient la connoiffance à ceux qui en pouvoient tirer du fruit, pour en faire part au public.

Je ne puis m'empêcher de dire que la fortune m'a efté beaucoup plus favorable. Car ce
beau Manufcrit étant paffé de la Bibliotheque
de Foix dans celle de feu M. de Montchal Archevêque de Touloufe, & de Touloufe à Paris dans celle de M. Petau Confeiller au Par-

*Acta Legat.
Card. Fuxen.
ap. Bzov.*

1381.

Hæc omnia
nobis invident
hortulani ca-
nes, non ipfi
Collegii Socii,
&c.
*Bofq. p. 368.*

*Labb. Nova
Biblioth. Ma-
nufc. Libror.*

1381.

lement, a eû enfin, pour mon bonheur, celuy de tomber, en changeant de maître, entre
les mains d'un des plus grands, & tout enſemble des plus ſages Magiſtrats de France, qui
joint une prudence conſommée, & une parfaite connoiſſance de toutes les belles choſes à
un ſang tres-illuſtre, qui a donné des Chefs d'un
mérite tres-éclatant au Parlement, & à l'E-
gliſe de Paris. C'eſt luy qui a bien voulu me
communiquer, par une ſinguliere faveur, une
ſi rare Piece, dont j'ay tiré beaucoup de lumiere pour l'éclairciſſement de mon ſujet, &
ſur laquelle je me ſens obligé de faire quelques réflexions qui ne déplairont pas à mon
Lecteur.

La premiere, & qui eſt de tres-grande importance pour l'Hiſtoire, eſt que Jean Juvenal
des Urſins, & avant luy le Moine de Saint Denis, dont nous avons l'Hiſtoire traduite par le
celebre M. le Laboureur, quoy-qu'ils paſſent
pour les plus fidelles, & les plus exacts de nos
anciens Auteurs, ſe font néanmoins manifeſtement trompez, lors qu'ils ont dit qu'en l'année
mil trois cens quatre-vingts-un, les Ambaſſadeurs du Roy d'Eſpagne & du Roy de Hongrie
vinrent prier le Roy Charles VI. de la part
de leurs Maîtres, de renoncer à l'obedience de
Clement Antipape, & de reconnoître avec ces
deux Rois ſes alliez le vray Pape Urbain VI.
menaçant, s'il ne le faiſoit, de rompre l'allian-

*In Biblioth. Harlæa Illuſtriſſimi D. Procurat. Gener. in Parl. Pariſ.*

*Iean Iuven. Le Moine de S. Den. de M. le Labour. l. 1. c. 10.*

ce qu'ils avoient avec la France. A quoy l'on 1381.
répondit à l'égard du Roy d'Espagne, *qu'il étoit*
*bien ingrat de faire une pareille menace, puis qu'il ne*
*tenoit la Couronne que des bienfaits du Roy Charles V.*
*qui avoit mis sur le Trône le feu Roy Henri de Ca-*
*stille, pere du Roy Jean I.* Comment cela pour-
roit-il estre, puis que ce Roy Jean, qui s'étoit
toûjours tenu neutre entre les deux Papes, comme avoit fait son pere, faisoit alors examiner
avec tant de soin dans la celebre Assemblée de
Medina del Campo, cette grande affaire, qui
fut terminée en faveur du Pape Clement? Cela
s'appelle une démonstration en matiere d'Histoire, & fait connoître en même tems qu'on
découvre bien mieux la verité, en voyant les
Actes & les Pieces authentiques comme sont
celles de mon Manuscrit, que par la lecture
des Auteurs, même contemporains, quand ils
écrivent sur les relations d'autruy, comme ont
fait sur cét article ces deux Historiens. Car le
Moine de Saint Denis en cette année mil trois
cens quatre-vingts-un, étoit en Angleterre pour *M. le Labour.*
les affaires de son Monastere; & Jean Juvenal, *en sa Préf.*
qui n'est mort qu'en mil quatre cens soixante-
treize, n'avoit garde d'estre present à cette prétenduë Ambassade de l'année mil trois cens
quatre-vingts-un.

La seconde, est que M. de Sponde qui rap- *Spond.ad huiu*
porte cette Ambassade, & la soûtient veritable, *ann. n. 2.*
quoy-qu'il avoûë que ni les Historiens Hon-

grois, ni les Espagnols, n'en disent rien, dit au même endroit, en parlant de l'Assemblée de Medina del Campo, qu'il a eû ce beau Manuscrit entre les mains. Il paroît bien par là, ou qu'il n'a pas eû le loisir, ou qu'il ne s'est pas voulu donner la peine, je ne diray pas de le lire, mais de le regarder. Car s'il eût jetté les yeux seulement sur la premiere page, il y eût veû d'abord que le Roy de Castille, qui étoit encore neutre, envoya ses Ambassadeurs à Rome & à Avignon, pour faire des Informations des deux costez, afin qu'il pût résoudre aprés auquel des deux Papes il devoit s'attacher, comme il fit cette même année, en se déclarant pour Clement.

Et d'icy vient la troisiéme réflexion, laquelle il me sera peut-estre permis de faire à mon avantage, sans blesser la bienseance & la modestie, à sçavoir, que laissant aux autres la gloire qu'on aquiert en écrivant avec esprit, poliment, & éloquemment, je puis, ce me semble, prétendre, avec quelque justice, à celle d'estre sincere, & fort exact. Car enfin l'on peut voir, par cét exemple, ce qu'on verra pareillement dans mes autres Histoires, quand les Sçavans se voudront donner la peine de les examiner, à sçavoir, que je ne dis rien que sur de bons Actes, quand j'en puis trouver, ou sur le témoignage de tres-bons Auteurs, que je lis, & que j'examine avec grand soin, quoy-que,

pour ne confondre pas la Critique avec l'Hiftoire, ce qu'aucun bon Hiftorien ne fit jamais, je n'infere point leurs Pieces, & mes
preuves, dans mon Ouvrage, & que je me con-
tente de les marquer fort fidellement à la marge,
ce que tous ne font pas, & ne font pas même
obligez de faire. Je crois que mon Lecteur fouf-
frira bien cette petite digreffion que j'ay faite
au fujet de cét excellent Manufcrit, d'où j'ay
tiré l'Hiftoire de ce qui fe fit aux Etats du
Royaume de Caftille, où l'on choifit l'obedience du Pape Clement. Comme cela fe fit du
commun confentement de toute l'Affemblée,
Guttier Gomes qui avoit receû d'Urbain le *Aut. V. Clem.*
Chapeau de Cardinal, le remit entre les mains *& Bofquet.*
du Cardinal Pierre de Lune, qui le luy rendit
quelque tems aprés, avec fon titre de Sainte
Croix en Jerufalem, par l'ordre de Clement, qu'il
reconnoiffoit pour vray Pape. Et plufieurs autres Prélats, & Beneficiers, pourveûs par Urbain,
s'étant auffi démis, à l'exemple de ce Cardinal,
furent rétablis dans leurs Dignitez, & dans leurs
Benefices, par l'autorité du Pape Clement. Ainfi
le plus grand Royaume d'Efpagne embraffa fon
obedience ; les autres, excepté le Portugal, qui
fut toûjours pour Urbain, demeurant encore
dans la neutralité, incertains de ce qu'ils feroient.

Mais tandis que les chofes fe paffoient de la
forte en Efpagne à l'avantage de Clement, la

1381. fortune luy fut extrêmement contraire en Italie, où elle se déclara tout ouvertement pour son ennemi Charles de Duras. Ce Prince, qui commandoit l'armée de Louïs Roy de Hongrie, allié des Genois, avoit heureusement conclu avec les Venitiens cette fameuse Paix, qui luy fit donner depuis ce tems-là le nom de Charles de la Paix. C'est pourquoy, comme il se vit libre, & qu'il étoit pressé par les continuelles sollicitations du Pape Urbain, & du Roy de Hongrie, & beaucoup plus encore par celles de son ambition, à laquelle il étoit prest de sacrifier toutes choses; il ramassa, au commencement du printems, toutes ses troupes, qui, outre une assez bonne infanterie Allemande & Italienne, étoient encore de huit mille chevaux Hongrois; & après avoir tiré en passant quarante mille florins d'or des Républiques de Florence, de Sienne, & de Pise, pour les épargner, il marcha droit à Rome, où il arriva sur la fin de May. Il y fut magnifiquement receû du Pape Urbain, qui luy donna l'investiture & la Couronne du Royaume de Naples ou de Sicile au-deçà du Phare, aux mêmes conditions à peu prés que Charles d'Anjou la receût de Clement IV. excepté que ce Pape la donna sans y avoir d'autre interest que celuy de l'Eglise : mais Urbain ne manqua pas d'y mesler celuy de sa Maison, par cette passion déréglée qu'il avoit de l'agrandir. Car il voulut

*Summont. Hist. Neap. l. 3. & 4. Gobell. in Cosmod. æt. 6. S. Antonin.*

*Bulla Vrb. 1. Jun.*

*Niem. l. 1. c. 20. List. Reg. Car. ap. Raynald. hoc ann. n. 3. & seq.*

que le nouveau Roy s'obligeât de donner à François Prignan son neveu, la Principauté de Capoüë, le Duché d'Amalphi, les Comtez de Caserte, de Fondi, de Menerbin, les Villes d'Averse, de Caïéte, de Castel à Mare, de Surrento, de Nocera, & plusieurs autres Citez, Villes, Terres, Chasteaux, & Forteresses, qui faisoient une tres-grande partie du Royaume: de sorte que c'étoit en effet le partager entre son neveu & ce Prince, & faire deux Rois au lieu d'un. Charles, suivant la politique de ces Princes, qui croyent que leur seul interest a le pouvoir de les tenir quittes de leur parole, & de les dispenser d'un serment qu'ils font à son préjudice, promit, & jura tout ce qu'on voulut sur cét Article, fort résolu pourtant de n'en rien faire, & d'amuser cependant Urbain, pour en tirer le secours d'argent qu'il en attendoit. En effet, ce Pape n'épargna rien, ni de profane, ni de sacré, pour le satisfaire, croyant en cela faire autant pour son neveu que pour ce nouveau Roy. Car outre ce qu'il pût trouver en son Epargne qui fut épuisée en cette occasion, il vendit aux plus riches Bourgeois *Niem. cap. 22.* de Rome pour quatre-vingts mille florins d'or de biens appartenans aux Eglises & aux Monasteres, sans épargner même les Croix, les Calices d'or & d'argent, & les autres vases sacrez dont il fit une grosse somme, ni les Images des Saints & leurs Statuës d'argent, qu'il

fit, fondre, pour en faire battre de la mon-
noye.

Summont.
Gobellin. &
alii.
Hect. Pignat.
M. S. Diar.
ap. Raynald.

Charles ayant receû tout ce grand treſor, &
ſoudoyé ſon armée par un moyen ſi extraordinaire, entra ſur la fin du mois de Juin dans
le Royaume, des frontieres duquel il repouſſa le
Prince Othon mari de la Reine, qui n'étant pas
aſſez fort pour combattre un ennemi beaucoup
plus puiſſant qu'il ne l'avoit crû, ſe retira dans
Naples, aprés avoir perdu ſur ſa retraite une
partie de ſon arrieregarde, & de ſon bagage.
Un ſi heureux commencement donna lieu à
Charles de s'avancer promptement juſqu'à Nole, ſans donner le loiſir à Othon de ſe recon-
noiſtre, ni de découvrir les intelligences que
les Hongrois avoient dans Naples, où preſque
tout étoit preſt de ſe déclarer pour Charles.
Et de fait, auſſitoſt qu'il eût conclu à Nole avec
les Députez du grand parti qu'il avoit à Naples, il ſe vint preſenter le ſeiziéme de Juillet
devant la Ville, d'où le Prince Othon eſtoit ſor-

Gobellin. æt. 6.
c. 76.

ti, avec toutes ſes troupes, pour prendre l'ennemi par derriere, en même tems que les Napolitains, comme il le croyoit, l'attaqueroient de
front. Mais il fut bien ſurpris de voir qu'auſſi-
toſt que Charles eût campé devant cette grande
Ville, faiſant mine de l'aſſieger, ſon parti qui
étoit incomparablement plus fort que celuy
de la Reine, luy ouvrit une des portes, par
laquelle il fit entrer toute ſon armée, ſans
aucune

aucune réfiftance, chacun criant par tout, pour
ne pas s'expofer inutilement à la colere puiffante & armée d'un fi heureux Vainqueur,
*Vive le Pape Urbain, & le Roy Charles Troifiéme.*
Ainfi ce Prince fe rendit Maiftre en un jour de
la Capitale du Royaume, fans tirer l'épée; &
dés le lendemain de fon entrée il mit le fiege
devant le Château neuf, où la Reine s'étoit retirée, ne doutant pas qu'il ne la dût bientoft
avoir par famine, fans y employer la force que
contre Othon, s'il entreprenoit de la fecourir.

En effet, comme les vivres luy manquerent,
elle fut contrainte de capituler aux conditions
qu'il plût à Charles de luy prefcrire, à fçavoir
qu'elle fe rendroit, fi dans quatre jours elle n'é-
toit fecourûë par Othon. Ce généreux Prince,
qui préparoit un grand fecours aux environs
d'Averfe, étant averti du Traité, ne manqua pas,
dans le quatriéme jour, de s'approcher en bataille, fort réfolu de fecourir la Reine, ou de perir. Charles de fon côté qui étoit brave, & qui
pouvoit affeûrer fa conquefte par un feul combat, fit auffi la moitié du chemin. Les deux armées s'entrechoquerent avec beaucoup de courage & d'ardeur: mais les vieux foldats de Hongrie l'emporterent facilement fûr des Troupes
nouvellement levées; & Othon, aprés avoir fait
tout ce qu'on peut attendre d'un homme de
cœur, & de conduite, étant demeuré prefque
tout feul, aprés le carnage & la fuite des fiens,

T

*Ibid.*
*Bouche, Histoi-*
*re de Prov.*

au milieu des Ennemis, bleffé, & renverfé de fon cheval, demeura prifonnier de Charles, qui, auffitoft aprés fa victoire, fomma la Reine de fe rendre felon le traité. La pauvre Princeffe fe voyant réduite à cette extrémité, demanda de parler au Victorieux, qui la fut trouver dans les jardins du Chafteau neuf, où feignant d'eftre fort touché de fes larmes, & du fouvenir des extrêmes obligations qu'il luy avoit, il la receût d'abord avec toute forte de refpect & de foûmiffion, luy promettant de la traiter toûjours en Reine, & luy laiffant en effet tous fes Officiers & fes Domeftiques, pour la fervir dans le Château, comme fi elle en eût encore efté la Maîtreffe. Il luy permit même de parler aux Capitaines de dix ou douze Galeres Provençales, qui arriverent, mais trop tard, le dixiéme de Septembre, à fon fecours, pour la tirer du moins de l'extrême danger où elle étoit, en l'emmenant avec eux en Provence.

Mais cette feinte humanité ne dura gueres. Car aprés le départ des Provençaux aufquels elle avoit fort recommandé de ne reconnoiftre point aprés elle d'autre Maiftre que Louïs Duc d'Anjou & de Calabre, de qui elle attendoit fa delivrance, il la fit tranfporter, contre fa parole, dans le Château de Muro, Ville de la Bafilicate, & Othon dans une autre Forterefse de la Pouïlle, où il les fit étroitement garder. Il eût même la cruauté de s'en prendre

à la Princesse Marie, sœur de sa femme, & à
deux jeunes Princesses ses filles, qui s'étoient
attachées à la fortune de la Reine Jeanne, &
qu'il fit mourir en prison, de misere, & de pauvreté. Le Cardinal Sangri Légat d'Urbain, &
à peu prés du même génie que son Maître, &
que ce Prince cruel, en fit encore plus que luy,
par une barbarie tout-à-fait indigne, je ne diray pas d'un Ecclesiastique, mais d'un homme.
Car ayant fait arrester les Cardinaux Jacques
d'Itre François, & Leonard Giffoni de Salerne,
Légats de Clement, & tous les Evêques, Ab- *Aut. V. Clem.*
bez, & Beneficiers qui avoient esté fidelles à
la Reine, il contraignit ces Cardinaux de brûler publiquement leurs Chapeaux, & puis les fit
mettre en prison, où le Cardinal d'Itre, qui ne *Theod.*
voulut jamais renoncer au Pape Clement, mou- *Nieth. l. 1.*
rut enfin accablé de miseres. Et pour les au- *c. 6.*
tres, il les fit inhumainement tourmenter, aprés
les avoir dépouïllez de tous leurs biens, sans
avoir aucun égard, ni à l'âge, ni à la qualité,
ni au mérite de ceux ausquels il faisoit souffrir mille maux, & d'horribles gesnes, pour faire sa cour à Urbain, qu'il sçavoit estre extrêmement severe, & qui profitant de la ruine de
ces pauvres gens, qu'il eût pû ramener à son
parti par la douceur, fit en un jour trente-deux
Archevêques, ou Evêques, & plusieurs Abbez
& Prieurs, tous Napolitains, qui s'étoient déclarez pour Charles. De sorte qu'il n'y eût à Na-

1381. ples parmi ces gens-là si petit miserable Clerc,
qui ne se trouvât tout-à-coup Archevêque,
Evêque, ou Abbé, ou revestu de quelque autre bon Benefice.

Enfin, ce qui acheva de mettre le comble à
tous les crimes qui suivirent la victoire de
Charles, fut l'exécrable parricide que ce Prince perfide & cruel commit en la personne de
la Reine Jeanne, à laquelle il devoit toutes choses. Car soit que le Roy de Hongrie luy eût
demandé la mort de cette Princesse, ou qu'il
ne crût pas sa fortune bien asseûrée tandis
qu'elle vivroit, il se détermina sans peine à faire la plus inhumaine, & la plus barbare action

*Ann.*
**1382.**
*Niem. l. 1.*
*c, 25.*

qui fut jamais, en faisant étrangler, par quatre
de ses satellites Hongrois, cette pauvre Reine,
lors que ne songeant à rien moins qu'à une si
détestable perfidie, elle prioit Dieu à genoux
au pied de l'Autel dans la Chappelle du Château, où elle souffroit, depuis sept ou huit
mois, toutes les rigueurs d'une tres-rude captivité. Ainsi mourut, en la cinquante-huitiéme
année de son âge, & la trente-neuviéme de son
regne, Jeanne I. Reine de Naples, & Comtesse
de Provence, fille de Charles Duc de Calabre,

*Bald.*
*Angel. Petrus.*
*Petrarca,*
*Bocac.*
*Pand. Collen.*
*Summont.*
*Hist. Neap.*
*l. 3. & 4.*
*Bouche Hist.*
*de Prov.*

fils de Robert, qui fut le troisiéme Roy de la
race d'Anjou, & petit-fils du fameux Charles
frere de Saint Louïs. Ce fut une Princesse qui
posseda mille rares perfections du corps, de l'a-
me, & de l'esprit, que l'envie même & la mé-

difance, qui ont inutilement tâché de noircir **1382.** fa réputation, n'ont jamais pû luy difputer, étant certain qu'elle furpaffa toutes les Princeffes de fon tems, en tout ce qui peut faire une grande Reine felon le monde. Elle étoit admirablement bien faite, d'une taille extrêmement avantageufe, d'un maintien grave, & d'un port tout-à-fait royal, ayant fur le vifage, avec les traits d'une grande beauté, un caractere de grandeur, meflé d'un certain air de bonté naturelle qui l'adouciffoit, & luy attiroit enfuite le refpect & l'affection de tous ceux qui avoient l'honneur de l'approcher. Elle avoit de l'efprit autant que l'on en peut avoir, aimant tous les beaux Arts qu'elle cultivoit ellemême, & qu'elle mettoit en honneur, & en réputation dans fa Cour, par le grand nombre de Sçavans, & d'Illuftres en toutes fortes de profeffions qu'elle y attiroit par de magnifiques récompenfes: étant au refte extrêmement habile, adroite, & prudente dans le maniment des affaires; naturellement éloquente, & s'exprimant de bonne grace, avec beaucoup de facilité & d'élegance, foit en Italien, foit en Provençal: ayant un grand fonds de bonté, & tout enfemble de force & de générofité, pour défendre les foibles & les petits de l'oppreffion des plus grands, & pour faire rendre la juftice également à tout le monde ; & fur tout un grand cœur, & une merveilleufe fermeté d'a-

1382. me dans l'une & dans l'autre fortune, où elle fut toûjours maîtreſſe d'elle-même, douce & moderée dans la bonne, conſtante & inébranlable dans la mauvaiſe : ce qui luy a mérité ces grands éloges que les hommes les plus celebres de leur ſiécle dans leur profeſſion, Balde & Angelo ſon frere, Juriſconſultes, & les fameux Pétrarque & Bocace, luy ont conſacré dans leurs Ecrits. On ne peut auſſi diſconvenir qu'elle n'ait eû de la pieté, l'ayant fait éclater en tant d'illuſtres monumens qu'elle en a laiſſez, particulierement dans Naples, quoy-qu'on ne veuïlle pas nier qu'elle n'ait aimé les plaiſirs, & la joye qu'elle entretenoit dans ſa Cour, par de nobles & agréables divertiſſemens, & des Feſtes tres-magnifiques. Car pour ceux qui ſont criminels, & dont quelques-uns l'ont accuſée, c'eſt une pure médiſance, qui n'a nul fondement dans l'Hiſtoire de ſon Regne, ſi ce n'eſt qu'on luy veuïlle reprocher ſes quatre Mariages, que les Loix de l'Egliſe ne défendent pas. Et pour la mort de ſon premier mari André de Hongrie, que pluſieurs luy ont imputée, elle s'en eſt pleinement juſtifiée, & par la juſtice tres-rigoureuſe qu'elle fit faire des meurtriers, ſans que pas un d'eux l'ait jamais chargée dans les effroyables tourmens qu'ils ſouffrirent, & par ſon éloquente Apologie qu'elle fit elle-même en plein Conſiſtoire, devant le Pape Clement VI. & en preſence

de tous les Ambaſſadeurs des Princes Chrétiens,
avec tant de force & de netteté, que ce ſaint
Pontife déclara, par un Acte authentique, non-
ſeulement qu'elle étoit innocente de ce crime,
mais qu'on ne pouvoit pas même ſoupçonner
qu'elle y eût jamais eû aucune part.

Enfin, elle étoit digne d'une fin plus heu-
reuſe que ne le fut une mort ſi tragique, laquelle on peut dire avoir eſté l'un des malheureux effets de ce Schiſme, qui fut cauſe qu'Urbain luy ſuſcita un ſi cruel & barbare ennemi.
Car pour ces gens qui ont écrit que cette mort
avoit eſté la punition du crime qu'elle commit
en ſuivant le parti de Clement, ils ne ſongent
point du tout à ce qu'ils diſent, & ne voyent
pas que la ſainte mort du B. Pierre de Luxembourg, & de tant d'autres perſonnes tres-ver-
tueuſes qui ſont mortes auſſi-bien qu'elle dans
l'obedience du Pape Clement, les couvre de
confuſion, & les dément publiquement, en les
convainquant de temerité. Son malheur ne doit
eſtre attribué qu'à la cruauté de Charles de
Duras, & à la perfidie de ceux d'entre ſes ſujets
de Naples qui la trahirent, & la livrerent à ce
Barbare. Auſſi les Provençaux qui luy furent
toûjours tres-fidelles, eûrent tant d'amour & de
veneration pour ſa memoire, & tant d'horreur
de cette deteſtable action de Charles, qu'ils ne
voulurent point du tout le reconnoître, quoy-
qu'ils n'aimaſſent gueres le Duc d'Anjou; &

Oderic.
Raynald.

*Quòd nun-*
*quam facient*
*pacem cum*
*illo nefandif-*
*fimo, & iniquo*
*proditore Ca-*
*rolo de Durac-*
*cio, imò ipfum*
*& fuos in po-*
*fterum perfe-*
*quentur, jux-*
*ta poffe, mor-*
*tem recolen-*
*dæ, bonæ &*
*fanctæ memo-*
*riæ Dominæ*
*noftræ Regi-*
*næ, vindican-*
*do.*
*Saxi. Hift.*
*Archiep.*
*Arelatenf.*
*Summont. l. 4.*

même ceux d'Arles, en traitant avec la Reine
Marie de Blois, & le Roy Louïs II. fon fils,
les obligerent, par le premier article du Traité,
de jurer, pour eux & pour leurs fucceffeurs,
qu'ils ne feroient jamais de paix *avec cét abomi-*
*nable traître Charles de Duras, & qu'ils le pour-*
*fuivroient toûjours luy & les fiens, pour venger la*
*mort de leur bonne Maîtreffe la Reine Jeanne, de*
*fainte & glorieufe mémoire.* Elle mourut le vingt-
deuxiéme de May de cette année mil trois cens
quatre-vingt-deux, en même tems que Louïs
d'Anjou fon fils adoptif concluoit fon Traité
avec le Pape Clement à Avignon, pour marcher auffi-toft aprés avec une puiffante armée
au fecours de la Reine.

*Journal de*
*l'Evêque de*
*Chartres, dans*
*le I. tome de*
*M. le Labou-*
*reur.*

Ce Prince, qui faifoit de grands préparatifs
pour la guerre qu'il devoit faire en Italie, ayant
appris la victoire de fon Competiteur Charles
de Duras, & la prifon de la Reine, étoit fur
le point d'abandonner fon entreprife, par l'a-
vis de fes plus confidens. Mais les preffantes
& continuelles follicitations de Clement, qui
luy promettoit aveuglément tout ce qu'il demandoit; la crainte de perdre l'occafion de fe
rendre maître de la Provence, dont il defiroit
paffionnément la poffeffion; & fur tout fon
honneur, qui l'obligeoit à faire les derniers efforts pour la delivrance d'une Princeffe qui l'a-
voit fait heritier de tous fes Etats, le raffermi-
rent enfin dans fa premiere réfolution. De-forte
qu'aprés

qu'aprés trois ou quatre mois de déliberation, 1382. durant lesquels on examina souvent cette affaire au Conseil du Roy, où l'on ne fut pas trop marri d'éloigner de la France un Prince qui l'épuisoit par son extrême avidité, il partit sur la fin de Janvier, aprés avoir donné à ses troupes le rendez-vous aux environs d'Avignon, où il se rendit luy-même le vingt-deuxiéme de Fevrier. Il y fut receû du Pape avec toute sorte de magnificence, douze Cardinaux étant allez au-devant de luy, pour le conduire à l'Audience, qu'il eût le soir même, aux flambeaux, en plein Consistoire, où Clement luy fit des honneurs tout extraordinaires, se levant de son Trône *Monach.* pour le saluër, & luy tendant les bras, pour *Dionys. l. 2.* l'embrasser, & pour luy donner le baiser de paix. Il y trouva le Comte de Caserte, Louïs de Costanza, & les autres Députez de la Reine, & des Villes qui tenoient encore pour elle. Ceux-cy le prioient instamment d'avancer son voyage, pour ne pas donner à son ennemi le tems de se fortifier: mais cette aveugle passion qu'il avoit de se rendre maître de la Provence à contre-tems, le luy fit retarder de six semaines.

Ce fut néanmoins inutilement. Car les Provençaux, qui craignoient que ce ne fût là son unique dessein, dirent toûjours qu'ils ne le pouvoient reconnoître qu'en qualité d'heritier de la Reine, & qu'il devoit se rendre digne de son adoption, en travaillant au-plûtost pour sa de-

V

1382. livrance. Ce qui le rendit encore plus suspect, & plus odieux à ces peuples, fut que pour obliger le Pape Clement son grand ami, il donna au Comte Amedée de Savoye, parent de ce Pape, l'investiture du Piémont, qui appartenoit à la Reine, comme s'il eût déja pû disposer des Etats de cette Princesse qui l'avoit fait son héritier. Ainsi ni ses sollicitations, ni la force qu'il employa contre quelques petites Places, ne pûrent servir à luy faire avoir la Provence, qui ne pût pas même souffrir qu'il prît le titre de Roy de Sicile. Il fallut qu'il se contentât pour lors de celuy de Duc de Calabre, qui appartient aux héritiers des Rois de Naples, quoy-que le Pape luy eût donné publiquement celuy de Roy, aussi-bien que la Rose benîte. Et pour sauver du moins les apparences, il fit semblant d'être satisfait de ce qu'on le reconnoissoit pour héritier, & des devoirs que luy rendoient les principaux Seigneurs, & les Evêques de Provence, lesquels en effet il avoit gagnez. Voilà ce que j'ay tiré du Journal de Jean le Févre Chancelier du Duc d'Anjou, & Evêque de Chartres, qui assista à toutes ces négotiations. M. le Laboureur nous a donné cette excellente Piéce originale, qu'il avoit euë de M. de Herouval, à qui l'Histoire est redevable de tant de rares Piéces qui l'enrichissent tous les jours, & qu'il communique généreusement aux Sça-

*Mon. Dionys.*
*l. 2.*
*Ban Iuven.*

vans. Ces belles découvertes nous font voir 1382.
que le Moine de Saint Denis luy-même, tout
contemporain qu'il est, s'est trompé, quand il a
dit que Loüis conquit toute la Provence avant *Mon. Dionyf.*
que de partir. Elles nous découvrent aussi l'er- *l. 2.*
reur de ces Historiens qui ont écrit que presque *I. Iuvenal.*
toute la Provence étoit alors pour Charles de
Duras ; au contraire, elle détesta toûjours la mémoire de ce perfide , contre lequel enfin le
nouveau Duc de Calabre s'appresta de marcher.

Comme le Pape Urbain avoit créé Charles
Senateur, & Gonfalonier de l'Eglise, contre les
Schismatiques , le Pape Clement fit la même
chose à l'égard de Loüis. Il voulut qu'il allât
combatre non-seulement en son nom pour la
conqueste du Royaume de Naples , mais aussi *Auth. Vit.*
au nom de l'Eglise, pour la delivrance de la *Clem.*
Reine, & pour chasser du Saint Siége celuy
qu'il appelloit l'Intrus & l'Usurpateur ; ce qui
étoit asseûrément son principal dessein, ne doutant point que ce Prince ne dût aisément s'emparer de Rome, sur son passage, avec une aussi *Niem.*
puissante armée que la sienne : car elle étoit *Hist. de Pierr.*
de plus de soixante mille hommes, entre les-
quels il y avoit quantité de Noblesse, de Princes & de grands Seigneurs, dont les plus apparens étoient Amedée Comte de Savoye, Pierre *Auth. Vit.*
Comte de Geneve frere du Pape Clement, le *Clem.*
Senéchal de Provence, le Baron de Sault, & *Mon. Dionyf.*
*I. Iuven.*

1382. les Comtes de Caferte & de Potentiane Napolitains. Il partit donc le trente & uniéme de Mars, avec le plus fuperbe & le plus riche équipage qu'on eût jamais veû, & qu'on peut dire qui étoit chargé des dépoüilles de toute la France, & de l'Eglife Gallicane, de laquelle il avoit tiré des fommes immenfes. Aprés avoir paffé les Monts avec quelque perte de fon bagage, & heureufement traverfé la Lombardie, la Romagne, & la Marche d'Ancone, marchant fur le ventre à tout ce qui fe prefenta pour s'oppofer à fon paffage, il entra dans le Royaume par la Province de l'Abruzzo, où il fut receû dans Aquila qui avoit toûjours efté fidelle à la Reine. Ce fut-là que plufieurs des plus grands Seigneurs du Royaume, qui n'attendoient que fa venuë pour fe déclarer, le vinrent reconnoître pour leur Roy: & comme il n'y avoit plus rien qui le pût empêcher de prendre ce titre, puis qu'il avoit appris la déplorable fin de la feuë Reine fa mere d'adoption; ce fut auffi en ce temps-là, & le trentiéme du mois d'Aouft, qu'en prefence de ces Seigneurs, Barons, Comtes & Ducs, il fut folennellement proclamé Roy de Sicile & de Jerufalem, & Comte de Provence. Comme c'étoit un des plus vaillans Princes de fon tems, & que la mort funefte de la Reine fa bienfaitrice l'animoit encore à la vengeance, il voulut, avant toutes chofes, envoyer un Heraut à fon ennemi, pour

L. Iuven.

Journal de
l'Evêque de
Chartres.

Mon. Dionyf.
l. 2. c. 8.

luy reprocher fon horrible perfidie, & fa cruauté, en luy offrant de fe batre contre luy, à la tefte des deux armées, où il prétendoit luy faire avoûër, les armes à la main, qu'il étoit indigne non feulement de porter une Couronne, mais auffi de voir le jour, aprés cét exécrable parricide.

Charles, qui avoit une bonne armée fous deux grands Capitaines le Comte Alberic de Balbiano & le fameux Anglois Aucut, & qui néanmoins n'avoit nulle envie d'expofer fa Couronne au hafard d'une bataille, beaucoup moins à celuy d'un duel, voulut profiter d'une occafion qu'il crût eftre tres-favorable pour le plus lâche deffein dont le plus méchant de tous les hommes puiffe eftre capable, à fçavoir, de faire perir fon ennemi par le poifon. Il tenoit auprés de fa perfonne un Magicien, qu'un Ecrivain de ce tems-là dit avoir veû à Rome, *Niem. l. 1. c. 24.* un peu avant que ce fcelerat fe fût mis au fervice de Charles. Ce Sorcier prétendoit pouvoir rendre inutile toute une armée, & ofter le courage aux plus braves par fes enchantemens. Mais quoy-que ce ne fût qu'un Impofteur, qui ne pouvoit rien faire en cela de ce qu'il promettoit, Dieu ne permettant pas que les Démons ayent ce pouvoir à la deftruction du genre humain; il s'étoit pourtant rendu redoutable par *Mon. Dionyf. 1. Iuvenal.* fa qualité d'Empoifonneur. En effet, on affeûre qu'il portoit une efpece de javeline ou de demi-

V iiij

pique, dont le fer étoit empoisonné, d'un poison si subtil, qu'il pénetroit jusqu'au cœur de celuy qui étoit tant soit peu touché de ce fer, ne fust-ce qu'en ses vestemens, ou même qui le regardoit fixement, & avec quelque attention. Charles donc, à qui ce Sorcier avoit promis d'empoisonner Louïs, prit cette occasion, & ne manqua pas de le luy envoyer vestu en Heraut, comme pour accepter le défi qu'il luy avoit fait, & prendre jour pour le combat.

*Mon. Dionyf.* Mais le Comte de Potentiane qui avoit fort ouï parler de cét Empoisonneur, & qui se douta de la trahison, le fit arrester avant qu'il pût parler au Roy; & l'ayant fait appliquer à la question, il tira bien-tost de luy, à force de tourmens, la verité, que ce malheureux confessa. Aprés quoy il fut condamné au feu, &

*Nicm. l. i.* bruslé tout vif.
*a 34.*

Charles plus fâché du mauvais succés d'une si lâche entreprise, que confus pour la honte qui en retomboit sur luy, prit la résolution de faire ce qui est toûjours le plus seûr pour ce-

*Mon. Dionyf.* luy qui doit défendre son païs contre l'Etran-
*l. Inven.* ger, à sçavoir d'éviter la bataille, que les François desiroient passionnément; de leur abandonner la campagne, pour laisser passer le torrent de cette impetuosité qui leur est si naturelle, & qu'il esperoit se devoir bien-tost rallentir; de tirer la guerre en longueur, & de les miner ainsi peu à peu, en leur coupant les

vivres, & en les réduifant enfin à une extrême
neceffité qu'il prévoyoit affez qui leur feroit
enfin inévitable. Pour cét effet, il diftribua fon
armée dans les Places fortes, où il obligea les
Païfans de porter tout ce qu'ils avoient de vivres, & de retirer leur beftail, ordonnant à fes
gens de faire le degaft par tout, de harceler l'ennemi par de petits combats, quand ils le pourroient faire à coup feûr, & de prendre l'occafion de fe jetter fur ceux qui feroient obligez
de s'écarter, & de fe répandre dans la campagne
pour aller au fourage, & aux vivres; & cependant il fe retira dans Naples, pour maintenir *Niem. l. 1,*
cette Capitale dans fon parti, & pour empêcher *c. 27.*
que celuy qu'on y pouvoit avoir formé fecretement n'y pût rien entreprendre à la faveur de
fon abfence. Ainfi Louïs qui fut maiftre de la
campagne, où l'on n'eût pas le loifir d'empêcher
qu'il ne trouvât encore affez de vivres durant
cét efté, fit des progrés confiderables en cét
heureux commencement de guerre, & s'avança
jufques dans la Pouïlle & dans la Calabre, où
il fe rendit maiftre, partie par force, partie par
traité, de Seminara, de Bari, & même de Tarente, outre plufieurs autres Villes & Places
peu fortes, où il prit fes quartiers d'hiver, ef-
pèrant qu'à la prochaine campagne il s'empare-
roit des autres Provinces au-delà de l'Appennin, & iroit attaquer jufques dans Naples fon
Ennemi qui fuyoit toûjours le combat.

Le Pape Urbain cependant, quoy qu'il fût delivré de la crainte qu'il avoit eûë que les François ne vinſſent d'abord l'aſſieger dans Rome, comme le Pape Clement l'eût bien ſouhaité, ne laiſſoit pas de ſe trouver extrêmement embaraſſé. Il avoit fulminé terriblement contre le Roy Louïs, & contre tous ſes partiſans, par quantité de Bulles foudroyantes, où il les appelle Apoſtats, Schiſmatiques, Herétiques, Blaſphemateurs, Excommuniez, dépouïllez de toutes ſortes de dignitez, & enfin perſonnes infames, & déteſtables. Il avoit meſme publié contre eux une Croiſade avec les meſmes indulgences pour ceux qui leur feroient la guerre, qu'on donnoit aux anciens Croiſez qui allofent à la Terre Sainte contre les Infidelles; & néanmoins il voyoit que bien loin que les Etrangers accouruſſent en Italie, pour y combatre les François, pluſieurs d'entre les Italiens ſe déclaroient pour eux; que meſme aux environs de Rome, dans le Patrimoine de S. Pierre, & dans le Duché de Spolete, Viterbe, Orviéte, Terni, Amelia, Todi, Corneto, & quelques autres Villes avoient embraſſé leur parti; & qu'enfin malgré tous leurs ennemis, qui n'avoient oſé les attendre en raze campagne, ils s'étoient avancez juſques au fond de la Calabre, tandis que Charles de Duras, ayant comme abandonné ſon armée, ſe tenoit enfermé dans Naples. Cela luy fit apprehender que Charles, qui ſçavoit beaucoup

*Bulla Vrban.*
*apud Odoric.*
*Raynald. hoc*
*ann.*

*Vrb. Reg. l. 1.*
*ap. Raynald.*

coup

coup mieux que luy comment il fe devoit conduire en cette guerre, ne fuccombât enfin fous
les efforts des François, ce qui attireroit la ruine infaillible de fon Pontificat.

Mais il y avoit encore une chofe, outre cela, qui luy tenoit extrêmement au cœur, &
luy donnoit bien du chagrin, à fçavoir qu'il y
avoit déja prés de deux ans que Charles étoit
en poffeffion du Royaume, fans néanmoins
qu'il eût encore fongé à le fatisfaire touchant
ces grandes Terres, ces Duchez, & ces Principautez, qu'il s'étoit obligé, en recevant l'inveftiture, de donner à François Prignan fon
neveu. Là-deffus, comme il ne prenoit gueres
confeil que de luy-mefme, étant à Tivoli, où
il s'étoit retiré durant la pefte, qui étoit à Rome, il réfolut d'aller à Naples avec tous les Cardinaux, & tous les Officiers de la Cour, croyant
que le peuple de cette grande Ville fa patrie,
qui feroit ravi de le voir dans l'éclat de cette
dignité fuprême, fe déclareroit hautement pour
luy envers tous & contre tous, & qu'enfuite il
obligeroit aifément le Roy Charles à faire tout
ce qu'il voudroit. Mais il connoiffoit mal l'efprit
de ce Prince, qui étoit plus fin que luy, & qui
avoit témoigné tout ouvertement qu'il ne trouvoit nullement bon qu'il fe meflât de fon gouvernement, ni qu'il voulût entrer en fon Royaume contre fa volonté. C'eft pourquoy plufieurs
de fes Cardinaux luy diffuadoient ce voyage, &

X

1382.

Ann.
1383.

Niem. l. 1. c.
38.

1383. ceux mêmes qu'il avoit élevez aux dignitez Ecclesiastiques dans ce Royaume, luy écrivoient qu'il se gardât bien d'y entrer, & qu'asseûrément il n'y feroit pas seûr pour luy.

Cét avis, que ses plus fidelles serviteurs luy donnoient, étoit si raisonnable, & si sensé, que la moindre lumiere d'un peu de bon sens, & d'une tres-médiocre politique l'eût fait suivre, sans balancer, à tout autre que luy. La passion néanmoins qu'il avoit de tirer de Charles ce qu'il en prétendoit & de le faire agir à sa maniere, & son humeur fiere & hautaine, qui ne pouvoit souffrir que personne le contredît, l'aveuglerent si fort, qu'il traita d'ennemis les Cardinaux qui le conseilloient de la sorte, & les contraignit de le suivre, sur peine d'estre déposez. De sorte qu'aprés avoir passé tout l'Esté en plusieurs petites Villes de la Champagne de Rome, avec une extrême incommodité de la Cour, il se hazarda même de passer sans escorte entre Anagnie & Fondi, où il y avoit de bonnes garnisons Clementines, & se rendit sur le commencement d'Octobre, auprés de la Ville d'Averse, où Charles, qui, au bruit de sa venüë, étoit sorti de Naples, l'alla recevoir. Ce fut pourtant d'une maniere qui luy fit bien voir qu'il devoit avoir suivi le bon conseil qu'on luy donnoit. Car ce Prince offensé de cette conduite d'Urbain, qui sembloit vouloir prendre un empire absolu sur luy, l'ayant abordé sans cerémonie, & en habit

*Idem.*
*Diar. M S.*
*Pign. ap.*
*Raynal.*

*Niem. ibid.*
*& cap. 29.*

noir, quoy que le Pape, pour luy faire honneur, ſe fût revêtu un moment auparavant de ſes habits Pontificaux, le ſalüa tout ſimplement, tandis que les Païſans accourus des environs, ſe proſternant en terre, luy baiſoient les pieds ; & puis prenant ſon cheval par la bride, ſelon la couſtume, il ſe mit à faire l'Office d'Ecuyer, non tant par honneur, comme il parut bientoſt aprés, que pour s'aſſeûrer de ſa perſonne, & le conduire luy-même en priſon.

En effet, comme on fut entré dans la Ville, il ſe mit en devoir de le mener au Château, ſous prétexte qu'il y ſeroit logé beaucoup plus commodément qu'à l'Evêché, où pourtant le Pape voulut aller, craignant ce qui luy arriva le lendemain. Car les portes de la Ville ayant eſté fermées durant tout le jour, pour empêcher qu'il n'en ſortît, on l'alla inviter le ſoir de la part du Roy de venir au Château ; & ſur le refus qu'il en fit, on ne laiſſa pas de l'y mener, malgré qu'il en eût, quelque réſiſtance qu'il pût faire, & quoy qu'il excommuniât de toute ſa force par les chemins ceux qui l'y conduiſoient. Il y fut cinq jours, ſans que ceux de dehors puſſent rien apprendre de ce qui s'y paſſoit ; & l'on dit que le Roy l'y contraignit de renoncer à ces conditions ſi onéreuſes auſquelles il l'avoit obligé par l'Acte de ſon inveſtiture, & qu'il n'avoit jamais eû deſſein d'obſerver, quoy qu'il les eût jurées. Charles néanmoins, ne ſe tenant pas encore

*Krantz. 10. Metrop. ex Auth. contemp. Diar. MS. Pign. Gobell. in Coſmod. ſtat. 6. t. 77.*

X ij

1383. bien affeûré, ne luy rendit point pour cela
fa liberté.

Car l'ayant fait conduire à Naples, où il
étoit allé un peu avant luy, il l'y receût, avec
plus d'orgueil que d'honneur, fur un trône fort
élevé, devant la porte de la Ville, revêtu de fes
habits Royaux, la Couronne en tefte, tenant
le fceptre d'une main, & de l'autre la pomme
d'or, fans fe lever, jufqu'à ce qu'Urbain fût au
pied du trône. Et alors il en defcendit, luy bai-
fa les pieds, le conduifit luy-même dans la Ville, où pourtant il ne voulut pas qu'on luy fît
une entrée folennelle, ni qu'on tapiffât les
ruës felon la coûtume ; & au lieu de l'Archevêché, où le Pape eût bien voulu qu'on le logeât,
il le fit entrer dans le Château neuf. Là il luy
*Diar. MS.* fut permis de donner fes audiances, quoy qu'il
*Hed. Pignat.* fût retenu fous bonne garde, jufqu'à ce que,
*ap. Raynald.* par l'entremife des Cardinaux, quinze ou feize
jours aprés, la paix fe fit entre eux, à condition
que le Pape ne fe mêleroit plus du gouvernement
du Royaume, & que le Roy feroit le neveu
d'Urbain Prince de Capoûë. Mais cette Princi-
*Niem.* pauté ne dura guères dans la Maifon d'Urbain.
Car fon neveu, qui étoit un homme non feulement fans aucun mérite, mais auffi furieufement
débauché, ayant enlevé d'un Monaftere de Naples, & violé une Religieufe, avec un horrible
fcandale de toute la Ville; le Roy, malgré toutes les oppofitions du Pape, le fit condamner

à la mort; & pour avoir fa grace, que les Car- 1383.
dinaux luy obtinrent, il fut encore bien heureux
de fe contenter de la Ville & du Château de
Nocera, où le Pape enfin trouva bon de fe
retirer. Ainfi fon voyage de Naples, comme
ou le luy avoit prédit, ne luy réüffit pas.

Il ne fut pas plus heureux dans l'entreprife *Froiffart 2. vol.*
qu'il fit faire en même tems par les Anglois *ch. 132. &*
contre la France. Il avoit envoyé l'année pré- *fuiv.*
cedente fes Bulles en Angleterre, avec des Let- *I. Invenal.*
tres à Henri Spenfer Evêque de Nortwik, par *Meyer, l, 14.*
lefquelles il luy donnoit pouvoir de faire publier par tout le Royaume une Croifade contre les Clementins, & principalement contre les
François, qu'il tenoit pour fes plus redoutables ennemis. Comme cét Evêque étoit un jeune homme de grande qualité, hardi, entreprenant, & qui ne cherchoit que l'occafion, malgré la fainteté de fon caractere, & de fa profeffion, de fe fignaler à la guerre; Urbain voulut qu'il fût Général de cette armée de Croifez, au nom de l'Eglife. Et parce qu'il fe doutoit bien que les foldats Anglois ne feroient
pas gens à s'enrôller fans autre folde que des
Indulgences, il luy accorda la dixiéme partie
des revenus de tous les Benefices d'Anglerer-
re, & l'Indulgence pleniere femblable à celle
des Croifez, à tous ceux qui contribuëroient
quelque chofe, felon leur pouvoir, pour cette
guerre fainte. De-forte que l'Evêque ayant

X iij

1383. amaſſé par ce moyen, plus de deux millions de livres, dont le Parlement luy permit enfin de ſe ſervir, pour cette entrepriſe, il fit une armée de quinze mille hommes de pied, & de deux mille chevaux, tous vieux ſoldats, outre un tres-grand nombre d'Eccleſiaſtiques, qui prirent les armes à ſon exemple, & vint deſcendre avec toutes ces forces à Calais, ſur la fin d'Avril. Ce qu'il y eût de ſurprenant en cette occaſion, eſt que cét Evêque, qui n'avoit levé cét argent & cette armée par l'autorité du Pape Urbain, que pour faire la guerre aux Clementins, c'eſt à dire aux François, & qui avoit promis à ſon Roy, avec ſerment, qu'il ne marcheroit que contre eux, ſe laiſſa tellement gagner aux promeſſes des Gantois, ennemis mortels de Louïs Comte de Flandre, qu'il tourna d'abord ſes armes contre les Flamans, quoy-qu'ils fuſſent tous Urbaniſtes déclarez auſſi-bien que leur Comte. Tant la facilité qu'il y avoit d'attaquer des gens qui ne s'attendant à rien moins, n'étoient point du tout ſur leurs gardes, & l'eſperance certaine qu'on luy donnoit de faire un grand butin tout le long de la mer, dans un païs où il n'y avoit point encore oû de guerre, eûrent de force ſur l'eſprit de cét Evêque guerrier, qui ne demandoit qu'à combatre, ſans réſiſtance, & ſans peril. Ainſi s'étant jetté dans le païs de l'obedience d'Urbain, il prit ſans peine Gravelines, & toutes les autres Villes de la coste, qui n'étoient nullement fortifiées en ce tems-là, tailla en pieces douze mille païsans ramaſſez, qui l'oſerent attendre en bataille auprés de Dunquerke, & s'empara de Bergues, de Bourbourg, & de Mont-Caſſel. Mais comme enflé de ſes victoires qui ne luy coûtoient gueres il eût entrepris d'aſſieger Ipres, où la Garniſon ſe défendoit tres-vaillamment: le Roy Charles VI. qui vint en perſonne avec une puiſſante armée, au ſecours du Comte de Flandre ſon vaſſal, luy fit lever honteuſement le ſiege, reprit toutes les autres Villes ſur les Anglois, dont il fit perir la plus grande partie; & pouvant avoir aiſément tout le reſte à diſcretion, il leur fit enfin la grace, par l'entremiſe du Duc de Bretagne leur ancien ami, de leur permettre de ſe retirer à Calais, d'où ils repaſſerent en Angleterre, n'ayant fait autre choſe en cette guerre, ſi mal entrepriſe, & plus mal pourſuivie, que ruiner les Urbaniſtes, avec une armée levée au nom du Pape Urbain; que perdre leur honneur, & encourir l'indignation de leur Roy, & de tout le Royaume, qui demandoit hautement la punition de ce Capitaine Mitré.

Mais comme Dieu ne manque pas de tirer ſa gloire des choſes mêmes qui ſemblent luy eſtre le plus contraïres: auſſi la fit-il éclater à l'occaſion de cette guerre, par un événement miraculeux, que les Hiſtoriens de ce tems-là ont jugé à propos de remarquer, & que je trouve

1383.

L. Iuvenal.
Mon. Dionyf.
l. 2. c. 5.
Froiſſart 2. vol.
c. 145.
Gaguin. l. 9.

Froiſſart.

Gaguin.

ſi autoriſé, que je ne puis l'omettre, ſans manquer au devoir d'un Hiſtorien fidelle, & d'un Chrétien zelé pour la veritable Religion. Comme l'armée du Roy entroit dans Bourbourg, les Bretons irritez de ce que leur Duc avoit procuré aux Anglois la permiſſion d'en ſortir avec tout leur bagage, & leur butin, coururent au pillage, & dans les maiſons, & dans les Egliſes, en l'une deſquelles un de ces pillards ayant veû briller une pierre précieuſe ſur la Couronne de l'Image de la Sainte Vierge, monta ſur l'Autel, & portant ſes mains ſacrileges ſur cette Statuë ſacrée, il s'efforça d'arracher ce joyau. En même tems l'Image luy tourna le dos ; & le ſacrilege étonné de ce prodige, & ſaiſi de crainte & d'horreur, tomba tout de ſon long à la renverſe, devint furieux, & mourut enragé, en ſe dechirant luy-même à belles dents. Un de ſes compagnons, qui prit cette chûte pour un pur accident, voulut prendre ſa place, fort réſolu d'achever le crime commencé : mais toutes les Cloches à cét inſtant ſe mirent à ſonner d'elles-mêmes, comme pour appeller au ſecours toute l'armée, qui accourut des environs, & fut témoin de cette merveille, qu'on verifia ſi-bien, que le Roy, & tous les Seigneurs de la Cour, pour faire en quelque ſorte réparation de ce double ſacrilege, firent le jour même de magnifiques offrandes à cette Egliſe. Cela fera voir à nos Proteſtans, qu'on n'eſt pas idolâtre, quand

quand on rend aux faintes Images l'honneur 1383.
qu'on leur doit, par rapport aux perfonnes qu'elles reprefentent. Car de s'infcrire en faux, contre
le témoignage non - feulement de trois Auteurs
contemporains, mais auffi de toute une armée,
& d'un Roy de France accompagné de tous
les Grands de fon Royaume, qu'on ne peut
accufer d'eftre trop credules, c'eft vouloir refufer toute créance à l'Hiftoire, & à tout ce
qu'on peut dire de mieux établi, fans autre raifon, que parce qu'on ne veut-pas croire ce
qu'on ne veut pas qui foit arrivé.

Mais tandis que les entreprifes du Pape Urbain contre la France réüffiffoient fi mal, &
que Charles fa créature, auquel il avoit donné
le Royaume de Naples, le traitoit avec tant
de rigueur & de mépris; celle du Roy Louïs, laquelle avoit eû de fi heureux commencemens,
commençoit auffi à fe reffentir des approches
de fa mauvaife fortune, & du dernier malheur
dont il fut enfin miferablement accablé. Aprés
avoir paffé l'hiver dans la Pouïlle, & dans la
Calabre avec de grandes incommoditez, parce
qu'il n'avoit point de vaiffeaux pour luy apporter des vivres par mer, & que l'armée de
Charles, qui tenoit prefque toutes les Places fortes, empêchoit qu'il n'en pût avoir librement
par terre, la maladie fe mit au commencement *Walfing. in*
du printems dans fon armée, où elle fit de *Rich. II.*
*Summons.*
grands ravages, & luy enleva même le Comte 44. 6 &.

Y

de Savoye, avec la plus grande partie des gens de guerre qu'il avoit amenez. C'est pourquoy durant cette campagne, il ne pût pas beaucoup profiter de l'absence de Charles de Duras, & du grand démeslé qu'il eût avec le Pape Urbain. Il ne se fit que de petits combats, où il eût même quelquefois du desavantage, parce que ses gens qui étoient obligez de s'écarter pour aller aux vivres, dans un païs ruïné, & qui y alloient en assez mauvais ordre, tomboient souvent dans les embuscades qu'on leur dressoit, & où ils laissoient la pluspart des leurs: de sorte que l'automne & l'hiver suivant, qui fut extrêmement rude, ayant fait croître la famine, & les maladies, l'armée des François se trouva fort diminuée, & sans comparaison plus foible que celle de leurs ennemis. Cela fut cause que Charles, qui crût la pouvoir aisément défaire, résolut de retourner au-plûtost à son armée, après s'y estre disposé par une ceremonie fort éclatante, pour animer ses gens.

*Diar. M S. Pignat. Summont. Auth. Vit. Clem.*

Car le premier jour de Janvier, s'étant rendu dans la grande Eglise de Naples avec la Reine & toute la Cour, & une multitude infinie de peuple accouru à ce spectacle, le Pape Urbain, qui n'étoit pas encore sorti de Naples, y celebra Pontificalement la Messe, avant laquelle il benit le grand Etendard de l'Eglise, où l'on voyoit l'Image de Saint Pierre, & les Clefs, &

*Ann. 1384. Diar. M S. Pignat. Summont. l. 4. c. 1.*

1384.

le mit entre les mains de Charles, en le déclarant de nouveau Général de la Sainte Eglife,
contre l'armée des Schifmatiques. Il le tint hautement levé durant toute la Meffe, fur la fin
de laquelle Urbain publia la Croifade contre
Louïs. Aprés cela, Charles ayant fait encore un
grand Corps de nouvelles troupes de Croifez,
alla joindre, au commencement du mois d'A-
vril, fon armée dans la Pouïlle, réfolu d'abord
de donner bataille, ne doutant point du tout
de la victoire. Il voulut même, pour aquerir
parmi les fiens la réputation de Brave, rendre
la pareille à Louïs, & le défier au combat fin-
gulier, à la tefte des deux armées; ce que Louïs
n'avoit garde de refufer. Mais comme tous les
Officiers de l'armée de Charles s'y oppoferent,
ce qu'il fçavoit bien qu'ils feroient, il luy envoya
du moins prefenter la bataille, qui fut acceptée
pour le cinquiéme jour d'aprés. Et Charles,
qui avoit peut-eftre alors deffein de combatre,
promit, & jura même qu'il ne manqueroit pas *L. Invenal.*
de l'aller voir en bataille, au jour affigné. Il
n'y eût jamais tant de joye parmi les François,
que ce jour-là, auquel ils croyoient terminer,
par un combat, & même, nonobftant leur petit nombre, par une glorieufe victoire, tant de
miferes qu'ils fouffroient, par la famine, & par
les maladies. Ils vinrent donc fe prefenter en
bataille à la veüe de Barlette, où Charles étoit
avec une partie de fon armée, l'autre étant

1384. campée fous les murailles de la Ville. Ils mar-
choient en bon ordre, extrêmement gais, &
tres-bien armez, quoy-que fort mal veftus. Le
Roy même n'avoit ce jour-là qu'une cafaque
de toile peinte fur fes armes, parce que ces
grands trefors qu'il avoit apportez de France,
étoient tout confumez, depuis prés de deux
ans qu'il étoit en païs ennemi, fans avoir receû de France aucun fecours, ni d'hommes, ni
d'argent. Les François néanmoins s'en confo-
loient, fur ce qu'ils fe voyoient enfin au jour
d'une bataille : mais ils fe trouverent tout-à-
coup bien déchetîs de leur efperance.

Diar. M S.
Hect. Pignat.
apud Rayn.
Summont.
l. 4. c. 1.

Charles, qui avoit un peu mieux fongé à ce
qu'il alloit faire, commença à déliberer s'il le
feroit, & voulut avoir fur cela l'avis d'Othon
Duc de Brunfwik fon prifonnier, qu'il fçavoit
eftre grand homme de guerre, & fort fage.
Ce Prince, qui connoiffoit beaucoup mieux les
François que ne faifoit Charles, luy confeilla
de ne fe pas hafarder de combatre de fi braves
gens, qui étoient à la verité deformais réduits
en affez petit nombre : mais auffi que le de-
fefpoir de fe pouvoir fauver autrement que par
le gain d'une bataille rendroit invincibles; ajoûtant que pour peu qu'il continuât à tirer la
guerre en longueur, comme il avoit fait jufqu'alors, en leur coupant toûjours les vivres, la
famine & les maladies acheveroient infailliblement de les ruiner, & luy donneroient, fans

peril, une pleine & entiere victoire. Ce con- 1384.
feil, qui étoit tres-fage, & ne s'accordoit pas
trop mal à l'inclination de Charles, luy plûc
tellement, qu'il fit rendre fur le champ au
Prince Othon, avec la liberté, tous les honneurs qui étoient deûs & à fa naiffance & à
fon mérite. Enfuite, le jour qu'on avoit marqué pour combatre étant venu, Charles, pour
dégager en quelque maniere la parole qu'il
avoit donnée, de voir en campagne fon ennemi, ou plûtoft pour fe moquer de luy, fortit
en bataille par une des portes de la Ville, à
la veûë des François, qui croyoient qu'on vint I. Iuvenal.
droit à eux, & fans s'éloigner des murailles, il
rentra par une autre porte. Il fallut donc que
l'armée Françoife, ayant perdu toute efperance
de combatre, fe répandît comme auparavant
dans la campagne, pour chercher des vivres,
qu'on n'y pouvoit trouver, tout ayant efté retiré dans les Places fortes, qui étoient tenuës
par de puiffantes Garnifons: de forte qu'ayant
encore inutilement paffé tout l'efté dans l'extrême neceffité de toutes chofes, & la maladie contagieufe caufée par les exceffives chaleurs, & par la mauvaife nourriture, s'y étant
augmentée vers l'automne, durant lequel elle
fit perir prefque tous les reftes de cette déplorable armée, le Roy Louïs même mourut à Bari
le vingt & uniéme de Septembre; foit de douleur de voir un fi malheureux fucccés de fon en-
Y iij

1384.
*Niem.*

treprife ; foit de la maladie contagieufe dont il fut frappé ; foit même, comme quelques-uns l'ont écrit, pour avoir bû de l'eau d'une fontaine empoifonnée par les ennemis.

Quoy - qu'il en foit, il eft certain qu'aprés avoir fouffert, avec un courage invincible, tant d'adverfitez, il mourut tres-chrétiennement en la quarante-fixiéme année de fon âge, & en la feconde de fon regne ; Prince qui aux auguftes qualitez de fils, de frere, & d'oncle de nos Rois, joignoit plufieurs rares perfections du corps & de l'efprit, qui le rendoient tres-di-gne & de fa naiffance royale ; & du Royaume, à la conquefte duquel il mourut, avant que la fortune, qui l'abandonna dans un fi glorieux deffein, luy permît de le poffeder. Il étoit d'u-ne taille tres-avantageufe, & parfaitement pro-portionnée, au deffus de la mediocre, & au deffous de la plus haute, d'une complexion forte & robufte, & capable de toutes les fa-tigues de la guerre, qu'il fit dés fa plus tendre jeuneffe, avec beaucoup de gloire, s'étant aquis la réputation d'un des plus adroits & des plus vaillans Chevaliers de fon tems ; ayant au refte le vifage tres-agréable, les cheveux blonds, la mine haute, l'efprit vif, & qu'il avoit même cultivé par l'étude, étant beaucoup plus fçavant que les Princes ne le font ordinairement, & fur tout éloquent naturellement fans le fecours de l'art. C'eft ce qui luy donnoit un merveilleux

*Mon. Dionyf.*
*M. le Labou-*
*reur V. de*
*Louïs d'An-*
*jou.*
*Bouche Hift.*
*de Prov.*

avantage dans le Conseil, où, avec une grande 1384.
intelligence qu'il avoit des affaires, il tournoit
aisément les esprits comme il vouloit ; outre
qu'il avoit les manieres extrêmement enga-
geantes, & qu'il étoit non-seulement liberal,
mais aussi le plus magnifique de tous les hommes, n'épargnant rien pour obliger tout le
monde, & pour faire éclater en toutes les occasions la grandeur & la beauté de la Cour
de France, dont il étoit l'honneur & les délices: ce qui le fit adorer des François, tandis
qu'il n'étoit encore que Duc d'Anjou. Mais depuis qu'ensuite de son adoption il voulut estre
Roy, la necessité où il se vit de réparer ses anciennes profusions par une grande épargne,
& d'amasser de grands tresors pour la guerre
qu'il devoit faire en Italie, fit qu'il changea
tellement de maniere, en tirant de l'argent
de tous costez, & accablant le peuple & le
Clergé de subsides, d'imposts, & d'exactions
tres-violentes, que ce fut avec joye qu'on le
vit sortir de la France, & sans beaucoup de regret, qu'on l'y vit rentrer dans un cercueïl, accompagné des lamentables restes de son armée, qui eurent bien de la peine à regagner la
France, au plus pitoyable état que l'on vit jamais.

Charles de Duras voulut paroître généreux
en cette occasion. Car il fit faire de magnifiques Funerailles à son ennemi, & porta le deuil

1384. de sa mort trente jours durant. Cela pourtant ne l'empêcha pas de goûter la joye qu'il eût, de voir que cette mort le mettoit seul en possession du Royaume, où il y avoit néanmoins encore un parti considerable pour le jeune Roy Louïs I I. qui à l'âge de sept ans succeda aux Etats du Roy son pere, sous la tutelle & la régence de sa mere Marie de Blois, fille de ce fameux Charles de Blois, qui fut Duc de Bretagne. Ce furent-là les commencemens de la guerre que causa le Schisme d'Occident, & laquelle eût de terribles suites, qui desolerent presque toute l'Italie. Mais ce qu'il y eût de plus déplorable, c'est qu'en même tems il en fit naître une autre beaucoup plus funeste à la Religion, par l'herésie de Wiclef, laquelle s'étendit, & se fortifia, à la faveur de ce Schisme, de la maniere que je vais raconter, en reprenant la chose d'un peu plus haut.

*Walsingam. in Edouard. III. & in Ric. II. Th. Waldens. Polydor. c. 18. Harpsfeld. Hist. Wiclif. Ep. Greg. XI. ap. Walsing.*

Jean Wiclef Anglois, natif du Comté de Northumberland, ayant employé tout le tems de sa jeunesse à l'étude dans l'Université d'Oxford, l'une des plus celebres de l'Europe, y avoit aquis le degré de Docteur, & enseigné la Theologie, & les saintes Lettres, avec beaucoup de réputation. Il avoit l'esprit vif & tres-

*Th. Waldens. t. 2.*

subtil, mais avec une grande hardiesse, & une opiniâtreté encore plus grande : de sorte que, quand il s'étoit une fois engagé, par la chaleur de la dispute, à avoüer une conclusion qu'on luy

luy faifoit voir qui fuivoit de fes principes, il 1384.
la foûtenoit hardiment, quelque extraordinaire,
& quelque bizarre qu'elle parût, & employoit
tous les détours & toutes les fubtilitez de la
Logique, dans laquelle il étoit grand maître,
pour la défendre, de-peur qu'il ne femblât
qu'on l'avoit pû réduire une fois aux termes de
fe dédire. Et parce que la nouveauté a toûjours
de grands charmes pour les efprits peu folides, *Waldenf. t. 9*
qui ne s'arreftent qu'à quelque faux éclat qui *doct. x*
éblouït, & ne pénetrent pas au fond des chofes: il affectoit fur tout, de faire renaître certaines vieilles réveries des anciens Philofophes,
qu'il débitoit pour de nouvelles découvertes,
qu'il avoit faites dans les Sciences, & principalement dans la Phyfique, & pour des veritez
inconnuës avant luy à tous les Sçavans. Cela
luy aquit la réputation d'un des plus rares
hommes de fon tems, & une grande fuite de
Bacheliers & de jeunes Docteurs, qui s'attacherent à fes opinions, croyant que c'étoit-
là le moyen le plus feûr, & le plus commode
de paffer pour de beaux efprits, & pour de
fort habiles gens. Se trouvant en cette pofture,
fi-bien appuyé d'un parti tres-confiderable en
cette fameufe Univerfité, il crût qu'il n'y avoit
rien de fi grand à quoy fon mérite, dont il
étoit extrêmement perfuadé, ne dût l'élever.
Mais comme il fe vit d'abord exclus de la Prin- *Hift. Vnivre*
*Oxon. t. 2.*
cipauté du College de Cantorberi, que l'Ar- *p. 184.*

Z

chevêque Simon Langham venoit de fonder à Oxford, & quelque tems aprés déchû de l'efperance qu'il avoit eûë d'obtenir l'Evêché de Vigorne, qui luy fut refufé par le Pape; il en conceût tant de chagrin, & tant de haine contre le Saint Siége, & contre tout l'Ordre Ecclefiaftique, que bien qu'il fût Curé de Lutleworth dans le Diocefe de Lincolne, il réfolut, pour s'en venger, d'anéantir, s'il pouvoit, la puiffance & l'autorité de l'Eglife.

*Waldenf. loc. cit.*

Il crût que le tems luy étoit extrêmement favorable pour réüffir en fon pernicieux deffein. On murmuroit en Angleterre contre les trop grandes exactions que les Legats & les Nonces des Papes y faifoient, & contre la maniere dont on conferoit les Benefices du Royaume en Cour de Rome. Les Ecclefiaftiques menoient une vie affez licentieufe, & faifoient fervir les grands biens qu'ils poffedoient, à l'entretien de leur luxe, de leurs plaifirs, & de leur vanité. Il fçavoit que les Grands du Royaume feroient tres-aifes qu'on les abbaiffât, & bien plus encore d'avoir occafion de profiter de leurs dépoüilles; & il étoit fort affeûré qu'il auroit toûjours bien des gens dans l'Univerfité, qui fuivroient fon parti, & foûtiendroient hautement fa doctrine telle qu'il luy plairoit de la publier. D'ailleurs, bien loin d'avoir fujet de rien craindre, il en avoit beaucoup de tout efperer du cofté de la Cour, où le Roy Edoüard

III. qui tiroit visiblement à sa fin, ne songeoit plus qu'à chercher les voyes de prolonger sa vie, & où cét homme adroit avoit sceû trouver le moyen de gagner le Duc de Lanclastre qui gouvernoit tout, & la Princesse de Galles, mere du jeune Prince Richard, qui devoit succeder à son ayeul.

Ayant ainsi pris ses mesures, & voyant toutes choses disposées, comme il le souhaitoit, pour faire réüssir son entreprise, il se mit à produire, non pas d'abord toutes les erreurs qu'il vouloit soûtenir, mais seulement certaines propositions qui tendoient au renversement de l'Etat Ecclesiastique, & de l'autorité du Pape, comme entre autres celles-cy, *Que l'Eglise Romaine n'est point Chef des autres Eglises, sur lesquelles elle n'a nul avantage; Que le Pape, & ensuite les Archevêques & les Evêques n'en ont point du tout par-dessus les simples Prêtres; Que le Clergé, ni les Moines, selon la Loy de Dieu, ne peuvent posseder aucuns biens temporels, & que l'Empereur Constantin, & le Pape Silvestre, ont violé cette divine Loy, en dotant les Eglises; Que les Prêtres & les Prélats perdent tout leur pouvoir spirituel & temporel, dés qu'ils sont en peché mortel, ce que chaque particulier peut aisément connoître; Qu'on ne leur doit rien du tout que par aumône, comme aux autres pauvres; Que quand ils vivent mal, on ne peut leur rien donner en conscience, non pas même les Décimes, lesquelles ils n'ont aucun droit d'exiger, & que les Prin-*

*Wald. per tot.*
*Harpsfeld.*
*Walsingam.*

Z ij

1384. ces & les Seigneurs temporels sont alors obligez, sur peine de damnation, de les dépouïller de tout ce qu'ils possedent; Qu'au reste, leurs excommunications sont nulles, si celuy qui est frapé de ces sortes de foudres, ne s'est luy-même excommunié le premier, & qu'on ne doit nullement souffrir qu'ils ayent des prisons, & qu'ils agissent par voye de Justice contre les Chrétiens, cela n'appartenant qu'aux Princes, aux Seigneurs temporels, & aux Magistrats.

Voilà par où cét adroit Héresiarque débuta, pour flater les Laïques, & sur tout les Princes, & les Grands Seigneurs, & pour les engager dans ses interests contre les Ecclesiastiques, se réservant à se servir de ces mêmes principes, pour abolir aprés cela le gouvernement politique, comme il vouloit d'abord détruire celuy de l'Eglise. Et parce qu'il disoit toûjours que sa doctrine étoit fondée sur le pur Evangile, & sur cette parfaite pauvreté que Jesus-Christ & ses Apostres, qui doivent estre le modelle de tous les Ecclesiastiques, avoient eûë pour partage; il en voulut donner l'exemple, pour mériter plus de créance. Pour cét effet, il alloit pieds nuds, à l'Apostolique, & tres-simplement vestu, avec ses Disciples, qui soûtenoient sa doctrine avec une ardeur incroyable, & il parcourut ainsi toute l'Angleterre, jusques à Londres, ne parlant que de réformer les Ecclesiastiques, que de pur Evangile, & d'Eglise Primitive, & preschant par tout avec ve-

Hist. Univer. Oxon. t. 2. p. 184.186. 189.

hemence, contre les richeſſes, le luxe, l'avari- **1384.**
ce, & les abus intolerables, qui, à ce qu'il
diſoit, s'étoient introduits dans l'Egliſe depuis
Conſtantin & le Pape Silveſtre.

Gregoire XI. qui, peu aprés ſon arrivée à *Ap. Walſing:*
Rome, fut averti de cét horrible ſcandale, ne *in Ric. II.*
manqua pas d'écrire fortement à l'Univerſité
d'Oxford, à laquelle il reprocha ſa negligence, **1177.**
pour avoir ſouffert qu'on enſeignât une doctrine manifeſtement heretique, ſans s'y oppoſer,
& il luy ordonna de remettre Wiclef entre les
mains de l'Archevêque de Cantorberi, & de
l'Evêque de Londres, auſquels il écrivit auſſi,
leur enjoignant de luy faire ſon procés, & d'a-
vertir le Roy, comme il fit luy-même par un
autre Bref, que les erreurs d'un ſi dangereux
homme étoient du moins auſſi pernicieuſes à
l'Etat qu'à l'Egliſe. Mais tous ces Brefs qui n'arriverent qu'aprés la mort du Roy Edoüard, &
au commencement du regne du jeune Roy Richard II. ſon petit-fils, qui n'étoit pas encore
en état d'agir, n'eûrent aucun effet. Le nombre
des partiſans de Wiclef étoit ſi grand dans
l'Univerſité d'Oxford, qu'on fut quelque tems
à déliberer ſi l'on devoit ſeulement recevoir le
Bref, ou le renvoyer ſans le lire; ce que pourtant on ne fit pas: mais auſſi c'eſt tout ce que
l'on pût alors obtenir. Pour les deux Prélats *Ap. Walſing.*
Commiſſaires, ils citerent Wiclef à comparoî- *ibid. &*
tre devant leur Tribunal, pour répondre ſur *Harpsfeld.*
*c. s.*

1384. dix-neuf articles de fa doctrine, que le Pape
leur avoit envoyez. Cét Héretique ne fit nulle
1378. difficulté de fe prefenter hardiment devant fes
Juges, parce qu'il étoit affeûré qu'il trouveroit
de puiffans protecteurs, qui empêcheroient bien
que l'on n'entreprît de le condamner. En effet,
outre le Duc de Lanclaftre, & Henri Perci
Grand Maréchal d'Angleterre, qui l'appuyoient
en ce tems-là, pour faire dépit aux Evêques, &
fur tout à celuy de Londres qu'ils n'aimoient
pas ; il étoit encore protegé plus puiffamment
par la Princeffe de Galles, mere du jeune Roy,
laquelle étoit fi ouvertement déclarée pour cét
*Walfing.* Héretique, qu'elle envoya dire avec une extrême fierté, & par un fimple Gentilhomme, aux
deux Prélats, qu'ils fe gardaffent bien de rien
prononcer contre ce faint homme. Comme s'il
étoit de la deftinée de chaque hérefie, felon
qu'il a paru par cent exemples, de trouver toûjours fa protection, & fi je m'ofe exprimer
ainfi, de trouver fon fort dans le foible de quelque Princeffe, qui, ou par vanité, pour s'en
faire honneur, ou par illufion, penfant peut-
eftre s'en faire un mérite, veut devenir Chef
d'un parti, qui ne fe pouvant foûtenir, tombe, &
l'accable enfin miferablement fous fes ruïnes.

D'autre part, le petit peuple de Londres gagné par l'hypocrifie de cét Impofteur, fe mefla
fi avant dans cette affaire, qu'il eût même l'audace d'entrer dans la Chappelle de l'Archevê-

que de Cantorberi, où l'on interrogeoit Wi- 1384.
clef, de parler hautement en fa faveur, & de
protefter qu'il ne fouffriroit pas qu'on luy fît
l'injuftice de le condamner. Cela étonna fi fort
ces Prélats, & ébranla tellement leur conftance, qu'encore qu'ils euffent protefté, en recevant le Bref du Pape, qu'ils s'aquiteroient fidellement de leur commiffion, fans fe rendre ni
aux prieres, ni aux menaces de qui que ce fût,
ils changerent de réfolution, & trahirent honteufement leur miniftere. Car au lieu de condamner, comme ils le devoient, des propofitions qui dans leur fens naturel contiennent
des erreurs tout-à-fait infoûtenables, ils voulurent bien recevoir l'interpretation, telle qu'il
plût à Wiclef de leur donner, dans un fens
détourné, & qui ne pouvant convenir aux termes dont il fe fervoit pour exprimer fes hé-
refies, luy laiffoit toûjours la liberté de les foûtenir, avec fes propofitions que l'on n'avoit
pas condamnées, & qu'il prefchoit fimplement,
fans y apporter ces prétenduës interpretations.
Ainfi Wiclef fut renvoyé par ces Commiffaires, qui fe contenterent de la promeffe qu'il
leur fit de garder un filence refpectueux fur ces
articles, pour éviter le fcandale & le trouble
qui en pourroient naître. Mais bien loin de
leur obeïr, il en foûtint, & en publia bien-toft
de nouvelles plus méchantes encore que les
premieres, fans que perfonne ofât s'y oppofer.

1384.

Cependant Grégoire mourut; & aussi-toft qu'on eût appris l'élection d'Urbain, qui fut d'abord reconnu pour vray Pape, il entreprit de le prévenir, & de le gagner par son hypocrisie, & par ses belles protestations, dont il s'étoit déja si-bien trouvé. Pour cét effet, à l'exemple des Montanistes, des Ariens, & des Pelagiens, qui s'adresserent d'abord aux Papes, pensant les surprendre, il écrivit au Pape Urbain des Lettres pleines de respect & de soûmission, en luy exposant sa doctrine, de la maniere qu'il jugea la plus propre pour le seduire, & le priant, ou de la confirmer, s'il la trouvoit orthodoxe comme il l'esperoit, ou de la corriger, si elle luy paroissoit défectueuse en quelque chose. Mais sur ces entrefaites le déplorable Schisme se forma entre les deux Papes, de la maniere que nous avons dit; & soit que la memoire de ce qu'Urbain fit en cette rencontre, pour s'opposer à cette hérésie naissante, se soit perduë; ou que les affaires qu'il eût alors à démesler, ne luy permissent pas de vaquer à celle-cy, comme le Pape Grégoire avoit fait : il est certain qu'il ne nous paroît pas qu'on ait agi contre Wiclef à Rome en ce commencement du Schisme; & l'on ne peut témoigner plus de joye qu'il en fit paroître, quand il apprit cette déplorable division qui troubloit toute l'Eglise Catholique. Car il se mit alors à publier de vivo voix, & par écrit, par luy-même,

Ext. Widessia
ap. Sander.
de vis. Monar.
l. 1.

même, & par ses Disciples, que c'étoit-là un
juste châtiment, dont Dieu punissoit l'Eglise
Romaine, pour avoir usurpé si long-tems une
injuste domination sur toutes les autres, & infecté tout le monde de ses erreurs; & que cette
guerre Papale seroit occasion d'un grand bien
à toute l'Eglise; parce qu'en faisant voir la foiblesse de l'Antechrist, elle animeroit les Fidelles à découvrir, & à prescher plus hardiment par tout les veritez Evangeliques : car
c'est ainsi qu'il luy plaisoit de qualifier ses erreurs.

En effet, comme il ne craignoit rien ni du
costé de Clement, qu'on ne voulut pas reconnoître en Angleterre, ni de celuy d'Urbain,
qu'il voyoit un peu trop embarassé, & avoir
de trop puissans ennemis sur les bras pour luy
estre bien formidable, & que le bas âge du
Roy Richard luy étoit extrêmement avantageux; ce fut à la faveur de ce miserable Schisme, qu'il prit la hardiesse de produire tout le
reste de ses erreurs, dont les Hussites, & les
Protestans Lutheriens & Calvinistes, ont pris
la plûpart des articles de leur prétenduë Réformation. Car pour ne pas faire icy une longue & ennuyeuse liste des huit cens erreurs que
quelques-uns asseûrent qu'on a tirées de ses
Ecrits, je diray seulement qu'outre ce qu'il avoit
déja dit contre la Primauté du Pape, & l'autorité de l'Eglise, *il abolit toutes les sacrées cere-*

A a

1384. monies, tout l'ordre de la *Hierarchie*, tous les *Ordres Religieux*, & les *Vœux Monaftiques*, le culte que l'on rend aux *Saints*, à leurs *Reliques* & à leurs *Images*, la liberté des hommes, voulant que tout ce qu'ils font, ils le faffent par une neceffité abfolument inévitable, & que *Dieu* détermine tous les hommes à tout ce qu'ils font de bien, ou de mal, fans qu'il leur foit poffible de faire autrement. Il rejette enfin tout ce qui n'eft pas clairement & diftinctement exprimé dans l'*Ecriture*, fans recourir à la *Tradition*, ni s'arrefter aux décifions des *Conciles*, & à l'autorité des *Peres*. Et néanmoins, par la plus étrange bizarrerie qui fut jamais, fes Difciples, qui le vouloient faire paffer pour le plus fçavant de tous les hommes, auquel on ne pouvoit rien enfeigner, difoient entre autres chofes qu'il poffedoit parfaitement *Saint Auguftin*; & pour faire comprendre qu'à force d'avoir leû, & releû fes Livres, l'efprit de ce faint Docteur étoit comme paffé dans luy, ils avoient coûtume de l'appeller *Jean Auguftin Wiclef*, quoy qu'il n'y ait rien de fi contraire en tout à la doctrine de ce Pere, que celle de cét Héretique.

Mais enfin ce qui en fit plus clairement connoître les pernicieufes fuites, c'eft qu'il fe fervit des mêmes principes qu'il avoit employez contre l'autorité de l'*Eglife*, pour détruire celle des *Princes*. Car comme il veut que le peché raviffe aux Prêtres & aux Evêques leur pouvoir, il dit auffi qu'il ôte à ceux qui le com-

*Marpffeld. cap. 10.*

*Valdenf. Marpffeld.*

mettent tout le droit qu'ils avoient de com- **1384.**
mander, & toute forte de domaine, & de puiffance temporelle. Il affeûre même qu'on ne
peut impofer de tribut aux Chrétiens, qu'on ne
faffe voir clairement par l'Ecriture qu'on le doit
en cette occafion où l'on prétend de l'exiger;
& il fappe les fondemens de toute fuperiorité,
en voulant établir l'égalité, & enfuite l'in-
dépendance entre les hommes: toutes maximes
tres-fauffes, & qui tendent manifeftement au
renverfement de l'Etat politique. Auffi, comme fes Difciples les prefchoient par tout, fans **1379.**
que perfonne ofât plus s'y oppofer, pour la **1380.**
multitude innombrable de ceux qui les fuivoient
dans les fermons feditieux qu'ils faifoient tous
les jours & dans les Eglifes, & en plein marché,
pour émouvoir le petit peuple; Il fe fit tout
d'un coup, & en même tems, dans toutes les **1381** *Valfingam.*
Provinces du Royaume, un foûlevement géné- *in Ric. II.*
ral de tous les Païfans, & de ces gens de cam- *Harpsfeld.*
pagne, qui, felon les Loix d'Angleterre, étoient *c. 12.*
obligez, par une certaine efpece d'efclavage, à
cultiver les terres de leurs maîtres. Il s'en mit
en campagne, fous divers Chefs qu'ils fe faifoient eux-mêmes, plus de deux cens mille, qui
firent une infinité d'horribles defordres en toute forte de maniere, en criant à pleine tefte,
*Liberté,* & fur tout en maffacrant tout ce qu'ils
pouvoient trouver de gens de Juftice, pour
abolir, difoient-ils, toutes les Loix, qui n'é-

1384.
toient, à leur fens, que des effets de la violence, & de la tyrannie des plus puiffans.

Walfing:
    Ils s'avancerent même au nombre de plus de
cent mille jufqu'aux portes de Londres, ayant
à leur tefte un fameux Prêtre Wiclefifte, nommé Jean Bâle, que l'Archevêque de Cantorberi avoit quelques années auparavant mis en
prifon, pour fes fermons feditieux; & que ces
foûlevez en avoient tiré d'abord, comme luy-
même, qui prévoyoit bien ce qui arriveroit
enfin, l'avoit prédit auparavant. Ce furieux les
voyant fur le point d'exécuter leur entreprife
fur la Capitale, fe mit à les prefcher, en prenant
pour texte, au lieu d'un paffage de l'Ecriture,
un certain proverbe, qui dit en Anglois, *Quand
Adam cultivoit la terre, & qu'Eve filoit, quelle Nobleffe y avoit-il au monde?* Et là-deffus, il leur pref-
che la liberté, que la nature, difoit-il, leur avoit
donnée, & que la feule injuftice des hommes
leur avoit oftée, & leur dit que l'unique moyen
de la recouvrer, étoit de fe défaire de tous ceux
qui l'opprimoient, c'eft à dire, de tous les
Grands du Royaume, & de réduire tout le monde à l'égalité. Ces paroles furent receûës avec
de grandes acclamations de ces déchaînez, qui,
malgré toute la réfiftance du Maire, furent receûs par le petit peuple dans Londres, où ils
commencerent par le maffacre de l'Archevêque
de Cantorberi, Chancelier du Royaume, &
du Grand Treforier, à exécuter l'horrible def-

fein que le Wiclefifte Jean Bâle leur avoit in- 1384.
fpiré. Il fallut même que le Roy, pour fe mettre à couvert de cette fureur, leur accordât, par
fes Lettres Patentes, toute la liberté qu'ils demandoient, fans pourtant que cela les fatisfît.
Mais comme leur Général, qui étoit un faifeur
de Tuiles, le plus brutal, & le plus infolent de
tous les hommes, & qui avoit fortement réfolu de fe faifir de fa perfonne, demandoit toûjours de nouvelles chofes, & traitoit avec une
extrême infolence les Députez du Roy : enfin
le Maire de Londres ne pouvant plus fouffrir
une fi grande indignité, fe jetta fur luy, & lo
renverfa d'un coup d'épée par terre, où il fut
bien-toft achevé par ceux qui feconderent ce
brave homme.

Aprés cela, comme d'une part le bon Bourgeois & la Nobleffe accoururent au fecours du
Roy, & que de l'autre ce jeune Prince, pour
fe défaire au plûtoft, & fans effufion de
fang, de ces Ruftres épouvantez de la mort de
leur Général, leur accorda de nouveau l'am-
niftie, avec la liberté qu'ils demandoient; toute cette canaille fe diffipa d'elle-même, chacun
croyant avoir beaucoup gagné, que de fe pouvoir retirer chez foy. Et quelques jours aprés,
le Roy fe trouvant puiffamment armé, parcourut luy-même toutes les Provinces, où il acheva de remettre l'ordre par tout, & de réprimer
l'infolence des foûlevez, par la punition de.

A a iij

1384 leurs Chefs, qui furent tous mis en quatre quartiers. L'un d'eux, avant que d'aller au supplice, confessa volontairement, que leur dessein avoit esté de se rendre maîtres du Roy, pour s'établir puissamment sous son nom, & par son autorité; aprés quoy on avoit résolu de s'en défaire, & des Officiers de Justice, & de tous les Seigneurs temporels & spirituels, afin d'établir, à leur fantaisie, de nouvelles Loix, & un nouveau gouvernement, en réduisant tout à l'égalité. Voilà les fruits que produisit d'abord la nouvelle doctrine de Wiclef ; ce qui doit faire une belle leçon à tous les Souverains, pour leur apprendre, avec combien de fermeté ils doivent s'opposer à toutes sortes de nouveautez, en matiere de Religion, non-seulement pour l'interest de la gloire de Dieu, mais aussi pour celuy de leurs Etats, que ces nouvelles doctrines, si l'on n'en réprime efficacement les Auteurs, en les arrestant d'abord, ne manqueront pas de troubler par un dangereux parti qu'elles y formeront.

Cependant cét Heresiarque, dont la détestable doctrine publiée par ses Disciples, étoit la veritable cause de ces troubles, demeuroit paisible dans sa retraite, afin qu'il ne parût pas y avoir aucune part. Au contraire, pour témoigner qu'il n'avoit en veüë que le bien du Royaume, & qu'il n'en vouloit qu'aux abus, & aux injustes usurpations des Ecclesiastiques; il envoya l'année suivante au Parlement de Londres, certaines propositions, qu'il disoit estre pour la conservation des droits inaliénables du Roy, & du Royaume d'Angleterre, & qui tendoient manifestement à ruiner tous ceux de l'Eglise, en faveur des Seigneurs & des Communes, contre les Evêques, comme celles-cy entre plusieurs autres: *Que ni le Roy, ni le Royaume, ne devoient se soûmettre à aucun Siége Episcopal, qu'on ne fît voir par l'Ecriture que c'étoit obeïr à Jesus-Christ; ce qu'il enseignoit qu'on ne pouvoit faire, parce qu'il prétendoit que l'autorité du Pape, & des Evêques ne venoit pas de Jesus-Christ, mais de l'Empereur Constantin: Qu'on ne doit rien lever sur le peuple, qu'aprés que les biens d'Eglise auroient esté tous employez pour les necessitez publiques: Que le Roy est obligé en conscience, de confisquer tous les biens des Prélats qui offensent Dieu mortellement, & qu'il ne pouvoit employer aucun Evêque dans les Charges & dans les affaires du Royaume, sans trahir les interests de Jesus-Christ.*

Comme il crût que ces propositions, qui étoient favorables au Roy, aux Seigneurs, & au peuple, luy attireroient la protection du Parlement, il prit en même tems la hardiesse d'en publier par luy-même, & par ses Disciples, beaucoup d'autres, encore plus pernicieuses, & principalement contre la Sainte Eucharistie. Au lieu que l'on doit regler sa maniere de philosopher sur les veritez de la Foy, qu'il

1384. faut toûjours préſuppoſer, comme autant de
principes inconteſtables, pour rejetter enſuite,
en raiſonnant ſur les choſes naturelles, tout ce
qui leur eſt oppoſé : luy, tout au contraire, vouloit regler nos Myſteres ſur les maximes de ſa
Philoſophie, qu'il tenoit pour des principes
aſſeûrez, ſelon leſquels il vouloit que l'on expliquât les points de la Religion, en rejettant
tout ce qui ne s'accordoit pas à ces principes.
Ainſi, comme il s'étoit engagé dans l'école à
ſoûtenir que les accidens ne ſont point di-
ſtincts de la ſubſtance ; & que d'autre part il
voyoit qu'aprés la conſecration les accidens, à
ſçavoir la quantité, & les qualitez du pain &
du vin, ſont les mêmes qu'auparavant, il conclut de là que la ſubſtance du pain & du vin
demeurent dans l'Euchariſtie, & que cette ſubſtance eſt alors le Corps de Jeſus-Chriſt. Mais
parce qu'il eſt évident qu'une ſubſtance demeurant toûjours telle qu'elle eſt dans ſa nature, n'en peut eſtre une autre ; de là vient qu'il
diſoit qu'elle n'eſt pas réellement ce ſacré
Corps, mais ſeulement par repreſentation, &
par une certaine participation de vertu, & d'o-
peration, & qu'enſuite il n'eſt pas permis de l'a-
dorer. Et c'eſt là juſtement ce que Berenger vouloit dire, & ce que diſent encore aujourd'huy
nos Proteſtans, qui ont ſuivi les erreurs de
Calvin. Tant il eſt dangereux à un Philoſophe
Chrétien d'eſtre vain, & de vouloir aquerir la
réputation

1384.

réputation de bel efprit, en fuivant des opinions écartées, qui par leurs fuites dangereufes conduifent infenfiblement à l'hérefie, qu'on
ne peut plus éviter quand on les foûtient, qu'en
s'engageant à foûtenir auffi des chofes beaucoup moins croyables que celles-là-mêmes que
nous croyons en cét adorable Myftere de l'Euchariftie.

Mais enfin Wiclef fe trouva bien décheû de
fon efperance. Car le Parlement, qui découvrit
aifément la malice de cét Impofteur, dont la
fauffe doctrine étoit auffi pernicieufe à l'Etat,
qu'à l'Eglife, rejetta bien loin fes propofitions,
qu'il abandonna au jugement de l'Archevêque
de Cantorberi. Celuy-cy étoit Guillaume de
Courtenay, qui d'Evêque de Londres avoit
efté fait Archevêque de cette premiere Eglife
d'Angleterre, aprés la mort de Simon, qui
fut maffacré par les païfans foûlevez. Il avoit
veû, par une malheureufe experience, que les
Wiclefiftes, non-feulement ne gardoient pas ce
filence refpectueux, qu'ils luy avoient promis à
Londres quatre ans auparavant, lors qu'il receût
l'explication que Wiclef donna à fes premieres propofitions; mais auffi qu'ils en publioient
tous les jours de nouvelles beaucoup plus méchantes. C'eft pourquoy, comme il fe fentit appuyé du Parlement, il réfolut de corriger fa
premiere conduite trop molle, & trop condef-
cendante, par une autre beaucoup plus ferme,

Bb

& d'employer tout son pouvoir, & toute l'autorité de l'Eglise Anglicane, pour abolir entierement cette hérésie, qui commençoit à s'étendre dans le Royaume, & principalement dans l'Université d'Oxford. Sur cette résolution, en qualité de Primat d'Angleterre, & de Legat du Saint Siége, il convoqua à Londres un Concile National, puis qu'outre les Evêques ses Suffragans, il s'y en trouva d'autres, & grand nombre de Docteurs en Theologie, & en Droit Canon, de toutes les Provinces du Royaume. L'ouverture s'en fit le dix-septiéme jour de May. L'on y examina vingt-quatre propositions tirées des livres de Wiclef; & aprés une meûre déliberation, il y en eût quatorze qui furent condamnées comme erronées, & dix comme héretiques, dont les plus remarquables sont celles-cy: *Que la substance du pain materiel, & du vin, demeure aprés la consecration au Saint Sacrement de l'Autel: Que les accidens n'y sont pas sans leur sujet; & que Jesus-Christ n'y est point veritablement, & réellement, & par presence corporelle: Que quand l'homme est contrit, la confession des pechez est superfluë, & qu'aprés Urbain VI. il ne faut plus reconnoître de Pape, mais vivre, à l'exemple des Grecs, selon ses propres loix.*

Aprés cela, l'Archevêque fit publier cette condamnation par toutes les Eglises, & sur tout dans l'Université d'Oxford, enjoignant au Chancelier Robert Rugge de tenir la main à

*Act. Concil.
Londin. t. 2.
Collect. Angl.
Walsingam.
in Ric. II.
Harpsfed. c. 5.
Conc. Lond.
Edit. Paris.
t. II. par. 2.
Hist. Univ.
Oxon. t. 2.
p. 192.*

*Collect. Angl.*

ce que l'on n'enseignât aucune de ces proposi- 1384.
tions dans les Ecoles, ni dans les Chaires des
Prédicateurs. Mais ce Chancelier, qui étoit du
parti, quoy-qu'il tâchast de dissimuler, ne le pût *Walsing.*
si bien faire en cette rencontre, que sa passion
l'emportant pardessus la prudence humaine, il
ne fit prescher les plus emportez d'entre les
Wiclefistes, dont l'un dit le jour du Saint Sacrement, au grand scandale de son auditoire,
qu'il ne parleroit point de ce Mystere, jusques
à ce qu'il plût à Dieu d'éclairer autrement l'E-
glise qu'elle ne l'étoit sur cét article. Cette insolence jointe à une horrible impieté, obligea
l'Archevêque à citer le Chancelier, & ces Wiclefistes de l'Université d'Oxford, devant son
Tribunal, où il leur fut ordonné juridique- *Collect. Angl.*
ment, de déclarer leur sentiment sur les pro- *Walsing.*
positions de Wiclef, qui venoient d'estre condamnées. Aprés avoir protesté, avec beaucoup
d'humilité apparente, comme ils étoient grands
hypocrites, qu'ils seroient toûjours fils tres-
obéïssans de l'Eglise, ils dirent que ces propositions se pouvoient prendre en plusieurs sens,
en l'un desquels, qu'ils produisoient comme
contraire à celuy de l'Eglise, ils disoient toûjours qu'ils les condamnoient. Il ne fut pas
difficile aux Juges, de découvrir l'artifice ordinaire des Héretiques, qui en condamnant
un sens détourné, qu'ils donnent à leurs propositions, les veulent toûjours soûtenir dans

1384. le fens qu'elles expriment naturellement felon la vraye fignification de leurs termes, & qui eft un fens héretique. C'eft pourquoy l'Archevêque leur commanda de dire précifément, abfolument, & fans diftinction, ce qu'ils croyoient de ce qui eft fignifié par ces paroles de la premiere propofition, à fçavoir, *Que la fubftance du pain materiel demeure aprés la confecration dans l'Euchariftie.* Alors on vit manifeftement l'artifice de ces fourbes: car ils répondirent toûjours qu'ils n'avoient rien à répondre à cela, que ce qu'ils avoient dit auparavant. Ainfi l'Archevêque, pour leur donner lieu de rentrer dans leur devoir, leur donna encore huit jours, pour fe réfoudre à répondre fans biaifer.

*Walfing.*
*Harpsfeld.*

Ils recoururent durant ce tems-là au Duc de Lanclaftre, duquel ils croyoient encore eftre protegez. Mais ce Prince, qui avoit veû, par le foûlevement paffé, que les Souverains n'ont point de plus grands ennemis que ces Novateurs en matiere de Religion, qui ne veulent point de puiffance, ni fpirituelle, ni temporelle qui ne leur foit foûmife, leur tourna le dos auffi-bien qu'à Wiclef, qu'il abandonna; & leur dit qu'il falloit abfolument qu'ils fe foûmiffent à l'Archevêque. Le Roy même, qui avoit le plus d'intereft en cette affaire, pour le bien de l'Eglife & de l'Etat, fit publier dans tout fon Royaume fa Déclaration du douziéme de Juil-

let, par laquelle il déclare que le Concile de 1384.
Londres ayant condamné certaines propofitions comme herétiques, ou comme erronées,
& que luy, comme Protecteur de la Foy Catholique dans fon Royaume, n'y pouvant fouffrir aucune herélie, ni aucune erreur, il donne
à l'Archevêque de Cantorberi, & aux Evêques,
le pouvoir & l'autorité d'arrefter par tout, &
de faire mettre en quelque prifon qu'ils voudront, tous ceux qui oferont encore prêcher,
ou foûtenir ces propofitions, & de les y tenir
jufques à ce qu'ils foient revenus de leur éga-
rement, & qu'ils les ayent condamnées: enjoignant au refte à tous fes Officiers, & à tous
fes Sujets, de quelque qualité & condition qu'ils
foient, fur peine de rebellion, de ne prefter
aide, ni faveur, en quelque maniere que ce puiffe eftre, à ceux qui prêchent, ou qui foûtiennent ces propofitions condamnées, ni à leurs
fauteurs; mais au contraire, d'obéïr humblement
à l'Archevêque, & aux Evêques, & de leur
prêter main-forte, pour l'exécution de ce qu'ils
auront ordonné contre ces gens-là. Il écrivit
auffi à l'Univerfité d'Oxford, luy commandant *Hartfield, c.s.*
de retrancher de fon corps Jean Wiclef & tous
fes difciples, de faire une exacte recherche de
leurs livres, & de les envoyer à l'Archevêque
de Cantorberi; & enjoignit au Gouverneur de
la Ville, & aux Magiftrats, de faire exécuter fes
ordres. Voilà la Déclaration du Roy Richard,

1584.

*Harpsfeld. s.1.*

laquelle fut exactement gardée, & rendit ensuite la paix à l'Eglise Anglicane, & à toute l'Angleterre la gloire qu'elle avoit de n'avoir souffert aucune hérésie depuis environ huit cens ans qu'elle avoit esté convertie à la Foy Catholique Apostolique & Romaine par les soins du grand Pape Saint Grégoire. J'espere que le jour viendra, qu'un Royaume si florissant aujourd'huy en gens d'esprit & de sçavoir, faisant une solide réflexion sur l'origine dont il a tiré la vraye Religion, & sur la constance & la fermeté avec laquelle il l'a conservée si long-temps, aura quelque honte de l'avoir perduë en ces derniers siecles, en suivant une partie des erreurs qu'il avoit solennellement condamnées dans les Wiclefistes, que cette Déclaration du Roy acheva de ruiner en Angleterre.

En effet, ces principaux disciples de Wiclef, & ces Chefs du parti, voyant que l'on procedoit rigoureusement contre ceux qui s'obstinoient dans leurs erreurs, se soûmirent enfin, aprés beaucoup de faux-fuïans & de fausses subtilitez dont ils se servoient pour éluder cette condamnation de la doctrine de leur Maître, & furent obligez, malgré qu'ils en eussent, de condamner absolument, & simplement, sans aucune restriction, ses propositions, dans le sens qu'expriment naturellement les termes dont elles sont composées, & dans lequel l'Archevêque & tout le Concile les avoient condam-

*Qui tandem post multas tergiversationes imponendo duplicem sensum in eisdem, & cavillationes diversas, coacti sunt, licèt inviti, simpliciter proferre se tire suum de præmissis.... Concesserunt igitur præmissas conclusiones intelligen-*

nées. Ce n'est que tres-rarement qu'on a veû,
que ceux qui ont voulu estre les Chefs, ou du
moins les principaux membres d'un parti heré-
tique, ayent fait une sincere abjuration de leurs
erreurs. Ils portent d'ordinaire le caractére du
Démon leur pere, qui est inconvertible, & ce
n'est que de bouche qu'ils condamnent, quand
ils y sont contraints, ce qu'ils ont toûjours
dans le fond de l'ame, & qu'ils sont résolus de
professer à la premiere occasion. Presque tous
ces disciples de Wiclef, qui se soûmirent au
Decret du Synode, de peur d'encourir les peines portées par la Déclaration du Roy, retom-
berent dans leurs erreurs. Il ne se trouve que
le seul Philippe Reppingdon, le plus fort, &
le plus scandaleux Prédicateur du Wiclefisme,
qui, soit qu'il fût touché de Dieu, ou qu'il
voulût avoir l'Evêché de Lincolne, qu'il obtint peu de tems aprés, se convertit si bien, à
ce qu'il parut, qu'étant Evêque, il devint effectivement le plus grand ennemi que les Wiclefistes eussent en toute l'Angleterre ; & il
employa toute son autorité pour en exterminer les restes. Pour les autres, il s'allerent rendre auprés de leur Maistre Wiclef, qui ne se
rétracta point au Synode de Londres, comme
il paroît manifestement par les Actes que nous
avons de ce Concile, & que ceux qui ont dit
le contraire n'ont jamais veûs. Il se tenoit caché dans sa retraite à Lutleuvorth, tandis que

**Marginal notes:**

1384.

do eas pious verba sonant, sore vel hæreticas, vel erroneas, juxta quod D. Archiepiscopus & Magistrorū cœtus, ut antè retulimus, plenā deliberatione definierant de eisdem. *Walsingam.*

*Harpsfeld. c.x.*

*Walsingam.*
*Harpsfeld.*
*ibid.*

*Concil. Londin.*
*Odoric. Rayn.*

1384.
Walsingam.
Harpsfeld.
1384.

ses disciples s'exposoient, pour défendre sa doctrine ; & il y fut toûjours, jusqu'à ce que deux ans aprés, étant frapé d'une espece d'apoplexie, comme il se préparoit à prêcher dans peu d'heures contre Saint Thomas de Cantorberi, le jour de sa Feste vingt-neuviéme de Décembre, il mourut le trente & unième, auquel on celebre la Feste du Pape Saint Sylvestre, contre lequel il avoit si souvent déclamé, pour avoir souffert qu'on dotât les Eglises.

Henri. Knygt.
de event. Angl.
l. 5.
Hist. Universf.
Parif. t. 4.

Ses disciples firent pourtant encore de nouveaux efforts, pour le faire revivre aprés sa mort dans ses écrits, qu'ils prenoient grand soin de répandre par tout, avec ceux qu'ils faisoient tous les jours pour sa défense, & dans lesquels ils ajoûtoient beaucoup de nouvelles erreurs aux siennes ; & ils le firent avec tant d'insolence, malgré toutes les défenses des Prélats, que, pour les reprimer, Jean Archevêque de Cantorberi, se crût obligé, suivant l'exemple de son prédecesseur, de convoquer une nouvelle Assemblée d'Evêques & de Docteurs à Londres, où ces erreurs anciennes & nouvelles furent condamnées, & ceux qui les défendoient déclarez Héretiques opiniâtres. Le Roy Richard, pour appuyer de son autorité Royale celle de l'Eglise, & pour rendre efficace la Déclaration qu'il avoit faite, sans souffrir qu'on luy donnât impunément aucune atteinte, par ces nouvelles entreprises,

entreprises, fit contre eux un sanglant Edit, & 1384.
contre tous ceux qui retiendroient ces écrits,
& ces libelles, dont il fit faire une si exacte recherche, pour les abolir par le feu, que son
Royaume fut bientoft delivré de cette peste.

Aprés cela, les Wiclefistes n'oserent plus paroître en Angleterre, jusqu'à ce qu'au commencement du Regne de Henry V. ayant trou- *Harpsfeld.*
vé un nouveau Chef extrêmement entrepre- *c.25.*
nant, ils firent une nouvelle conspiration contre l'Etat. Mais ce Prince, qui sceût les prévenir, & empêcher le cours d'un si grand mal,
par la punition de leurs Chefs qu'il surprit,
eût aussi le bonheur d'exterminer enfin de son *Id. c.14.*
Royaume cette maudite secte, qu'un Gentil-
homme de Boëme étudiant en l'Université
d'Oxford, avoit déja portée en son païs, avec
les livres de Wiclef, qui y firent cette terrible révolution, dans la Religion & dans l'E-
tat, qu'on verra dans la suite de cette Histoire.

Ce furent-là les déplorables effets de ce Schifme, qui donna lieu à cette nouvelle hérefie de
se fortifier, & de faire ensuite tout ouvertement la guerre à l'Eglife, tandis que le Pape
Urbain, qui étoit reconnu dans l'Angleterre,
ne pouvoit s'y opposer avec autant de force
qu'il eût fait sans doute, à l'exemple de son
prédecesseur, s'il n'eût esté alors malheureusement occupé dans son entreprise de Na-

Cc

1384. ples, où il trouva, dans la perſonne de celuy-
là même qu'il avoit fait Roy, pour l'oppoſer
à Louïs d'Anjou, un puiſſant ennemi, qui luy
fit la guerre, & luy cauſa ce funeſte enchaîne-
ment de malheurs, que nous allons voir dans
le Livre ſuivant.

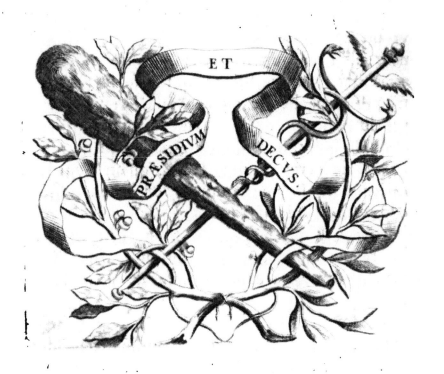

# HISTOIRE
## DU
## GRAND SCHISME
## D'OCCIDENT.

## LIVRE TROISIÈME.

L A Paix qui s'étoit faite l'année précédente à Naples, entre le Pape Urbain VI. & Charles de Duras, avoit eû de trop foibles fondemens, pour pouvoir espe- rer qu'elle dût estre ferme, & solide. Comme ce n'étoit que la violence d'une

*Ann.*
*1384.*

Cc ij

1384. part, & de l'autre la neceſſité qui l'avoient fait
naître ; il falloit auſſi qu'elle ſe rompît, auſſi-
toſt que celuy que l'un & l'autre de ces deux
principes n'avoient fait agir que par force,
ſeroit en liberté. Urbain n'étoit gueres d'humeur à oublier l'injure qu'il avoit receüë de ce
Prince violent, qui l'avoit retenu deux fois priſonnier, & qu'il ſembloit n'avoir élevé ſur le
Trône, qu'afin que cét ingrat le renverſât luy-
même du ſien, en violant, en ſa perſonne, d'u-
ne maniere ſi indigne, la Majeſté Pontificale.
Il fallut pourtant qu'il diſſimulât, juſqu'à ce
que Charles, qui l'obſervoit ſoigneuſement, fût
parti de Naples au mois d'Avril, pour aller à
ſon armée, dans la Pouïlle, contre le Roy Louïs
d'Anjou. Car alors il trouva moyen d'en ſortir

*Niem. l. 1.*
*c. 34.*
*Hed. Pignat.*
*Diar. M S.*
*apud Rayn.*

auſſi quelques jours aprés, pour ſe retirer, comme il fit, dans le Château de Nocera, où il
ſe crût en ſeûreté, & en état d'agir comme il
trouveroit à propos. La Reine Marguerite, que
Charles avoit laiſſée à Naples avec un pouvoir abſolu, & qui étoit extrêmement imperieuſe, & plus violente encore que ſon mari,
trouva fort mauvais que le Pape ſe fût retiré
de la forte. Et pour luy faire dépit, & même
auſſi pour l'obliger à retourner à Naples, elle

*Niem. l. 1.*
*c. 36. 37.*

fit entre autres choſes un Edit, par lequel on
étoit obligé, ſur peine de la vie, d'apporter
dans ſes magaſins toutes les denrées qui ſont
neceſſaires à la vie des hommes, & qui ne ſe

vendoient que par ses ordres. Urbain fut extrêmement irrité de cét affront qu'on luy faisoit,
& beaucoup plus encore, quand il vit que les
Cardinaux & les Officiers de sa Cour, qui étoient
logez dans la Ville, & aux environs, n'ayant
pas de quoy subsister, & se voyant tous les
jours exposez aux insultes des gens de guerre,
s'étoient tous retirez à Naples. Il demeura néanmoins ferme dans la résolution qu'il avoit secretement prise, de ne rentrer jamais dans cette
Ville, qu'il n'y fût le maître, comme il l'esperoit ; & il trouva même moyen de faire revenir à Nocera, tous ses Officiers & les Cardinaux, à la réserve de trois ou quatre, qui demeurerent à Naples, n'osant plus se fier au
Pape, dont ils redoutoient la colere.

Le retour du Roy qui revint triomphant à
Naples au mois de Novembre, aprés avoir dis-
sipé presque tous les restes de l'armée de Louïs
d'Anjou, ne fit qu'augmenter de part & d'autre les aigreurs & les sujets de plaintes qui
alloient bien-tost éclater. Car ce Prince, que sa *Summont.*
victoire avoit rendu beaucoup plus fier qu'il *l. 4.*
ne l'étoit naturellement, & que la Reine sa
femme aigrissoit continuellement contre le Pape, bien loin de luy rendre visite à Nocera,
luy envoya demander assez brusquement, pourquoy il étoit sorti de Naples, le sommant plûtost qu'il ne le prioit d'y revenir au-plûtost,
pour traiter ensemble de quelques affaires tres-

1384 importantes. Urbain, furpris d'un compliment de cette nature, qu'il n'eût pas fouffert, de l'humeur dont il étoit, dans un Prince qui eût efté le Monarque de tout le monde, répondit fur le champ, avec encore plus de fierté, à cét Envoyé de Charles, que c'étoit aux Rois à fe venir jetter à fes pieds, & non pas à luy d'aller trouver les Rois; & qu'au refte étant Seigneur Souverain du Royaume, il l'avertiffoit comme fon vaffal, que s'il vouloit avoir quelque part en fon amitié, il falloit qu'il abolît tous les impofts dont il opprimoit un Royaume relevant de la Sainte Eglife. A quoy Charles plus irrité que jamais, repliqua que le Royaume luy appartenant & par le droit de la Reine fa femme, & par celuy de fa conquefte, c'étoit à luy d'en difpofer, & nullement au Pape; & que bien loin d'ofter les vieux impofts, il en mettroit encore de nouveaux malgré qu'il en eût. Enfin, celuy qui acheva de tout perdre, fut le Cardinal de Rieti, par la confpiration, dont il fut l'auteur, & qu'il faut maintenant que je raconte.

Le Cardinal Rieti, foit que ce fût Berthelemi Mezzavaca Boulonois, comme le veulent quelques modernes, ou plûtoft, felon les contemporains, Pierre de Tartaris Romain, Abbé du Mont Caffin, avoit efté envoyé par Urbain deux ans auparavant, avec les Cardinaux de Venife & Carracciole, au nouveau Roy Char-

Onuphr.
Ciacon.
Sigon.
Cataloog. Abb.
Mont. Caff.
Niem.
Walfingam.

Ciaconi.

les de Duras, pour le preffer de mettre le neveu du Pape en poffeffion des Duchez & des
Principautez dont il avoit promis, par fon Traité, de luy donner l'inveftiture. Mais bien loin
d'agir pour les interefts de fon maître qu'il
n'aimoit pas, il fe mit fort bien dans l'efprit
du Roy, en luy perfuadant, fans peine, ce à
quoy ce Prince étoit déja fort réfolu, à fçavoir, de ne pas s'affoiblir luy-même, en rendant fi puiffant dans fon Royaume, un homme qui n'étoit bon à rien qu'à faire du mal,
& à luy rendre mille mauvais offices auprés
d'un Pape, qui avoit eû d'abord cét ambitieux
deffein de mettre la Couronne fur la tefte de
fon neveu. Aprés cela ce Cardinal n'eût garde
de s'en retourner vers le Pape, comme les deux
autres : il demeura toûjours depuis auprés du
Roy, qui s'en fervit dans fes plus importantes
affaires, & luy donna la meilleure part dans fa
confidence. Or comme il vit que le Pape étoit
extrêmement mal voulu des Romains, qui ne *Walfing. in*
pouvoient fouffrir que, contre la promeffe qu'il *Rich. II.*
leur avoit faite, il demeurât fi long-tems dans
le Royaume de Naples, où il fembloit enfin
vouloir transferer le Saint Siége, & fur tout
des Cardinaux, qu'il traitoit avec beaucoup de
fafte & de rigueur, & à qui le fejour de Nocera étoit devenu deformais infupportable, il
crût qu'il avoit une belle occafion d'exécuter
la réfolution qu'il avoit prife de faire dépofer

Urbain. Pour cét effet, il fit dreſſer par un certain Bartolin de Peruſe homme d'eſprit, & hardi, un Ecrit, contenant douze queſtions, dans leſquelles, aprés avoir examiné la choſe par voye de diſpute, on concluoit par des raiſons qu'on prétendoit tirer de la Theologie, & du Droit Canon, que ſi un Pape, par ſa mauvaiſe conduite, & par ſon opiniâtreté à vouloir tout faire ſelon ſon ſens, & ſans prendre conſeil des Cardinaux, mettoit en danger l'Egliſe Univerſelle, on pouvoit luy donner des Curateurs qui expedieroient en ſon nom toutes les affaires.

Il fit paſſer fort ſecretement cét écrit entre les mains de quelques-uns des Cardinaux qui

étoient alors auprés du Pape à Nocera. Gobelin, qui étoit de la maiſon d'Urbain, & ſe trouvoit alors à Benevent, dit avoir ouï dire, que ces Cardinaux réſolurent non-ſeulement d'exécuter la choſe comme le Cardinal de Rieti la leur propoſoit, mais auſſi de ſe ſaiſir du Pape dans le Château, de luy faire ſur le champ ſon procés, de le condamner d'héreſie ſur la dépoſition des faux témoins qu'ils avoient ſubornez, & de le faire enſuite bruſler le jour même; ce que ces criminels, dit-il, à la réſerve d'un ſeul, confeſſerent dans la torture. Mais

Thierry de Niem, qui étoit à Nocera, & fut un des Juges commis par le Pape, pour interroger ces Cardinaux, ne dit rien du tout de cela;

& aſſeûre

& asseûre au contraire qu'ils protesterent toûjours de leur innocence, & qu'il n'y eût que l'Evêque d'Aquila, qu'on accusoit aussi, qui, vaincu par la force des tourmens, confessa tout ce qu'on voulut. Quoy-qu'il en soit, car chacun a la liberté d'en croire ce qu'il luy plaira, il est certain que le Cardinal Thomas des Ursins, frere du Comte de Manupelle, découvrit au Pape, que le Cardinal de Rieti pratiquoit sous main contre luy les Cardinaux, par cét Ecrit séditieux, que plusieurs d'entre eux avoient veû, & fort approuvé.

Urbain extrêmement surpris d'une si terrible conjuration, dont il ne douta nullement que Charles de Duras, & la Reine Marguerite sa femme ne fussent complices, ne manqua pas dans le premier Consistoire qu'il tint au commencement de Janvier, de faire arrester au Château, six Cardinaux qu'il crût estre les plus coupables, à sçavoir Gentilé Sangri, Berthelemi de Cucurne Genois de l'Ordre des Freres Mineurs, Loüis Donato Cardinal de Venise du même Ordre, Adam Cardinal de Londres, Benedictin Anglois, Jean Archevêque de Corfou, & Marin Judicé Cardinal de Tarente, avec l'Evêque d'Aquila. Il les fit tous jetter chargez de chaînes dans d'horribles cachots, & si étroits, qu'ils n'avoient pas la liberté de se coucher. Et pour remplir leur place, & les autres lieux vacans dans son College, il fit le lendemain des

*Ann.*
1385.
*Gobell. in Cosmod.*
*Hist. des Car.*
*Niem.*
*Walsingam. in Ric. 2.*

D d

1385. Rois dix-sept Cardinaux, qui étoient presque
tous Allemans, ou Napolitains, parce qu'il
avoit toûjours son dessein sur Naples, où il
vouloit avoir des créatures, & qu'il étoit bien aise
*Niem. c. 44.* d'obliger les Allemans, qui s'étoient toûjours déclarez pour luy. Il choisit donc entre ceux-cy, les
trois Archevêques Electeurs, Adolphe de Mayence, Frideric de Cologne, & Conon de Treves,
& les Evêques Arnoul de Liege, & Wenceslas
de Breslau, avec Pierre de Rosemberg, homme de grande qualité du Royaume de Boëme.
Mais soit qu'ils ne voulussent point d'un honneur que ceux de l'autre obedience leur pouvoient disputer durant le Schisme; soit qu'ils
craignissent de s'engager trop avant dans une
querelle qui partageoit tout le monde Chrétien; ou qu'ils voulussent témoigner par là
qu'ils n'avoient point d'autre ambition que
celle de se bien aquiter de leur charge : il est
certain qu'ils s'accorderent tous six à refuser le
Chapeau, quelque grace qu'Urbain leur fît,
sans même qu'ils la demandassent, pour les
obliger à le recevoir. Et pour les Napolitains,
quoy-qu'ils fussent tres-aises de l'accepter,
ils n'osoient pourtant encore se déclarer, de-
peur d'irriter le Roy Charles.

*Id. c. 43.* Il y eût cependant quelques-uns des principaux de la Noblesse, qui voulant profiter d'u-
ne conjoncture qu'ils croyoient tres-favorable
à leur interest, vinrent trouver secretement le

Pape, & luy promirent de faire un si puissant 1385.
parti dans Naples, qu'ils l'en rendroient maître, pourveû qu'il leur accordât les graces qu'ils
luy demandoient, & sur tout qu'il leur promît *Id. c. 45. &*
le Chapeau pour quelques-uns de leurs parens, *c. 48.*
qu'ils luy nommoient. Cela fortifia si-bien
l'esperance qu'il eût toûjours de s'emparer enfin de Naples, & d'en chasser son ennemi,
qu'on ne pût jamais luy persuader, ni de s'accommoder avec luy par une bonne paix, ni de
sortir d'un Royaume où sa personne n'étoit
nullement en seûreté durant ces brouïlleries, ni
de pardonner à ses Cardinaux prisonniers, qu'il
résolut de traiter au contraire, avec toute la
rigueur imaginable, quoy-qu'on l'asseûrast qu'ils
n'étoient chargez de l'attentat dont on les accusoit, que par la déposition d'un seul homme, qui ne pouvant résister à la violence des
tourmens, avoûoit tout ce qu'on vouloit. En
effet, il les fit, à plusieurs reprises, inhumainement tourmenter sur le chevalet, en presence *Id. c. 51.*
de son neveu, qui rioit de toute sa force, tandis que la douleur leur faisoit jetter les hauts
cris, & de six Commissaires qu'il avoit nommez pour les interroger; & quoy-qu'ils pro-
testassent toûjours constamment qu'ils étoient
innocens de cét horrible crime qu'on leur *Id. 45. &*
imposoit, & que les Commissaires fondant *seq.*
en larmes, le conjurassent, de ne passer pas
plus avant, il n'y eût jamais moyen de l'a-

1385. doucir, & il se rendit toûjours plus feroce, & plus impitoyable envers ces pauvres malheureux, dont la plûspart étoient d'un mérite extraordinaire. Le Cardinal de Venise Loüis Donato, homme que son grand âge, la noblesse de son extraction, & sa rare vertu rendoient venerable, ne dit jamais autre chose dans les plus horribles tourmens de la torture qu'il souffrit une fois depuis le matin jusques à midi, que ces belles paroles de Saint Pierre, *Jesus-Christ a souffert pour nous, en nous animant par son exemple à souffrir comme luy.* Le Cardinal de Londres, à qui le Roy d'Angleterre avoit procuré le Chapeau, pour honorer sa rare doctrine, & sa pieté, avoüa seulement à la torture, qu'il avoit dit assez souvent, que le Pape étoit trop superbe, & qu'il traitoit les gens avec un faste insupportable ; & le Cardinal Sangri ne dit jamais rien, aprés avoir esté furieusement tourmenté plusieurs fois, sinon qu'il reconnoissoit que la main de Dieu étoit appesantie sur luy, parce que, pour plaire à Urbain, il avoit autrefois si cruellement traité à Naples, les Evêques, les Abbez, & les autres Ecclesiastiques, qui, à l'exemple de la Reine Jeanne, avoient suivi le parti de Clement.

Aprés cela, le Pape Urbain fit assembler toute sa Cour, & le peuple de Nocera ; & aprés avoir fait un long discours, dans lequel il exagera sur tout l'ingratitude de Charles de Duras,

Id. c. 47.
Walsingam.

Ibid.

Blond. 2. Dec.

Walsing. in
Ric. 2.

Niem. c. 51.

Walsing. in
Ric. 2.
Gobellin. in
Cosmod.
Krantz. 10.
Metrop. c. 18.

le crime des six Cardinaux, & la perfidie de 1385.
celuy de Rieti, qu'il avoit déja dépofé, il les
excommunia tous avec Robert de Geneve, &
fes Cardinaux, les priva de leurs Dignitez, déclara le Roy & la Reine, qu'il avoit un peu
auparavant citez à répondre devant luy, dé-
cheûs de tous les droits qu'ils avoient eûs au
Royaume de Naples, & interdit la Ville Capitale, & fon territoire. Cette derniere action
d'Urbain fut comme la déclaration de la guerre, que Charles luy fit auffi en même tems de
fon cofté, tout ouvertement, & à toute ou-
trance. Car pour fe venger des maux qu'il faifoit fouffrir aux fix Cardinaux prifonniers, il *Niem. c. 49.
fe faifit de tous ceux d'entre les Ecclefiaftiques qu'il crût eftre dans les interefts d'Urbain, & ufant de cruelles reprefailles, il les fit
tourmenter fur le chevalet, comme l'avoient
efté ces Cardinaux. Il en fit même jetter quelques-uns dans la mer, & retint tous les autres
prifonniers. Il défendit auffi fur de tres-griéves
peines, de garder l'interdit, & commanda que *Quare qui-
l'on celebrât par tout l'Office Divin, à quoy buſdam eo-
prefque tout le Clergé, à la réferve de tres-peu, rum, paucis
& fur tout, ce qui eft fort remarquable, les recedentibus,
Religieux, obeïrent, ayant jugé qu'en cette oc- multi, & præ-
cafion, ils devoient plûtoft défeter au com- giofi, Regi,
mandement du Roy, qu'à celuy du Pape, com- plufquàm Pa-
me l'a remarqué Gobelin, qui étoit Officier *Gobell. Perf.
d'Urbain. Enfin, aprés avoir dit, par une fan- in Cofmod. æt.

c. c. 78.
Blond. 2. dec.
l. 10.

D d iij

*Niem. l. 1.*
*c. 33. 34.*

glante raillerie, que puis que le Pape l'avoit cité, il vouloit comparoître en perſonne, il mena
ſon armée aux environs de Nocera, où il prit
par force un Château que le neveu d'Urbain
avoit entrepris de défendre; mais il le fit tres-
mal, & il y fut fait priſonnier. Et puis, pour
faire encore plus de dépit à ce Pape, le Roy
laiſſa le commandement de ſes troupes au Cardinal de Rieti, qui alla mettre le ſiége devant

*Walſingam.*

la Ville de Nocera, qu'il prit en peu de tems,
& même la premiere enceinte du Château, dans
laquelle étoient les jardins au bas de la mon-
tagne, & de la Fortereſſe, du haut de laquelle

*Pignat.*
*Diar. M S.*
*ap. Raynald.*

le Pape paroiſſant trois fois tous les jours à la
feneſtre, excommunioit les aſſiégeans au ſon
d'une Clochette, & en éteignant des Cierges,
pour rendre la ceremonie plus terrible.

Il ne laiſſa pas néanmoins de prendre des
précautions d'une autre nature qui luy réüſſi-
rent, pour le tirer de l'extrême danger où il
étoit. Car craignant de tomber enfin entre les
mains de Charles, qui avoit réſolu, au cas qu'il
le prît, comme il n'en doutoit pas, de faire éli-

*Niem. c. 33.*
*Id. c. 33.*

re un autre Pape, ce qui eût fait un ſecond
Schiſme, il s'étoit adreſſé ſecretement à la République de Gennes, à laquelle il engagea
même quelques Villes de l'Etat Eccleſiaſtique,
pour avoir dix Galeres; & il avoit en même
tems traité avec Raymond des Urſins fils du
Comte de Nole, & Thomas de Saint Severin,

qui étoient les Chefs du parti Angevin, & ennemis mortels de Charles, pour avoir du fecours par terre.

Ceux-cy donc ayant ramaffé tout ce qu'ils
avoient de troupes, avec ce qui étoit refté dans
la Pouïlle de l'armée de Louïs d'Anjou, &
quelques Allemans que Lother de Suaube commandoit, pour le même parti, firent une tres-
belle action. Car aprés avoir forcé un quartier,
ils entrerent dans le Château d'où ils retirerent
le Pape, qui eût le loifir d'emmener tous fes
Cardinaux, & fes prifonniers; ils marcherent fur
le ventre à tout ce qui entreprit de s'oppofer
à leur retraite; & aprés avoir furmonté une infinité de difficultez fur leur paffage, ils arriverent enfin au mois d'Aouft à un petit port de
la Pouïlle, entre Barlette & Trani, où les Galeres de Gennes, qui n'avoient pû trouver ailleurs de retraite affeûrée, attendoient le Pape
pour l'embarquer.

Ainfi, par un bizarre jeu de la fortune, il fe
trouva qu'Urbain dût fon falut aux Clementins, qu'il avoit fi fouvent excommuniez comme des Schifmatiques, avec lefquels il ne vouloit pas que l'on eût aucun commerce. Mais
comme ce ne fut que la feule neceffité, qu'il eût
de leur fecours, qui l'obligea de violer fes propres loix; ce ne fut auffi que le feul defir de
s'enrichir de fon trefor, qui fit que ceux-là
mêmes qui tenoient fon adverfaire pour vray

1385.
Id. c. 44. 50.
54.

Gobellin. in
Cofm. at. 6.
c. 80.
Pignat.
Diar. M S.
ap. Raynal.
Niemus.
Gobellin.
Krantz.
Summons.
& alii.

1385. Pape, & luy pour un Intrus, devinrent ses li-
berateurs. Tant l'intereft a de pouvoir sur l'efprit des hommes, pour fufpendre toute leur
haine, & toute leur inimitié, dans le tems qu'ils
efperent de tirer réciproquement de leur ennemi l'avantage & le bien qu'ils en atten-
dent.

Le Pape s'embarqua fur ces Galeres, emmenant toûjours avec foy ces fix Cardinaux prifonniers demi-morts de faim, & d'une infinité d'autres maux qu'ils avoient foufferts dans
une tres-rude prifon de plus de fix mois; &
pour l'Evêque d'Aquila, on dit qu'il le fit inhumainement égorger fur les chemins, s'étant
imaginé que ce pauvre Prélat fe vouloit fauver, parce qu'étant tout rompu par la violence de la torture qu'on luy avoit fouvent donnée, & monté fur un tres-méchant cheval, il
ne pouvoit prefque avancer. Mais puis qu'il n'y
*Niem. c. 56.* a que le feul Thierry de Niem qui raconte
cette action barbare, dont les autres Hiftoriens
ne difent rien, on pourra, fi l'on veut, ne la pas
croire. Et certes, comme cét Hiftorien, qui fut
Secretaire du Pape Urbain, ne luy pardonne
rien, & fait même paroître quelquefois de la
malignité; & qu'au contraire Gobelin qui fut
auffi domeftique du même Pape, affecte manifeftement, non-feulement de l'excufer, mais
même de le loüer en tout, jufques à raconter
en fa faveur certains miracles que l'on n'eft
nullement

nullement obligé de croire: il faut tâcher, en 1385.
lisant ces Auteurs, d'éviter ces deux extrémitez, & de démesler, autant qu'on le peut,
la verité d'avec la passion, qui ne manque jamais de l'alterer, & qu'on reconnoît aisément,
pour peu que l'on en soit exemt. Ainsi ce
Thierry de Niem n'étant pas soûtenu du témoignage de quelque autre Auteur en cette
circonstance, je n'ose l'asseûrer. Ce qu'il y a
de bien certain, & que l'Histoire n'a pas pû
dissimuler, non plus qu'elle ne le peut excuser,
c'est qu'Urbain étant arrivé à Gennes, où il
demeura plus d'un an, ne pût jamais estre fléchi
par les prieres de la République, à pardonner à
ces infortunez Cardinaux, qu'il tenoit toûjours
enchaînez comme autant de bestes feroces, quoy-
qu'ils n'eussent plus qu'un souffle de vie. Il n'y
eût que le seul Cardinal de Londres Adam *Ann.*
Eston, auquel il se résolut enfin de donner la 1386.
vie, & la liberté, sous la caution d'un Clerc
de la Chambre, & aux frequentes instances
que luy en fit le Roy d'Angleterre, auquel il *Niem. c. 57.*
n'osa refuser cette grace, de-peur que ce Prince irrité de ce refus, ne quittât son obedience.

    Pour les autres cinq, comme d'une part il
ne pût jamais se résoudre à les delivrer, & que
de l'autre ce luy étoit un trop grand embarras, de les traîner toûjours ainsi aprés soy dans
les fers, il les fit miserablement perir au mois

1386.

de Décembre, un peu avant que de partir de Gennes, soit en les faisant jetter dans la mer, enfermez dans des sacs, comme plusieurs l'ont écrit, soit en les faisant étrangler, ou décapiter en prison, comme d'autres l'ont dit, ajoûtant qu'il fit consumer leurs corps dans une fosse remplie de chaux vive, au milieu de son écurie. Quoy-qu'il en soit, on convient qu'il les fit mourir, & qu'on n'a jamais pû sçavoir ce qu'étoient devenus les miserables restes de leurs corps: ce qui est assez conforme à son humeur, plûtost cruelle que severe, qui le rendit extrêmement odieux à ceux-mêmes qui étoient ses plus affidez. En effet, deux des Cardinaux qui l'avoient le mieux servi, Piles de Prate Archevêque de Ravenne, & Galeot Tarlat de Pietra-mala, redoutant cét esprit vindicatif, s'allerent rendre au Pape Clement, qui les mit au nombre de ses Cardinaux. On dit même que le Cardinal de Ravenne, avant que de s'embarquer pour Avignon, brusla publiquement son Chapeau dans la grand' Place de Pavie, en presence du Duc Jean Galeaz, qui suivoit le parti de France, & qu'il fit ce qu'il pût, pour retirer les Italiens & les Allemans, de l'obedience d'Urbain. Mais il parut enfin, ou qu'il avoit un grand fonds de legereté, ou que ce n'étoit que sa haine contre Urbain, qui l'avoit fait changer. Car aprés avoir commandé assez heureusement en Italie les troupes de Clement,

Boninsegn. l. 4.
Blond. 2. Dec.
Platin.
Naucler.
Gen. 47. & alii.
Niem. c. 60.
Gobell. in Cosmod. at. 6. c. 81.

Niem. c. 61.
Gobell. loc. cit.
Auth. Vit. Clem.

Gobelin.

Ciacon.

contre ce Pape, auſſi-toſt qu'il apprit ſa mort, 1386.
& que Boniface IX. luy avoit ſuccedé, il quit- *Niem.*
ta Clement pour ce nouveau Pape, qui le réta-
blit dans ſon College: ce qui fit qu'on l'appella toûjours depuis, par raillerie, le Cardinal aux
trois Chapeaux.

Mais tandis que le Pape Urbain, échappé des *Summont.*
mains du Roy Charles, étoit en ſeûreté à Gen- *l. 4.*
nes, l'ambition & la perfidie de ce Prince qui *Bonfin. s. Dec.*
*Antonin.*
le traitoit ſi mal, le vengerent, par une mort *tit. 22. c. 1.*
funeſte, de tous les maux qu'il en avoit receûs, *S. 15.*
*Bonfin. &*
pour les biens qu'il luy avoit faits, en l'éle- *alii.*
vant ſur le Trône de Naples. Louïs Roy de
Hongrie, décedé trois ans auparavant, avoit
laiſſé le Royaume à la Princeſſe Marie ſon aî-
née, ſous la tutelle & la régence de ſa mere
la Reine Eliſabeth, en attendant que cette
jeune Princeſſe fût en âge d'épouſer ſon fiancé
le Prince Sigiſmond, fils du feu Empereur
Charles I V. & frere de Wenceſlas Roy des
Romains ou Empereur, & Roy de Boëme. Les
Hongrois qui avoient paſſionnément aimé leur
défunt Roy, ſe ſoûmirent volontairement à
leur jeune Princeſſe, & par un bizarre tranſ-
port d'amour & de veneration pour la memoire du feu Roy ſon pere, voulurent qu'elle
fût appellée non pas Reine, mais *Roy Marie.*
Cette affection néanmoins ſe changea quelque
tems aprés en haine, & en révolte manifeſte.
Car la pluſpart des Grands du Royaume, irritez

1386. de ce que la Reine Elifabeth fe laiffoit entierement gouverner au Palatin Nicolas Garo, qui
avoit feul toute l'autorité Royale entre les mains,
envoyerent fecretement l'Evêque de Zagabrie
à Charles, pour luy offrir la Couronne de Hongrie, qu'il ne devoit pas fouffrir qui luy fût
ravie par un Prince étranger, qui devoit bien-
toft époufer leur Princeffe. On dit que la Reine
Marguerite fa femme fit tout ce qu'elle pût
pour le détourner de cette entreprife, luy re-
montrant qu'il valloit bien mieux s'affermir
dans fa nouvelle conquefte, & dans un Royaume où il y avoit encore un parti formé contre luy, que de s'expofer à mille dangers, pour
courir aprés l'incertain. Mais Charles fe croyant
hors de tout danger par le déceds de Louïs fon
competiteur, & par la retraite d'Urbain, n'é-
couta plus que fon ambition ; & s'étant embarqué fur quatre Galeres à Barlette, avec tres-
peu de fuite, il paffa dans la Dalmatie, d'où
il fe rendit par terre à Zagabrie, & puis à
Bude.

D'abord il fit mille belles proteftations aux
deux Princeffes, affeûrant qu'il n'étoit venu
que pour les fervir, comme fes plus proches
parentes, & pour pacifier les troubles qu'il y
avoit dans le Royaume, & qu'il fçavoit trop
bien ce qu'il devoit à la memoire du Roy
Louïs fon bienfaiteur, pour vouloir rien entreprendre fur celle qu'il avoit déclarée héri-

tiere de fa Couronne. Mais le perfide fe moqua bientoft de toutes ces belles promeffes. Car
dés qu'il vit que tout étoit difpofé pour le recevoir, & que les Princeffes n'avoient plus que
Nicolas Garo pour elles, il fe fit couronner
Roy de Hongrie le dernier jour de l'an. Il
trouva néanmoins que la vieille Reine, qu'il
croyoit avoir trompée, étoit encore plus fine
que luy: car l'ayant amufé fur l'efperance qu'elle luy donna, que Sigifmond, qui aprés avoir
époufé la Princeffe à Bude, un peu avant l'arrivée de Charles, s'en étoit retourné en Boëme, luy cederoit le Royaume pour peu de
chofes, elle l'attira quelques jours aprés fon
couronnement dans fa chambre, fous prétexte
de luy vouloir lire une lettre de Sigifmond
touchant ce prétendu Traité. Et là, comme ceux
qui l'accompagnoient étoient à l'anti-cham-
bre, Nicolas Garo étant foudainement entré
par une porte fecrete, le fit maffacrer par un
puiffant Hongrois nommé Forgats, qui luy
fendit la tefte d'un grand coup de fabre.

Ainfi perit en la quarante & uniéme année de fon âge Charles de Duras, Prince de
petite ftature, mais tres-bien proportionnée, ayant le vifage extrêmement beau, le
poil blond, la mine haute, accompagnée d'un
certain air de douceur, & de tranquillité d'a-
me, qui paroiffoit dans fa démarche mefurée, dans le fon de fa voix, & dans fon

Erat autem
prædictus Ca-
rolus, brevis
ftaturæ, & ru-
fus, & pul-
cher afpectu,
nec-non lo-
quelâ, & in-
ceffu placidus
Poetis, & hi-
ftoriis libera-
liter inftru-
ctus, &c.
*Niem.l.1,c.49.*

E e iij

1386. parler tout-à-fait agréable, étant au reste populaire, affable à toutes sortes de personnes, obligeant, magnifique à récompenser ses serviteurs, & tres-liberal, sur tout envers les gens de lettres, avec lesquels il prenoit plaisir de s'entretenir aprés le repas sur quelque beau point de doctrine, où il s'entendoit mieux que ne font d'ordinaire les Princes. Car outre qu'il avoit beaucoup d'esprit, il avoit encore pris soin de le cultiver par l'étude, principalement de l'Histoire, & même de la Poësie, qui luy servoit de divertissement pour se délasser aprés les travaux de la guerre, qu'il fit presque toûjours heureusement, parce qu'il avoit & de la conduite, & de la valeur. Et il le fit assez paroître dés sa plus tendre jeunesse en Hongrie, où, en presence de toute la Cour, il tua en duel un des plus renommez Chevaliers Hongrois, auquel il enleva son cimier, qui étoit d'une teste d'elephant, avec un fer de cheval à la bouche, & qu'il porta toûjours depuis comme une marque de sa victoire. Enfin, il eût pû sans doute tenir un rang tres-glorieux entre les Princes les plus accomplis, s'il n'eût deshonoré toutes ces belles qualitez par son ambition demesurée, par sa cruauté, par son extrême ingratitude, & par sa perfidie envers ses plus grands bienfaiteurs, & singulierement envers la Reine Jeanne, qui luy tenoit lieu de mere, & qu'il fit si barbarement étrangler.

*Summont.*
*l. 4.*

1386.

Auſſi Dieu permit que ſa perfidie fût punie par la trahiſon qu'on luy fit, comme celle-cy le fut par l'horrible crime du Gouverneur de Croatie, qui ayant ſurpris les deux Reines à la campagne, fit jetter Elizabeth dans la riviere, pour venger la mort du Roy Charles, duquel il tenoit le parti. Cét exécrable parricide fut auſſi puni bien-toſt aprés par la juſtice du Roy Sigiſmond, qui étant venu prendre poſſeſſion de ſon Royaume avec une puiſſante armée, prit ce barbare meurtrier, & le fit mourir lentement de mille morts, l'ayant fait tenailler dans la pluſpart des Villes de Hongrie. Terrible enchaîſnement de crimes & de ſupplices, qui fait bien voir que Dieu ne ſouffre pas impunis, même dés ce monde, les attentats qui ſe commettent en la perſonne ſacrée des Souverains, quelque méchans qu'ils ſoient, & que ce n'eſt qu'à luy, qui eſt ſeul leur Maître, qu'il appartient de les punir, s'ils ne détournent de deſſus leur teſte ſa juſte vengeance, par une veritable converſion.

*Thuroſ. Bonfin. & alii.*

La nouvelle d'un ſi funeſte accident fut portée à Naples au mois de Février, comme on faiſoit pour le couronnement du Roy des réjouïſſances publiques, qui furent changées en deüil & en pleurs. La Reine néanmoins, pour empeſcher les dangereuſes ſuites que pouvoit avoir une ſi fâcheuſe nouvelle, fit promptement proclamer Roy ſon fils Ladiſlas, ou, com-

*Hector. Pign. Diar. M. S. Summ. l. 4.*

me nos Ecrivains l'appellent, Lancelot, jeune Prince d'environ dix ans, qui fut reconnu avec de grandes acclamations, & regna d'abord affez paifiblement, fous la Régence de la Reine fa Mere; mais cela ne dura gueres. Car la divifion s'étant mife entre cette Reine & les Magiftrats, qui n'étoient pas fatisfaits de fon gouvernement, ceux-ci éleûrent huit d'entre eux, pour prendre, avec l'autorité Souveraine, le foin des affaires. Le Pape Clement voulut profiter d'une conjonûure, qu'il crût être tres-favorable pour fes interefts. Là-deffus il envoye en Italie le Prince Othon de Brunfwic mari de la feuë Reine Jeanne, lequel, aprés fa-delivrance, l'étoit allé trouver à Avignon, & qu'il fçavoit être également eftimé & cheri de tous les Ordres du Royaume, & principalement de la Nobleffe. Et de fait il en fut receû avec de grands tranfports de joye, & s'alla joindre bien accompagné à Thomas Comte de Saint Severin, Chef de cette puiffante Maifon, & du parti Angevin, depuis que Raymond des Urfins étoit paffé au fervice d'Urbain, qui l'avoit fait Général & Gonfalonnier de l'Eglife.

Le Comte efperant tirer de grands avantages de la divifion qui croiffoit tous les jours dans Naples, avoit déja pris le titre de Vice-Roy fous le jeune Louïs d'Anjou, qu'il fit auffi-toft proclamer dans plufieurs Villes du Royaume, où l'on cria, *Vive le Pape Clement,*

*& le*

& *le Roy Louïs.* Et pour ne point donner de jalousie au Prince Othon, ni aux autres Seigneurs, il fit élire, à l'exemple des Magistrats de Naples, six Seigneurs du bon Gouvernement, dont Othon fut le Chef en apparence, luy l'étant toûjours en effet, & retenant ainsi sans envie le titre de Vice-Roy, qu'Othon, Prince extrêmement raisonnable, voulut qu'il retint. Ainsi, étant tous de tres-bonne intelligence, & ayant pris secretement des mesures avec le Senat de Naples, qui craignoit qu'enfin le parti de la Reine ne prévalût contre eux, ils s'avancerent avec une assez bonne armée le premier de Juillet jusqu'à la veûë de cette grande Ville, où tout étoit dans une effroyable confusion: car les uns tenoient pour Ladiflas & pour Urbain; les autres pour Louïs & pour Clement; & quelques-uns pour Urbain & pour le Senat, avec tant d'animosité, faisant retentir par tout ces differens noms, que l'on en vint aux mains, & qu'il y eût bien du sang répandu.

Ce qui avança le plus les affaires du Pape Clement & du Roy Louïs, fut la conduite que le Pape Urbain tint en cette rencontre. Car si avec toutes ses forces & le parti qu'il avoit dans Naples, il se fût joint de bonne heure à celuy de Ladiflas, il est certain qu'il eût bientost opprimé l'autre qui ne pouvoit tenir contre les deux. Mais comme il avoit toûjours en teste son premier dessein sur Naples,

1386.

*Ann.*
1387.

*Idem.
Holst. Pign.
Diar. M S.*

1387. qu'il n'abandonna jamais, il crût qu'il avoit alors la plus belle occafion du monde de s'en rendre maître. Ainfi, quelque inftante priere

*Niem. l. 1. c. 64.*

que luy fit la Reine Marguerite, de prendre fon fils Ladiflas en fa protection, & quoy qu'elle luy eût renvoyé libre fon neveu François Prignan pour le flechir, il demeura toûjours inébranlable, ne voulant ni de Ladiflas, en haine du feu Roy Charles, qu'il avoit privé du Royaume, ni de Louïs d'Anjou, qu'il avoit excommunié comme Schifmatique ; & en excluant l'un & l'autre du Royaume, il prétendoit fe mettre entre deux, & l'avoir pour foy, comme dévolu au Saint Siége. Mais fa politique fe trouva courte, parce qu'il prit mal fes mefures.

*Summont. l. 14. Hoct. Pign. Diar. M.S.*

Car tandis que fon Général Raymond des Urfins affembloit fes troupes aux environs de Seffa, faifant femblant, pour amufer la Reine, que c'étoit pour le fecours du Roy fon fils, l'armée des Angevins fe fortifioit tous les jours auprés de Naples, & il leur arriva le feptiéme de Juillet des Galeres de Provence, que Louïs envoyoit avec des gens & de l'argent, pour foudoyer l'armée. Cela fit que la Reine craignant de tomber entre les mains des Angevins, que le Senat avoit fait approcher, partit dés le

*Ibid. & Niem. c. 63. Summont. Hoct. Pign.*

lendemain du Château de l'Oeuf avec fon fils Ladiflas, & la Princeffe Jeanne fa fille, pour fe retirer à Caïéte, qui luy fut toûjours tres-fidel-

1387.

le. Sur cela, Raymond des Urſins voyant que
tout étoit perdu pour Urbain, s'il ne prévenoit
les Angevins, accourt au ſecours des Urbaniſtes qui s'étoient ſaiſis de la porte Capuane,
& ſe jette par là dans la Ville l'épée à la main,
en criant, *Vive le Pape Urbain, & Ladiſlas* : car
il croyoit qu'en nommant ce Prince, ceux de
ſon parti ſe joindroient à luy. Mais il étoit
trop tard : il trouva le Senat & la Nobleſſe,
avec la pluſpart des Bourgeois, ſous les armes,
qui l'arreſterent ; & en même tems toute l'armée
des Angevins étant entrée par la porte, que
ceux du quartier du Port qui tenoient pour eux
leur ouvrirent, ſuivant l'ordre des Magiſtrats,
il ſe trouva pris entre deux ; & aprés avoir perdu la plus grande partie de ſes gens, qui furent
taillez en pieces, il eût bien de la peine de ſe
retirer en combatant toûjours tres-vaillamment,
& enfin de ſe ſauver à Nole.

Il y eût d'abord beaucoup de deſordre dans *Niem. c. 65.*
la Ville, où les victorieux déchargerent leur *Surmount.*
colere en toutes ſortes de manieres, ſur ceux
qui avoient ſuivi le parti de Charles de Duras
contre la Reine Jeanne. Mais le Prince Othon,
à qui Thomas de Saint Severin avoit déferé le
Généralat de l'armée, le fit ceſſer, & rappella
tous ceux qui s'étoient retirez ailleurs, en leur
promettant ſa protection. Et le Vice-Roy ayant
défendu par Edit, & ſur peine de la vie, de
faire aucune violence à perſonne, on preſta le

ferment de fidelité au Roy Louïs, on chaſſa tous les Urbaniſtes, & l'on reconnut Clement pour vray Pape : ce que l'on fit enſuite dans la pluſpart des autres Villes. Ainſi le Royaume de Naples, qui d'Urbaniſte étoit devenu Clementin ſous la Reine Jeanne, & de Clementin Urbaniſte ſous Charles de Duras, redevint encore une fois Clementin ſous le Roy Louïs I I. Et ce fut en vain que le Pape Urbain, qui avoit quitté Gennes pour ſe retirer à Luques, & n'avoit plus d'armée, entreprit de le recouvrer à force d'Indulgences qu'il fit publier dans toute ſon obedience, pour tous ceux qui prendroient les armes, afin de chaſſer de Naples les Angevins comme des Schiſmatiques.

*Niem. l. 62.*

*Litt. Encycl.*
*Vrb. l. 2.*
*apud Rayn.*
*Antonin.*
*tit. 22. 62.*
*§. 13.*

Le bonheur de Clement ne s'arreſta pas au recouvrement de ce Royaume : il en gagna preſque au même tems deux autres, qui augmenterent ſon obedience, & la rendirent à peu prés auſſi conſiderable que celle d'Urbain. Pierre Roy d'Arragon s'étoit tenu neutre juſques alors, par pure politique, afin de profiter du Schiſme, en vendant ſon obeïſſance au plus haut prix qu'il luy ſeroit poſſible, à celuy des deux Papes qui luy feroit de plus grands avantages. Pour cét effet, il avoit envoyé ſes Ambaſſadeurs à Rome, & à Avignon, avec ceux du Roy de Caſtille, en apparence pour s'inſtruire des raiſons, & du droit de l'un & de l'autre parti ; mais en effet, pour découvrir de quel

*M. S. Fux.*
*Proceſſ. Conv.*
*Methymn.*

coſté il trouveroit plus à gagner. Et comme il vit 1387. qu'Urbain ayant rompu tout ouvertement avec Charles de Duras, on pourroit aquerir une Couronne en ſe jettant de ce coſté-là, il luy *Surit.l.s.* fit offrir de le reconnoître, pourveû qu'il luy donnât l'inveſtiture du Royaume de Naples aux mêmes conditions que Charles I. l'avoit eûë; qu'on luy quittât le tribut qu'il devoit à cauſe du Royaume de Sardaigne; & qu'on luy accordât pour dix ans les Décimes de tous les biens Eccleſiaſtiques de ſes Etats. Mais Urbain, qui avoit alors plus d'envie, & même plus d'eſperance que jamais, de ſe rendre maître de Naples, n'avoit garde d'écouter ces propoſitions, qui en effet n'étoient pas raiſonnables, & ne ſervoient qu'à faire voir l'ambition de ce Prince, qui ne ſongeoit en cela qu'à faire ſervir la Religion à ſes intereſts. De-ſorte que cette negotiation n'ayant eû nul ſuccés, il demeura toûjours neutre juſqu'à ſa mort, qui arriva ſur le commencement de cette année, en l'âge de ſoixante-quinze ans. Et comme alors il eût des veûës toutes differentes de celles que ſes paſſions luy avoient données, il recommanda fort à Jean ſon fils, & ſon ſucceſſeur, de faire examiner exactement le droit des deux Papes, ſur les informations qu'on en avoit faites & à Rome & à Avignon. C'eſt ce que le jeune Roy auſſitoſt aprés ſon couronnement fit dans l'Aſſemblée générale des Prélats, & des Grands de ſon *Auth. Clem.*

Ff iij

1587.

Marian.
Surit. l. 3.
Auth. Vit.
Clem.

Royaume, en presence du Cardinal Pierre de Lune; & l'on y resolut, comme on avoit fait en Castille, qu'on embrasseroit l'obedience du Pape Clement : cela se fit aussi dans le même mois de Janvier au Royaume de Navarre, où Charles le Mauvais, qui, à l'exemple du Roy d'Arragon, avoit toûjours suivi la neutralité, étant mort, son fils Charles-le Noble, Prince infiniment estimé des siens, pour sa rare sagesse, aprés qu'on eût deliberé dans les Etats sur cette grande affaire, reconnut Clement pour vray Pape. Ainsi toute l'Espagne, à la réserve du Royaume de Portugal, se déclara pour luy.

Ce qui servit encore à fortifier son parti contre celuy de son competiteur, que la cruelle mort des cinq Cardinaux exécutez à Gennes avoit rendu fort odieux, fut le zele qu'il témoigna en même tems, avec beaucoup d'adresse, pour la paix de l'Eglise. Car suivant en cela les avis & les pressantes exhortations de l'Université de Paris, qui le sollicitoit continuellement de travailler à cette paix, il envoya par tout des Legats & des Nonces, proposer de sa part la convocation d'un Concile, au jugement duquel il protestoit qu'il étoit prest de se soûmettre : ce que néanmoins, au commencement du Schisme, il avoit refusé, lors qu'Urbain proposoit la même chose; & maintenant tout au contraire, Urbain n'y voulut pas entendre. Car quel-

Antonin.
tit. 22. c. 2.
§. 14.
Muti. Chron.
l. 16.
Hist. Univ.
Parif. t. 4.

ques-uns des principaux Princes & Prélats d'Allemagne l'ayant envoyé supplier, comme il étoit encore à Luques, de prendre conjointement avec Clement les voyes efficaces de terminer leur differend, & de procurer la paix de l'Eglise, offrant. pour. cela toutes choses de leur part, il demeura inébranlable sur ce point, disant toûjours qu'il étoit le vray Pape, que son droit étoit incontestable, & qu'on ne devoit nullement le révoquer en doute. Cela fit que quelques-uns d'entre eux abandonnerent son parti, & s'attacherent à celuy de Clement, comme fit aussi, en ce même tems, le Grand-Maître de Rhodes: ce qui fut sans doute d'un tres-grand poids, pour rendre plus considerable l'obedience de ce Pape. Mais ce qui luy servit encore extrêmement, & sur tout dans l'esprit des peuples, furent les grandes merveilles que Dieu opera cette même année, pour faire éclater l'éminente sainteté du B. Cardinal Pierre de Luxembourg.

Il étoit fils de Gui de Luxembourg premier Comte de Ligny, & de Mahaut de Chastillon Comtesse de Saint Pol, ayant l'honneur, par une si illustre naissance, d'estre sorti d'une Maison qui a eû quatre Empereurs, & d'estre cousin au quatriéme degré de Wenceslas, qui étoit alors Empereur, & Roy de Boëme, & de son frere Sigismond Roy de Hongrie, qui parvint depuis à l'Empire. Comme il eût achevé ses

Niem. l. 1.
c. 66.

Hist. Geneal.
de la Maif.
de France,
t. 2. l. 30.
ch. 7.

1387.
Auth. Vit.
Clem.
Molan. en
Catal. S. Bel.
Ciacon.
& alii.

études en Philosophie & en droit Canon dans
l'Université de Paris, son frere Valeran de Luxembourg, Comte de Ligni & de Saint Pol,
le voyant résolu de se dévoüer à l'Eglise, le
fit pourvoir d'un Canonicat vacant dans la
Cathedrale de cette grande Ville, où il aquit
une si haute réputation de sainteté, par ses ad-
mirables vertus, que Clement, qu'il reconnoif-
soit pour vray Pape, comme on faisoit en France, aprés l'avoir encore fait passer, durant quelques mois, par le degré d'Archidiacre en l'E-
glise de Chartres, voulut absolument qu'il eût
l'Evêché de Metz qui vint à vaquer en ce tems-
là, quoy qu'il n'eût encore que quinze ans; tant
ce Pape étoit fortement persuadé que la sagesse,
la science, & la vertu avoient prévenu les années
dans ce saint jeune homme, & luy pouvoient
justement tenir lieu d'une vieillesse consommée.
Aussi gouverna-t-il si admirablement cét Evêché, que le Pape voulant avoir auprés de sa
personne celuy dont la renommée publioit par
tout le merite & la sainteté, l'obligea de venir
à Avignon, où il le fit aussi-tôt Cardinal; &
l'année d'aprés il mourut d'une maladie assez
longue, contractée par ses grandes austeritez,
n'ayant que dix-huit ans, aprés avoir fait paroître dans cette haute dignité, par une infinité
d'actes héroïques en toutes sortes de vertus Chrétiennes, tout ce que l'on a jamais admiré de
perfection dans les plus grands Saints.

Il

1387.

Il se fit incontinent aprés sa mort, à son tombeau, un si grand nombre de miracles si extraordinaires, si visibles, & si éclatans, & hors de toute contestation, qu'on y accouroit en foule de toute l'Europe : ce qui servit infiniment à faire valoir le parti de Clement, parce que ceux qui étant éblouïs de l'éclat de tant de merveilles, ne pénetroient pas dans le fond de ce mystere, ne pouvoient croire qu'un Saint, qui faisoit tant de choses miraculeuses aprés sa mort, n'eût pas esté parfaitement éclairé de Dieu durant sa vie, pour discerner le vray d'avec le faux, & qu'il eût voulu recevoir le Chapeau des mains de celuy qu'il n'eût pas sceû de toute certitude estre le vray Pape. Ceux mesme qui étoient de l'obedience d'Urbain ayant esté témoins oculaires de ces miracles, touchez d'un certain sentiment de Religion, croyoient que c'eût esté commettre une espece d'impieté envers le Saint, que d'oser révoquer en doute sa qualité de Cardinal, & de disputer ensuite à Clement celle de veritable Pontife.

Aussi plusieurs partisans de ce Pape, devenus beaucoup plus asseûrez, & plus fiers qu'ils n'étoient auparavant, soûtenoient hardiment, que tous ces miracles étoient autant de déclarations de Dieu mesme, qui manifestoit aux hommes la verité, par des témoignages si authentiques, & si divins, & qui vouloit qu'on sceût par là que l'obedience qu'avoit choisie cét admirable

Gg

1387. Cardinal de Luxembourg, & dans laquelle il
étoit mort en Saint, étoit la veritable. Mais il
est certain qu'ils raisonnoient mal, ne voyant
pas qu'il se peut faire qu'un Saint, qui agira de
bonne foy, se trompe, comme les autres hommes, sur tout en des faits où, dans l'embarras
des contestations, il est difficile de démesler le
vray d'avec le faux; & que le don de prophetie, & de discernement, dont Dieu honore
quelquefois ses Serviteurs, n'est pas une habi-
tude fixe & arrestée, pour leur faire toûjours
infailliblement découvrir ce qui est certain,
mais seulement une lumiere passagere, qui les
éclaire en certaines occasions, & les abandonne en d'autres, pour les laisser à celle qu'ils peuvent avoir par des voyes naturelles.

C'est sans doute dans cette veûë, & apparemment dans celle de ces miracles du B. Pierre de Luxembourg, que Saint Antonin Archevêque de Florence a dit depuis, au sujet de ce
Schisme, ce qu'il importe que j'insere en cét
endroit, comme une chose essentielle à mon
Histoire. *Il y eût, dit-il, en l'une & en l'autre
obedience, de tres-sçavans hommes, & de tres-grands
Saints, & des Saints même, dont Dieu a bien voulu manifester la sainteté par plusieurs beaux miracles.
Et cette grande question, à sçavoir, qui des deux
étoit le vray Pape, n'a jamais pû estre tellement décidée, que la chose soit demeurée certaine, & que
plusieurs n'ayent crû avoir lieu d'en douter. Car bien*

Antonin. p. 3. tit. 22. c. 2. §. 1.

*qu'on soit obligé de croire, que comme il n'y a qu'une* 1387.
*seule Eglise Catholique, il n'y peut avoir aussi qu'un*
*seul Souverain Pasteur, qui est le Vicaire de Jesus-*
*Christ, selon ces paroles de l'Evangile, Il n'y aura* Ioan. 10.
*qu'une seule Bergerie, & qu'un seul Pasteur. Si*
*toutefois il se fait un Schisme, dans lequel on élise plu-*
*sieurs Souverains Pontifes, il ne semble pas qu'il soit*
*necessaire pour le salut, de sçavoir qui est le vray Pape,*
*mais seulement que c'est l'un d'eux, à sçavoir celuy*
*qui a esté canoniquement éleû, sans qu'on soit obligé*
*de sçavoir qui est celuy-là ; & en cela les peuples*
*peuvent suivre le sentiment de ceux qui les gouver-*
*nent.* Ce qui se doit entendre pour le tems auquel, quand il y a lieu de douter, l'Eglise n'a
rien déterminé sur ce different. Cela seul suf-
fit, ce me semble, pour condamner ces Ecrivains, qui ont osé traiter de Schismatiques,
ceux qui étoient dans l'une ou dans l'autre
obedience, avant qu'on eût pris les voyes efficaces d'éteindre le Schisme par l'autorité de
l'Eglise, en créant un nouveau Pape, que tous
les Chrétiens furent obligez de reconnoître.
Avant cela, l'on étoit libre : & comme on ne
peut inferer de la sainteté de ceux qui furent
Urbanistes, qu'Urbain fût le vray Pape, on ne
peut pas aussi conclure, que ce fût Clement,
par les grands miracles que fit le Cardinal de
Luxembourg, que l'Eglise Romaine a enfin *Bul. Clem.*
reconnu pour Bienheureux long-tems aprés le *VII. Medici*
*9. Kal. Apr.*
Schisme. Il faut néanmoins avoüer, qu'encore *1587.*

G g ij

1387. que tous ces miracles ne soient pas une bonne preuve du droit de Clement, ils luy furent pourtant tres-favorables dans l'esprit des peuples, aussi-bien que le celebre Jugement qu'il rendit en ce même tems, à la poursuite de l'Université de Paris, en faveur de l'Immaculée Conception de Nostre-Dame, à cette occasion que je vais dire.

*Ex. M S. Coll. Navar. t. 4. Hist. Univ. Paris. Mon. Dionys. l. 7. c. 5. & l. 8. c. 2. Auth. Vit. Clem. Append. ad Auth. Vit. Clem. Spond. ad hunc ann.*

Jean de Monçon, Docteur & Professeur en Theologie, de l'Ordre de Saint Dominique, avoit proposé publiquement dans la Salle de Saint Thomas, des Theses, dans lesquelles il y avoit quatorze propositions tres-dangereuses, & entre celles-cy, quatre ou cinq contre l'Immaculée Conception de Nostre-Dame. Car il soûtenoit, non-seulement qu'elle avoit esté conceûë dans le peché originel, mais aussi que c'étoit une erreur contre la Foy, que de dire qu'elle ne l'eût pas esté. Et en même tems quel-

*Append. ad Auth. Vit. Clem.*

ques-uns de ses Confreres prescherent dans Paris & ailleurs la même chose, & d'autres encore tres-desavantageuses à l'honneur de la Sainte Vierge. Cela ne se pût faire sans un furieux

*Mon. Dionys. l. 8. c. 14.*

scandale dans toute la Ville, & sur tout dans

*Hist. Univer. t. 4.*

l'Université, qui a toûjours esté tres-zelée pour la gloire de la Mere de Dieu. Mais comme le Doyen de la Faculté, auquel on s'étoit adressé pour faire réprimer cette scandaleuse entreprise, eût fait rapport à la Faculté de ces propositions, sans en nommer l'Auteur, celuy-cy qui

1384.

étoit prefent, bien loin de fe rétracter, ou de s'excufer, protefta qu'il n'avoit rien fait en cela, que par l'avis des principaux de fa Religion, & même par ordre, & qu'il étoit réfolu de foûtenir fa doctrine jufqu'à la mort. C'eft pourquoy, comme on vit qu'il perfiftoit toûjours dans fon opiniâtreté, & qu'aprés avoir une fois promis de fe rétracter, il n'en avoit voulu rien faire; la Faculté premierement, & puis toute l'Univerfité en corps, cenfura, & condamna fes Thefes comme fauffes, temeraires, fcandaleufes, & contraires à la pieté des Fidelles.

*Ex M S. Coll. Navar. t. 4. Hift. Vniver.*

L'Evêque de Paris Pierre d'Orgemont, auquel ce celebre Corps s'étoit adreffé, comme au Juge de la Doctrine dans fon Diocefe, aprés avoir imploré l'affiftance du Saint Efprit par une Proceffion générale, & fait examiner de nouveau trés-exactement ces propofitions, confirma la Cenfure qu'on en avoit faite, & les condamna folennellement par une Sentence juridique, qu'il prononça en ceremonie, reveftu de fes habits Pontificaux, dans le Parvis de Noftre-Dame, dont la place & les environs étoient remplis d'une infinité de perfonnes de toutes les conditions, accouruës de tout Paris à ce fpectacle, comme au triomphe de la Sainte Vierge. Jean de Monçon, qui prévoyant fa condamnation, s'étoit retiré à la Cour d'Avignon, où ceux de fon Ordre avoient du credit, appella de cette Sentence au Pape, & protefta,

*Mon. Dionyf.*

*Hiſt. Vniv.*
*t. 4.*

*Propoſit. M.*
*Pet. de Alliac.*
*coram Pap.*
*t. 4. Hiſtor.*
*Vniv.*

*Hiſt. Vniv.*
*t. 4.*

*Mon. Dionyſ.*

comme firent auſſi ſes Confreres, qu'il s'agiſſoit en cette cauſe de la Doctrine de Saint Thomas approuvée de l'Egliſe, & laquelle enſuite
ni l'Univerſité, ni l'Evêque de Paris n'avoient
pû condamner. Sur cela, l'Univerſité, quoy
qu'un peu ſurpriſe, de ce qu'on l'avoit citée ſur
les plaintes d'un particulier, qui avoit débité
mille fauſſetez à la Cour du Pape, y députa
quatre des plus fameux Docteurs, Pierre d'Ailly Grand-Maître de Navarre, qui fut depuis
Evêque de Cambray, Gilles des Champs &
Jean de Neuville Bernardins, & Pierre d'Alain-
ville Docteur & Profeſſeur en Droit Canon; &
en même tems elle fit courir par tout une excellente Lettre circulaire à tous les Fidelles, pour
juſtifier ſa conduite contre les Jacobins, qui
abuſoient du nom & de la doctrine de Saint
Thomas, qu'on n'avoit jamais prétendu condamner, & auquel ils faiſoient dire, comme il
leur plaiſoit, ce à quoy il n'avoit jamais pen-
ſé. Les quatre Députez furent receûs à la Cour
du Pape avec toute ſorte d'honneur. Ils eurent audience en particulier, & puis en plein
Conſiſtoire, trois jours durant; & ils y par-
lerent avec tant de force & de ſolidité, en
juſtifiant leur Cenſure, & la Sentence de l'E-
vêque de Paris, qu'ils s'attirerent l'admiration de toute cette auguſte Aſſemblée, &
que le Pape ne pût s'empeſcher de faire hautement l'éloge de cette illuſtre & ſçavante Uni-

verfité, qui produifoit de fi grands hommes.

Enfin, aprés que Jean de Monçon eût produit tout ce qu'il voulut dire & de vive voix en plein Confiftoire, & par les écrits qu'il diftribuoit pour fa défenfe; & que les Députez, & fur tout le docte Pierre d'Ailly l'eûrent confondu dans la difpute, & par un excellent Traité, où ils firent voir clairement, entre autres chofes, que ce qu'on avoit condamné n'étoit nullement la doctrine de Saint Thomas, qui ne difoit rien moins que ce que prétendoit ce Jacobin: le Pape ayant bien fait examiner la chofe devant foy, à diverfes reprifes, durant prés d'un an, confirma la Sentence de l'Evêque de Paris, & la Cenfure de l'Univerfité, à laquelle il renvoya Jean de Monçon, avec ordre de fe foûmettre entierement à fa correction. Il le promit, pour fe garantir des prifons du Pape; mais la nuit fuivante il s'enfuit, & fe fauva dans fon païs en Arragon. Les Députez enfuite retournerent comme triomphans à Paris, où ils furent receûs avec de grandes acclamations de tous les Ordres, pour avoir fi bien maintenu la gloire de la Sainte Vierge. Et parce que les Jacobins fe croyant bien appuyez de Guillaume de Valen leur Confrere, qui étoit Evêque d'Evreux, & Confeffeur du Roy, ne laiffoient pas de foûtenir encore ces propofitions trois fois condamnées, il s'éleva contre

*Ann.*
*1388.*
*Mon. Dionyf.*

*MS. Navar.*
*ex t. 4. Hift.*
*Vniv.*

*Monach. Dionyf.*
*Hiftor. Vniv.*

1388. eux la plus terrible tempeſte qu'on vit jamais.

Author. Vit.
Clem.
Append. ad
Auth.
Hiſt. Vniverſ.

Car l'Univerſité les retrancha tous de ſon Corps. L'Evêque de Paris les interdit de la Prédication, & des Confeſſions; on en mit pluſieurs en priſon; on ne voulut plus leur faire d'aumônes; & ceux qui oſoient ſortir du Couvent, étoient pourſuivis du peuple, & accablez d'injures par les ruës, comme des ennemis déclarez de la Sainte Vierge. Il y eût plus. Le Pape ayant appris la fuite de Jean de Monçon, & l'opiniâtreté de ſes adherans, les excommunia par une Bulle qui fut envoyée d'Avignon pour être fulminée en France. Ferri Caſſinel Evêque d'Auxerre fut choiſi pour la preſenter au Roy, & pour en pourſuivre l'exécution: ce qu'il fit avec tant de zele & de force, comme c'étoit un des plus fameux Docteurs de Paris, que le Roy ordonna non ſeulement qu'elle fût publiée, mais auſſi que l'on arrêtât priſonniers tous ceux qui parleroient, ou écriroient contre l'Immaculée Conception de Noſtre-Dame, & qu'on les amenât à Paris, pour être ſoûmis à la correction de l'Univerſité. Enfin, la tempeſte ne pût ceſſer, juſques à ce que les Jacobins ſe fuſſent dédits publiquement, & qu'ils euſſent promis de célebrer la Feſte de l'Immaculée Conception, & de ne plus jamais rien dire qui lui fût contraire; ce qu'ils obſervent encore aujourd'huy avec beaucoup d'édification. Et ce que

Mon. Dionyſ.
l. 8. c. 14.

Auth. V.
Clem.

que firent quelques-uns de leurs prédecesseurs 1388.
il y a plus de trois cens ans, on ne doit pas
maintenant l'imputer à ce saint Ordre, qu'on
ne peut nier qui ne soit un des principaux ornemens de l'Eglise.

Ce qu'il y eût de plus fort en cela, fut que
l'Université ne pouvant souffrir que l'Evêque
d'Evreux, Jacobin & Confesseur du Roy, se
moquât de la victoire qu'elle avoit remportée,
& se vantât qu'il tiendroit toûjours la doctrine
de Jean de Monçon, fit de si fortes remon-
trances au Roy sur ce sujet, qu'il fallut que ce *Episcopi Ebroïc.*
Prélat se rétractât, & condamnât cette doctri- *Palinodia t.4.*
ne par un Acte public, comme il fit en pre- *Hist. Vniuers.*
sence du Roy, des Princes, du Connétable de
Clisson, des Seigneurs de la Cour, & du Conseil, & du Recteur de l'Université, accompagné des Députez des quatre Facultez : & la
chose alla si avant, que le Roy ne voulut plus
se servir de luy, & que nonobstant cette ré-
tractation, son Ordre ne fut rétabli que plusieurs années après dans l'Université. Tant la
dévotion solide que toute la France témoi-
gne envers la Sainte Vierge immaculée dans
sa Conception, avoit jetté dés ce tems-là
de profondes racines dans le cœur de nos Ancestres, & sur tout de nos Rois. Ce qui doit
faire trembler ces esprits profanes & inquiets,
qui ont osé depuis peu la combatre par de
foibles & scandaleux libelles, qu'on a juste-

Hh

1388. ment rejettez, comme n'étant dignes que du feu.

Au reste, cette condamnation ne servit pas peu au Pape Clement, pour luy attirer de nouveaux sujets, & pour confirmer les anciens dans son obedience; & il eût encore la joye de voir qu'en même tems qu'il traitoit si favorablement les Docteurs de Paris, ceux de Boulogne luy vinrent rendre obéïssance, après avoir renoncé, par un Acte authentique, à Urbain, qu'ils avoient toûjours reconnu jusques alors: ce qui ébranla fort les Italiens, parmi lesquels l'Université de Boulogne étoit, particulierement en ce tems-là, en une estime singuliere. Ce qui donna encore bien de la considération & de l'éclat au parti de Clement, fut la visite dont le Roy Tres-Chrétien voulut bien l'honorer l'année suivante: ce que ce Pape avoit passionnément souhaité, & même recherché, pour faire voir à toute l'Europe qu'il étoit tres-bien dans l'esprit de ce Prince, avec lequel il avoit eû trois ou quatre ans auparavant un assez fâcheux demêlé, au sujet des exactions insupportables que l'on faisoit en France sur les Benefices, par ordre du Pape.

En effet, comme il n'avoit presque que la France d'où il pût tirer dequoy fournir aux excessives dépenses que luy & ses trente-six Cardinaux, ausquels il n'osoit rien refuser, faisoient à sa Cour, il avoit envoyé dans le Royaume

*Monach. Dionys. l. 8. c. 3.*

*Ann. 1389.*

*Monach. Dionys. l. 9. c. 3.*

1382.
I. Iuvenal.
Tr. de M. du
Puy.

l'Abbé de Saint Nicaife, pour y lever la moitié des revenus de tous les Benefices, avec ordre d'en priver ceux qui entreprendroient de s'y oppofer. Cét Abbé, fans avoir prefenté fa Commiffion aux Gens du Roy, comme il le devoit faire, commençoit déja de l'exécuter en Normandie avec grande rigueur, lors que l'Univerfité de Paris, qui s'intereffoit toûjours pour le bien public, & pour celuy de fes Suppofts, que l'on ruinoit par cette exaction, s'en plaignit au Roy, & fit voir en plein Confeil, que le Pape n'avoit aucun droit de la faire. Sur cela l'on chaffa l'Abbé, & le Roy fit un Edit, portant défenfe de tranfporter ni or ni argent hors du Royaume, avec ordre de faifir tous les Benefices, d'en mettre les fruits fous la main du Roy, pour en employer un tiers aux réparations, l'autre à payer les charges, & le troifiéme à l'entretien de ceux qui poffedoient ces Benefices. Enfuite, le Premier Préfident de Paris Arnaud de Corbie, fut, de la part du Roy, remontrer au Pape la juftice des plaintes de l'Univerfité, le fuppliant au refte de ne fonger plus à faire de pareilles entreprifes; ce que Clement promit. Mais, comme une action de cette force pouvoit faire croire que le Roy étoit fort refroidi en fon endroit, ce qui eût efté capable de luy nuire, il fit tout ce qu'il pût, depuis ce tems-là, pour détruire cette créance, en s'attirant l'honneur de cette vifite royale.

Hh ij

*Froiffart vol. 3.*
*I. Iuvenal.*
*Auth. Vit.*
*Clem.*
*Mon. Dionyf.*
*l. 9. c. 6. 7. &*
*alii.*

Charles donc, qui l'année précedente ayant pris luy-même, à l'âge de vingt ans, l'admini-ſtration de ſes affaires, avoit changé ſon Con-ſeil & ſes Officiers, & fait une treve de trois ans avec l'Anglois, fit le voyage d'Avignon, accompagné du Duc de Touraine ſon frere, de Loüis Duc de Bourbon l'un de ſes oncles, & de toute la Cour, & alla au mois d'Octobre viſiter le Pape, qui le receût avec une magni-ficence digne de la majeſté du plus grand Roy de la Chrétienté. Le Roy luy rendit auſſi réci-proquement tous les devoirs que ſes prédeceſ-ſeurs avoient de tout tems accoûtumé de ren-dre au Vicaire de Jeſus-Chriſt en terre. Il vou-

*Auth. Vit.*
*Clem.*

lut même le jour de la Touſſaints, luy donner à laver à la Meſſe Pontificale, durant laquelle Clement couronna Loüis II. Roy de Sicile & de Jeruſalem. Charles traita durant quatre jours des affaires de l'Egliſe en particulier, & au Con-

*Mon. Dionyf.*
*l. 9. c. 7.*

ſiſtoire, au contentement de Clement, qui, pour luy témoigner ſa reconnoiſſance, luy remit le droit de conferer quelques Evêchez qui étoient réſervez à la collation du Pape, & luy accorda la nomination d'un tres-grand nombre d'autres Benefices à ſon choix, en faveur des pauvres Clercs, & ſur tout de ceux de l'Univerſité, qui en étoient exclus par l'abus des graces expecta-tives. Aprés quoy, Charles partit pour viſiter le Languedoc, preſque au même tems qu'on re-ceût la nouvelle de la mort du Pape Urbain.

Ce Pape, aprés s'estre arresté assez long-tems 1382.
à Luques, & puis à Pise, laissant Rome à droit,
s'étoit avancé par Tivoli jusques à Ferentin,
vers la frontiere du Royaume de Naples, ayant
toûjours en teste son dessein de s'en emparer,
& croyant même y pouvoir réüssir alors, à la
faveur des nouvelles divisions qui y étoient:
mais il fut contraint de rebrousser chemin, &
de retourner à Rome, soit par les Romains, *Ciacon.*
qui, ennuyez d'une si longue absence, l'y ra- *Niem. c. 69.*
menerent malgré luy, comme quelques-uns *Platin.*
l'ont écrit; soit par les Angevins, qui s'oppose- *Summont.*
rent à son passage ; soit faute d'argent, pour *Walfingam.*
payer ses troupes, qui se débanderent. Quoy-
qu'il en soit, il y revint au mois d'Octobre ; &
aprés y avoir passé plus paisiblement le peu qui
luy restoit à vivre, qu'il n'avoit fait tout son
Pontificat jusques alors, il y mourut cette année
vers le milieu du même mois, soit de vieillesse,
à l'âge de soixante-douze ans, & consumé par
les travaux, & par la violence de tant de fâcheux mouvemens qu'il s'étoit donnez ; soit par
la force du poison que luy donna, comme on
le crût alors, quelqu'un de ses domestiques, dont
il étoit haï aussi-bien que de plusieurs autres.
Car il est certain que sa mort réjouït bien des
gens, & n'en affligea que tres-peu, son humeur
terrible l'ayant rendu tres-odieux, quoy-qu'on *Ciacon.*
ne puisse nier qu'il n'ait eû beaucoup de bonnes qualitez, & sur tout un tres-grand amour

de la chafteté, joint à une vie tres-auftere, avec une extrême horreur du luxe, & de la fimonie, qu'il bannit de la Cour de Rome, par la jufti- ce exacte qu'il en fit, & par fes exemples. Son indigne & brutal neveu, qui fut caufe de tant de defordres, par cette aveugle paffion que fon oncle eût de l'agrandir, jufqu'à le vouloir por- ter fur le Trône, tomba quelque tems aprés

*Niem. l. 2. c. 31.* entre les mains de fes ennemis, qui le contrai- gnirent de racheter fa liberté, par la perte de tous fes biens; & la juftice de Dieu le pour- fuivant, il perit enfin malheureufement dans les flots de la mer Adriatique, avec fa mere, fa femme, & fes enfans, comme il alloit chercher un azile à Venife. Ainfi la Maifon d'Urbain, que ce Pape avoit voulu élever fi haut dans le monde, étant précipitée dans les abîmes par un pitoyable naufrage, y fut entierement éteinte, fans rien laiffer à la pofterité, qu'un grand exemple, qui apprend aux Souverains Pontifes, qu'ils doivent bien plus s'appliquer à rétablir en bon état l'Eglife, qui eft la Maifon de Dieu, qu'à établir la leur.

La mort d'Urbain avoit fait naître une tres- belle occafion d'abolir entierement le Schifme, comme on eût fait fans aucune difficulté, fi les Cardinaux de Rome fe fuffent joints à ceux de Clement, pour le reconnoître tous enfem- ble, par une efpece de nouvelle élection, qui eût ôté tout le doute qu'on pouvoit avoir

qu'il fût le vray Pape. Auſſi ceux d'Avignon 1389.
ſupplierent tres-humblement le Roy, de faire *M. du Puy Traité du*
en ſorte par ſes bons offices auprés des Princes *Schiſme.*
de l'obedience d'Urbain, qu'ils empeſchaſſent
que ſes Cardinaux ne fiſſent une nouvelle élection. Mais cela ne ſervit de rien, parce que *Ciacconi*
les quatorze Cardinaux qui étoient à Rome, *Onuphr.*
dont pluſieurs aſpiroient au Pontificat, & les
autres voulant du moins avoir un Pape qui
leur fût obligé de ſon exaltation, ſe haſterent
d'en créer un avant qu'on pût négocier avec
eux, pour les en détourner. Et dés le ſecond
de Novembre, ils éleûrent Perin Thomacelle,
Cardinal de Sainte Anaſtaſe, qui s'appella Boniface IX. Il étoit Napolitain, de bonne Maiſon, mais fort pauvre, âgé d'environ quarante
ans, homme tres-bien fait, de haute ſtature,
beau de viſage, d'une humeur douce, affable,
obligeante, & toute oppoſée à celle de ſon
prédeceſſeur; au reſte habile homme, & de bon
eſprit, & ſuppléant ſi bien par ſon adreſſe &
ſa prudence au peu de connoiſſance qu'il avoit
des hautes Sciences, qu'il fit en peu de tems
ce que ſes prédeceſſeurs, plus ſçavans que luy,
n'avoient encore pû faire. Car il trouva moyen
d'abbatre la puiſſance & l'autorité preſque ſouveraine des Bannerets, & du Senateur, d'attirer
tout à ſoy, & de ſe rendre enfin abſolument
maître dans Rome, & dans tout l'Etat Eccleſiaſtique, comme le ſont aujourd'hûy les Papes. Et

1389 quoy qu'en dife Thierri de Niem, qui luy fervit auſſi de Secretaire, & qui paroît toûjours en mauvaiſe humeur contre luy, on ne peut gueres luy rien reprocher, que d'avoir fouffert & diſſimulé le rétabliſſement de la ſimonie dans ſa Cour, par le commerce que l'on y faifôit des Benefices, & des chofes ſacrées, plus pour ſatisfaire l'avarice inſatiable de ſa mere, & de ſes freres, que la ſienne.

*Gobell. in Coſmod. Platin. Boninſegn. l. 4. Antonin. & alii.*

Aprés que les deux concurrens, ſelon le ſtile ordinaire du Schiſme, ſe furent foudroyez l'un l'autre de malediĉtions & d'anathêmes; Boniface, pour faire auſſi de ſon coſté un Roy de Naples, comme Clement en avoit fait un, en couronnant Louïs, caſſa tout ce qu'Urbain avoit fait contre Charles de Duras & ſon fils Ladiſlas, & fit couronner à Gaïéte, l'année ſuivante, au mois de May, ce jeune Prince par le Cardinal de Florence, qu'il envoya Legat pour cét effet. Il entreprit de relever ſon parti, pour lequel quelques Grands du Royaume s'étoient déclarez, à l'exemple du Duc de Brunfwic & de Thomas de Saint Severin, irritez de ce que Louïs avoit envoyé à Naples, pour commander en leur place, en qualité de Vice-Roy, le Comte de Montjoye neveu de Clement. D'autre part, ce Pape, pour retenir en ſon obedience ce Royaume, fit tant que Louïs, d'ailleurs inſtamment ſollicité par ceux de Naples, qui apprehendoient un ſiége, réſolut enfin d'y aller luy-

*Ann. 1390. Ciacon.*

*Summont. l. 4.*

luy - même, fur la flotte qu'il avoit fait équi- *1390.*
per en Provence. Il partit du port de Marfeil- *Summont.*
le au mois de Juillet, avec quatorze Galeres, *ibid.*
*Bouche Hist.*
huit Brigantins, & huit grands vaiffeaux, ac- *de Prov.*
compagné d'une belle Nobleffe, & arriva le
quatorziéme d'Aouft à Naples, où il fit fon
entrée par la porte Capuane, monté fur un
grand cheval de bataille caparaçonné de velours violet, tout femé de fleurs-de-lys d'or, armé de toutes pieces, hors du cafque, fous un riche dais de drap d'or, fuivi de toute la Nobleffe, & aux cris de tout le peuple, qui faifoit retentir par tout, avec de grandes acclamations, *Vive le Roy Loüis II.* Mais par cette fa-
tale deftinée des François, dont les entreprifes
ont toûjours efté beaucoup plus heureufes dans
leur commencement en Italie, & principalement au Royaume de Naples, que dans leur
fin, il perdit bientoft Naples, où il fembla
n'être venu que pour en voir feulement la beauté. Car aprés avoir réduit les Châteaux, qui tenant
encore pour l'ennemi, fe rendirent fans réfiftance; ce Prince, qui étoit fans doute beaucoup plus propre pour les exercices de la paix,
que pour ceux de la guerre, fe contenta d'y
laiffer garnifon, & s'en retourna dés le mois
de Septembre en Provence. Mais Ladiflas, jeune Prince tout plein de feu, de courage, & de
réfolution, qui avoit une bonne armée conduite par le Comte Alberic de Balbiano fon

1390. Connétable, & par les fameux Capitaines Sforce, & Nicolas Picinin, avec un puissant secours, que le Pape luy avoit envoyé, sous le
commandement de son frere, fit si heureusement la guerre, qu'ayant gagné la pluspart des
Seigneurs, irritez de ce que Louïs les avoit abandonnez, il se rendit enfin maître de Naples, &
ensuite de tout le Royaume, comme il fit encore une seconde fois quelques années après,
lors que Louïs y étant retourné, à la faveur d'un
soulevement général qui se fit dans Naples,
il eût le bonheur, par sa sage conduite, &
par sa vaillance, de l'en chasser. Ainsi Clement
perdit encore un coup le Royaume de Naples,
qui changea pour la quatriéme fois d'obedience.

Mais ce que l'Université commença de faire
en ce même tems, pour l'obliger aussi-bien
que son concurrent, à rendre la paix à l'Eglise
par des voyes efficaces, qui ne plaisoient ni à
l'un ni à l'autre, luy fut encore beaucoup plus
sensible. C'est icy qu'il faut avoüer que cét illustre Corps a mérité une gloire immortelle, pour
avoir travaillé avec tant de zele, de force, &
de constance, à ce grand ouvrage de la réünion
de toutes les parties de la Chrétienté sous un
seul Chef : qu'on peut dire qu'il a esté la premiere & la principale cause de l'abolition du
Schisme qui les divisoit avec tant de scandale,
& tant d'effroyables desordres qui en étoient

les suites. Boniface & Clement ne songeoient
qu'à se maintenir dans le Pontificat, par l'appuy des Puissances temporelles, & à s'entredé-
truire par leurs Bulles, & par les ennemis qu'ils
tâchoient de se susciter l'un à l'autre; & quelque desir qu'ils témoignassent de la paix, & de
l'union de l'Eglise, pour s'en faire honneur, ni
l'un ni l'autre toutefois ne la vouloit que par
la ruine & la destruction de son rival. En effet, Boniface fit tout ce qu'il pût, pour empescher que le traité de Paix, ou de Treve, qui
se négocioit entre les Rois de France & d'Angleterre, ne se conclût, ou pour faire en sorte
du moins que l'Anglois ne s'accordât avec la
France, qu'à condition qu'elle abandonneroit
Clement. Clement faisoit aussi de son costé la
même chose, pour empescher que la Paix des
deux Rois ne fût préjudiciable à ses interests;
& il prenoit tant de précautions pour l'avenir,
qu'il obligeoit tous ceux ausquels il conferoit
des Benefices, & sur tout des Evêchez, à luy
promettre avec serment qu'ils ne reconnoî-
troient jamais d'autre Pape que luy. C'est pourquoy l'Université voyant d'une part que c'é-
toit-là le vray moyen de rendre le Schisme éternel, & de l'autre que les Prélats de France, retenus par la crainte, ou par l'esperance, & comme frappez d'une espece de lethargie spirituel-
le, demeuroient immobiles, ou muets, dans un
si grand embrasement de la Maison de Dieu,

1390.
*Mon. Dionys.
l. 10. c. 9.*

*Ann.*
1391.
*Walsing. in
Rich. II.
Traité de M.
du Puy.*

*M. du Puy.*

*Mon. Dionys.
l. 10. c. 9.*

*Mon. Dionys.
l. 10. c. 9.
L. 11. c. 7.*

1591. réfolut de crier tant qu'elle pourroit au fecours, comme elle fit par fes Prédications, & par fes frequentes Remontrances au Roy ; en l'une defquelles le Docteur qui portoit la parole, parla fi fortement, & tout enfemble fi pathetiquement, de la neceffité de l'union, des malheurs que caufe le Schifme, & de l'obligation que les Rois & les Princes ont d'y mettre ordre, que la plufpart des affiftans fe jetterent aux pieds du Roy, le conjurant à mains jointes, de vouloir employer fon autorité pour réunir l'Eglife. Mais comme ce Prince étoit fort attaché à Clement depuis la Conference d'Avignon, & que ce Pape avoit gagné ceux qui le gouvernoient alors, & tous les Seigneurs de la Cour, aufquels il ne refufoit rien de toutes les graces qu'ils demandoient, elle agit toûjours inutilement, jufqu'à ce que Dieu luy fit naître une belle occafion de réüffir en un fi loüable deffein par une bonne action qu'il infpira cette année à un Religieux de l'Ordre des Chartreux.

Ce faint Ordre, qui floriffoit pardeffus tous les autres en fainteté dans l'Eglife de Dieu depuis plus de trois cens ans, & qui eft fans contredit celuy de tous les Ordres Réguliers qui s'eft maintenu plus long-tems, comme il fait encore aujourd'huy, dans fon premier efprit, fe trouvoit enveloppé dans le malheur du Schifme, qui avoit partagé les Religieux auffi-bien que les autres Chrétiens en deux differentes obediences. Il eft

*Mon. Dionyf. L. 10. c. 9.*

*I. Iuvenal. Mon. Dionyf. ibid.*

vray que d'abord le Chapitre Général, tenu dans
la Grande Chartreuse l'an mil trois cens foixante-
dix-neuf fous le Général Dom Guillaume Raynaldi, ordonna que tous les Chartreux, par tout
le monde, euffent à reconnoître Clement VII.
pour vray Pape. Mais Urbain, qui vouloit avoir
du moins une partie d'un fi faint Ordre dans fon
obedience, établit Vifiteur de tout l'Ordre, avec
un pouvoir abfolu, Dom Jean de Bar Prieur de
la Chartreufe de Saint Berthelemy dans la Champagne de Rome. De plus, il fit déclarer Schifmatique, en deux Chapitres tenus à Rome,
Dom Guillaume Raynaldi, que Boniface dépofa
depuis, déclarant en fa place Général de l'Ordre, le Vifiteur Dom Jean de Bar, après la mort
duquel en l'année mil trois cens quatre vingts-
onze les Italiens éleûrent Général Dom Chrifto-
fle, qui prit enfuite la qualité de Prieur de la
Grande Chartreufe, quoy que Dom Raynaldi
le fût en effet, & y exerçât fes fonctions de Général. Ainfi le Schifme fut dans l'Ordre, qui
eût en même tems deux Généraux, l'un en France, & l'autre en Italie.

Or ce bon Chartreux dont je parle, appellé
Dom Pierre, Prieur de la Chartreufe d'Afte, &
grand ferviteur de Dieu, ne pouvant fouffrir
un fi grand defordre, prit avec foy Dom Berthelemy de Ravenne, qui étoit dans les mêmes
fentimens, & fut trouver le Pape Boniface, auquel il fit de fi fortes remontrances, qu'il luy

1391.

M S. Carthuf.
communic. à
D. Alex. le
Tellier, Priori
Carthuf. Ro-
thom.

Monach.
Dionyf. l. 12.
c. 7.
L. Inven.
Hift. Vniverf.
t. 4.
Spicileg. t. 6.

1391. perſuada de s'adreſſer au Roy Tres-Chrétien,
pour luy demander cette paix. En effet, ſoit
que Boniface fût touché des belles choſes que
ce ſaint homme, animé de l'eſprit de Dieu,
luy avoit dites; ou que, comme on le peut con-
jecturer par les ſuites, il voulût ſeulement mettre de ſon côté toutes les apparences du droit,
& rendre odieux ſon rival; il écrivit au Roy
les plus belles lettres du monde, par leſquelles
il l'exhorte à s'employer efficacement, à l'exemple de ſes Anceſtres, pour rendre la paix à l'E-
gliſe, proteſtant que de ſa part il y contribuë-
ra toutes choſes, & qu'il luy ſacrifiera de grand
cœur pour cela tous ſes intereſts. Il vouloit
accompagner ſes lettres d'un habile Juriſconſulte, pour défendre ſon droit: mais le bon
Chartreux, qui vit bien que Clement en feroit
autant, & qu'enſuite tout s'en iroit en diſpute, fit ſi bien qu'il l'en détourna. Il ſe chargea
de les porter luy-même avec ſon Compagnon,
& fut enſuite à Avignon, pour y traiter avec
Clement, qui n'aimant pas qu'on le preſſât ſi
fort, les retint tous deux priſonniers. Cela ne
ſe pût faire ſans beaucoup de bruit, parce que
les Chartreux avoient proteſté, devant tout le
monde, qu'ils étoient porteurs d'un Bref du Pape Boniface au Roy Tres-Chrétien pour la
paix de l'Egliſe, que l'on ſouhaitoit ardemment
dans les deux obediences. Ainſi l'Univerſité,
qui ne perdoit point d'occaſion d'agir de ſon

mieux, pour une fin fi noble, ne manqua pas
de prendre celle-cy, qu'elle jugea tres-propre,
pour achever ce qu'elle avoit fi généreufement
commencé. En effet, elle agit fi fortement par
fes remontrances auprés du Roy, le prenant
par fon intereft, du côté de l'honneur : que ce
jeune Prince, qui aimoit la gloire, & étoit jaloux de fon autorité, écrivit au Pape Clement
en termes tres-forts, qu'il ne pouvoit fouffrir
qu'on violât le droit des gens, en retenant ceux
qu'on luy envoyoit.

Il fallut donc que Clement, qui n'ofoit defobliger le Roy, dont fa fortune dépendoit,
relâchât les Chartreux : mais ne pouvant faire
autrement, il le fit du moins en fauvant en
quelque façon fon honneur. Il fit femblant d'a-
voir ignoré quelle étoit leur commiffion ; & en
les renvoyant, il leur ordonna de dire au Roy,
qu'il contribueroit auffi de fon côté, pour une
fi bonne action, tout ce qu'on pouvoit attendre de luy, & qu'il étoit tout preft de facrifier pour cela, & fa dignité, & même fa
vie. Sur ces entrefaites arriva le funefte accident
que chacun fçait. Le Roy, qui étoit alors dans
la fleur de fon âge de vingt-quatre ans, & paffionnément aimé de fes fujets, pour les belles
qualitez de corps, d'ame & d'efprit, dont la
nature l'avoit enrichi, & qu'on peut voir avec
plaifir dans l'excellent portrait qu'en a fait M. *Livre 8.c.12.*
le Laboureur en fa belle Traduction du Moi-

1391. ne Anonyme de Saint Denis, tomba dans cette étrange maladie, qui attira, par les déplorables suites qu'elle eût, des maux infinis sur la France. On crût d'abord qu'il alloit éxpirer, étant

*Monach. Dion. l. 12. c. 4.* demeuré deux jours entiers sans aucun sentiment. Mais il revint au troisiéme; & s'étant remis peu à peu, il fut assez bien tout le reste de l'année; de sorte que les Chartreux eûrent Audience vers la Feste de Noël, & presenterent

*Spicil. t. 6.* au Roy le Bref de Boniface, datté du second jour d'Avril.

On leût en plein Conseil ce Bref, qui fut trouvé tres-beau. Le Roy sur tout en parut être tres-satisfait: car sa maladie luy avoit donné des veües bien differentes de celles qu'il

*Hist. Vniverf. t. 4.* avoit auparavant. Et le Docteur Bernard Alamandi Evêque de Condom, & Chapelain du Roy, luy avoit écrit, en luy envoyant son Traité du Schisme, que sa maladie pourroit bien être un effet de la colere de Dieu, qui le punissoit, pour avoir negligé de procurer l'union de l'Eglise, aprés en avoir esté si souvent requis par l'Université. Quoy que peut être cét Evêque se trompât dans sa conjecture, comme il arrive assez souvent à ceux qui veulent penetrer trop hardiment dans les secrets des jugemens de Dieu; cela néanmoins ne servit pas peu à faire que le Roy prit une forte résolution de s'appliquer à cette grande affaire, & d'écouter favorablement, comme il fit depuis,

les

les remontrances & les avis de l'Université. Il **1391.**
fut donc arrêté dans le Conseil, malgré toute
l'opposition de Jean Duc de Berry oncle du
Roy, & grand ami de Clement qu'il vouloit
toûjours maintenir, que, sans écrire à Boniface, lequel on ne vouloit pas reconnoître, &
qu'on ne vouloit pas aussi chagriner, en ne le
traitant pas de Pape, on répondroit de bouche
à ses Envoyez, *Que Sa Majesté approuvoit fort
ce qu'il luy avoit écrit, & qu'Elle étoit résolüe d'employer tous ses bons offices, & toutes ses forces, pour
procurer l'union de l'Eglise.* Avec cette réponse,
on renvoya les deux Chartreux, que le Roy
fit accompagner de deux autres Religieux du
même Ordre, dont l'un fut le Prieur de la Chartreuse de Paris, & qui furent chargez de lettres pour tous les Princes d'Italie, qu'on invi-
toit à se joindre à Sa Majesté, pour seconder
de si saintes intentions. Aprés cela l'on ordonna des Prieres publiques, & des Processions, à **Ann.**
l'une desquelles, qui fut la générale de toutes **1393.**
les Eglises de Paris, depuis Nostre-Dame jusqu'à Saint Germain des Prez, le Roy voulut
assister, avec tous les Princes, & toute la Cour,
pour demander à Dieu cette sainte union, à
laquelle on alloit travailler.

Clement, à qui le Roy avoit envoyé les lettres de Boniface, quoy qu'il protestât qu'on n'y
devoit avoir aucun égard, comme étant celles
d'un Intrus, ne laissa pas de son côté d'ordon-

K k

1393. ner auſſi des Prieres & des Proceſſions, & il fit
même un Office particulier, & une Meſſe de la
Paix, pour faire paroître qu'il la deſiroit ardemment auſſi-bien que Boniface : de ſorte qu'il
ſembloit que les choſes ſe diſpoſaſſent à une
prompte réünion. Mais l'ambition des deux Papes fit bientoſt voir qu'on en étoit bien éloi-
gné. Car comme l'Univerſité eût commencé,
ſelon l'intention du Roy, à chercher les voyes
efficaces d'éteindre le Schiſme, ſans plus s'ar-
*Hiſt. Vniver.* rêter à vouloir examiner lequel des deux Papes
*t. 4.* avoit plus de droit : alors ces deux Pontifes,
qui vouloient tous deux la même choſe, c'eſt
à dire, regner toûjours, s'accorderent auſſi l'un
& l'autre à ne parler plus, comme auparavant,
de paix & d'union, & de ſacrifier toutes choſes pour l'obtenir ; mais ſeulement à proteſter,
& à montrer chacun de ſon côté, qu'il étoit
le vray Pape, & que ſon concurrent étoit l'Intrus ; ce qu'ils ſçavoient fort bien qui ne devoit
jamais finir. En effet, Boniface, aprés avoir re-
*Monach.* ceû la réponſe du Roy par les Chartreux, au
*Dionyſ. l. 13.* lieu de perſiſter dans la parole qu'il avoit don-
*c. 5.* née, ne fit que ſoûtenir, par d'autres lettres, qu'il
étoit le vray Pape, & que ſe plaindre de ce
qu'on reconnoiſſoit encore l'Intrus, ce qui em-
pêcheroit toûjours qu'on ne fit l'union ; & Clement auſſi d'autre part ſe déclara encore plus
ouvertement.

*Monach.* Car un certain Carme nommé Jean Goulain
*Dion.l. 11.c.7.*

Docteur en Theologie, auquel, pour gagner le peuple, & même pour en profiter, il donna pouvoir d'absoudre de toutes fortes de cas réfervez, & de donner de grandes Indulgences, prefcha par fes ordres, que toutes les voyes d'union qu'on vouloit produire, ne valoient rien, & qu'il n'y en avoit point d'autre que de faire une ligue fainte entre tous les Princes Chrétiens, pour chaffer Boniface de fon Siége, & pour faire rendre au feul Pape Clement, l'obeïffance qui eft deûë au Vicaire de Jefus-Chrift : ce qui obligea l'Univerfité à retrancher ce Carme de fon Corps. Cependant elle pourfuivit généreufement fa fainte entreprife ; & comme le cours de cette negotiation de la paix de l'Eglife avoit efté interrompu par une rechûte du Roy, elle prit occafion de fa convalefcence, pour folliciter cette grande affaire, par une nouvelle députation. On dit alors tout ce qui fe peut dire de plus fort, & de plus touchant pour la paix de l'Eglife. Et comme c'étoit au Duc de Berri, grand protecteur, & intime ami de Clement, de faire la réponfe au nom du Roy, on defefperoit déja du fuccés de cette députation. Mais foit qu'il eût changé d'avis, ou qu'il voulût amufer ces Docteurs, & gagner du tems, il leur dit, que fa Majefté ne fouhaitoit rien tant que d'éteindre ce déplorable Schifme : mais que c'étoit à eux d'en chercher, & de luy en déclarer les voyes, qu'on ne

1393.

*Hiftor. Vniverf. t. 4.*

*Mon. Dionyf. l. 13. c. 3. Hift. Vniverf.*

Kk ij

manqueroit pas de prendre, aprés qu'on les auroit examinées, & trouvé raisonnables dans le
Conseil. Sur quoy l'Université, qui se tint tres-
satisfaite de cette réponse, fit une Assemblée
générale des quatre Facultez, où aprés qu'on
eût recueïlli les suffrages secrets, & qu'on avoit
jettez par une petite ouverture dans un coffre
bien fermé, il se trouva qu'ils s'accordoient tous
pour conclure qu'il falloit prendre l'une de ces
trois voyes, ou de la cession volontaire des deux
Papes, pour en élire un autre; ou du compromis,
par laquelle ils remettroient leur droit entre les
mains des Arbitres qui seroient nommez par
eux-mêmes, ou par d'autres, pour décider ce
differend; ou enfin d'un Concile Général, qui auroit de Jesus-Christ même son autorité, étant
assemblé en cette occasion du consentement
des Fidelles. Voilà les trois voyes d'union qu'on
résolut de presenter au Roy dans un petit Traité en forme d'Epître, qui contiendroit les raisons qui les justifient, & sur tout la premiere,
avec la réponse à toutes les difficultez qu'on y
peut opposer. Les celebres Docteurs Pierre d'Ailly, & Gilles des Champs, avec quelques autres
des plus sçavans, eûrent ordre de le composer;
& l'on choisit, pour le mettre en Latin dans un
beau tour, Nicolas de Clemenges Champenois,
Bachelier en Theologie, de la Societé de Navarre, le plus renommé Professeur de Rhetori-
que qui fût dans l'Université, & qui en un sie-

*Ibid.*
*M. du Puy,*
*Tr. du Schis.*

*Mon. Dionys.*
*l. 14. c. 1.*

*Id. L. 13. c. 4.*

cle où les belles Lettres ne florissoient pas trop, 1393.
s'étoit aquis la réputation d'estre celuy de tous
les Orateurs qui approchoit le plus de l'éloquence & de la pureté de Ciceron.

Mais tandis que l'on travailloit à cét ouvrage, le Cardinal Pierre de Lune, qui, aprés avoir
réüssi dans sa Legation d'Espagne, où il avoit
fait déclarer trois Royaumes pour Clement,
étoit venu Legat en France, sous prétexte du
Traité de Paix qu'on négocioit entre la France
& l'Angleterre, mais en effet, pour s'opposer à
l'Université, renversa tous ces beaux desseins,
par ses intrigues. Il entreprit d'abord de gagner
les principaux Docteurs, par les belles promesses qu'il leur fit de la part du Pape. Comme il *Mm. Diouys.*
avoit & de l'esprit & du sçavoir, il tâcha de *L 14. c. 1.* *Hist. Yniv.*
les attirer à son sens, en plusieurs Conferences
qu'il eût avec eux & en public, & en particulier, sur tout avec le Grand-Maître de Navarre,
& le Docteur Gilles des Champs, qu'il trouvoit les plus forts. Il fit en sorte que Clement
les appella auprés de sa personne, sous prétexte de s'en vouloir servir au gouvernement de
l'Eglise; à quoy ces deux habiles hommes, qui
découvrirent aisément l'artifice, ne voulurent *Robert.*
jamais entendre. Il employa les menaces, & en *Gaguin.*
vint même jusques aux foudres de l'Eglise, protestant qu'il excommunieroit, & interdiroit l'U-
niversité, si elle entreprenoit de passer outre;
mais tous ses efforts furent inutiles.

Kk iij

1393. Ce grand Corps, qui n'avoit pour but que le bien de l'Eglife, dont il étoit fans doute en ce tems-là le plus ferme appuy, demeura toûjours inébranlable dans la réfolution qu'il avoit prife de pourfuivre l'union par l'une de ces trois voyes, que les deux Papes, réfolus de fe maintenir dans leur dignité, qu'ils ne vouloient pas qu'on révoquât en doute, ne pouvoient fouffrir. Mais ce que cét adroit Cardinal ne pût obtenir en traitant avec ces généreux Docteurs, il le fit enfin en gagnant la plufpart des Grands de la Cour, & fur tout le Duc de Berri, à force de prefens, de graces expectatives, & d'octrois de Décimes & de Benefices qu'il leur vendoit, en defolant l'Eglife Gallicane, pour les enrichir, à condition que pour le payement de ces graces, ils luy promettroient d'empefcher qu'on ne receût les propofitions de l'Univerfité. De-forte que ces Docteurs qu'elle avoit députez au Duc de Berri, pour luy rendre compte des voyes qu'on avoit choifies, felon l'ordre qu'il en avoit donné luy-même, & pour obtenir, par fon entremife, audience du Roy, furent étrangement furpris de voir que ce Prince, qui gouvernoit tout alors avec fon frere le Duc de Bourgogne, les repouffa rudement, & avec injures, les traitant de feditieux, & de rebelles, & les menaçant même de les faire jetter dans la riviere, s'ils avoient encore l'audace de pourfuivre leur entreprife. L'Univerfité néanmoins ne fe rebu-

Mon. Dionyf.
Hift. Vniv.

Mon. Dionyf.
l. 14. c. 1.

te pas pour un traitement si indigne : mais 1393.
voyant qu'il étoit impossible de le fléchir, tant
le Cardinal d'Arragon le tenoit obsedé, elle s'a-
dresse à Philippes le Hardi Duc de Bourgogne,
qui avoit l'ame incomparablement plus grande
& plus desinteressée que son frere. Il reçoit ses
plaintes; il écoute ses propositions, qu'il trouve
raisonnables; il luy promet sa protection, & 
agit si efficacement en sa faveur, qu'il luy ob-
tient l'audience publique, qu'elle eût enfin le *Idem.*
dernier jour de Juin, dans la Chambre du Roy, *Iuvenal des*
en presence des Princes, des Officiers de la Cou- *Vrsins.*
ronne, & de plusieurs Prélats.

Le Grand-Prieur de Saint Denis Guillaume
Barraut, Docteur en Theologie, & l'un des plus
forts, & des plus éloquens Prédicateurs de France, fit la Harangue, dans laquelle il rendit d'a-
bord tres-humbles graces à sa Majesté, de ce
qu'il luy avoit plû d'ordonner à l'Université,
de chercher les moyens d'éteindre au-plûtost ce
malheureux Schisme, qui, depuis seize ans, de-
soloit toute l'Eglise. Il proposa ensuite les trois
voyes qu'on avoit choisies, & en fit voir les raisons, la justice, & la facilité, appuyant principalement sur la voye de la cession; & aprés
avoir dit que celuy des deux Papes qui refuse-
roit d'embrasser une de ces trois voyes d'abolir
le Schisme, devoit estre tenu pour Schismatique, il presenta à genoux, dans un petit livre,
la Lettre de l'Université, que Nicolas de Cle-

menges avoit dreſſée. Le Roy ſe la fit lire toute entiere, & la trouva bien faite: auſſi eſt-elle
tres-forte, & tres-éloquente, comme on le
peut voir en la liſant dans le Moine de Saint
Denis, & dans le quatriéme Tome de l'Hiſtoire de l'Univerſité. Il ordonna même qu'on la
traduisît en François, pour eſtre examinée dans
ſon Conſeil, remettant l'Univerſité à recevoir
là-deſſus ſa réponſe dans un certain tems qui luy
fut marqué. Mais ſoit que dans cét intervalle
l'eſprit du Roy, que ſa maladie reprenoit de
tems en tems, ſe fût affoibli, ou que par les intrigues du Cardinal d'Arragon, le parti du Duc
de Berri ſe fût rendu ſi fort dans le Conſeil,
que le Duc de Bourgogne ne pût s'y oppoſer;
quand l'Univerſité revint, le Chancelier, qui
étoit Arnaud de Corbie, pour toute réponſe,
luy défendit de la part du Roy, de ſe plus mê-
ler de cette affaire, ni de recevoir aucunes lettres ſur ce ſujet, ſans les preſenter à ſa Majeſté
avant que de les ouvrir. L'Univerſité toûjours
généreuſe, ſe voyant ſi injuſtement rebutée,
contre ſon eſperance, par ceux qui ayant eſté
corrompus par le Cardinal, qui s'en étoit retourné victorieux, abuſoient de l'infirmité du
Roy, fit ce qu'elle avoit déja pratiqué autrefois
en pareille occaſion, en faiſant ceſſer les Leçons,
& les Prédications par tout Paris, comme dans
une calamité publique, où l'Egliſe étoit opprimée. Elle ne laiſſa pas néanmoins d'envoyer ſon

*Idem.*
*Auth. Vit.*
*Clem.*

petit

petit Traité au Pape Clement, avec une fort 1393. belle Lettre, pour luy rendre conte de fa conduite.

Il la fit lire en plein Confiftoire, & l'entendit affez paifiblement jufques vers le milieu, où *Habetur.t. 4.* *Hift. Vniv.* quand il ouït qu'on y parloit de ceffion, & de fe dépofer du Pontificat, alors, comme s'il eût efté frappé foudainement d'un coup mortel, il fe leva tout en colere de fon Trône, & s'écria que cette Lettre étoit empoifonnée; puis il fe retira dans fa chambre, en jettant une œillade *Mon. Dionyf.* foudroyante fur le Porteur de cette Lettre; qui *l. 14. c. 2.* *Iuvenal.* s'enfuit auffi-toft d'Avignon, & s'en retourna bien plus vifte qu'il n'étoit venu. Les Cardinaux toutefois, excepté Pierre de Lune, voyant que le Pape, de-peur qu'on ne parlât de cette affaire, ne tenoit plus de Confiftoire, s'affemblerent d'eux-mêmes, pour examiner cette Lettre; & comme Clement en eût témoigné beaucoup d'indignation par de fanglans reproches qu'il leur en fit, ils luy dirent fort nettement qu'ils trouvoient les trois voyes qu'elle propofoit tresraifonnables, & qu'il falloit neceffairement qu'il en choisît une, s'il vouloit la paix de l'Eglife. Cette réponfe luy ferra tellement le cœur, qu'il en tomba malade, fans toutefois garder le lit; & peu de jours aprés, comme au fortir de la Meffe il rentroit dans fa chambre, en fe plaignant d'un mal de cœur, il fut frappé d'une apoplexie, qui l'enleva du monde en la cinquante-

Ll

1393.

*Auth. Vit.
Clem.*

deuxiéme année de son âge, & la seiziéme de son
regne. Prince, qui eût asseûrément la plûpart
des belles qualitez qui peuvent rendre recom-
mandable un homme de sa naissance, & à qui
on ne peut gueres reprocher de plus grand defaut, que celuy de s'estre un peu trop souvenu
dans son Pontificat, qu'il étoit Prince; ce qui
fut la source de tous les autres. Car n'ayant pû
ensuite se résoudre à quitter le rang qu'il occu-
poit, il entretint le Schisme dans l'Eglise, aussi-
bien que ses concurrens, qui n'ayant pas à beaucoup prés autant de qualité que luy, avoient
du moins autant d'ambition; outre que voulant vivre dans toute la splendeur & la magnificence d'un grand Prince, & fournir à ses Cardinaux de quoy entretenir leur Cour, & leur
pompe mondaine proportionnée à la sienne, il
fut réduit à la fâcheuse & cruelle necessité d'opprimer l'Eglise Gallicane, par des exactions insupportables, que la plûpart de ceux qui avoient
de l'autorité souffroient, malgré toutes les remontrances de l'Université, parce qu'ils y avoient
eux-mêmes la meilleure part, en laissant l'autre
à Clement pour son entretien.

Aussi-tost qu'on eût la nouvelle de sa mort,
le Roy, par l'avis du Conseil, écrivit à ses Car-
dinaux, pour les prier de differer l'élection d'un
Successeur, jusqu'à ce qu'il leur envoyât ses
Ambassadeurs, pour traiter avec eux des moyens
*Mm. Dionyf.* de réünir l'Eglise. L'Université, qui recevoir en

même tems de toutes parts, & des Princes même, & des Rois, des lettres toutes remplies des éloges de son courage, & de son zele, tant elle étoit en haute estime & en veneration dans toute l'Europe, fit le même office, & supplia tres-humblement le Roy, d'arrester cette élection par son autorité, jusques à ce qu'on eût déterminé à quelle voye d'union l'on s'attacheroit; & que cependant il luy fût permis d'écrire pour le même sujet aux autres Universitez, & d'en recevoir des réponses. On luy accorda tout ce qu'elle voulut, à condition toutefois qu'elle rétabliroit, comme elle fit, les Leçons publiques, & les Sermons. Le Roy d'Arragon, plusieurs Princes d'Allemagne, & Boniface même, qui avoit le plus d'interest en cela, en écrivirent aussi au Roy, qu'on regardoit comme celuy qui devoit estre l'arbitre de cette grande affaire, & qui pouvoit empescher qu'on ne procedât à cette élection.

Mais tout cela fut inutile, parce que le Courier du Roy étant arrivé comme les vingt-deux Cardinaux qui étoient alors à Avignon entroient au Conclave, ceux-cy qui se doutoient de ce que sa Lettre portoit, & qui avoient envie de faire un Pape, comme ceux de Rome en avoient fait un, ne voulurent pas qu'on l'ouvrît qu'aprés l'élection. Et cependant, pour faire voir au Roy qu'ils vouloient tres-sincerement l'union, comme en effet la plûpart la

vouloient de bonne foy, ils fignerent d'abord
un Acte, par lequel ils promettoient entre autres chofes, avec ferment fur les Saints Evangiles, que celuy qui feroit élû Pape, procureroit
l'union de tout fon pouvoir, jufqu'à prendre la
voye de ceffion, en fe dépofant du Pontificat,
fi la plus grande partie des Cardinaux jugeoit
qu'il fût à propos de le faire pour le bien de
la paix. Cela fait, n'ayant efté que deux jours
au Conclave, ils élûrent, le vingt-huitiéme de
Septembre, tout d'une voix, le Cardinal d'Arragon Pierre de Lune, qui fe fit appeller Benedict
ou Benoift XIII.

*Niem. l. 2.*
*c. 33.*
*Ciacon. in*
*Bened.*

Il étoit de la tres-illuftre Maifon de Lune,
qui tenoit un des premiers rangs dans le Royaume d'Arragon, âgé d'environ foixante ans, d'u-
ne ftature au deffous de la mediocre, grefle, &
d'une taille fort dégagée, mais d'une forte complexion, d'un excellent efprit, fubtil, adroit,
vif, & penetrant, & qu'il avoit fort cultivé par
une grande affiduité à l'étude, qui l'avoit rendu tres-fçavant, & fur tout dans le Droit Canon, qu'il enfeigna publiquement dans l'Univerfité de Montpellier, avec tant d'applaudiffement, qu'étant d'ailleurs irreprochable dans fa
vie, & fort aimé pour fes agréables manieres,
Grégoire XI. qui vit tant de belles qualitez
jointes à la nobleffe d'un fang tres-illuftre,
l'honora de la Pourpre. Mais on dit auffi que
comme il avoit appris qu'il étoit ambitieux, at-

*Cod. MS.*
*Burdeg. et*
*Spondan.*

taché à son sens, & d'un naturel fort ardent, il 1393.
luy dit, lors qu'il luy donna le Chapeau, *Pre-*
*nez garde, mon fils, que vôtre Lune ne s'éclipse un*
*jour.* En effet, quoy-qu'on ne puisse nier qu'il
n'ait eû l'ame grande, & beaucoup de talent
pour la négotiation & le manîment des affaires, comme il le fit assez paroître dans ses Legations de France & d'Espagne, où il vint à
bout de ce qu'il prétendoit; il est certain qu'il
avoit les defauts d'un homme tout propre à
faire bien du mal, s'il étoit jamais élû Pape
dans un Schisme pareil à celuy-cy. Car il étoit
ambitieux; fier, incapable de ceder la place
qu'il auroit une fois occupée, d'esprit double,
trompeur, fourbe, sans aucun soin de garder sa
parole, & la foy donnée, pourveû qu'il pût sauver en quelque maniere les apparences, par de
fausses subtilitez qui ne luy manquoient jamais
au besoin, & sur tout d'une invincible obstina-
tion dans le mal, & d'une furieuse opiniâtreté,
au-delà même de tout ce qu'un Arragonois est
capable d'en avoir.

Aussi-tost aprés son élection, il ratifia l'Acte
qu'on avoit signé dans le Conclave; & comme
il avoit affecté, afin qu'on le fît Pape; de témoigner principalement en Espagne, & depuis
son retour à Avignon, qu'il trouvoit mauvais
qu'on agît si foiblement pour éteindre le Schisme, les Cardinaux ne douterent point qu'il ne
rendît au plûtost la paix à l'Eglise. Ce qui for-

*Cod. Victor.*

*Mon. Dionyf.*
*l. 14. c. 5.*

*Hift. Vniv.*
*l. 4.*

*Ann.*
*1395.*

tifia cette créance, fut qu'en même tems il fit paroître dans les Lettres, qu'il écrivit à tous les Princes, un grand defir d'accomplir un fi faint ouvrage. Il s'adreffa particulierement au Roy Tres-Chrétien, auquel il fit protefter par l'Evêque d'Avignon, qu'il n'avoit accepté le Pontificat, que pour luy faire avoir la gloire d'avoir pacifié l'Eglife, l'affeûrant qu'il étoit tout preft de prendre pour cela toutes les voyes que fa Majefté luy feroit fçavoir qu'elle trouvoit eftre les meilleures; qu'il attendoit là-deffus, avec beaucoup d'impatience, fes intentions, & qu'il étoit réfolu de fe confiner plûtoft dans un Cloître le refte de fes jours, que de fouffrir, en voulant retenir le Pontificat, qu'un fi malheureux Schifme durât plus long-tems. Il fit dire la même chofe à l'Univerfité, qui luy écrivit fur cela de belles Lettres de remercîment, & luy envoya fes Députez, aufquels il dit un jour, comme il quittoit fa chappe pour fe mettre à table, qu'il fe dépouïlleroit auffi facilement du Pontificat pour le bien de la paix. Ainfi, comme on ne doutoit plus en France de la paix, le Roy convoqua au mois de Fevrier de l'année fuivante une celebre & nombreufe Affemblée des Prélats du Royaume, & des plus fignalez Docteurs, à laquelle Simon de Cramaud Patriarche d'Alexandrie préfida, en prefence du Chancelier Arnaud de Corbie; & il y fut réfolu que, fuivant l'avis de l'Univerfité, on devoit préferer la voye

de la ceſſion à toutes les autres, comme la plus **1395.**
ſeûre & la plus facile; que le Pape Benoiſt & le
Roy le feroient ſçavoir à tous les Princes de
ſon obedience, & que le Roy ſeul l'écriroit aux
autres, qui obligeroient auſſi ſans peine Boniface à la ſuivre, comme la plûſpart des Cardinaux de Rome en avoient aſſeûré le Roy; &
qu'enſuite l'élection d'un nouveau Pape ſe feroit
ou par des Electeurs que les deux partis choi-
ſiroient, ou par les deux Colleges des Cardinaux.

Sur cela le Roy, qui ne doutoit pas qu'il n'eût
bientoſt l'honneur d'avoir heureuſement achevé
cette grande affaire, veû la parole qu'il avoit du
Pape Benoiſt, en voulut rendre la concluſion
plus celebre, par la plus magnifique Ambaſſade qui fut jamais, étant compoſée de treize ou
quatorze des principaux de ſon Conſeil, avec
les Députez de l'Univerſité, à la teſte deſquels
étoient les Ducs Jean de Berry & Philippes de
Bourgogne ſes oncles, & ſon propre frere Louïs
Duc d'Orleans: ce qui n'avoit point encore eû
d'exemple, & qui, ſelon toutes les apparences, ne
doit jamais avoir de ſuite. Ils arriverent au mois
de May à Avignon, & furent admirablement
bien receûs du Pape, qui fit paroître ſon eſprit,
ſa doctrine, & ſon éloquence, en répondant
ſur le champ à tous les points d'une longue Harangue fort étudiée, que le Docteur Gilles des
Champs luy fit en public. Mais quand il fallut

Mon. Dionyſ.
l. 14. c. 6. 7.
I. Iuvenal.
Hiſt. Vniv.
t. 4.

Niem. l. 2.
c. 33.

Mon. Dionyſ.
l. 15.
I. Iuvenal.
Cod. M S.
Bibl. Victor.
Hiſtor. Vniv.
t. 4.

1395. négotier en particulier, il découvrit clairement
sa mauvaise foy, & ses fourberies, & fit assez
connoître que, nonobstant les belles promesses
qu'il avoit faites au Roy pour l'amuser, il aimoit mieux que le Schisme durât toûjours, que
de renoncer au Pontificat, qu'il étoit résolu de
retenir, comme il fit, malgré toute l'Eglise, jufques à la mort.

Car quoy-qu'on pût faire, durant plus de fix
femaines, pour l'obliger à tenir sa parole; quoy-
qu'on luy eût représenté l'Acte qu'il avoit fi-
gné au Conclave, & que tous les Cardinaux,
excepté celuy de Pampelune, euffent déclaré de
vive voix, & par écrit, qu'ils jugeoient que pour
faire cesser le Schisme il devoit accepter la voye
de cession que le Roy Tres-Chrétien, fi zelé
pour le bien de l'Eglise, & auquel il s'en étoit
rapporté luy-même, luy proposoit; quoy-qu'ils
se fuffent joints aux Ducs, pour l'en conjurer
& en particulier & en public, ce qu'ils firent
même une fois à deux genoux, & les larmes
aux yeux; quoy-qu'enfin les trois Ducs, dont il
tâcha d'ébranler la constance, & de corrompre
la fidelité, en leur promettant même de leur
abandonner le Patrimoine de Saint Pierre en
Italie, demeuraffent toûjours inébranlables fur
ce point de la cession, à laquelle il s'étoit fi folennellement obligé : il demeura toûjours obftiné à la refuser, & l'on ne pût jamais tirer de
luy qu'une déclaration en forme de Bulle, qui ne
concluoit

eoncluoit rien. Car aprés avoir dit dans cette 1395.
Bulle, que la voye de ceſſion à laquelle on s'é-
toit inconſiderément obligé, ne ſe doit, ni ne
ſe peut accepter, parce qu'elle n'eſt point or-
donnée de droit; qu'elle n'a jamais eſté prati-
quée pour éteindre le Schiſme; qu'elle eſt d'un
pernicieux exemple pour la Religion, & qu'elle
ſeroit d'un grand ſcandale à tous ceux qui ont
eſté juſqu'alors dans le bon parti, il propoſe
trois autres moyens d'union. Le premier, que
luy & ſon competiteur s'aſſemblent avec leurs
Colleges dans un lieu ſeûr, ſous la protection
du Roy, & que là ils cherchent les moyens de
s'accorder. Le ſecond, ſi cela ne peut réüſſir,
qu'on choiſiſſe de part & d'autre, certain nombre de gens de bien, qui aprés avoir examiné le
droit des parties, prononcent là deſſus dans un
certain tems, avant que de ſortir du lieu de la
conference, & que l'on s'en tienne à leur jugement; & enfin s'ils ne peuvent s'accorder, il
s'offre à propoſer ſur le lieu même, une autre
voye, ou à ſuivre celle qu'on luy propoſera,
pourveû qu'elle ſoit conforme au droit & à la
raiſon, ne doutant point du tout au reſte qu'il
ne fût le vray Pape, qui n'étoit ſoûmis qu'à
Dieu ſeul, la place duquel il tenoit ſur terre.

Ce qu'il y eût en cela de plus ſurprenant, *Monach.*
c'eſt que pour ſauver ſon honneur, il ne laiſſa *Dion.*
pas de proteſter aux Ducs plus d'une fois, que
par cette Déclaration il ne prétendoit nulle-

M m

1395. ment révoquer ce qu'il avoit juré dans le Conclave, entendant sans doute par là, ce qui n'é-
toit qu'une pure chicane, & une de ses fausses
subtilitez si contraires à la bonne foy, à sçavoir qu'il ne s'étoit obligé à la voye de cession qu'au cas qu'elle fût conforme à la rai-
son, ce qu'il étoit fort résolu de ne vouloir pas
croire, quoy que les Docteurs de Paris eussent

*Id. & Cod.*
*MS. Victor.*

pû alleguer dans un sçavant écrit qu'ils firent
pour luy en prouver la justice & la necessité
dans une si longue durée du Schisme, qui seroit éternel si l'on en venoit à la discussion du
droit des parties, qu'il est moralement impossible de démêler, dans ce labyrinthe de difficultez & de differentes couleurs qui se trouvent de part & d'autre. Aussi traita-t-il tres-

*Mon. Dionyf.*

mal ces Docteurs en cette rencontre, les rebu-
tant avec injures, ne voulant jamais qu'ils pa-
russent avec les autres Ambassadeurs dans les
Audiences publiques, & leur faisant tant de menaces, que l'Université crût estre obligée d'ap-

*Cod. MS.*
*Victor.*
*Hist. Vniverf.*
*t. 4.*

peller, comme elle fit, de tout ce qu'il feroit
contre elle, à celuy qui seroit créé vray & unique Pape aprés le Schisme. Ce qu'elle soûtint
depuis avec beaucoup de fermeté, par les doctes écrits qu'elle publia, pour justifier sa conduite.

Ainsi les Ducs étant retournez à Paris, sans
avoir pû rien obtenir de Benoist, le Roy fut
conseillé d'envoyer des Ambassadeurs avec des

Députez de l'Univerſité, en Angleterre, en Allemagne, en Hongrie, & en Eſpagne, pour
prier les Rois & les Princes, de vouloir procurer avec luy la paix de l'Egliſe, par cette voye
de ceſſion, qu'on trouvoit eſtre la plus efficace.
Le Roy d'Angleterre réſolut enfin de la prendre contre le ſentiment de l'Univerſité d'Oxford, qui vouloit qu'on terminât ce differend
par un Concile général ; & ce qui obligea ce
Prince à prendre ce parti, fut qu'aprés avoir envoyé à Rome, & à Avignon, conjointement
avec le Roy, pour preſſer ces deux Papes d'y
conſentir, ils apprirent par le retour de leurs
Ambaſſadeurs, que Boniface & Benoiſt s'entendoient tous deux pour ne vouloir rien terminer, Boniface diſant toûjours qu'il étoit tout
preſt de ceder, au cas que Benoiſt cedât le premier, parce qu'il ſçavoit bien que celui-ci n'en
feroit rien. L'Empereur Wenceſlas, les Electeurs
de l'Empire, les Ducs de Baviere & d'Auſtri-
che aſſemblez à Francfort, s'attacherent auſſi
à cette voye de ceſſion, ſuivant l'avis de l'Univerſité de Paris. Le Roy de Hongrie Sigiſmond fit d'abord, & ſans balancer, la même
choſe, & les Rois de Navarre & de Caſtille ſe
joignirent auſſi au Roy Charles, malgré toutes
les ſollicitations de Martin Roy d'Arragon, qui
venoit de ſucceder au Roy Jean, & qui pour ſes
intereſts particuliers tint toûjours ferme pour
Benoiſt, qu'il conſideroit comme ſon Sujet.

M m ij

1395.

*Traité de M. du Puy.*
*Cod. M S. Victor.*
*Mon. Dionyſ. l. 15. c. 10. & l. 16.*

*Ann.*

1396.

*Froiſſar. vol. 4. c. 96.*

*Antonin. tit. 22.*
*Niem. l. 2. c. 33.*

*Ann.*

1397.

**1397.** Le Roy de Portugal & les autres Princes qui avoient tenu le parti des Papes de Rome, ne voulurent prendre aucune des voyes qu'on proposoit, pour terminer le Schisme, croyant qu'il leur seroit honteux de se dédire, & reconnurent toûjours Boniface. Il s'en trouva quelquesuns qui s'étant laissé gagner aux artifices de Benoist, retournerent à luy; & d'autres, qui voulant toûjours la paix & l'union, ne vouloient pourtant pas qu'elle se fît par la voye de la cession. C'est pourquoy l'Université voyant que le Schisme, bien loin de s'éteindre, s'alloit augmenter par cette diversité d'avis, & par la collusion des deux Papes, si l'on n'obligeoit Benoist, par des voyes plus efficaces, à s'aquiter de sa promesse, remontra au Roy, par l'organe de Jean de Courtecuisse, célébre Docteur en Theologie, qu'il étoit à propos de l'y contraindre par la soustraction d'obédience, ou du moins du droit qu'il prétendoit avoir de conferer les Benefices, & de lever des décimes sur le Clergé de France; & que pour cét effet il seroit bon de convoquer une Assemblée des Prélats & des Députez des Universitez de France. Le Roy écouta favorablement cette proposition, & résolut enfin de la faire examiner dans l'Assemblée générale de l'Eglise Gallicane, aussitôt aprés l'entreveûë & la conference qu'il eût sur le même sujet de l'union avec Wenceslas son cousin, Roy des Romains.

*Traité de M. du Puy.*
*Hist. Univers.*
*t. 4.*

Ce Prince, aprés qu'on eût choisi la voye de cession dans la Diete de Francfort, eût envie de venir en France, sous prétexte de conferer avec le Roy, des moyens de la faire réüssir; mais en effet pour s'y divertir, & y faire grand' chere, n'étant qu'un gros brutal, qui ne songeoit qu'à faire débauche. Le Duc d'Orleans le fut recevoir à l'entrée du Royaume, pour le conduire à Reims, où le Roy s'étant rendu le vingt-deuxiéme de Mars accompagné du Roy de Navarre, des Princes, & de toute la Cour, pour faire honneur à son hoste, il alla dés le lendemain deux lieuës au devant de luy, & le conduisit, aprés une tres-superbe entrée, dans l'Abbaye de Saint Remy. Là, comme le jour suivant il ne se lassoit point de regarder, & d'admirer la magnificence des meubles dont toutes les salles & les chambres de son logis étoient parées, mais sur tout ceux de son apartement, qui étoient d'une beauté & d'un prix inestimable, & qu'il en paroissoit enchanté, & tout hors de luy: le Roy, qui étoit en effet le plus magnifique Prince du monde, luy fit dire, par un compliment qui surprit, & accabla d'étonnement tous ces Seigneurs de Boëme & d'Allemagne qui l'accompagnoient, que puis que si peu de chose ne luy déplaisoit pas, il le prioit de l'accepter, comme un petit présent qu'il luy faisoit, en l'invitant à disner pour le lendemain. Ce Prince accepta l'un & l'autre sans façon: mais le jour

*Ann.*
*1398.*

*Froiss. vol. 4.*
*c. 91.*
*Mon. Dionys,*
*l. 17. c. 6.*
*L. Iuvenal.*

Mm iij

1398. ſuivant, le Roy fut bien ſurpris à ſon tour, &
d'une autre maniere. Car comme il achevoit de
faire ſes dévotions, à cauſe de la Feſte de l'Annonciation, les Ducs de Berry & de Bourbon,
qui étoient allé prendre Wenceſlas, luy vinrent
dire, fort ſcandaliſez, qu'ils avoient trouvé ce
gros yvrogne déja ſaoul qui cuvoit ſon vin:
de-ſorte qu'il fallut préparer pour le lendemain un autre repas, qui ne laiſſa pas d'eſtre la
plus magnifique choſe qu'on eût jamais veüë.
Aprés quoy, le Roy l'ayant mené dans ſa chambre avec le Roy de Navarre, pour y conferer
ſur l'affaire de l'union, la choſe fut bientoſt
concluë. Car Wenceſlas, qui n'étoit gueres en
état de négotier aprés le repas, s'accorda promptement, & ſans beaucoup raiſonner, à tout ce
que le Roy voulut; & dans un ſecond pourpar-
ler, il promit d'aſſembler les Prélats de ſes Etats,
pour travailler à l'union, comme le Roy alloit
faire en ſon Royaume.

Mon. Dionyſ.
l. 18. c. 2.
I. Iuvenal.
Cod. M S.
Bibl. Victor.
apud Spond.
Traité de M.
du Puy
Hiſt. Vniv.
t. 4.

En effet, auſſi-toſt que l'accés de ſa maladie,
qui le reprit aprés la Conference, l'eût quitté, il
convoqua l'une des plus celebres & des plus
grandes Aſſemblées que l'on eût encore veües
en France, & dont l'ouverture ſe fit le vingt-
deuxiéme de May, malgré tous les efforts que
Benoiſt fit pour l'empeſcher, ayant envoyé pour
cela en ·France le celebre Martin de Selve, Evêque & Cardinal de Pampelune, qu'on ne voulut pas ſeulement écouter. Le Roy ſe trouvant

un peu mal, le Duc d'Orleans fon frere, & les
Ducs de Berry, de Bourgogne, & de Bourbon
fes oncles, y affifterent de fa part, avec Arnaud
de Corbie Chancelier de France, & tous les
Seigneurs du Confeil. Charles III. Roy de Navarre y voulut eftre, & le Roy de Caftille y envoya fes Ambaffadeurs. Il s'y trouva, avec le Patriarche d'Alexandrie, onze Archevêques, foixante Evêques, foixante-dix Abbez, foixan-
te-huit Procureurs de Chapitre, le Recteur de
l'Univerfité de Paris, avec les Procureurs des
Facultez, les Députez des Univerfitez d'Orleans,
d'Angers, de Montpellier, & de Touloufe, outre un tres-grand nombre de Docteurs en Theologie & en Droit. Simon de Cramaud Limou-
fin, Patriarche d'Alexandrie, qui préfidoit à
l'Affemblée, expofa tout ce qui s'étoit fait jufques alors, & propofa de faire une fouftraction
générale ou particuliere, pour contraindre Benoift de prendre la voye de ceffion, à quoy il s'é-
toit luy-même obligé. Le Roy de Navarre &
les Ambaffadeurs de Caftille protefterent qu'on
devoit déja l'avoir fait : mais afin de garder les
formes, & de proceder plus folidement en cette
importante déliberation, l'on choifit fix fçavans
hommes de ceux qui étoient le plus attachez au
parti de Benoift, pour le foûtenir avec l'Evêque de Mafcon qui étoit là pour luy ; & fix
autres leur furent oppofez pour le parti contraire. Ainfi, l'on dit de part & d'autre tout

1398 ce qu'il y avoit de plus fort, pour ou contre; & sur tout l'Université de Toulouse, fit tous ses efforts pour s'opposer à la souftraction. Mais quand on vint à recueillir les voix, il se trouva que de prés de trois cens qui opinerent, deux cens quarante-sept conclurent à souftraire entierement l'obedience à Benoist, jusques à ce qu'il acceptât la voye de cession.

Cela s'exécuta par l'autorité du Roy, qui étant alors en l'un de ses bons intervalles, se fit rapporter par le Chancelier ce qui s'étoit passé dans l'Assemblée, & voulut qu'on s'en tint à la pluralité des voix: ce qui fut publié par ses Lettres du vingt-septiéme de Juillet, dans lesquelles il défend à tous ses sujets d'obeïr à Benoist, & de rien payer à ses Officiers; voulant cependant que l'Eglise Gallicane jouïsse pleinement de ses anciennes libertez, & qu'il soit pourveû aux Benefices, selon le droit commun, par l'élection des Chapitres, ou par la collation des Ordinaires gratuitement, & sans rien prendre, sous quelque prétexte que ce puisse estre, de ce que les Officiers des Papes avoient coûtume d'exiger.

L'exemple de la France fut aussi-tost suivi des Princes voisins, & du Duc de Baviere, qui ordonnerent dans leurs Etats une pareille souftraction d'obedience, au spirituel, & au temporel. La Reine Marie de Blois, mere de Louïs d'Anjou Roy de Sicile, fit la même chose en Provence, où elle étoit alors; comme aussi les Rois de Navarre,

*Traité de M. du Puy. Hist. Univ. Hist. de Prov.*

varre & de Castille dans leurs Royaumes, où 1398.
l'Eglise fut gouvernée de la manière qu'elle l'é-
toit en France. Mais ce qui étonna le plus Benoist en cette soudaine & si étrange révolution *Mon. Dionys.*
de sa fortune, fut qu'il se vit abandonné de *l. 18. c. 6.*
dix-huit de ses Cardinaux, qui après luy avoir *I. Iuvenal.*
fait signifier un Acte de soustraction, se reti- *Smit. l. 9.*
rerent à Ville-neuve sur les terres du Roy, au-
delà du Pont d'Avignon, pour se mettre à
couvert de la violence que ce Pape leur pouvoit
faire par neuf cens soldats Arragonois, que luy
avoit amenez son frere Rodrigue de Lune, fort
vaillant homme, qui mit une forte garnison
dans le Palais Pontifical. Ainsi Benoist se vit
réduit à n'avoir plus que deux Cardinaux, celuy de Pampelune, & un autre nommé Boniface, qui luy furent toûjours fidelles.

Mais il y eût bien plus. Car ceux d'Avignon,
d'une part, qu'il avoit maltraitez, & de l'autre,
le Maréchal de Boucicaut appellé par les Cardinaux, l'assiegerent dans son Palais, où nonobstant toute la vigoureuse résistance de Rodrigue de Lune, qui fit en cette occasion tout
ce que l'on pouvoit attendre d'un homme de
cœur & de teste, il se trouva bien-tost réduit à *Monach. Dio*
de grandes extrémitez. D'autre côté, les Cardi- *nyf. l. 18. c.109*
naux de Poitiers, de Salusses, & de Turey, dé-
putez de la part de ceux qui étoient à Ville-
neuve, pressoient extrêmement le Roy de faire
en sorte qu'il se rendît maître de la personne

Nn

1398. de Benoiſt, comme il le pouvoit faire aiſément
pour peu que l'on continuaſt le ſiége, de la
maniere dont le Maréchal s'y prenoit, en bat-
tant la place par des machines, pour y donner
l'aſſaut, ſi-tôt qu'il y auroit fait bréche. Outre
que l'on y patiſſoit déja beaucoup pour le peu
de proviſions qu'il y avoit, ce qui fut cauſe
que les deux Cardinaux s'étant voulu ſauver,
tomberent entre les mains du Maréchal, qui les
mit en priſon, où le Cardinal Boniface mourut; & pour le Cardinal de Pampelune, il fut
contraint de racheter ſa liberté pour le prix de
cinquante mille écus: de ſorte qu'il ſembloit
que tout fût perdu pour ce pauvre Pape, lors
que l'heureux ſuccés des ſecretes intelligences
qu'il avoit à la Cour, luy donnerent lieu de
reſpirer. Il eſt certain qu'il avoit encore & dans
le Clergé & dans le Conſeil beaucoup de partiſans, qui étant gagnez par les bienfaits qu'ils
en avoient receûs, & par ceux qu'ils en eſperoient, ſouhaitoient fort ſon rétabliſſement.
Ceux-cy avoient agi avec tant d'adreſſe auprés
du Duc d'Orleans, qui n'étoit pas ſi échauffé
contre Benoiſt, qu'ils l'avoient fait entrer dans
leur parti, pour en eſtre le Chef, contre le Duc
de Berry, qui depuis l'Ambaſſade d'Avignon,
où il ſe plaignoit d'avoir eſté trompé, étoit autant ennemi de Benoiſt, qu'il avoit eſté ami de
Clement.

    D'ailleurs, Martin Roy d'Arragon, auquel

*Monach.*
*Dion. l. 18.*
*c. 10.*

il fâchoit fort de voir opprimer celuy qu'il avoit
entrepris de proteger, & qui n'ofoit néanmoins rompre avec la France, avoit envoyé fes
Ambaffadeurs au Roy, pour l'affeûrer que Benoift étoit preft de remettre fes interefts entre
fes mains, & de faire tout ce qu'il luy plairoit.
Le Duc d'Orleans & fes partifans prirent cette
occafion, qui leur fembla tres-favorable, & firent fi bien auprés du Roy, qu'il donna ordre
au Maréchal de convertir le fiége en blocus,
pour empefcher que rien ne fortift du Palais,
laiffant néanmoins entrer toutes les provifions
neceffaires, pendant qu'on traiteroit avec Benoift. Ce Traité fut bientoft conclu par les Ambaffadeurs du Roy, & par ceux du Roy d'Arragon, aufquels ce Pape promit, par un Acte authentique du vingtiéme d'Avril, qu'il renonceroit au Pontificat, au cas que Boniface fift la même chofe, ou qu'il mourût, ou qu'il fût chaffé de
fon Siége, & qu'il feroit fortir fa garnifon, en
fe réfervant feulement cent perfonnes dans fon
Palais. Les Ambaffadeurs luy promirent réciproquement de la part du Roy, que, fans préjudice de la fouftraction qui fubfifteroit tôûjours,
il le prendroit luy & fes gens en fa protection,
luy fourniffant ce qui luy feroit neceffaire durant qu'il feroit gardé par les gens du Roy dans
le Palais, jufques à l'accompliffement de fa promeffe; & que cependant, ni les Cardinaux, ni
ceux d'Avignon, qui l'avoient tenu affiegé, n'en-

treprendroient rien contre luy. Ce fut pour lors qu'il écrivit au Roy de la maniere du monde la plus foûmife, une lettre extrêmement touchante, pour luy reprefenter, aprés s'être juftifié, l'indigne traitement qu'on luy faifoit, & pour le conjurer enfin de le delivrer d'une fi honteufe & infupportable captivité, & de ne fouffrir pas que celuy qu'il avoit toûjours reconnu pour fon Pere & pour fon Pafteur, & qui l'étoit encore malgré l'injufte fouftraction qu'on luy avoit faite, fût dans les fers avec l'opprobre éternel de ceux qui violoient en fa perfonne tous les droits les plus faints de la nature & de la grace. A cela, le Roy répondit admirablement par une lettre également forte, tendre & refpectueufe, où il luy remontra l'obligation indifpenfable que luy, tout vray Pape qu'il fe croyoit, avoit de donner la paix à l'Eglife par la voye de ceffion, à laquelle il s'étoit obligé par ferment, l'ayant luy-même jugée neceffaire; & puis ce qu'il avoit fait, pour ne pas garder fa promeffe, & rendre par là le Schifme éternel, & ce qu'on étoit obligé de faire en fuite pour procurer efficacement l'union.

Ainfi Benoift demeura prifonnier; & il le fut bien plus long-tems qu'il ne croyoit, par les grandes révolutions qui fe firent en même tems en Angleterre, en Allemagne, & en France, & qui empefcherent que l'on ne pût fi-toft terminer cette grande affaire. Richard II. Roy

d'Angleterre, qui avoit résolu de seconder les
saintes intentions du Roy de France son beau-
pere, perit malheureusement par la conspiration de son cousin Henry Duc de Lanclastre,
qui usurpa la Couronne sur luy, & l'ayant pris,
traîtreusement abandonné de tous les siens, &
fait condamner par le Parlement à une prison
perpetuelle, le fit peu de tems après cruellement massacrer dans la Tour de Londres. Et
comme, par un juste jugement de Dieu, on fit
en suite de cét exécrable parricide plusieurs con-
spirations contre luy, il ne songea d'abord qu'à
les découvrir, & à les punir, pour se conserver
dans l'injuste usurpation qu'il avoit faite, sans
penser à la paix & à l'union de l'Eglise.

Wenceslas, qui avoit promis à la Conference
de Reims de se joindre au Roy, pour travailler
à cette paix, & procurer la cession du costé de
Boniface, s'entendit avec le Pape, pour éluder
sa parole, & ne rien tenir, récrivant au Roy qui
le sommoit de sa promesse, qu'il falloit avant
toutes choses qu'il en conferast avec les Rois
de Pologne & de Hongrie; ce qu'il ne pouvoit
si-tost faire. Et puis il arriva bientost après du
changement en cette affaire, par celuy qui se fit
dans l'Empire à l'occasion de ce même Wenceslas. Car ce Prince brutal, qui ne cessoit point
de deshonorer sa dignité & l'Empire par toutes sortes de vices & de débauches, quoy-que
ses sujets mêmes, par une entreprise insolente

Nn iij

1399.
Friss. 4. vol.
ch. 100. & sui.
Polyd. l. 20.
& alii.
Mon. Dionyf.
l. 19.

Col. Vatic.
apud Bzov.

Dubrav.
Hist. Boëm.
l. 21.

ble, & de tres-dangereux exemple, l'euſſent mis
en priſon plus d'une fois, pour luy faire changer de vie, fut enfin dépoſé de l'Empire, du conſentement de Boniface, par les Electeurs, qui
élûrent en ſa place Robert Comte Palatin du
Rhin & Duc de Baviere. De quoy le miſerable
Wenceſlas, qui demeura toûjours Roy de Boëme, ſe ſoucia ſi peu, qu'il permit même à certaines Villes Imperiales, qui voulurent tenir ſon
parti, de l'abandonner, pourveû qu'elles luy en-
voyaſſent le meilleur vin qu'elles pourroient
trouver: tant l'yvrognerie, qui étoit ſon vice
dominant, luy avoit fait perdre, avec la raiſon,
tout ſentiment d'honneur. Ce changement arrivé dans l'Empire, en fit un autre dans l'eſprit
des Electeurs, à l'égard de l'union de l'Egliſe,
qu'ils avoient auparavant réſolu de faire conjointement avec le Roy. Car comme ils s'étoient
adreſſez au Pape Boniface, pour avoir la liberté de faire leur nouvelle élection, & qu'ils en
avoient obtenu le conſentement, ils ne voulurent plus rien entreprendre à ſon préjudice, ſe
contentant de dire en général, qu'ils contribuëroient de tout leur poſſible à la paix de l'E-
gliſe.

Le Roy fort ſurpris de ce procedé, auquel il ne
s'attendoit point du tout aprés les paroles qu'on
luy avoit données, envoya vers les Electeurs
l'Archevêque d'Aix, & Jean de Montreüil Secretaire d'Etat, tres-habile homme, qui deſiroit

Trithem. in
Chron.
Naudet.
Gener. 45.
Krantz. 10.
Wandal.
Mon. Dionyſ.
l. 20.

Mem.

ardemment la paix de l'Eglise, & qu'on prît la
voye de cession qu'il croyoit que Benoist eût
acceptée de bonne foy, comme on le voit dans
ses Lettres Latines tres-bien écrites, pour le siécle
auquel il écrivoit, & dont le Manuscrit tres-rare
m'a esté généreusement communiqué par cét
illustre Magistrat, qu'on peut assez connoître
par le peu que j'en ay dit au sujet de son excellent Manuscrit contenant ce qui se fit à la
fameuse Assemblée du Royaume de Castille,
pour choisir un des deux Papes. Ces Ambassadeurs firent durant trois mois tout ce qu'ils pûrent, pour persuader à ces Princes qu'ils devoient poursuivre la voye de cession avec le Roy,
& obliger de leur costé le Pape Boniface à l'accepter, comme ils l'avoient promis: mais on ne
pût jamais tirer d'eux autre chose, sinon qu'ils
étoient prests de travailler à l'union, pourveû
que ce ne fût point par la voye de cession, qu'ils
n'avoient jamais approuvée. Cela fut cause
qu'on chassa de la Cour le Patriarche d'Alexandrie, qui, au retour de son Ambassade d'Allemagne, avoit asseûré qu'ils la trouvoient la meilleure de toutes; soit que ce Prélat eût trompé
le Roy, comme on le crût alors; soit que, comme il y a beaucoup plus d'apparence, ces Electeurs, qui étoient tres-bien avec Boniface pour
la raison que j'ay dite, eussent changé de résolution en sa faveur. Mais si ce Pape gagna quelque chose du costé de Robert qui n'eût jamais

*Ann.*
*1400.*

*Ex Biblioth.*
*Harlad.*

*Mon Dionys.*
*l. 20. c. 5.*

*Ann.*
*1401.*

1401. beaucoup de pouvoir & d'autorité dans l'Empire, il fit aussi d'autre part une perte tres-considerable des deux Royaumes de Wenceslas & de son frere Sigismond Roy de Hongrie, contre lequel il agit un peu trop ouvertement.

Summont. l. 2. c. 2.
Niem. l. 2. c. 17. 18.

En effet, comme le parti Hongrois, qui avoit appellé Charles de Duras, fut enfin devenu le plus puissant, & eût même fait prisonnier Sigismond, en proclamant Roy Ladislas fils de Charles; le Pape ne balança point à se déclarer pour ce Prince, dont il vouloit cultiver l'amitié pour ses interests, & le fit même couronner Roy de Hongrie à Zara dans la Dalmatie, par le Cardinal de Florence son Legat. Mais Sigismond ayant esté delivré sur ces entrefaites par ses sujets, qui se remirent presque tous sous son obeïssance; Ladislas, qui craignit avec raison de trouver en Hongrie le même sort que son pere y avoit eû, abandonna cette entreprise, & retourna en son Royaume; & les deux freres Wenceslas & Sigismond, en haine de ce que Boniface s'étoit si hautement déclaré contre eux pour Robert & pour Ladislas, quitterent son obedience, & se mirent sous celle de Benoist. C'est ainsi que dans ce déplorable Schisme, où il y avoit des raisons plausibles de part & d'autre, chacun croyant avoir la liberté de suivre le parti qu'il voudroit prendre, les Peuples & les Royaumes entiers changeoient de Papes, non pas, pour l'ordinaire, comme la raison les conseilloit, mais

selon

selon qu'il plaisoit à l'interest, & aux passions
differentes des Princes & des Rois de les tourner.

Pour ce qui regarde la France, où l'on s'étoit
si hautement déclaré pour la cession, qui étoit
l'unique moyen d'avoir la paix, il se fit encore
tout d'un coup sur ce sujet un si grand changement, qu'on peut dire qu'il y eût entre les
François une espece de nouveau Schisme, qui
fut néanmoins bientost appaisé par l'inclination naturelle qu'ils ont de se conformer à celle de leur Roy. Il y avoit deux puissans partis,
qui partageoient tous les esprits sur cette affaire. Le Duc d'Orleans, qui avoit déja réüssi dans
sa premiere entreprise, pour empescher qu'on ne
forçât Benoist dans son Palais, en fit une seconde, pour faire rétablir l'obedience qu'on luy
avoit soustraite par l'avis de l'Assemblée générale des Princes, des Prélats, & des Universitez
de France, & par une solennelle Déclaration du
Roy. Il publioit par tout que le Schisme étoit
un moindre mal que d'estre ainsi neutre & sans
Pape. Il avoit de son costé l'Université de Toulouse, qui, dans l'Audience qu'elle eût du Roy,
prétendit montrer, contre les Docteurs de Paris,
que la soustraction que l'on avoit faite, étoit
schismatique: ce qu'elle donna même par écrit
dans une Epître qu'elle presenta au Roy, si
remplie d'horribles injures contre tous ceux qui
avoient esté pour la soustraction, que par Arrest

Ann.
1402.

Traité de M.
du Puy.
Mon. Dionys.
I. Iuvenal.
Cod. M S.
Victor. apud
Spond.

O o

1402. du Parlement de Paris, elle fut quelque tems aprés lacerée dans la Cour du Palais, dans Toulouse même, & sur le Pont d'Avignon. Les Ambassadeurs du Roy d'Arragon dirent la même chose au nom de leur Maître & des Etats de leur Royaume. Quelques Evêques gagnez par le Duc, & sur tout celuy de Saint Pons, grand partisan de Benoist, soûtenoient hautement cette opinion. Le Roy Louïs de Sicile, retourné depuis peu de Naples, d'où Ladislas l'avoit chassé, alla même visiter ce Pape prisonnier, luy jura une éternelle obeïssance, & luy promit de l'assister de toutes ses forces qu'il luy offrit. Des trois Cardinaux qui avoient pressé si vivement le Roy, au nom de tous les autres, de se saisir de la personne de Benoist, ceux de Poitiers & de Saluces se joignirent au Duc d'Orleans. Il y eût même plusieurs Docteurs & Supposts de l'Université de Paris, qui se separant de leurs Confreres, s'attacherent à ce parti, entre lesquels furent Nicolas de Clemenges, qui, aprés avoir servi de sa langue & de sa plume l'Université, pour faire cesser au plûtost le Schisme par toutes les voyes les plus efficaces, se laissa tellement gagner aux artifices de Benoist, qui luy promit de le faire son Secretaire, qu'il se mit à le loüer, & à déclamer le plus aigrement de tous, contre ceux qui avoient esté d'avis de la soustraction. Tant on se doit peu fier à ces gens qui ont l'ame interessée, & qui passent, sans peine, d'un

*V. Clemeng.
Epist. & Spon.
ad ann. 1398.
& 1402.*

parti à l'autre, selon que l'interest les tourne, 1402. par une simple apparence d'un plus grand avantage qu'ils esperent.

D'autre part, les Ducs de Berry & de Bourgogne, qui gouvernoient durant la maladie du Roy, soûtinrent fortement qu'il falloit maintenir jusqu'à l'abolition du Schisme, la soustraction qu'on avoit approuvée, aprés une longue & meûre déliberation, dans une Assemblée générale, qui valoit un Concile. Ils avoient pour eux presque tous ceux qui avoient opiné dans l'Assemblée, & la plus grande partie des Docteurs de l'Université. Et comme ceux-cy remplissoient toutes les Chaires de Paris, & qu'ils preschoient contre Benoist, pour la soustraction, à laquelle ils disoient qu'on ne pouvoit plus s'opposer sans se rendre fauteur du Schisme, tout le Peuple étoit de leur costé. La chose même alla si loin, que le Duc d'Orleans voulut faire châtier l'un de ces Prédicateurs; & que le Duc de Berry, plus puissant que luy, fit arrester en effet, & mettre en prison les Docteurs de Toulouse, qui avoient parlé si hardiment, & avec tant d'insolence, contre la soustraction en pleine Audience. Enfin, ces deux Ducs furieusement irritez l'un contre l'autre, éclaterent si hautement, en presence même du Roy, que le Duc d'Orleans dit, que comme c'étoit un horrible scandale de tenir le Pape prisonnier, il l'iroit delivrer luy-même. A quoy le Duc de Berry repartit tout en

1402. colere, luy difant avec un gefte menaçant, qu'il ne l'oferoit avoir fait; & enfuite, comme le Roy fut un peu aprés retombé malade, ce Duc & ce-luy de Bourgogne fon frere, firent renforcer les gardes de Benoift, pour empefcher qu'il ne reçeût ni lettres, ni aucun avis de perfonne.

Cela fit que ce pauvre Pape defefperant de pouvoir fortir autrement d'une fi fâcheufe ca-ptivité, qui avoit déja duré prés de cinq ans, réfolut enfin de tenter toutes les voyes poffi-bles de fe fauver, comme il fit heureufement le douziéme de Mars de l'année fuivante. Car le

*Ann.*
*1403.*

Duc d'Orleans, qui avoit dit avec tant de hau-teur, en prefence du Roy, qu'il iroit luy-même delivrer le Pape, voyant que les Ducs de Berry & de Bourgogne l'en empefcheroient bien, ré-folut enfin, pour n'en avoir pas le démenti, de faire par adreffe ce qu'il luy feroit impoffible d'exécuter par force. Benoift étoit fort étroite-ment gardé dans le Palais par quelques Compa-gnies de gens de guerre, dont la plufpart étoient

*Mon. Dionyf.*
*l. 22. c. 11.*

Normans, qui le traitoient extrêmement mal, & étoient gens qu'il n'étoit pas facile de trom-per, pour tirer le Pape d'entre leurs mains. On trouva pourtant le moyen d'en venir à bout par

*Id.*
*l. Seven.*

l'adreffe d'un fort brave Gentilhomme de leur nation, nommé Meffire Robinet, ou Robert de Braquemont, qui avoit une Compagnie de Fran-çois en garnifon dans une Ville affez proche d'Avignon. Ceux du parti des Orleanois, qui

étoit tres-grand à la Cour, s'adreſſent à ce Capitaine, qui apparemment étoit de leurs gens,
& l'engagent, ſans peine, à une entrepriſe qui
luy pouvoit aquerir une auſſi grande gloire que
celle d'avoir delivré le Pape. Celuy-cy donc, qui
avoit l'entrée libre du Palais, où il alloit de
tems en tems viſiter ſes compatriotes, qui ne
ſe défioient point de luy, traita ſouvent avec le
Pape, qui, par les avis qu'il receût des amis qu'il
avoit à la Cour, réſolut de ſe fier entierement
à ſa conduite. Voicy l'ordre qu'il tint pour l'e-
xécution de ſon deſſein. Il trouva moyen d'aſ-  *Mon. Dionyſ.*
ſembler quelque cinq cens chevaux, partie de
ceux de ſa Compagnie, partie des gens que ceux
du parti d'Orleans luy envoyerent ſecretement
par de differens chemins, & partie de quelques
Arragonois que Benoiſt avoit fait venir. Ils ſe  *Surit. l.s.*
trouverent tous enſemble à point nommé au
rendezvous qu'on leur avoit aſſigné prés d'A-
vignon, pour le douziéme de Mars; & quelques  *Mon. Dionyſ.*
Gentilshommes François, qui s'étoient rendus,
ſous divers prétextes, à Avignon, s'y étoient aſſeûrez d'un logis, où l'on devoit mener le Pape
auſſi toſt qu'on l'auroit tiré du Palais.

Cela diſpoſé de la ſorte, & ce jour étant venu, Braquemont, ſelon ſa coûtume, entre dans
le Palais, & y paſſe toute l'aprefdiſnée; & ſur le
ſoir qu'on laiſſoit entrer & ſortir plus librement ceux qui apportoient de la Ville des proviſions pour le ſouper, il en ſortit ſans aucune

**1403.** difficulté, accompagné du Pape travefti & en-velopé d'un manteau de l'un de fes gens, com-me s'il eût efté de fa fuite. On dit qu'il n'em-porta fur foy de tout ce qu'il avoit dans le Pa-lais, qu'une lettre du Roy, qui l'affeûroit qu'il n'avoit jamais confenti à la fouftraction, & le précieux Corps de Jefus-Chrift dans une boëte cachée dans fon fein; voulant même en cette occafion garder la coûtume des Papes, devant lefquels, quand ils font voyage, on porte le Saint Sacrement. Quoy qu'il en foit, il fut mené dans la maifon où les Gentilshommes François l'attendoient avec beaucoup d'inquiétude, à cau-fe de la garde tres-exacte que les Bourgeois fai-foient faire autour du Palais; & alors fe jettant tout ravis de joye à fes pieds, ils les luy baiferent, & le prenant au milieu d'eux, l'emmenerent fur le champ hors de la Ville, au lieu où ils trouve-rent les cinq cens hommes, qui fe mirent en ba-taille, & le conduifirent à Château-Raynard, petite Ville peu loin d'Avignon.

Ce fut là que fe voyant libre, il reprit les habits Pontificaux, & toute l'autorité qu'il étoit fort réfolu, quoy qu'il pût dire au contraire pour amufer le monde, de retenir jufqu'à la mort. Je croy que pour faire connoître fon gé-nie, & le caractere de fon efprit, il me fera permis de raconter en cette occafion, ce qu'un tres-grave Hiftorien de ce tems-là n'a point fait de difficulté d'inferer en fon Hiftoire. Com-

Mon. Dionyf. ibid. Invenal.
Mon. Dionyf.

me il avoit laiſſé croître ſa barbe durant tout le 1403.
tems de ſa priſon, pour marque de l'oppreſſion
qu'il ſouffroit, il fit venir d'abord un Barbier
pour la luy raſer, & s'aviſa de luy demander
d'où il étoit. Celuy-cy luy ayant répondu qu'il
étoit de Picardie, *Bon*, repliqua le Pape, *c'eſt*
*donc maintenant que je voy que les Normans ſont*
*des menteurs, car ils m'avoient juré plus d'une fois*
*qu'ils me feroient bien la barbe, & il ſe trouve que*
*c'eſt un Picard qui me la fait.* Cette agréable raillerie fut toute la vengeance qu'il prit des Normans, qui, à ce que l'aſſeûre le même Ecrivain,
le traiterent avec tant d'indignité, qu'il n'y eût
ſorte d'injures qu'il ne receût d'eux durant ſa
priſon. Cela fait voir que Benoiſt avoit l'ame
grande, point du tout vindicative, & qu'il étoit
de belle humeur, ſe poſſedant toûjours, & étant
à l'épreuve de tous les coups de la fortune, contre laquelle il ſe roidit, avec ce qu'on appelle-
roit une invincible fermeté d'eſprit, s'il ne l'a-
voit accompagnée d'une prodigieuſe opiniâtreté, qui obſcurcit toutes ſes belles qualitez.

Auſſi-toſt qu'on le vit en liberté, les Cardinaux qui luy avoient eſté le plus contraires, &
même les Bourgeois d'Avignon qui luy avoient
fait une ſi cruelle guerre, tâcherent, ſuivant la
coûtume de ceux qui ſe tournent au gré de la
fortune, d'obtenir leur pardon, & de rentrer
dans l'honneur de ſes bonnes graces. Et luy, *Mem. Dionyſ.*
aprés quelque legere réſiſtance, qu'il fit d'abord *l. 23. c. 3.*

1403. pour les engager davantage, les receût, en abo-
liſſant la memoire du paſſé, à condition néanmoins que les Magiſtrats d'Avignon, auſquels
il ne ſe voulut plus fier, répareroient les brê-
ches que l'on avoit faites au Palais, où il fit entrer une forte garniſon d'Arragonois. Il écrivit
en même tems au Roy, aux Princes, & à l'Univerſité de Paris, de belles lettres, dans leſquelles, aprés avoir proteſté qu'il étoit tout preſt
d'accomplir tout ce qu'il avoit promis auparavant, touchant la ceſſion, il demandoit la reſtitution de l'obéïſſance qui luy étoit deûë, &
envoya pour cét effet au Roy les Cardinaux de
Poitiers & de Saluces, qui étoient rentrez dans
ſon parti depuis plus de ſix mois.

*Ibid.c.4.*
*I. Iuvenal.*
*M. du Puy.*

Il y eût là-deſſus de grandes conteſtations,
qui durerent aſſez long-tems: mais enfin le Duc
d'Orleans, qui avoit entrepris cette affaire, dont
il ſe vouloit faire honneur, prit heureuſement
ſon tems, un jour que le Roy, dont l'eſprit étoit
fort affoibli par ſes frequentes recheûtes, s'étoit
retiré tout ſeul en ſa Chapelle de l'Hoſtel de
Saint Pol, où il prioit Dieu, dans l'un de ſes
bons intervalles; & là, aprés luy avoir fait voir
une longue liſte de ceux qui étoient pour cette
reſtitution d'obedience, il luy dit tant de choſes pour l'autoriſer, qu'il tira parole de luy, qu'il
la vouloit auſſi: ce qu'il luy fit en même tems
jurer ſur la Sainte Croix. Ainſi le Roy ayant
enfin, non ſans beaucoup de peine, appaiſé ſes
oncles,

oncles, tres-mal satisfaits de cette résolution; & 1403.
le Duc d'Orleans leur ayant fait voir, pour les
gagner, que les conditions ausquelles Benoist
s'obligeoit, étoient extrêmement avantageuses,
car il promettoit toûjours tout ce qu'on vouloit, & ne tenoit rien, la restitution fut publiée
fort solennellement dans Nostre - Dame, & il *Mem. Dionys.*
fallut que l'Université de Paris suivist les autres *l. 23. c. 4. &c.*
en cela, comme elle fit, à la réserve de la Na-
tion Normande, qui s'obstina long-tems à
n'y vouloir pas consentir par son suffrage, quoy
qu'elle fut enfin contrainte de se soûmettre aux
ordres du Roy, qui enjoignoit par ses Lettres
patentes à tous ses Sujets, d'obéïr au Pape Benoist. Et pour remettre entierement la paix & *Mem. Dionys.*
l'union dans cét illustre Corps, en réünissant tous *ibid. c. 5.*
ses membres, ce fut alors qu'on trouva bon d'y
faire rentrer les Jacobins, d'abolir la memoire
de toutes les vieilles querelles, & de les remettre en possession de tous leurs droits, & dans la
pleine liberté d'exercer toutes leurs fonctions.

C'est ainsi que Benoist changea tout-à-coup
de condition, & passant d'une extrémité à l'autre, par une de ces soudaines révolutions que
la fortune, pour se joüer des hommes, fait assez
souvent dans le monde, de captif qu'il étoit,
abandonné, comme le plus malheureux de tous
les hommes, à l'insolence & aux injures de ses
gardes, il remonta sur le Trône Pontifical, pour
y estre adoré, comme auparavant, des plus puis-

Pp

1403. fans Royaumes de l'Europe, parce que prefque
en même tems la Caftille, qui agiffoit alors par
le même efprit que la France, luy reftitua, aux
Etats de Vailladolid, l'obedience qu'elle luy avoit
oftée à l'exemple des François ; & il y reprit
d'abord tant d'autorité, qu'on fouffrit même
qu'il donnât l'Archevêché de Tolede, le plus
riche de toute la Chrétienté, à fon neveu Pierre
de Lune, qui en fut mis fort paifiblement en
poffeffion peu de jours après. Cela fait voir que
comme la profperité qui nous éleve ne nous doit
jamais tellement épanoûïr le cœur, qu'elle nous
ofte la crainte de tomber, par une cheûte d'autant plus funefte, qu'elle feroit de plus haut:
auffi l'adverfité qui nous abbaiffe, ne nous doit
jamais tellement abbatre, qu'elle nous faffe perdre l'efperance de recouvrer un jour, par quelque favorable changement, nôtre premier bonheur, avec une ferme réfolution d'en ufer beaucoup mieux que nous ne faifions.

Mais c'eft ce que Benoift ne fit pas, & il faut
avoûër que c'eft une chofe bien furprenante
que la conduite de ce Pape. Car il n'eût pas fi-
toft ce qu'il avoit fouhaité avec tant d'ardeur,
qu'il fit deux chofes directement contraires à ce
qu'il venoit de promettre. La premiere, que nonobftant toutes les inftances que luy en fit le
Duc d'Orleans, auquel il avoit de fi grandes
obligations, il ne voulut jamais confirmer ce
qui s'étoit fait durant la fouftraction, touchant

les élections & la collation des Benefices, ce qui *1403.*
étoit manifeftement contre un des articles de
fon Traité; & malgré toutes les remontrances
que luy fit l'Univerfité par fes Députez, dont *Gerfon t. 1.*
l'un fut le celebre Jean Gerfon, qui prefcha devant luy le premier jour de l'an à Tarafcon, il *Ann.*
demeura toûjours opiniâtre fur ce point, d'où il *1404.*
croyoit tirer de grands profits, jufqu'à ce que
le Roy, comme protecteur des droits & des libertez de l'Eglife Gallicane, ayant défendu de
rien payer deformais pour les Benefices, ni pour
quoy que ce foit, aux Officiers & Collecteurs
du Pape, il fut enfin contraint, de peur de tout
perdre, de s'en tenir à la parole qu'il avoit donnée.

La feconde chofe qu'il fit, fut une infigne
fourberie, qui étant découverte, retomba fur *Mem. Dionyf.*
luy, & ruina toutes fes affaires. Il avoit affeû- *L. Iuvenal.*
ré par écrit le Duc d'Orleans qui l'étoit allé *M. du Puy.*
trouver à Tarafcon, & il avoit fait fçavoir enfuite à tous les Fidelles, par une Bulle, qu'il étoit
tout preft de ceder, quand il feroit expedient
de le faire pour le bien de l'Eglife, c'eft à dire,
comme il s'en expliqua au Duc, au cas que fon
competiteur cedât, ou qu'il mourût, ou qu'il fût
chaffé de fon Siége. Cela étant rapporté au Roy
par fon frere, luy fut fi agréable, qu'il fit confirmer de nouveau la reftitution d'obedience,
caffa les Lettres par lefquelles on luy oftoit le
pouvoir de rien exiger de l'Eglife Gallicane, &

1404. envoya l'Archevêque d'Auch à Marseille, où il étoit alors, l'asseûrer de son amitié & de sa protection. Aprés cela, Benoist, pour mieux joûër, envoya les Evêques de Saint Pons & de Maillezais, l'Eleû de Lerida, & quelques autres, à Rome, au Pape Boniface, faisant accroire que c'étoit, comme on n'en doutoit point en France, pour le porter à rendre la paix à l'Eglise, en renonçant, comme luy, au Pontificat. Cependant, ces Ambassadeurs, qui arriverent vers la fin d'Octobre, & eurent aussi-tost aprés Audience & du Pape Boniface & des Cardinaux, ne proposerent autre chose de la part de Benoist, que ce qu'il avoit toûjours demandé luy-même pour amuser le monde, à sçavoir une Conference en quelque lieu seûr, pour y traiter ensemble des moyens d'éteindre le Schisme. Boniface, qui ne pouvoit ignorer que Benoist s'étoit obligé, par un Traité solennel, à la voye de cession, vit bien qu'il ne pouvoit accepter ce qu'on luy offroit, sans se deshonorer, en faisant voir à tout le monde qu'il y avoit de la collusion entre eux, & qu'il étoit complice de la mauvaise foy, & de la fourbe de Benoist. C'est pourquoy, voyant que les Envoyez disoient toûjours qu'ils n'avoient nul ordre de luy proposer autre chose, il leur commanda de sortir de Rome, & s'irrita si fort contre eux, sur ce qu'ils perdoient le respect, que comme il étoit tres-infirme, & fort tourmenté de la pierre, il fut saisi d'une grosse

*Ep. Ism. ad Vniv. Parif. & ad Duc. Bitur.*

*Niem. l. 3. c. 24. Mon. Dionyf. l. 24. c. 13.*

fiévre, qui l'enleva de ce monde trois jours aprés, 1404.
en la soixante-cinquiéme année de son âge, & la
quinziéme de son Pontificat ; mourant avec la
satisfaction d'avoir donné lieu par sa réponse
aux Ambassadeurs de Benoist, de croire qu'il
n'avoit pas tenu à luy que l'on ne rendist la
paix à l'Eglise.

Un accident si peu préveû, fit esperer à ces
Ambassadeurs, qu'on pourroit terminer le Schisme, en faveur de leur Maître, s'ils pouvoient
faire en sorte qu'on surfist à l'élection d'un nou- *Niem. l. 2.*
veau Pape. Ils en furent donc promptement *c. 24.*
supplier tous les Cardinaux qui étoient à Rome,
les asseûrant qu'ils auroient tout sujet d'estre
satisfaits de Benoist. Ceux-cy leur répondirent, *Ep. Benoc. VII.*
que ne desirant rien si ardemment que la paix *ad Vniv. Par.*
*Ep. Inn. ad*
de l'Eglise, ils étoient tout prests de le faire, au *Ep. Florent.*
cas que Benoist gardât la parole qu'il avoit don- *ap. Raynald.*
née, de se dépoüiller du Pontificat, & leur ordonnerent de dire nettement s'ils avoient pouvoir de ceder, au nom de leur Maître, les asseûrant qu'en ce cas la paix étoit faite, parce qu'on
s'uniroit pour faire tous ensemble un nouveau
Pape, qui seroit reconnu de tout le monde. A
quoy les Ambassadeurs ayant répondu, avec beaucoup de franchise, que non-seulement ils n'en
avoient aucun pouvoir, mais qu'ils ne voyoient
même nulle apparence que Benoist dût jamais
rien ceder du droit qu'il prétendoit avoir ; ces *Consolor. en*
*Lib. Colleg.*
Cardinaux les firent retirer, & entrerent au Con- *Cardin.*

1404. clave au nombre de neuf le douzième d'Octobre, & en même tems le Capitaine du Château Saint Ange, qui étoit parent du feu Pape, les arrêta contre le droit des gens, & les emmena prisonniers dans sa place, prenant ridiculement pour prétexte de cette horrible violence, qu'ils étoient cause de la mort du Pape. Ils en sortirent néanmoins bien-tôt après : car ce malheureux Chastelain, qui ne laissa pas d'en tirer une bonne rançon, par un infame brigandage, fut obligé de les remettre en liberté, aussi-tôt après l'élection du nouveau Pape, laquelle se fit le dix-septiéme d'Octobre.

*Niem. l. 2. c. 24. Mon. Dionys. l. 24. c. 12.*

Les Cardinaux, avant que de procéder à l'élection, jurerent tous que celuy d'entre eux qui seroit élû, se déposeroit du Pontificat, pourveû que Benoist en fit autant de son côté, comme il s'y étoit si souvent obligé; après quoi ils éleûrent, tout d'une voix, le Cardinal de Boulogne Cosmatus Melioratus, natif de Sulmone, qui prit le nom d'Innocent VII. qu'il remplit admirablement par toutes sortes de vertus dignes d'un Souverain Pontife, qui éclaterent d'autant plus en toute sa conduite, qu'elles furent merveilleusement rehaussées par les lumieres de son esprit & de sa doctrine, & qu'elles ne furent jamais obscurcies par l'ombre d'aucun vice, ni d'aucun defaut, à la réserve d'un peu trop d'affection qu'on pourroit peut-être trouver qu'il eût pour ses parens. Mais

*Contelor. ex Lib. Colleg. Card. Niem. ibid. Platin. Ciacon. Onuphr. & alii.*

il y a peu d'hommes, quelque parfaits qu'ils
soient d'ailleurs, qui n'ayent besoin qu'on leur
pardonne un defaut de cette nature, qui se couvre si aisément d'une belle apparence de bonté,
sous laquelle, pour peu que l'on use d'indulgence, on le peut regarder comme une vertu naturelle. Enfin, le plus bel éloge du Pape Innocent est que Thierry de Niem, qui n'a pas coûtume d'épargner ces Papes, qu'il a connu très-
particulierement, & servi durant le Schisme,
& dont il parle assez souvent d'une maniere *Niem. l. 2.*
qui tient trop de la satyre, ne se lasse point de *c. 39. 41.*
loüer celuy-cy, duquel il dit toute sorte de bien,
excepté qu'il remarque que quand il fut Pape,
il n'eût plus d'envie d'embrasser la voye de cession, comme il l'avoit promis dans le Conclave, & qu'il joüa de son côté comme Benoist
faisoit du sien.

Et certes, quoy-qu'il y en ait qui le veulent
exempter de ce blâme, il faut néanmoins que je
dise, en sincere & veritable Historien, que l'on
ne peut nier, avec honneur, qu'il n'ait donné
lieu de le croire. Car enfin, dans toutes les Lettres qu'il écrivit aux Princes, pour leur témoi- *Epist. Innoc.*
gner le desir qu'il avoit de la Paix, il ne dit *ap. Raynald.*
autre chose, sinon qu'il a convoqué à Rome un
Concile, pour y déliberer des moyens justes &
raisonnables qu'on doit prendre pour abolir
le Schisme ; ce qui n'étoit nullement le point
dont il s'agissoit alors, puis que l'on s'étoit ar-

1404.

*Niem. l. 2. c. 38.*

*Decret. Innoc. pro Ladifl. ap. Raynald.*

refté à la voye de ceffion. De plus, il tint un Confeil à Viterbe, où il fit examiner s'il étoit obligé de la prendre; ce qui étoit révoquer en doute une chofe, laquelle il avoit fi folennellement promife. Et puis il eft certain qu'il fit en faveur de Ladiflas un acte authentique qui rendoit la paix impoffible. Car, pour r'affeûrer ce Prince, qui prenoit de l'ombrage de ce Traité d'union, craignant qu'on ne fît un Pape qui fût favorable à Louïs d'Anjou, il luy promit, par une Bulle, que ni luy, ni fes Cardinaux ne concluroient rien pour l'union de l'Eglife, que les deux partis ne convinffent qu'il demeureroit en pleine & paifible poffeffion du Royaume de Naples, fans qu'on pût rien attenter au contraire; ce qui étoit manifeftement abolir les droits du Roy Louïs d'Anjou, à quoi l'on pouvoit bien voir que ni la France, ni les Cardinaux François ne confentiroient jamais. Ainfi je crois que l'on peut dire, fans fcrupule, qu'Innocent Pape crût pouvoir difpenfer le Cardinal de Boulogne de l'obligation de garder le ferment qu'il avoit fait dans le Conclave, pourveû que cela fe fift fans fcandale, comme en effet il ne fit rien qui fût directement contraire à ce ferment.

*Niem. l. 2. c. 3. & feq. Antonin. t. 22. c. 4. Aretin. Summont. & alii.*

Mais il fut bien puni de ce qu'il l'avoit rendu illufoire, ou du moins inutile, par fa Bulle, pour favorifer Ladiflas. Car ce Prince perfide & ambitieux, qui ne fongeoit qu'à s'agrandir,

aux

aux dépens même de l'Eglife, croyant en avoir
une belle occafion fous le Pontificat de ce bon
vieillard, qu'on pourroit aifément opprimer,
vint avec tout ce qu'il pût amaffer de forces.
à la hafte, pour fe rendre maître de Rome.
Mais comme il eût trouvé que la Ville étoit
partagée entre trois partis, l'un des Gibelins
fous les Colonnes, qui avoient le même deffein que luy, & faifoient femblant d'être pour
Benoift; l'autre des Guelphes, fous les Urfins,
qui étoient pour le Pape; & le troifiéme des
Romains, qui fe vouloient remettre en poffeffion du gouvernement que Boniface leur avoit
ofté, il fe rangea du cofté des Colonnes, qu'il
crût être les plus forts. Et dans cette horrible
divifion, il fe fit à Rome tant de défordres,
tantôt un de ces partis prévalant, & tantôt un
autre, que le Pape enfin fut contraint de cé-
der à la violence de cette tempefte, d'abandon-
donner un vaiffeau fi furieufement battu de
tant de flots, & de fe fauver à Viterbe.

Cependant le Pape Benoift & fes Ambaffa- *Mon. Dionyf.*
deurs agiffoient de concert, par un jeu concer- *l. 24. c. 12.*
té entre eux, pour amufer tout le monde, & *Tr. de M. du*
pour faire accroire qu'Innocent étoit feul la cau- *Puy.*
fe de la durée du Schifme. Car ils firent enten- *Litter. Innoc.*
dre par tout, & particulierement à la Cour de *ap. Raynald.*
France, qu'ayant offert à Boniface & à fes Cardinaux la voye de ceffion, jufqu'à les prier à
mains jointes, & à deux genoux, de l'accepter,

pour éteindre au plûtôt le Schifme, on les avoit rudement repouffez, & avec tant de marques d'indignation du cofté de Boniface, qu'il en étoit mort de colere. Ils ajoûterent qu'Innocent y étoit fi peu difpofé, qu'il n'avoit pas même voulu les entendre, ayant toûjours opiniâtrément refufé les Paffeports qu'ils lui avoient fait demander par le Magiftrat de Florence. Benoift de fon cofté, pour achever la Comedie, ayant ouï en plein Confiftoire le rapport de fes Ambaffadeurs, dit hautement, que pour faire connoître à tout le monde qu'il n'y avoit rien qu'il ne fift pour réünir toute l'Eglife, il vouloit, nonobftant la dureté du nouvel Intrus, aller luy-même en Italie, pour le porter efficacement à cette union. En effet, aprés avoir impofé une

*Mem. Dionyf.* Décime fur le Clergé de France, pour fournir
*l. 25. c. 1.* aux frais de fon voyage, ce qui ne fe pût faire fans beaucoup de plaintes, fur tout de la part de l'Univerfité qui s'en fit exemter; il s'avança
*Foliott. l. 9.* jufques à Genes, car cette Ville qui étoit alors
*Mem. Dionyf.* fous la domination des François, s'étoit mife
*J. Iuvenal.* fous fon obéïffance, par les foins de l'Arche-
*S. Antonin. p.* vêque Piles Marini, que fa rare prudence, &
*3. t. 22. c. 4.* la fainteté de fa vie, ont rendu tres-illuftre, comme avoit fait auffi la République de Pife, par le moyen de Gabriel Marie Vifconti, qui y avoit ufurpé par force la fouveraine autorité. Le Pape Benoift fut receû dans Genes avec toute forte d'honneur, excepté que com-

me il avoit amené des gens de guerre, dont le **1405.**
nombre s'augmentoit tous les jours, les Genois
qui en prirent de la jalousie, ayant trouvé
moyen de les tirer adroitement hors de la Ville, sous prétexte d'une reveuë, ne voulurent plus
permettre qu'ils y rentrassent.

Cela luy donna beaucoup de chagrin, mais
il fallut pourtant qu'il s'appaisât ; & quelque
tems après, voulant continuër le jeu qu'il avoit
commencé, il fit demander au Pape Innocent *Niem. l. 2.*
un Saufconduit, pour de nouveaux Ambassa- *c. 30.*
deurs, qui auroient plein pouvoir de traiter avec
luy de la paix : ce qu'Innocent, qui avoit découvert ses fourberies, refusa. C'étoit là justement ce que Benoist demandoit, afin d'avoir
lieu d'écrire par tout, comme il fit, qu'il ne tenoit qu'à son competiteur que la paix ne se fist.
Mais Innocent, qui, pour se justifier, écrivit aussi *Mon. Dionys.*
de son costé, fit retomber sur luy toute la hon- *l. 25. c. 2. 3.*
te, & tout le mal dont il le vouloit accabler. Car *Traité de M.*
comme l'Université de Paris, & le Duc de Ber- *du Puy.*
ry, se furent plaints à Innocent, de ce qu'on
avoit refusé à Rome la voye de cession, que les
Ambassadeurs de Benoist avoient offerte à Boniface & à ses Cardinaux ; le Pape, en leur faisant réponse, découvrit la verité de ce qui s'é-
toit passé dans cette Ambassade, & la mauvaise
foy, & l'imposture de ces Ambassadeurs, & de
leur Maître, qui n'avoient jamais parlé de la cession, mais seulement d'une entreveuë qu'on

Q q ij

1405. avoit refusée, comme n'étant qu'un amusement, pour ne rien conclure, & un artifice de son rival, pour imposer au monde.

La découverte que l'on fit de cette imposture, nuisit extrêmement aux affaires de Benoist. C'est pourquoy, comme il eût appris que l'Université recommençoit ses poursuites contre luy avec plus de chaleur que jamais, il envoya Legat en France le Cardinal de Chalant Savoyard, qui, aprés avoir fait d'abord inutilement tous ses efforts, pour empescher qu'on n'écoutât plus l'Université, eût bien de la peine luy-même d'obtenir Audience, parce qu'on disoit hautement qu'il n'étoit venu que pour amuser le monde, en promettant toûjours ce que son Maître n'avoit nulle envie de tenir. On luy permit néanmoins de proposer encore une fois en plein Conseil ce que Benoist avoit à dire: ce qu'il fit par une Harangue Latine également foible & ennuyeuse, dans laquelle, aprés avoir bien déclamé contre Innocent, & contre tous ceux qui blâmoient la conduite de Benoist, qu'il tâcha de justifier, il dit enfin, ce que ce Pape avoit déja dit tant de fois, & toûjours sans effet, que si l'on jugeoit qu'il fût necessaire, pour le bien de la paix, qu'il cedât son droit, il étoit tout prest de le faire. On ne fit pas grand état de ce discours, sur lequel on ne voyoit pas qu'on pût faire grand fondement; & ce ne fut qu'avec peine que l'on permit à l'Université d'y répon-

Ann.
1 4 0 6.
Mon. Dionyf.
l. 25. c. 18.
I. Iuvenal.
Traité de M.
du Puy.

me de May, par l'organe de M. Jean Petit
Normand, celebre Docteur de Paris, qui aprés
avoir réfuté tout ce que le Cardinal avoit dit,
conclut à ces trois chofes qu'il demanda au nom
de l'Univerfité; la premiere, que l'Epître de l'U-
niverfité de Touloufe contre la fouftraction fût
condamnée, comme injurieufe au Roy, & à l'E-
glife Gallicane; la feconde, qu'on delivrât cette
Eglife des exactions dont Benoift avoit recommencé de l'opprimer; & la troifiéme, qu'on re-
nouvellât la fouftraction que l'on avoit faite à
ce Pape. Il y eût fur cela de grandes conteftations dans le Confeil, où quelques-uns qu'on
croyoit avoir part aux exactions que Benoift
faifoit avec beaucoup de chaleur fur le Clergé
de France, foûtenoient fon parti, fous prétexte
de défendre les droits & l'autorité de l'Eglife.
C'eft pourquoy il fut réfolu, qu'afin que l'on
jugeât fans paffion fur des points de cette importance, l'affaire feroit renvoyée au Parlement:
ce qui eft fans doute un illuftre témoignage de
cette haute réputation que cét augufte Corps
s'étoit aquife dés ce tems-là, & qu'il s'eft toûjours confervée par l'integrité de fes Jugemens.

La caufe fut plaidée le feptiéme de Juin par *Mon. Diony.*
les Docteurs Pierre Plout & Jean Petit, en pre- *l. 26. c. 1. 2. 3.*
fence des Princes, & des Officiers de la Couron- *L Iuvenal.*
ne, qui fe trouverent au Parlement, durant la *M. du Puy*
maladie du Roy. Le premier agit fortement con-

Q q iij

1406. re l'Epître de Toulouse; & le second, après
avoir exageré les vexations qu'on faisoit à l'E-
glise Gallicane, contre ses libertez, & montré
les infractions que Benoist avoit faites au Traité de la restitution d'obedience, demanda qu'on
luy fist de nouveau une entiere soustraction, sans
quoy l'on ne devoit plus esperer d'union. L'A-
vocat Général Jean Juvenal des Ursins, pere de
celuy de qui nous avons l'Histoire de Charles
VI. requit le lendemain les mêmes choses. Et
comme ceux qui s'étoient presentez d'abord pour
soûtenir les interests du Pape Benoist, ne voulant que gagner du tems, pour profiter de quelque occasion, ne paroissoient pas; le Roy, qui s'é-
toit fait instruire de l'affaire, dans un de ses bons
intervalles, par le Patriarche d'Alexandrie, commanda aux Juges, à la poursuite de l'Université, de ne plus differer, & de luy rendre promptement justice. C'est pourquoy la Cour s'étant
assemblée plusieurs fois, toutes autres affaires
cessantes, rendit enfin trois celebres Arrests sur
celle-cy. Le premier, du dix-septiéme de Juillet,
par lequel l'Epître de l'Université de Toulouse
fut condamnée de la maniere que j'ay dit ailleurs: ce qui obligea le Legat, qui vit par là que
les affaires de son Maître n'iroient pas trop bien,
à se retirer bien viste à Marseille, où la peste, qui
avoit chassé de Genes Benoist, l'avoit fait retirer. Le second, de l'onziéme de Septembre, portant défense de plus rien payer aux Collecteurs

du Pape, ni de tranfporter ni or, ni argent à fa 1406.
Cour, afin que l'Eglife de France joûîft deformais pleinement de fes libertez; & pour ce qui
regarde la fouftraction générale d'obedience, il
fut dit par le même Arreft, que le Jugement
en feroit remis jufques aprés la Touffaints, pour
eftre rendu par l'Affemblée générale des Prélats
de France, que le Roy convoqua pour la Saint
Martin.

Elle fe tint au Palais, en prefence du Roy, qui
ne manquoit pas d'y affifter toutes les fois que
fa maladie le luy permettoit, de M. le Dauphin,
des Princes, & des Officiers de la Couronne,
& de tout le Parlement. Il s'y trouva foixante-
quatre Archevêques & Evêques, environ cent
quarante Abbez, & un nombre infini de Docteurs & de Licentiez de toutes les Univerfitez
de France : de-forte qu'on peut dire qu'il n'y
eût jamais en France une plus augufte & plus
nombreufe Affemblée, en laquelle on jugea la
plus celebre de toutes les caufes entre le Pape
Benoift d'un cofté, & l'Univerfité de l'autre. C'eft
pourquoy, pour y proceder folidement, & en
gardant exactement toutes les loix de la juftice, & de l'équité naturelle, il fut réfolu, avant
toutes chofes, qu'on choifiroit fix des plus fçavans Docteurs Theologiens & Canoniftes, entre ceux qu'on fçavoit eftre le plus dans les interefts du Pape Benoift, pour défendre fa caufe;
& fix autres, qui foûtiendroient, & prouveroient

1406. pour l'Université de Paris, qu'on devoit faire la souftraction. Cette celebre cause fut plaidée de part & d'autre en plusieurs Séances, durant les deux mois de Novembre & de Décembre, par l'Archevêque de Tours Amelie du Brueil, par Pierre d'Ailly Evêque de Cambray, & leurs Adjoints pour le Pape Benoist : & par le Patriarche d'Alexandrie Simon de Cramaud, & par Pierre Regis Abbé du Mont Saint Michel, & quatre Docteurs de Paris, pour l'Université, contre Benoist; & l'on y dit de part & d'autre, avec beaucoup de doctrine & de liberté, tout ce qu'on peut alleguer de plus fort, pour & contre la souftraction, tant sur le droit, que sur le fait, excepté que Guillaume Filaftre Doyen de Reims, agiffant pour Benoist, s'emporta d'une maniere qui le rendoit criminel, & laquelle fut condamnée même par ceux de son parti.

*1. Juvenal.* Car au lieu de répondre précisément à ce que le Patriarche d'Alexandrie, & les Docteurs Pierre aux Bœufs Cordelier & Jean Petit avoient proposé, & prouvé par des raisons tres-fortes, immediatement avant qu'il parlât, il se mit à exagerer, hors de propos, la puiffance du Pape, laquelle il étendit bien loin au - delà des bornes que Jesus-Chrift luy a preferites, & s'avança jusques à dire que les Rois étoient ses Sujets, & luy leur Souverain au spirituel & au temporel. Mais comme il vit que l'on étoit extrêmement fcandalisé de son difcours, & que les Princes vouloient

vouloient qu'il en fût rigoureusement puni, il
implora la clemence du Roy, & demanda publiquement pardon, en confessant son crime,
avec tant de marques de son repentir, & tant
d'humilité, qu'on le luy pardonna pour cette
fois, aprés qu'il se fut rétracté en presence du
Roy dans la séance du quatriéme de Décembre,
où il dit hautement qu'il sçavoit que le Roy
de France n'étoit pas comme ceux qui relevent
de l'Eglise, ni même comme l'Empereur, qui
tient du Pape en quelque façon la Couronne
qu'il doit prendre de luy; que le Roy étoit
Empereur en son Royaume, & Empereur absolument indépendant de qui que ce soit; & que
comme il ne tenoit sa Couronne que de Dieu
seul, l'ayant receüe de lui par le droit de la naïs-
sance, & de la succession, & non pas des hommes par élection, il ne reconnoissoit aussi pour
le temporel aucune puissance pardessus la sienne,
que celle de Dieu seul. Aprés cela il fut permis
à ce Doyen comme auparavant de parler pour
les interests du Pape Benoist qu'il avoit entrepris de soûtenir.

Enfin, le vingtiéme de Décembre l'Avocat
Général fit une longue & docte harangue sur
les points qu'on avoit examinez de part & d'autre, & conclut, pour l'Université, contre le
Pape Benoist, ajoûtant que le Roy, qui a dans
son Royaume toute l'autorité imperiale, y avoit
pû convoquer l'Assemblée générale des Prélats

R 1

& des Docteurs, pour prendre d'eux leur avis sur ce qu'il doit faire en cette occasion, où il s'agit d'abolir ce malheureux Schisme, qui dechire l'Eglise depuis si long-tems. Aprés quoy le Chancelier ayant commandé de la part des Princes, en l'absence du Roy, que les seuls Prélats se trouvassent le lendemain au même lieu, pour conclure, par leurs suffrages, cette grande affaire, il y fut arrêté, à la pluralité des voix, aprés quelques contestations, *Qu'on devoit procurer la convocation d'un Concile universel pour la Réformation de l'Eglise dans le Chef* (t) *dans les membres; Que l'on feroit la soustraction générale d'obedience, sans reconnoître ni Pierre de Lune pour Pape, ni celui qui seroit à Rome; Que cependant l'Eglise Gallicane jouïssant de ses anciennes libertez, seroit gouvernée selon le droit commun, comme elle l'avoit esté durant la premiere soustraction.* L'on fit en suite une Procession générale, où tous les Députez de l'Assemblée assisterent avec les Princes & les Grands du Royaume, pour remercier Dieu de la conclusion de cette affaire. Mais l'exécution en fut encore differée quelque tems, à cause des grands changemens qui arriverent sur ces entrefaites à Rome, & qui donnerent sujet d'esperer qu'on pourroit faire la réünion d'une maniere plus facile, & moins violente.

# HISTOIRE

## DU
## GRAND SCHISME ·
## D'OCCIDENT.

---

### LIVRE QUATRIÉME.

AR tandis que l'on agiſſoit en
France avec tant de force contre Benoiſt , pour éteindre le
Schiſme ; le Pape Innocent, que
les Romains , qui s'étoient re-
pentis de leur rebellion, avoient
rappellé à Rome, aprés en avoir chaſſé Ladiſlas,

*Ann.*
1406.
*Niem. l. 2,*
*c. 39.*
*Leon. Aretin.*
*in Epiſt.*

1406.

& les Colonnes, par le fecours des Urfins, y
mourut foudainement d'apoplexie, le fixiéme
de Novembre, en la foixante-dixiéme année
de fon âge, & la feconde de fon Pontificat. Il
y avoit alors à Rome quatorze Cardinaux de
fon obédience, qui étant entrez au Conclave
le dix-huitiéme du même mois, examinerent
avant toutes chofes fi l'on devoit proceder à
l'élection d'un nouveau Pape, en l'état où l'E-
glife fe trouvoit; fur quoy il y eût deux opinions. Les uns vouloient qu'on la differât, jufques à ce qu'on vift ce que la France, qui avoit
pris la vraye voye d'abolir le Schifme, feroit
pour obliger Pierre de Lune à ceder comme il
l'avoit promis, au cás que fon Competiteur
mourût. Car fi cela étoit, comme il le falloit
efperer, difoient-ils, du zele & de l'autorité du
Roy de France, qui avoit travaillé jufqu'alors
avec tant de gloire à la paix de l'Eglife, il eft
certain que tous les efprits étant réünis, on feroit d'un commun confentement un Pape qui
feroit reconnu de tout le monde. Les autres difoient au contraire, qu'il falloit craindre que
ce retardement, qui, felon toutes les apparences, feroit tres-long, ne fût caufe de nouveaux
troubles, particulierement dans Rome; & que
Benoift, qui n'étoit gueres difpofé à ceder, quelque parole qu'il en eût donneé, n'en tirât avantage, pour s'opiniâtrer encore plus, fur l'efperance qu'il auroit que n'y ayant que luy de

*Cuddot. in
lib. Coll. Card.
ap. Raynald.
Leo. Aretin. in
Hiftor. & l. 3.
Epift. ap. 3.
Niem. l. 2.
Ciacon.*

Pape, on se résoudroit enfin à le reconnoî- 1406.
tre.

Dans cette diversité de sentimens, on prit
un milieu, qu'on crût qui pourroit tout accommoder. On résolut donc, qu'on feroit un Pape : mais avant cela, le vingt-troisiéme de Novembre, on fit un acte authentique, par lequel
chaque Cardinal promettoit avec serment, sur
les saints Evangiles, que s'il étoit élû, non seulement il renonceroit au Pontificat, au cas
que Benoist fist le même, mais aussi qu'il luy
écriroit, pour l'inviter à ceder comme luy ; qu'il
le feroit de la maniere, & au tems, & au lieu
que les Cardinaux jugeroient plus à propos ; &
que pour ne s'en pouvoir plus dédire, sans se
rendre infame, il envoyeroit à tous les Princes
Chrétiens une attestation du serment & du vœu
qu'il auroit fait. Aprés cela les Cardinaux, qui
agissoient en cette occasion de bonne foy, examinerent durant cinq jours, qui d'entre eux seroit le plus propre à estre élû à ces conditions,
& en quelque maniere, comme ayant procuration pour résigner au plûtost le Pontificat,
qu'il ne recevoit qu'en dépost ; & ils s'arrête-
rent enfin, le dernier jour de Novembre, en *Ciacon.*
la personne du Cardinal de Saint Marc Angelo
Corario noble Venitien , qui prit le nom de
Grégoire XII.

C'étoit un vénérable vieillard d'environ quatre-vingts ans, illustre également pour sa grande

1406. capacité dans les hautes sciences, & pour l'integrité d'une vie tres-pure & tres-innocente, qu'il avoit fait paroître depuis sa plus tendre jeunesse jusqu'alors, dans tous les emplois dont les Papes l'avoient honoré, étant sur tout d'une grande douceur d'esprit, & d'une singuliere moderation, qui sembloit l'éloigner infiniment de tous les sentimens d'ambition : ce qui fit principalement que les Cardinaux l'éleverent au Pontificat, ne doutant point du tout qu'il n'y dût renoncer sans peine, quand il le faudroit pour le bien de la paix. Et certes il confirma d'abord par sa conduite cette opinion que l'on avoit conceüe de sa vertu : car aussi-tost qu'il fut élû, il ratifia l'Acte qu'il avoit signé, & fit un discours en presence de tous les Prélats de la Cour Romaine, dans lequel il témoigna tant de desir de se transporter au-plûtost au lieu qui seroit assigné pour terminer cette grande affaire, en accomplissant ce qu'il avoit promis, qu'il protesta que s'il n'avoit point de Galeres pour y aller par mer, il se mettroit dans une simple felouque ; & si toutes les autres voyes luy manquoient pour s'y rendre par terre, qu'il étoit prest de faire le voyage à pied, sans autre aide que celuy de son baston. Il écrivit aussi, même avant son couronnement, à Pierre de Lune une fort belle lettre, dans laquelle il l'exhorte à vouloir ceder comme luy, à ne souffrir pas davantage que l'Eglise soit divisée par une opiniâtre

*Id. ex Anton. & Leonar. Aretin.*

*Niem. l. 3. c. 2.*

*Epist. Gregor. ad Petr. de Lun. Leon. Aretin. l. 2. ep. 4.*

résolution de ne pas quitter le Pontificat, & à 1406.
suivre enfin l'exemple de cette bonne mere, qui
aima mieux ceder son fils, quoy qu'elle sceût de
toute certitude que c'étoit le sien, que de permettre qu'on le coupât en deux. Il écrivit la
même chose aux Cardinaux de Benoist, & il
asseûra par ses Lettres circulaires tous les Princes, tous les Prélats, & toutes les Universitez,
qu'il étoit tout prest de se dépoüiller de sa suprême dignité pour le bien de la paix, les exhortant à contribuër de leur part tout ce qu'ils
avoient de pouvoir & d'autorité, pour l'accom-
plissement d'une œuvre si sainte & si necessaire.

Benoist, qui vouloit mettre aussi de son costé
au moins toutes les apparences de droit, ne manqua pas de luy écrire de la même maniere, le
loüant de ses saintes intentions, l'exhortant à y
perseverer, & l'asseûrant qu'il étoit résolu aussi
bien que luy de terminer le Schisme, soit en
cedant, soit par quelque autre voye que l'on
voudroit; & qu'il attendoit ses Ambassadeurs
avec beaucoup d'impatience, pour convenir au
plûtost du lieu où les deux Papes se devoient
trouver avec leurs Colleges. En effet, il receût
tres-bien à Marseille Antoine Evêque de Boulogne, neveu de Grégoire, & l'Evêque de Todi,
avec Antoine de Butrio celebre Docteur de Boulogne, qui furent députez vers luy pour conclure ce Traité, par lequel, aprés beaucoup de

*Ann.*
1407.
*Mem. Dionys.*
*l. 26.*
*L. Juvenal.*
*Niem. l. 3.*
*Leon. Aretin.*
*M. du Puy.*

1407. conteſtations, enfin la Ville de Savonne, qui étoit ſous la domination du Roy, fut choiſie pour le lieu de la Conference, où les deux concurrens ſe devoient trouver dans la Feſte de Saint Michel, ou pour le plus tard au commencement de Novembre; & tout ce que l'on pouvoit ſouhaiter pour la ſeûreté de l'un & de l'autre, fut reglé en vingt-trois articles, que l'on ſigna de part & d'autre, avec cette condition, que ſi quelque choſe de ce qu'on promettoit par ces articles ne ſe pouvoit accomplir à Savonne, Ville que Benoiſt avoit demandée, il ſeroit obligé d'accepter une des autres Villes que Grégoire luy propoſoit. Ainſi tout étant arreſté pour cette grande Conference, où les deux Papes ſe devoient dépoſer, en laiſſant à leurs Colleges réünis, le pouvoir de créer un nouveau Pape, on ne doutoit plus à ce coup que le Schiſme n'allât finir.

*Niemm.*

Mais ſoit que la paſſion du gouvernement, qui a tant de charmes, particulierement pour les vieillards, qui ne s'en défont pas aiſément, quand ils en ont une fois goûté la douceur, eût ſéduit le Pape Grégoire; ſoit qu'il ſe fût laiſſé gagner à la tendreſſe qu'il avoit pour ſes parens, qui ne pouvoient ſouffrir qu'il deſcendiſt d'un Trône qu'ils rempliſſoient eux-mêmes ſous ſon nom: il eſt certain que les Ambaſſadeurs que le Roy envoya aux deux Papes, pour preſſer l'exécution de ce qu'ils venoient de promettre, s'apperceû-
rent

*Leon. Aretin.*
*Mon. Dionyſ.*

rent bientoft qu'ils s'accordoient parfaitement 1407.
tous deux à vouloir toûjours eftre Papes, & que
s'il n'y avoit entre eux de la collufion, ils agiffoient du moins d'une maniere qui le faifoit
croire à toute la terre.

En effet, nos Ambaffadeurs étant arrivez à
Marfeille, comme on achevoit de conclure ce
Traité, ne pûrent jamais obtenir de Benoift qu'il *Mon. Dionyf.*
leur donnât une Bulle, dans laquelle il ratifiât *l. 27.*
ce qu'il avoit promis au fujet de la ceffion, com- *I. Juvenal.*
me le Roy le demandoit, afin qu'il ne s'en pût
dédire. Il dit toûjours que fa parole fuffifoit;
qu'on s'y devoit fier; & qu'il ne falloit point
d'autre écrit que fa Lettre à Grégoire, fi l'on
vouloit efficacement l'union. Et dans le difcours
qu'il fit fur le champ en public, pour répondre
à la harangue du Patriarche d'Alexandrie Chef
de l'Ambaffade, comme il étoit extrêmement
fubtil & adroit, il mefla tant de chofes ambi-
guës à la promeffe qu'il fit de ceder, qu'il fe
laiffoit la liberté de n'en rien faire, à la faveur
de certaines interpretations qu'il tenoit toûjours
en réferve, pour fe dégager dans l'occafion où il
fe verroit trop preffé. On ne voulut pas pourtant encore luy fignifier la fouftraction qui avoit
efté réfoluë dans l'Affemblée de Paris, comme
on en avoit ordre, au cas qu'il refusât la Bulle qu'on luy demandoit; car on craignoit que
cela n'empefchât la Conference de Savonne: ce
que le Roy trouva tres-bon, malgré toutes les

1407. plaintes que l'Université en fit. C'est pourquoy les Ambassadeurs s'étant separez, les uns demeurerent auprés de Benoist, pour le solliciter toûjours d'accomplir sa promesse; & les autres, accompagnez des Envoyez de la part de Benoist, furent à Rome, où ils trouverent Grégoire bien changé.

Mon. Dionys.
l. 27. c. 14.
& seq.

Car aprés qu'on luy eût representé le Traité de Marseille, pour le prier ensuite d'accomplir ce qu'il avoit si solennellement promis, il refusa d'abord Savonne, sous mille faux prétextes qu'il alleguoit pour justifier son refus, disant tantost qu'il n'avoit point de Galeres, ni de quoy fournir aux frais de ce voyage, luy qui s'étoit même offert à y aller à pied; tantost qu'il falloit avoir sur cela le consentement de tous les Peuples de son obedience; une autre fois qu'il craignoit le Roy Ladislas, avec lequel on disoit cependant que

Niem.
Leon. Aret.

ses neveux s'étoient entendus pour le rendre maître de Rome, afin qu'il empeschât cette union, dont il ne vouloit point. Il ajoûta plusieurs autres choses encore plus foibles, mais sur tout qu'il n'y avoit aucune seûreté pour luy à Savonne, aprés ce que les François, qui en étoient les maîtres, avoient fait contre Benoist. Enfin, quoy qu'on pût dire, & qu'on pût faire pour réfuter ses mauvaises raisons, pour dissiper ses vaines frayeurs, pour luy donner toutes les seûretez imaginables, contre les défiances qu'il avoit, ou qu'il feignoit avoir; quoy que ses Docteurs mêmes luy prou-

vaſſent de vive voix, & par de tres-doctes écrits, 1407.
qu'il étoit obligé en conſcience d'accomplir le
Traité de Marſeille, & que tous ſes Cardinaux,
avec pluſieurs Princes & Villes d'Italie, l'en ſup-
pliaſſent, proteſtant que tous les expediens qu'on
luy propoſoit pour prendre ſes ſeûretez, étoient
raiſonnables, il demeura toûjours obſtiné ſur la
negative. Et cependant Benoiſt qui traitoit ſouvent avec luy ſous main par ſes affidez, s'étant
rendu à Savonne, ſe roidiſſoit d'autant plus contre luy, à ne vouloir point d'autre Ville, qu'il le
voyoit plus réſolu à n'accepter jamais Savonne : ce qui fit ſoupçonner à bien des gens que
ces deux Papes s'accordoient parfaitement pour
joûër tout le monde, en rejettant l'un ſur l'autre la cauſe de la continuation du Schiſme.

Mais on n'en douta plus du tout aprés les
démarches qu'ils firent tous deux peu de tems
aprés, & qui acheverent d'ouvrir les yeux aux
moins éclairez, pour découvrir qu'il y avoit entre eux une manifeſte colluſion. Car d'une part
Grégoire, pour témoigner qu'il ne tiendroit pas
à luy qu'on ne conferât pour faire l'union, partit enfin de Rome le neuviéme d'Aouſt ; mais
étant arrivé à Sienne au commencement de Septembre, il s'y arreſta juſques à la Touſſaints,
qui étoit le dernier terme preſcrit par le Traité
de Marſeille, pour ſe rendre à Savonne. Et alors
il fit déclarer au Peuple dans toutes les Egliſes
par ſes Prédicateurs, qu'il n'y avoit point de

**1407.** seûreté pour luy à Savonne ; qu'il étoit même tres-bien averti qu'on luy avoit dressé des embûches sur le chemin, pour se saisir de sa personne ; & qu'en l'état où étoit l'Eglise, il ne pouvoit renoncer au Pontificat entre les mains de ses Cardinaux, sans abandonner au loup son troupeau, & sans s'exposer au danger d'estre éternellement damné, quoy que luy-même l'eût proposé un peu auparavant à ces mêmes Cardinaux, qui luy avoient accordé pour cela tout ce qu'il avoit demandé & pour luy & pour ses neveux. Et néanmoins, comme il vouloit faire accroire au monde qu'il feroit toûjours tout ce qu'il pourroit pour s'aboucher avec Benoist, il s'avança jusques à Luques, au commencement de l'année suivante.

*Niem. l. 3. c. 21. & tract. 4. c. 2.*

*Ann.* **1408.** D'autre part Benoist, qui étoit beaucoup plus sçavant que luy en l'art de fourber & de ruser, que ce bon homme n'apprenoit que par les leçons qu'il en recevoit dans leurs negotiations secretes, fit semblant de vouloir aussi relâcher quelque chose de son droit au sujet de Savonne. Il s'embarqua donc sur les Galeres de Genes, & s'avança jusques à Porto-Venere, comme pour convenir avec Grégoire de quelque autre lieu. Mais aprés avoir long-tems traité par leurs Ambassadeurs, entre lesquels il y en avoit toûjours quelqu'un de part & d'autre qui avoit le secret, pour ne jamais rien conclure ni sur les lieux, ni sur les conditions que l'on proposoit

*Niem. l. 3.*

des deux coſtez, tout aboutit enfin à s'accuſer
l'un l'autre de concert, par des lettres, où l'on
voit manifeſtement qu'ils joûoient une comedie, pour amuſer le monde, en retenant toûjours
chacun de ſon coſté le Pontificat, ſous prétexte
que ſon concurrent le vouloit ſurprendre, &
n'agiſſoit pas comme luy de bonne foy. Car
puis qu'ils ne pouvoient, ou plûtoſt qu'ils ne
vouloient pas s'accorder ſur le lieu de leur Conference, & ſur les ſeûretez qu'ils vouloient prendre, qui ne ſont que des circonſtances, s'ils euſſent eſté bien intentionnez pour le fond de
l'affaire, à ſçavoir pour la ceſſion effective qu'ils
avoient promiſe, qui les empeſchoit de ceder
tous deux en même tems entre les mains de
leurs Colleges ſans ſe voir, comme on les en
preſſoit? Mais c'eſt que dans la verité ni l'un
ni l'autre ne vouloit ceder.

Enfin l'on ne douta plus que la paix ne fût
entierement deſeſperée, lors qu'on vit que durant toutes ces negotiations, qui n'étoient que
de pures illuſions, le Roy Ladiſlas, qui avoit
une armée de quinze mille chevaux, & de huit
mille fantaſſins, avec une bonne flotte, fut receû dans Rome comme en triomphe par les
Romains, & même par Paul des Urſins Général de l'Egliſe pour Grégoire; & que ce Pape &
ſes neveux, bien loin d'en paroître ſurpris, ne
pûrent s'empeſcher d'en témoigner beaucoup
de joye: ce qui fit voir que l'on agiſſoit de con-

Apud Niem.
l. 3. & tract.
6. & apud
Clemeng.

Quæ palàm
ad id fabrica-
tæ apparent,
ut fucum fa-
cerent, & gen-
tibus illude-
rent; metuum
utriuque de
induſtria fin-
gentes.
Spond. ad hunc
ann.

Summont.
l. 4.

Niem. l. 3.
c. 27. 28.

1408. cert avec ce Prince, qui craignoit toûjours que
si le Schisme cessoit, on ne fist un Pape qui
fût contre luy, pour Louïs d'Anjou. Mais ce
qui acheva d'irriter, & ensuite de soûlever tous
ses Cardinaux contre luy, fut que, contre la promesse qu'il avoit faite avec serment, de ne point
créer de Cardinaux durant qu'on traiteroit de
l'union, pour ne la pas rendre par là plus difficile, il en fit quatre nouveaux malgré tout ce
que pûrent faire les anciens pour s'y opposer.
Et comme il vit qu'ils faisoient éclater le mécontentement qu'ils en avoient, il leur fit défense, sur peine de privation de leur dignité, de
sortir de Luques, de s'assembler pour conferer
ensemble, sous quelque prétexte que ce pût estre,
& d'avoir aucun commerce ni avec les Ambassadeurs de France, ni avec ceux de Pierre de
Lune.

Alors ces Cardinaux, entre lesquels étoit
Othon ou Eudes Colonna, celuy qui fut depuis élû Pape au Concile de Constance, ne voulurent plus rien ménager ; & croyant qu'il n'en
usoit de la sorte que pour se fortifier contre
son rival, & contre eux-mêmes, qui le pressoient
continuellement d'observer le Traité de Marseille, & pour rendre impossible la conclusion
de la Paix, qu'on ne pouvoit faire sans qu'ils
traitassent avec ces Ambassadeurs ; ils trouverent
moyen de sortir de Luques, & de se retirer à Pise,
sous la protection des Magistrats de cette Ville,

*9. Maii.*

*Nem. l. 3.*
*& in Nem.*
*Union. tract.6.*
*Leon. Aretin.*
*l. 2. ep. 15.*

*22. Maii.*

qui les receûrent à bras ouverts. Et parce qu'il 1408.
leur envoya faire, avec de grandes menaces, commandement de retourner à Luques, ils luy firent
signifier un Acte, par lequel, aprés avoir justi- *13. Maii.*
fié en termes fort respectueux leur procedé, ils *Apud Niem.*
appellent de tout ce qu'il pourra faire contre *tract. 6. &*
eux à luy-même, quand il agira plus raisonna- *Raynald.*
blement; à Jesus-Christ, qui le doit juger devant son Tribunal; au Concile général, qu'ils disent estre Juge des Papes en cette vie; & au Pape futur canoniquement élû, qui peut corriger
les fautes de son predecesseur. Ils écrivirent en
même tems à tous les Princes, & à tous les Prélats de la Chrétienté, des Lettres circulaires, par
lesquelles, aprés leur avoir rendu compte de leur
conduite, & de celle de Grégoire, qu'ils accusent
d'avoir manqué à tout ce à quoy il s'étoit obli- *14. Maii.*
gé par son serment, pour procurer l'union de
l'Eglise, ils déclarent qu'ils ne se sont retirez à
Pise que pour travailler, selon leur serment, à cette grande affaire, conjointement avec les Ambassadeurs de France, les Députez de l'Université
de Paris, & tous ceux qui s'y sont rendus avec
eux, & qui s'y rendront de la part des Rois, des
Princes, & des Prélats, pour avoir part à l'ac-
complissement d'un ouvrage si necessaire au bien
& au salut éternel de tous les Chrétiens. Et com- *Niem. L. 3.*
me Grégoire ne laissa pas de fulminer contre *& tract. 6.*
eux, & contre tous les Ecclesiastiques qui les
avoient suivis, ils firent afficher en divers lieux,

1408. à Luques, un nouvel Acte d'appel, où ne gardant plus de mesures, comme ils avoient fait dans
le premier, ils le traitent de fourbe, de perfide, de parjure, de fauteur du Schisme, & d'ennemi du repos de l'Eglise.

Cependant Benoist n'étoit pas plus favorablement traité en France, où le Roy, qui crût
voir manifestement la collusion des deux Papes, fit publier, à la poursuite de l'Université,
ses Lettres, par lesquelles, aprés avoir exposé
tout ce qu'il a fait jusques alors pour rendre la
paix à l'Eglise, & les empeschemens que les deux
concurrens au Pontificat y ont apportez de leur
part, il déclare, que suivant la résolution prise
à Paris dans l'Assemblée générale de l'Eglise Gallicane, il feroit l'entiere souftraction d'obedience, & ne reconnoîtroit ni Benoist, ni Grégoire pour Papes, si dans la Feste de l'Ascension,
qui échéoit cette année au vingt-quatriéme de
May, on ne faisoit la réünion de l'Eglise par la
cession volontaire de ces Papes; & ensuite il exhorte les Rois, les Princes, les Républiques,
& tous les Prélats de l'Europe, ausquels il adresse ses Lettres, de faire le même de leur costé,
pour travailler efficacement avec luy à réünir
tous les Chrétiens sous un seul Chef, qui soit
sans contredit le veritable successeur de Saint
Pierre. De plus, il envoya les Seigneurs de Châ-
teaumorant & de Torsay à Porto-Venere, où ils
déclarerent de sa part cette résolution à Benoist,

qui

12. Ianuarii.
Apud Niem.
tract. 6. &
Gers. t. 1.
Mon. Dionys.

qui fit enſuite une action qui acheva de le rui- 1408.
ner. Car feignant de ſe plaindre au Roy de ce
traitement par des lettres aſſez civiles du dix-
huitiéme d'Avril, qu'il luy écrivoit comme un
pere à ſon fils, ſes Envoyez luy preſenterent *Mon. Dionyſ.*
dans le même paquet, ſans qu'on s'en apperceût *l. 28. c. 1.*
*J. Juvenal.*
d'abord, une Bulle datée un an auparavant, dans *Traité de M.*
laquelle on trouva qu'il excommunioit tous ceux *du Puy.*
qui empeſcheroient l'union à laquelle il travailloit, & qui s'oppoſeroient à ſes bons deſſeins,
ſoit en appellant de ſon Tribunal, comme l'U-
niverſité avoit déja fait par précaution, ſoit en
faiſant, ou favoriſant la ſouſtraction, fût-ce un
Empereur & un Roy, & mettoit tous ſes Etats
en interdit, & diſpenſoit tous ſes ſujets du ſerment de fidelité.

Le Roy fort ſurpris de cét attentat contre les
droits de ſa Couronne, aſſembla ſon Conſeil, où *Mon. Dionyſ.*
ſe trouverent quelques fameux Docteurs de l'U- *l. 28. c. 2. 3. 4.*
*J. Juvenal.*
niverſité, laquelle avoit part en ce tems-là aux
plus importantes déliberations, particulierement
en celles qui concernoient les droits du Roy & de
l'Egliſe Gallicane. Il y fut réſolu qu'elle auroit
audience en plein Conſeil, pour demander juſtice de cette entrepriſe. Cela ſe fit au mois de
May, avec toute la ſolennité poſſible, dans le Palais, en preſence du Roy ſéant ſur ſon Trône,
ayant à ſa droite le Roy de Sicile, les Ducs de
Berry, de Bourgogne, de Bourbon, de Bar, & de
Brabant, les Comtes de Nevers, de Saint Pol, &

Tt

1408. de Tancarville, & plusieurs des plus grands Seigneurs du Royaume; & à sa gauche, les Archevêques, les Evêques, les Abbez, les plus apparens du Clergé, & les Députez de l'Université. Le Recteur prit sa place sur une chaise élevée au milieu de l'Assemblée, vis-à-vis du Roy, d'où il commanda au Docteur Jean Courtecuisse de parler au nom de sa Compagnie. Il le fit par un grand discours, dans lequel, aprés avoir montré tout ce que Benoist avoit fait pour empescher l'union de l'Eglise, en violant la foy qu'il avoit si souvent donnée, & l'injustice & les nullitez de ses Bulles ; il demanda qu'elles fussent lacerées, & que ceux qui avoient eû l'audace de les apporter, & tous leurs complices, fussent severement punis.

Alors le Chancelier en ayant receû le commandement du Roy, prononça hautement que sa Majesté approuvoit tout ce que le Docteur avoit dit. Sur quoy le Secretaire qui tenoit les Bulles, mit le canif dedans, & les jetta aux pieds du Recteur, qui les releva, & les mit en pieces devant tout le monde. Sanche Loup Gentilhomme Arragonois, & le Courtier Castillan qui les avoient apportées en France, furent échafaudez, selon la coûtume de ce tems-là, dans la Cour du Palais, & au Parvis de Nôtre-Dame, revestus de tuniques blanches, par dérision, peintes des armes renversées de Pierre de Lune ; & quelques Prélats & Ecclesiastiques qu'on avoit arrestez sur

*Mon. Dionys.*
*Traité de M.*
*du Puy.*

ce qu'ils étoient accusez d'avoir agi de concert 1408.
avec eux, ayant esté déchargez par leur dépofi-
tion, ne furent pourtant delivrez qu'avec bien
de la peine: Tant nos anceftres étoient déli-
cats fur ce point, qui regarde la Souveraineté
de nos Rois indépendante de toute autre que
de Dieu feul ; & tant ils puniffoient feverement
toutes les entreprifes que l'on ofoit faire fur leur
puiffance & leur autorité fuprême pour le temporel, par l'abus qu'on faifoit de la fpirituelle,
qui ne s'étend que fur les ames. Enfin le lendemain de l'Afcenfion vingt-cinquiéme de May,
l'on publia folennellement à Paris, & enfuite
par tout le Royaume, la fouftraction d'obedience, & la neutralité ; & le Roy invita tous les Souverains de l'Europe à faire le même dans leurs
Etats, afin qu'on pût proceder d'un commun
confentement à l'élection d'un vray Pape.

Pour cét effet, il écrivit aux Cardinaux de Gré- *Niem. tract.*
goire, comme fit auffi l'Univerfité de Paris, pour *6. c. 14.15.*
les exhorter à s'unir au plûtoft avec ceux de Pierre de Lune, en leur promettant fa protection.
Et parce qu'il falloit pourvoir au gouvernement
de l'Eglife Gallicane durant cette neutralité, il
convoqua un Concile national, qui fe tint à Pa- *Mem. Dionyf.*
ris, où prefque tous les Evêques de France fe *l. 28. c. 5.*
trouverent. L'Archevêque de Sens y préfida en
la place de Simon de Cramaud Patriarche d'A-
lexandrie, qui étoit Ambaffadeur à Pife, & on y
fit depuis l'onziéme d'Aouft jufqu'au cinquié-

me de Novembre, de tres-beaux Réglemens pour les Abfolutions, les Difpenfes, les Jugemens, les Appellations, les Provifions des Benefices, & fur toutes fortes d'affaires Ecclefiaftiques, comme on le peut voir dans l'Hiftoire du Moine anonyme de Saint Denis, qui les rapporte tout au long. Ce fut auffi par l'avis de cette Affemblée, que le Roy déclara déchûs de toutes Dignitez, & de tous Benefices en France, trois Cardinaux, un Archevêque, trois Evêques, l'Abbé de Saint Sernin de Touloufe, Gui Flandrin Auteur de l'Epître fcandaleufe condamnée par le Parlement, les Généraux François des Jacobins & des Cordeliers, & tous ceux enfin qui comme eux feroient encore fauteurs & complices de Pierre de Lune, réputé comme hérétique, & fchifmatique retranché du Corps de l'Eglife.

Cod. MS.
Bibl. Viktor.
apud Spond.

L'indignation, & le procedé vigoureux du Roy contre l'opiniâtreté & la collufion toute évidente des deux concurrens, fut comme un grand éclat de tonnerre qui les étonna, ou plûtoft comme un furieux coup de foudre qui les renverfa de leur trône. Benoift craignant d'eftre arrefté à Porto-Venere par le Maréchal de Boucicaut Gouverneur de l'Etat de Genes, felon l'ordre qu'il en avoit du Roy, remonta promptement fur fes Galeres avec quatre de fes Cardinaux qui le fuivirent; & n'ofant plus aller ni en Provence, où il n'étoit plus reconnu pour Pape, ni à

Avignon, où il craignoit d'eftre encore affiegé, 1408.
il alla prendre port à Colioure, d'où il fe retira
à Perpignan. Là il fit douze Cardinaux, afin de *Onuphr.*
fe faire une Cour de Pape; & pour montrer toûjours qu'il vouloit la paix, il y convoqua un
Concile, qui fut celebré au mois de Décembre.
Il s'y trouva à la verité affez bon nombre de
Prélats de ce qui luy reftoit d'obedience, & dont
la plufpart étoient Efpagnols, Arragonois, &
Caftillans : mais n'ayant pû s'accorder entre eux, *Niem. l. s.*
prefque tous fe retirerent fans avoir rien con- *c. s6. 37.*
clu ; & il n'en refta que dix-huit, qui le conju- *Surit. l. s.*
rerent d'envoyer fes Nonces à Pife, avec pou-
voir de renoncer au Pontificat en fon nom, pour
le bien de la paix, fi l'on y contraignoit fon
concurrent; & cependant de pourvoir efficacement à ce qu'on ne pût continuër le Schifme,
au cas qu'il vînt à mourir avant l'union : ce que
Benoift, à qui les promeffes ne coûtoient rien
pour amufer le monde, promit fans peine fur le
champ, & même par écrit; fort réfolu, felon
fa coûtume, de n'en rien faire.

D'autre part, le Pape Grégoire, qui vouloit
auffi tenir un Concile pour l'oppofer à celuy
qu'il voyoit bien qu'on affembleroit contre luy, *Niem. l. s.*
en convoqua un pour la Pentecofte de l'année *c. s6. & traff.*
fuivante, en la Province d'Aquilée; & cepen- *s. c. 42.*
dant, comme il n'ofoit retourner à Rome, où *Mon. Dimyf.*
l'on étoit extrêmement irrité contre luy, à cau- *l. 28. c. s.*
fe de l'intelligence qu'on difoit qu'il avoit avec

Tt iiij

1408. Ladiflas ufurpateur d'une bonne partie du Patrimoine de l'Eglife, il fut obligé de retourner à
Sienne, qui ne le receût que pour peu de tems,
& où il créa de nouveau neuf Cardinaux, pour
fe faire un College, parce que ce peu d'anciens
qui luy reftoient, l'avoient encore abandonné,
pour fe joindre aux autres à Pife, d'où ils furent tous enfemble à Ligourne, où la plufpart
des Cardinaux de Pierre de Lune, qui vouloient
la paix de l'Eglife, s'étoient auffi rendus.

*Niem. traE.*
*6. c. 43.*

*Niem. l. 3.*
*c. 38.*
*Mem. Dionyf.*
*l. 28. c. 8.*

Ce fut là que malgré toutes les excommunications des deux Papes inutilement fulminées
contre eux, ils fe mirent à traiter férieufement
des moyens efficaces d'extirper le Schifme. Et
parce que la voye de ceffion qu'on avoit choi-
fie d'un commun confentement, ne pouvoit
plus avoir lieu, veû l'opiniâtreté & la collufion
toute évidente des deux prétendans, on convint
aifément que c'étoit à l'Eglife, reprefentée par
un Concile général, de les contraindre de ceder,
ou de les dépofer par fon autorité fuprême, afin
d'élire un autre Pape, qu'on ne pût douter qui
ne fût le feul veritable Chef de tous les Chrétiens. La difficulté étoit feulement de fçavoir de
quelle autorité on convoqueroit ce Concile général, puis que c'étoit au Pape que ce pouvoir
appartenoit à l'égard du fpirituel, pour autori-
fer fes Decrets. Mais on avoit déja decidé ce
cas fuivant les réfolutions des plus celebres Uni-
niverfitez, & fingulierement de celles de Paris

*Niem. traE.*
*6.*
*Antonin. t. 22.*
*c. 5.*
*Cod. Viktor.*
*P. p. apud*
*Spond.*

& de Boulogne. Car comme il étoit incertain qui 1408.
des deux prétendans étoit le vray Pape; qu'on
étoit affeûré qu'ils ne s'accorderoient jamais à
faire conjointement cette convocation; qu'un
des deux en particulier ne la pouvoit faire, n'é-
tant reconnu que d'une partie de l'Eglife; &
qu'enfin il ne s'agiffoit que d'extirper le Schifme, ce qu'ils avoient tous deux promis avec ferment de procurer, en fe dépouïllant de leur Dignité: pour toutes ces raifons on avoit conclu
que les deux Colleges unis enfemble le pouvoient convoquer en cette occafion, du confentement de la plus grande partie des Princes, des
Prélats, & des Fidelles, qui étant eux-mêmes
l'Eglife, ou la Congregation des Chrétiens,
avoient même en ce cas le pouvoir d'habiliter
les Cardinaux à cét égard.

Cela réfolu de la forte, les deux Colleges s'é- *Niem. l. 1.*
tant affemblez le quatorziéme de Juillet, arrefte- *c. 38.*
rent l'indiction du Concile Général de l'une &
de l'autre obedience, aû vingt-cinquiéme de Mars
de l'année fuivante à Pife, que les Florentins, *Niem. ibid.*
fous la domination defquels étoit alors cette fameufe Ville, avoient accordée au Cardinal de
Saint Euftache Baltazar Coffa, Legat de Boulogne, leur grand ami, pour y celebrer le Concile, & où il fe rendit en même tems avec le
Cardinal Jean Meliorato neveu d'Innocent VII.
& Archevêque de Boulogne. Ils envoyerent les
Lettres de cette indiction du Concile à tous les

1408. Princes & à tous les Prélats de la Chrétienté
Apud Monac.
Dionyf. & ſt.
Dacher. t. 6.
Spicileg. dans leur obedience, pour les y inviter. Le Roy
fut le premier qui l'accepta, & qui en écrivit
auſſi de ſon coſté & aux Cardinaux, & aux Princes, pour les exhorter à contribuër de leur part
à l'accompliſſement d'une œuvre ſi ſainte & ſi
Niem. ibid. neceſſaire. On envoya deux Cardinaux à Sienne,
pour y citer Grégoire, qui ne voulut pas leur
donner audience ; ce qui les obligea d'afficher
leur Citation aux portes de la grande Egliſe.
Spicileg. t. 6.
p. 225. Ceux de Benoiſt auſſi le citerent par une belle
Lettre qu'ils luy écrivirent, en le conjurant avec
beaucoup de reſpect, d'honorer le Concile de ſa
preſence, ou du moins d'y envoyer ſes Procureurs, avec pouvoir d'y faire la ceſſion de ſa
part, comme on avoit auſſi prié Grégoire de la
faire.

Enfin, parce qu'on vouloit s'aſſeûrer particulierement de l'Angleterre & de l'Allemagne,
où l'on avoit témoigné plus d'attachement au
parti d'Urbain VI. & de ſes ſucceſſeurs, le Car-
Apth. Burdeg.
apud Spond.
Walſing. in
Henric. IV. dinal de Bourdeaux qui étoit venu en France de
la part des deux Colleges, eût ordre de paſſer à
Londres, où le Roy Henry de Lanclaſtre receût la convocation du Concile avec toute ſorte de reſpect. Il y envoya ſes Ambaſſadeurs avec
de celebres Docteurs de l'Univerſité d'Oxford,
qui paſſant par Paris pour aller à Piſe, furent
receûs avec beaucoup d'honneur, principalement de la part de l'Univerſité, qui les felicita
par

par ſes Députez; & nous avons encore la harangue du fameux Jean Gerſon Chancelier de
cét illuſtre Corps, dans laquelle, aprés les avoir
loûez de leur zele à procurer l'union de l'Egliſe, il montre qu'elle ſe peut aſſembler d'elle-
même en une occaſion pareille à celle-cy; qu'il
eſt tres-juſte & neceſſaire qu'elle le faſſe; & que
le Concile qui la repreſente, peut dépoſer les
Papes en certains cas, & ſur tout dans l'incertitude où l'on eſt qui eſt le veritable, & dans
un Schiſme qu'on ne peut terminer autrement
qu'en les obligeant de ceder, ou en les dé-
poſant.

*Gerſon t. 1.*
*pag. 890.*
Ut in caſu
gravis ſcanda-
li, vel in du-
bio aliter in-
terminabili
quàm per ceſ-
ſionem vel de-
jectionem
Papæ.

Le Cardinal Landolphe de Bary fut en Allemagne à la Diéte de Francfort, où l'Empereur Robert, les Archevêques de Cologne &
de Mayence, & la pluſpart des Princes & des
Prélats de l'Empire étoient aſſemblez avec les
Ambaſſadeurs de France & d'Angleterre, pour
déliberer ſur l'indiction du Concile. Et là, malgré tous les efforts que fit le Cardinal Antoine Corario neveu de Grégoire, pour juſtifier ſon oncle, il plaida ſi fortement la cauſe
de l'Egliſe, qui étoit malheureuſement diviſée
depuis plus de trente ans par un Schiſme qui
ne pouvoit finir autrement que par cette voye,
qu'on approuva l'indiction de ce Concile tout
d'une voix, à la réſerve de Robert, qui pour
gratifier Grégoire, n'y voulut jamais conſentir.

*Niem. l. 3.*
*c. 39.*
*Gobell. in*
*Coſmod.*
*M. du Puy.*

*Ann.*
*1409.*

Vu

1409. L'une des plus fortes. raisons qu'on eût de passer outre, nonobstant son opposition, dans le desir extrême qu'on avoit de voir au-plûtost la fin de ce Schisme, fut le déplorable & sanglant effet qu'on en avoit veû depuis peu de mois, dans un autre Schisme qu'il fit naître au Païs de Liége, & dont il faut que je raconte icy briévement la funeste Histoire.

Les Liégeois au commencement du Schisme étoient demeurez dans l'obedience d'Urbain VI. comme ils firent encore en celle de son Successeur Boniface, jusqu'à ce que la France s'étant soustraite de l'obedience de Benoist, ils prirent aussi comme elle la neutralité, en quittant Boniface. Ils avoient alors pour Evêque Jean de Baviére, fils d'Albert, & petit-fils de l'Empereur Louïs de Baviere, & frere de Guillaume Comte de Haynaut, de Hollande, & de Frise. Ce jeune Prince, qui, par un desordre assez commun en ce tems-là, n'étoit entré dans l'Etat Ecclesiastique, que pour jouïr des biens d'Eglise, en attendant quelque fortune avantageuse dans le monde, ne se faisoit pas Prestre, quoy-qu'il eût déja vinq-cinq ans; & néanmoins il ne laissoit pas de gouverner sagement & paisiblement son Etat & son Eglise, sans que personne trouvast à redire à sa conduite. Mais cinq ans aprés, un grand parti de seditieux & de rebelles, qui avoient envie de changer de Maistre, comme il leur

*Mon. Dionyf.*
*l. 28. & 6. 13.*
*14.*
*Magn. Chro-*
*nic. Belgic.*
*Gest. Pontif.*
*Leod. in Ioan.*
*Bavar. c. 4.*
*& seq.*
*Monstrelet. l.*
*1. c. 47.*
*Meyer. l. 15.*
*Gaguin. l. 9.*
*V. Spondan.*
*ad ann. 1406.*
*n. 8. & Chron.*
*Leodienf.*

1398.

1403.

arrivoit affez fouvent, fe déclara hautement 1402.
contre luy. Ils prirent pour prétexte de leur
rebellion, que leur Evêque, quoy-qu'il eût at-
teint l'âge de trente ans, differoit néanmoins
encore à prendre l'Ordre de Preftrife, & à fe
faire confacrer. A quoy le Prince ayant répondu que ce n'étoit point à fes Sujets, mais au
Pape, qui l'avoit difpenfé de cette obligation,
qu'il devoit rendre compte de fa conduite; ces
mutins repliquent que cette difpenfe étoit nulle, comme étant émanée d'un Pape, de l'obéïffance duquel les Liégeois & luy - même s'é-
toient fouftraits : & là - deffus prenant les armes, ils commirent tant d'infolences, qu'ils
obligerent enfin l'Evêque à tranfporter fa
Cour à Maeftricht, ce qui acheva de foûlever *Magn. Chron.*
le refte de la Ville. On mit néanmoins l'affaire *Belgia*
en negotiation, par l'entremife des plus fages, qui agirent avec tant d'adreffe & de bonheur, que la paix fe fit à certaines conditions,
dont les deux principales furent que l'Evêque,
qui s'obligeoit à fe faire confacrer dans un
certain nombre d'années qu'on luy prefcrivit,
retourneroit à Liége, & que les Auteurs du
foulevement en feroient bannis.

La Paix ainfi concluë dura deux ans, au bout
defquels le Prince, qui vouloit avoir une nouvelle confirmation de fa difpenfe, fe remit avec
tout fon Clergé fous l'obéïffance du Pape de *1405*
Rome, qui étoit alors Innocent VII. Les fedi- *Suffrid. de Ep.*
*Lod. c. 6.*

1409. tieux ne manquerent pas de prendre cette occafion de foulever de nouveau contre luy &
toute la Ville, & tout le Païs, qui crût que
l'Evêque ayant entrepris une affaire de fi grande importance, fans le confentement des Magiftrats, vouloit opprimer leur liberté, & fe
rendre abfolu. Sur quoy on fe révolte tout
ouvertement; & dans cette fureur populaire
on porta l'infolence & la rebellion fi loin,
qu'on fit Protecteur de la République, le plus
confiderable Seigneur du Païs Henry de Pervis, que Jean de Baviere avoit comblé de biens
& d'honneurs, jufqu'à le faire fon Grand Senéchal, & qui par une extrême ingratitude fe
fit Chef des rebelles, à condition qu'on éliroit fon fils aîné Theodoric, jeune homme
de vingt ans, Evêque de Liége.

*Magn. Chron. Belgic.*
*Mon. Dionyf.*
*L. 28. c. 11.*

*Magn. Chron. Belgic.*

Cela fe fit; & comme on ne pût efperer
d'obtenir à Rome la confirmation de cette élé-
ction fchifmatique, on la demanda au Pape
Benoist, qui fut ravi de l'accorder, & de pouvoir établir fon autorité à Liége, en y envoyant
un Legat, pour y confirmer le nouvel éleû.
Ainfi le Schifme général en produifit un particulier à Liége, où l'on vit en même tems
deux Evêques qui avoient chacun fon Pape
pour foy, Jean de Baviere celuy de Rome, &
Theodoric celuy d'Avignon. Et comme prefque tous les Ecclefiaftiques, & fur tout les
Chanoines de Saint Lambert, tous gens de

grande qualité, & quelques-uns des plus apparens de la Ville qui avoient ce Schifme en
horreur, eurent fuivi leur ancien Evêque, on
ne peut exprimer les maux & les horribles defordres que firent les Liégeois, pour s'en venger fur tous ceux qu'ils croyoient les favorifer.
Cela dura plus de deux ans, pendant lefquels
Jean de Baviére alla demander du fecours à la
plufpart des Princes qui étoient fes proches
parens ou fes alliez. Aprés quoy, s'étant retiré à Maeftricht, les rebelles l'y vinrent affiéger
avec une armée d'environ cinquante mille hommes. Les Affiégez, qui les avoient déja contraints fur la fin de l'année précédente de lever le fiége qu'ils y avoient mis depuis fix femaines, fe défendirent encore durant quatre
mois avec toute la vigueur imaginable ; &
ils étoient déja réduits aux dernieres extrémitez par la faim, lors que le Duc Jean de Bourgogne les vint delivrer, par un des plus me-
morables exploits de guerre qui fe foient faits
dans ce fiecle-là.

*Hareus An-*
*nal. Duc. Bra-*
*bant. in An-*
*ton. Burg.*
*Magn Chron.*
*Belgic.*

*Mon. Dionyf.*
*l. 28. c. 13. 14.*

Ce Prince, qui avoit époufé la fœur de Jean
de Baviere, étoit alors à Paris, fort embaraffé,
ayant pour ennemis prefque tous les Princes,
à caufe de l'exécrable affaffinat commis depuis
peu par fes ordres en la perfonne du Duc d'Orleans, & dont, en abufant de fa puiffance, &
de la foibleffe du Roy, il s'étoit fait abfoudre,
aprés s'en eftre voulu juftifier d'une maniere

Vu iij

1409. qui le rendoit encore plus criminel. Comme il crût néanmoins qu'il y alloit de son honneur, s'il ne secouroit promptement son Beaufrere, auquel il avoit promis sa protection, il assembla tout ce qu'il pût de gens de guerre & de Noblesse, principalement des Provinces de Bourgogne, de Champagne, & de Picardie, & s'en alla joindre dans le Brabant les troupes du Comte de Haynaut & de Hollande, qui l'attendoit avec impatience, & qui luy défera d'abord avec joye le commandement de toute l'armée, comme à l'un des plus grands Princes de son siécle. Car encore qu'il ait fait une tres-méchante action, en faisant assassiner le Duc d'Orleans son cousin, on ne peut néanmoins nier que ce ne fût un Prince d'un rare mérite, ayant l'ame tres-grande dans un petit corps, mais extrêmement robuste, & d'une force toute extraordinaire, les yeux perçans & pleins de feu, l'esprit vif & le sens rassis, parlant peu, & faisant beaucoup, prudent, & de bon conseil, brave, intrepide dans le peril, & payant de sa personne en simple soldat, aprés avoir donné ses ordres en grand Capitaine. Comme il eût fait la reveûe générale de toutes les troupes, il se trouva avec une armée d'environ trente-cinq mille hommes, entre lesquels il y avoit huit mille hommes d'armes, presque tous Gentilshommes, avec leurs Ecuyers bien armez, & le reste étoit composé de fan-

*Mon. Dionys.*
*l. 28. c. 15.*

*Ibid.*

*Magn. Chron.*
*Belg.*
*Mon. Dionys.*
*c. 14.*

taffins armez à la legere, la plufpart Archers 1409.
& Arbaleftriers.

Avec ces forces il marche, aprés la my-
Septembre, vers Maeftricht, & va camper à
deux ou trois lieuës en deçà de Tongres, d'où,
pour mettre tout le droit de fon cofté, il envoya propofer une conference au Général des *ibid.*
ennemis, afin qu'on pût trouver quelque voye
raifonnable d'accommodement, en épargnant le
fang Chrétien. Ce Général, qui avoit toûjours *Id. & 15.*
fiérement refufé de prefter l'oreille à aucune propofition qu'on luy pourroit faire, fi avant toutes chofes l'Eleû de Baviére ne renonçoit à l'E-
vêché de Liége, voyant alors un puiffant ennemi fi proche, confentit à une Tréve de huit
jours. Mais comme il s'imagina qu'il pourroit *Id. & 14.*
fur prendre le Duc qui fe tiendroit moins fur
fes gardes durant ce tems-là, il leva brufque-
ment le fiége le vingt & uniéme de Septembre,
& marcha droit à Tongres; d'où, aprés avoir
donné ordre à dix mille Bourgeois de cette ville
de prendre les armes, & de le fuivre dés le même jour à peu d'intervalle, il fortit le Dimanche vingt-troifiéme avant le jour, pour donner
à l'improvifte dans le camp des ennemis, que
les Liégeois, qui le fuivoient avec une incroyable joye comme à une victoire certaine, ne
doutoient point qu'ils ne deuffent emporter
d'abord, fans beaucoup de réfiftance.

Mais le Duc de Bourgogne, qui fut averti de

1409. leur marche par ses Coureurs, qui battoient à
toute heure la campagne, fit conclure au Conseil de guerre, qu'il les falloit surprendre euxmêmes allant au-devant d'eux, pour leur présenter la bataille, à laquelle ils ne s'attendoient
pas. Il sortit donc de son Camp le Dimanche,
dés le point du jour, avec toute l'armée, en
bon ordre; & il n'eût pas fait une lieuë, qu'on
apperceût l'ennemi qui venoit à eux, & qui
fit alte, fort surpris de trouver en campagne
ceux qu'il croyoit aller surprendre dans leur
Camp. Il résolut néanmoins de combatre, s'assûrant sur le nombre, & se mit en bataille
dans la plaine, où il descendit par un petit vallon, afin d'y pouvoir étendre ses Bataillons:
car pour des Escadrons, il n'y en avoit presque
point, ne s'étant trouvé que six à sept cens che-

*Magn. Chron. Belgic.* vaux dans cette grande armée toute composée
de Bourgeois & de gens de Mestier de Liége &
de Huy, qui, animez par le Seigneur de Pervis
leur Général, & par leur Evêque Theodoric,

*Mon. Dionys. c. 14.* qu'ils voyoient à leur teste, se promirent les
uns aux autres de ne s'abandonner jamais, &
de perir tous, ou de vaincre.

*Ibid.* D'autre part, le Duc de Bourgogne s'étant
saisi d'une éminence, y rangea ses troupes selon cét ordre tout nouveau, mais tres-bien entendu, & fort à propos dans cette occasion.
Car comme l'armée ennemie étoit presque toute d'infanterie assez mal armée, & que la force

de

de la sienne consistoit principalement dans sa
Cavalerie, qui étoit presque toute de Noblesse.
Il rangea au milieu, en forme de corps de bataille, tous ses escadrons, pour donner d'abord
dans les bataillons ennemis, qu'ils avoient en teste, & jetta sur les ailles à droit & à gauche
tous ses archers & ses arbalestriers sur un tres-
grand front, avec ordre de s'élargir, & de prendre l'ennemi par les flancs en même tems qu'il
seroit attaqué de front par la cavalerie, & en
queuë par un grand corps détaché, où il y
avoit quatre cens hommes d'armes choisis entre la Noblesse de Picardie, & soûtenu d'un peloton de mille fantassins, ausquels il fit prendre un grand tour, pour venir fondre tout-à-
coup par derriere sur l'ennemi, quand il le verroit ébranlé.

Les deux armées demeurerent ainsi en presence, sans branler, jusques à midy, les uns ne
voulant pas perdre leur avantage, en descendant
de leur hauteur, & les autres n'osant les y attaquer. Mais enfin, le Duc de Bourgogne voyant
que les ennemis, nonobstant leur grand nombre, avoient peur, descendit dans la plaine au
petit pas, faisant alte deux ou trois fois, & animant toûjours ses gens du geste & de la voix, par
le mépris qu'il sembloit faire de cette multitude
confuse de canaille, leur disoit-il, & de gens de
métier, qui ne pourroient pas même soûtenir la
veuë, beaucoup moins les coups d'une si vail-

Xx

1409. lante Nobleſſe, par les mains de laquelle la Juſtice divine avoit réſolu de punir ces Rebelles, & ces Schiſmatiques. On voulut l'obliger à ſe mettre un peu à quartier, pour voir quel ſeroit le ſuccés de la bataille; mais il répondit généreuſement à ce diſcours, en pouſſant ſon cheval, & s'allant mettre à la teſte du premier eſcadron, où, aprés avoir donné le ſignal de la bataille par ſon cry de guerre, *Noſtre-Dame au Duc de Bourgogne*, il donna le premier, la lance baiſſée, dans le bataillon qu'il avoit en teſte. Aprés quoy, comme il l'eût ouvert, & fait un paſſage, pour y entrer, à ceux qui le ſuivoient, il alla reprendre ſa place de Général, auprés de ſa Banniere, pour donner ordre à tout, & pour faire agir, ſelon le beſoin, tous les corps de l'armée, dont il étoit l'ame.

Il n'y eût jamais rien de ſi furieux que ce premier choq: car encore que la greſle des fléches, des traits & des carreaux qui tomboient ſur les Liégeois mal armez, & les coups de lance qui les perçoient, euſſent fait d'abord bien du ravage dans leurs bataillons; toutefois, comme ils combatoient en deſeſperez, & plûtoſt en beſtes feroces qu'en hommes, ils ſe jetterent, l'épée à la main, dans les plus épais eſcadrons, ne ſe ſouciant point de la mort, pourveû qu'ils la puſſent donner principalement au Duc de Bourgogne, contre lequel ils firent leur plus grand effort. En effet, ils pouſſerent juſqu'à ſa Bannie-

1409.

re, qu'ils vouloient gagner; & ce fut là que ce brave Prince, qui avoit un cœur de lion & une force de geant dans un petit corps, fit des choses si extraordinaires, & des prodiges de valeur si héroïques, se jettant de tous costez sur l'ennemi, frapant, abbatant, & tuant à grands coups d'épée tout ce qui l'osoit approcher, rasseûrant les siens, effrayant, repoussant, & chassant ceux qui avoient pénetré si avant, qu'il se fit admirer de tout le monde, & mérita, comme Général, & comme soldat, qu'on luy donnât tout l'honneur de cette journée.

Cependant, le corps de Cavalerie détaché ayant pris son tems que l'ennemi, aprés ce premier choq, qui luy avoit esté d'abord avantageux, commençoit à estre repoussé, alla fondre avec tant de furie sur ceux qu'il prit en queuë, qu'ayant fait ouverture dans les bataillons, où il entra comme par la bréche, il y mit tout en desordre, abbatant & foulant aux pieds des chevaux tout ce qu'il rencontre, tandis que le peloton de fantassins, qui le suivoit, perce à coups d'épée, ou assomme à grands coups de hache, ces miserables renversez par terre avant qu'ils ayent le loisir de se relever. En même tems, les arbalestriers & les archers s'étant étendus à droit & à gauche, prennent l'ennemi par les flancs; & le Duc de Bourgogne, qui avec tous ses escadrons remenoit batant ceux qui l'avoient osé attaquer si brusquement, entre pelle messe aprés eux

1409. dans leurs bataillons, & les pousse jusqu'à leur grande Banniere de Saint Lambert, qui fut mise en pieces. Alors les Liégeois étant pris, entamez, & percez de tous costez, ce ne fut plus un combat, mais une tuërie, & un horrible carnage qui se fit par tout, jusqu'à ce que les vainqueurs lassez de tuër, & ne voyant plus ni de résistance, ni de peril, se mirent à faire des prisonniers, chacun prenant à rançon tout ce qui s'offroit à la luy payer, pour avoir la vie sauve.

*Mem. Dienyf. c. 14.* Mais la fortune ne voulut pas même que ce malheureux reste de rebelles échapât à la vengeance de Dieu & des hommes, qui les poursuivoit. Car les dix mille hommes sortis de Tongres un peu trop tard, pour se joindre à leur Général, ayant paru sur ces entrefaites, les Bourguignons apprehenderent qu'ils ne leur vinssent tomber sur les bras, & qu'il ne fallût donner un second combat. C'est pourquoy, craignant que leurs prisonniers ne se joignissent à ces nouveaux venus, pour tâcher à réparer leur perte, chacun tua les siens, & tous se mirent au même instant en ordre de bataille, pour recevoir des ennemis tous frais, dont néanmoins ils n'avoient rien à craindre. Car dés que ces gens-là virent la déroute & la défaite des Liégeois, ils se mirent à fuïr; ce qu'ils ne pûrent faire si viste, que les Cavaliers, qui les poursuivirent l'épée dans les reins jusques dans les portes de Tongres, n'en

tuaffent plus de deux mille. Ainfi cette victoire fut & tres-fanglante du cofté des vaincus, &
tres-complete; car on prit toutes leurs machi- *Suffrid. c. 7. 8:*
nes, & tout leur bagage, il y demeura trente- *Meyer. l. 15.*
fix mille de leurs gens étendus fur la place; tout *Gaguin.*
le refte fut pris, à la réferve de tres-peu, qu'on *Mon. Dionyf.*
ne voulut pas prendre la peine, de pourfuivre. *c. 14.*
Le Seigneur de Pervis Général des rebelles, &
fon fils le nouvel éleû Theodoric, furent trouvez parmi les morts, percez de coups de lance, *Meyer.*
fe tenans tous deux par la main. Le victorieux *Mon. Dionyf.*
ne perdit en cette bataille que cinq à fix cens *c. 14.*
hommes, entre lefquels il n'y eût que foixante-
dix Chevaliers ou Ecuyers. Enfin, la victoire
fut fi entiere, qu'il ne refta perfonne de toute
cette grande armée, qui en pût porter la nouvelle à Liége.

Le Duc de Bourgogne la porta luy-même; car
aprés avoir rendu graces à Dieu fur le champ
de bataille, où il receût fon beau-frere Jean de
Baviere forti de Maeftricht avec une belle troupe de Cavalerie, pour le feliciter de fa victoire,
il s'alla prefenter devant la Ville, & envoya dire
à ceux qui y étoient reftez, qu'il leur permettoit d'aller enterrer leurs morts. Alors ce miferable Peuple fortant en Proceffion avec le Tres-
Saint Sacrement, fe vint jetter aux pieds de ce
Prince victorieux, en demandant, avec des cris
lamentables, mifericorde: ce qu'il obtint, à ces
conditions, entre plufieurs autres, qui furent tres-

*1409.*

1409. rudes, qu'ils livreroient tous les Auteurs de la révolte, qu'on fit mourir, au nombre de plus de soixante; & que le Païs n'auroit plus de privileges, que ce qu'il plairoit à leur Evêque de luy en laisser. Aprés quoy l'on précipita du pont dans la Meuse le Legat du Pape Benoist, & les Officiers de l'Evêque Intrus, tandis que le Peuple les chargeoit de mille maledictions, comme la cause de tous ses maux. Telle fut la malheureuse issuë de ce Schisme de Liége, qui fut un effet de celuy qui divisoit toute l'Eglise. C'est pourquoy, tous les Princes qui furent à la Diéte de Francfort, épouvantez de l'affreux spectacle d'une si sanglante Tragedie qu'on avoit veuë en leur voisinage depuis trois mois, & craignant qu'on ne vît un jour en Allemagne de pareils effets de ce malheureux Schisme, approuverent, malgré l'Empereur, la convocation du Concile de Pise, où ils esperoient qu'on en verroit bientost la fin. Ainsi le Legat du Sacré College étant revenu avec cette approbation, on en fit l'ouverture au jour assigné, qui étoit le vingt-cinquiéme de Mars.

Ce fut une des plus grandes Assemblées que l'on eût veuës de long-tems dans l'Eglise. Car il s'y trouva vingt-deux Cardinaux; quatre Patriarches, à sçavoir ceux d'Alexandrie, d'Antioche, de Jerusalem, & de Grade; douze Archevêques presens, & quatorze par Procureurs; quatre-vingts Evêques, & les Procureurs de cent &

*Magn. Chron.*
*Belg.*

*Concil. Pisan.*
*ex Cod. Gem-*
*mitic. t. 6.*
*cileg.*
*Ex Cod.Vatic.*
*ap. Reynald.*

deux autres ; quatre-vingts-sept Abbez, entre 1409.
lesquels étoient ceux de Cisteaux, de Clairvaux,
de Grammont, de Camaldoli, & de Valombreu-
se, pour tous les Monasteres de leurs Ordres ;
les Procureurs de deux cens & deux autres Abbez, & entre ceux-cy les Procureurs des Abbez
de Prémonstré, & de Saint Antoine de Vienne,
au nom de ces deux Ordres ; quarante & un
Prieurs, du nombre desquels furent Dom Jean
de Griffomont, Dom Jean Triel, & Dom Dominique, Prieurs des Chartreuses de Paris, de
Bourgfontaine, & de Saint Berthelemi prés de
Genes, pour l'Ordre des Chartreux, dont le Général, Prieur de la Grande Chartreuse, Dom Bo-
niface Ferrier, frere de Saint Vincent, étoit alors *Ex MS. Carth.*
auprés de Benoist son ancien ami, qui l'avoit ap- *à Domu. le*
*Tellier commu-*
pellé, & auprés duquel il faisoit tous ses efforts, *nic.*
mais inutilement, pour le porter à l'union. On *Ex Cod. Vatic.*
*& Gemmitic.*
y vit les Généraux des Jacobins, des Cordeliers, *& Monach.*
des Carmes, & des Augustins ; le Grand-Maître *Dionys.*
de Rhodes, accompagné de seize Commandeurs,
avec le Prieur Général des Chevaliers du Saint
Sepulcre, & le Procureur Général des Chevaliers Teutoniques, au nom du Grand-Maître, &
de tout l'Ordre ; les Députez des Universitez
de Paris, de Toulouse, d'Orleans, d'Angers, de
Montpellier, de Boulogne, de Florence, de Cra-
covie, de Vienne, de Prague, de Cologne,
d'Oxford, de Cambridge, & de quelques autres ;
& ceux des Chapitres de plus de cent Eglises

1409. Metropolitaines & Cathedrales; plus de trois cens Docteurs en Theologie, & en Droit Canon; & enfin les Ambassadeurs des Rois de France, d'Angleterre, de Portugal, de Bohême, de Sicile, de Pologne, & de Chypre; des Ducs de Bourgogne, de Brabant, de Lorraine, de Baviere, de Pomeranie, du Marquis de Brandebourg, du Lantgrave de Thuringe, & de presque tous les Princes d'Allemagne; outre que les Rois de Hongrie, de Suéde, de Dannemarc, & de Norvege, qui tinrent encore quelque tems, quoy que foiblement, pour Grégoire, le quitterent bientost aprés, pour adherer à ce Concile.

L'ouverture s'en fit le Lundy jour de l'Annonciation de Nostre-Dame, par une Procession solemnelle, où tous les Cardinaux, & tous les Prélats furent en habits Pontificaux, depuis l'Eglise de Saint Michel jusqu'à la Metropolitaine; & aprés que chacun eût pris sa place sur les siéges qu'on avoit disposez dans la belle & spacieuse Nef de cette grande & magnifique Eglise, selon l'ordre qu'on a coûtume d'observer dans les Conciles, la Messe du Saint Esprit fut chantée par le Cardinal de Poitiers, Doyen des deux Colleges, ayant esté créé par Grégoire XI. avant le Schisme; Prélat, que ses grandes vertus, jointes à une rare doctrine, & à une prudence consommée, rendoient encore plus digne de présider à ce Concile, que le droit de l'antiquité.

*Mem. Dionys. L. 29. c. 1. Ab. Codic. Gemmitic.*

quité. Le Sermon fini, qui se fit par un sçavant 1409.
Docteur de l'Ordre de Saint Dominique, comme
il étoit tard, on remit le reste au jour suivant, auquel, aprés la Messe celebrée par le Cardinal de
Viviers, & le Sermon que le Cardinal de Milan
voulut faire, pour donner encore plus d'éclat à
cette Séance, les Cardinaux & les Prélats ayant
pris des Chappes de soye de toute sorte de couleurs, & des Mitres blanches, on fit les Prieres
d'une maniere qui est particuliere à ce Concile,
& que pour cela l'on trouvera bon que je rapporte en peu de mots.

Aprés qu'on eût chanté quelques Antiennes,
le Diacre ayant entonné l'*Orate*, tous se proster- *Mon. Dionys.*
nerent à genoux, la teste baissée, jusqu'en terre,
chacun priant en silence l'espace d'un *Miserere.*
Cette pause fut terminée par un Cardinal qui
chanta une Collecte, & ensuite entonna une
Antienne, qui fut chantée par le Chœur des
Chantres, & des Chapelains; & puis le Diacre *Act. Concil.*
& le Sousdiacre commencerent à haute voix les *Gemmitic.*
Litanies, ausquelles, tous prosternez comme
auparavant, répondoient; & à la fin un Cardinal Evêque dit certaines Oraisons propres pour
demander à Dieu l'union de l'Eglise, lesquelles *Ibid.*
étant finies, un des Cardinaux Diacres revestu *Mon. Dionys.*
de sa Dalmatique, leût un Evangile, que l'on
entendit debout, avec grande dévotion: Cela *Cod. Gemmit.*
fait, le Cardinal Evêque entonna le *Veni Creator,*
qui fut chanté par toute l'Assemblée proster-

Yy

née en terre; & aprés quelques Oraifons chantées par ce même Cardinal, le Diacre qui avoit commencé les Litanies, chanta tout haut *Erigite vos, Levez-vous;* & alors tous s'étant levez, chacun prit fa place, & cela fe fit réguliérement tous les jours que le Concile s'affembla.

Ces Prieres donc étant achevées, on élût les Officiers du Concile; & entre autres un Avocat, qui, aprés avoir exageré les collufions, & l'opiniâtreté des deux concurrens au Pontificat, conclut qu'ils devoient eftre déclarez contumaces: ce qu'un des Promoteurs requit. Mais, pour garder les formes, ils furent encore citez durant trois jours, par deux Cardinaux, à la porte de l'Eglife; aprés quoy, perfonne n'ayant comparu pour eux, le Cardinal de Poitiers prononça contre eux la Sentence, par laquelle on les déclaroit contumaces.

Le quinziéme d'Avril, que l'on celebra la quatriéme Seffion, à laquelle le Cardinal Landolphe de Bary, retourné de fa Légation d'Allemagne, affifta, avec grand nombre de Prélats arrivez de nouveau, on fit entrer l'Archevêque de Riga, l'Evêque de Worms, & l'Elû de Verden, que le Roy des Romains avoit envoyez, avec quelques Docteurs, premierement au Pape Grégoire, & puis au Concile, pour y foûtenir les interefts de ce Pape. On ne les voulut ouïr que comme de fimples Envoyez de Robert de Baviere, ce Prince n'étant pas généralement reconnu pour Em-

*Niem. l. 3.*
*c. 39.*
*Mon. Dionyf.*
*l. 29. c. 2.*

pereur, parce que plusieurs n'approuvoient pas 1409.
qu'on eût dépouillé Wenceslas de cette auguste
qualité, tout indigne qu'il en étoit. L'Elû de
Verden, qui portoit la parole, ne fit autre chose
dans sa harangue, que proposer vingt-quatre que-
stions, qui contenoient tout autant d'objections
contre ce que les Cardinaux de Grégoire avoient
fait contre luy. On les peut voir dans les Actes *Acta Cod. ex
de ce Concile, avec les réponses qu'on y a mi- *Cod. Gemmit-
ses, en tres-peu de mots, à la marge. Je diray *t. 6. Spicileg.
seulement que les plus considerables sont cel- *& t. 11. Conc.
les-cy. *Edit. Paris.

1° *Si les Cardinaux se peuvent soustraire de l'obéissance de celuy qu'ils reconnoissoient pour vray Pape?*

Réponse. *Dans un Schisme pareil à celuy-cy, où
les deux Papes entretiennent notoirement la division,
& fomentent le Schisme, en differant toûjours, par
leur artifice, d'exécuter la voye de cession, à quoy ils se
sont obligez par serment, non-seulement on peut, mais
on doit se soustraire de leur obéissance, avant même* c. XV K
*qu'ils soient juridiquement déposez; parce qu'autre-* Q. VII. Sanè.
*ment ils feroient durer le Schisme tant qu'il leur plai-* Gloss. in Cap.
*roit, au grand détriment de toute l'Eglise, en défen-* Q. VI L.
*dant à ceux de leur obedience de s'assembler pour pren-* Gloss. in Cap.
*dre les voyes efficaces de remédier à un si grand mal.* Cùm non liceat.

2° *Si les Cardinaux peuvent convoquer un Concile Général?*

R. *Oui, dans des circonstances pareilles à celles-
cy, puis qu'autrement on ne pourroit terminer le Schisme.*

Yy ij

1409.

3° *Si ces Cardinaux, qui sont ennemis, & parties des deux Papes, les peuvent citer?*

c. Si rebus.
XXIII.
Q. VII.

XXIV.
Q. I.

R. *Comme la collusion est manifeste, ils ne sont ni ennemis, ni parties, non plus que les autres qui se sont soustraits, comme on l'a dû faire, en cette occasion, où c'est au Concile à déterminer ce qui se doit faire pour la paix de l'Eglise.*

4° *Comme des deux Colleges, l'un est vray, & l'autre faux, comment se peuvent-ils unir, & quel pouvoir ont-ils de s'habiliter l'un l'autre pour élire un Pape?*

R. *Par les sermens que l'on a faits dans les Conclaves, de faire tout ce qu'on pourroit pour extirper le Schisme, il paroît manifestement qu'ils se sont pû unir, puis que c'en est le vray moyen ; & que pour obtenir un si grand bien, on pourroit même s'unir, selon les Canons, avec des excommuniez. Et pour*

XL Q. III.
Antecessor.

*ce qui concerne l'habilitation des Cardinaux, il n'en faut point d'autre que celle qui vient du consentement de l'Eglise; outre que même, pour élire un Pape, les*

c. Licet, de
Elect. & Cler.
Rom.

*Cardinaux peuvent s'associer quelques-uns qui n'ont pas droit d'élection, & les rendre habiles à cét égard.*

Mon. Dionys.
l. 29. c. 2.

Aprés avoir proposé ces doutes, cét Elû de Verden s'emporta fort contre les Cardinaux de Grégoire, disant que c'étoit tres-injustement qu'ils s'étoient separez de luy ; & il conclut enfin, en demandant de la part du Roy des Romains son Maître, que le Concile fût transferé dans une autre Ville, où le Pape Grégoire offroit de se rendre, pourveû qu'il y trouvât ses seûretez, & même de renoncer librement au

Pontificat, pourveû que Benoist fist aussi de son **1409.**
costé la même chose. Comme ce n'étoit là que
ce que Grégoire avoit déja dit tant de fois, pour
éviter la Conference de Savonne, où il avoit
promis de se'trouver, le Concile ne douta point
que cét artifice ne vint de luy, pour tâcher de
rompre cette Assemblée. On répondit néanmoins aux Ambassadeurs, que quand ils auroient
donné par écrit tout ce qu'ils avoient proposé,
& le pouvoir qu'ils avoient de leur Maître, on
examineroit leurs propositions, & puis qu'on
leur feroit réponse. Charles Malatesta Seigneur
de la Ville de Rimini, où Grégoire sortant de *Ibid. & Alb.*
Sienne s'étoit retiré, vint demander la même *Maxim. apud*
chose, sous prétexte que Pise étoit trop suspecte *Spond.*
à Grégoire. Mais on luy fit voir par tant de
raisons la fausseté de ce prétexte, & qu'en l'état
où étoient les choses, il n'y avoit nulle apparence de quitter cette Ville, qui étoit acceptée
de tous les Prélats & de tous les Princes de l'Europe, à la réserve de tres-peu, qu'il n'eût pas
de quoy repliquer. Et pour les Ambassadeurs de
Robert, ils se contenterent de faire afficher à
la porte de l'Eglise une Protestation contre le *Mem. Dienys.*
Concile, de laquelle on ne fit nul état, & se *ibid.*
retirerent sans prendre congé des Peres, & sans
attendre leur réponse, laquelle il parut manifestement qu'ils ne vouloient pas recevoir, étant
partis justement la veille du jour qu'on leur
avoit assigné pour la leur donner.

Mais on ne laissa pas de répondre publiquement à tout par la bouche d'un sçavant Cordelier, qui étoit Evêque de Digne, & qui dans le Sermon qu'il fit en presence du Concile, en l'Eglise de S. Martin le vingt & unième d'Avril, éclaircit tous ces doutes, comme on fit encore beaucoup plus amplement en deux Séances differentes, lors que le Concile fut plus nombreux. Car ce ne fut qu'environ ce temps-là que Simon de Cramaud Patriarche d'Alexandrie, Chef de l'Ambassade de France, se rendit au Concile, avec ses Collegues, à la réserve de l'Evêque de Meaux, qui s'y trouva dés le commencement; & peu de jours aprés les Ambassadeurs d'Angleterre, ceux des Electeurs de Mayence & de Cologne, du Duc de Brabant, & de Guillaume Comte de Hollande, avec ceux des Liégeois, firent aussi leur entrée à Pise. Le Patriarche fut placé à droit entre les deux plus anciens Cardinaux; ses Collegues Pierre Fresnel Evêque de Meaux, & le Docteur Gilles des Champs Evêque de Coutance, & Confesseur du Roy, prirent leur place du même costé aprés le Camerlingue de la Sainte Eglise. Les Ambassadeurs d'Angleterre, qui avoient à leur teste Robert Alun Evêque de Salisbery, eurent leur séance à la gauche.

Ce fut alors que le fameux Docteur en Droit, & Professeur en l'Université de Boulogne Pierre d'Ancharano, montant sur la Tribune, ré-

futa doctement toutes les objections de l'Elû
de Verden, & fit voir quelle étoit l'autorité du
Saint Concile en cette occafion, pour extirper
entierement le Schifme, en procedant contre les
deux prétendans au Pontificat, qui l'entretenoient par leur opiniâtreté à fe vouloir maintenir, contre leur ferment, chacun dans fon obedience ; ce que le fçavant Patriarche d'Alexandrie fit encore avec plus de force, & plus d'é-
loquence, quatre jours aprés, lors qu'ayant ce- *8. Maii.*
lebré la Meffe Pontificalement devant le Saint
Concile, en l'Eglife de Saint Michel, au jour de
l'Apparition de cét Archange, il fit le Sermon,
& prouva, contre les propofitions des Ambaffadeurs de Robert, que tout ce que les Cardinaux avoient fait en s'uniffant contre les deux
competiteurs, ils l'avoient pû faire legitimement felon les Saints Canons, pour un bien
auffi neceffaire que celuy de la paix de l'Eglife univerfelle, & que le Concile le devoit con- *10. Maii.*
firmer. C'eft ce qu'il fit folennellement deux
jours aprés, déclarant de plus par la bouche du
même Patriarche, que ce Concile convoqué durant le Schifme par les Cardinaux, reprefentoit
fuffifamment l'Eglife univerfelle; qu'il avoit l'au- *Acta Col.*
torité fouveraine, pour faire enfin ceffer ce fu- *Commicic.*
nefte Schifme, en donnant un feul Chef à l'E-
glife, & qu'il n'y avoit fur terre aucune puiffance fuperieure à la fienne à cét égard. Et parce qu'il y avoit quelques Cardinaux de Benoift,

qui bien qu'ils se fuffent unis aux autres, ne s'é-
toient pas encore fouftraits de fon obéïffance,
l'Evêque de Salifbery ayant remontré qu'avant
que de proceder plus avant, il falloit, pour l'u-
niformité, que la fouftraction fût générale, elle
fût arreftée dans le Concile; & quelques jours
aprés on en publia l'Acte, par lequel le Saint
Concile déclare qu'il a efté loifible de fe fouf-
traire de l'obéïffance de Grégoire & de Benoift,
depuis qu'on a veû qu'ils cessoient, par leur artifice, de pourfuivre effectivement, & d'accomplir la voye de ceffion, comme ils l'avoient promis avec ferment. Enfuite, il enjoint à tous
les Fidelles d'en faire deformais autant, & caffe
& annulle tout ce que les deux prétendans ont
fait, ou pourroient faire à l'avenir, contre ceux
qui fe font fouftraits, ou qui fe fouftrairont.

Cela fait, il fallut paffer outre, pour en venir
à une Sentence définitive contre les deux competiteurs, afin que l'on pût élire un vray Pape.
Mais ayant cela, pour honorer l'Univerfité de
Paris, qui, dés le commencement du Schifme
avoit travaillé avec tant de zele pour fon extirpation, l'on voulut avoir fon avis. L'un de fes
Députez, qui fut M. Pierre Plout Docteur en
Theologie, le déclara publiquement en la Seffion treiziéme, le vingt-neuviéme de May, par
un beau difcours, fur le même theme que Jean
Gerfon avoit déja pris pour le fujet de la harangue qu'il fit aux Ambaffadeurs d'Angleterre,
quand

quand ils pafferent par Paris pour aller au Concile : ce fûrent ces paroles du Prophete Ofée, *Congregabuntur filii Juda, & filii Ifraël pariter, & ponent fibimet caput unum;* Les enfans de Juda & d'Ifraël, c'eft à dire, en cette rencontre, les Cardinaux & les Prélats des deux obediences, s'affembleront dans un Concile reprefentant l'Eglife univerfelle, & ils s'y établiront un feul Chef, en y faifant élire un feul vray Pape, pour abolir le Schifme. Il montra par plufieurs raifons l'autorité fuprême de l'Eglife, pour juger fouverainement de cette grande affaire; il déclara & confirma le fentiment de l'Univerfité, à fçavoir que les deux prétendans devoient eftre tenus pour de vrais Schifmatiques, qui entretenoient ce malheureux Schifme, & même pour des Heretiques, détruifant, autant qu'ils pouvoient, l'article du Symbole, par lequel on confeffe l'unité de la Sainte Eglife; & conclut enfin que le Concile les devoit traiter comme tels, les excommunier, & les dépofer du Pontificat dont ils étoient déja déchcûs par le Schifme & par l'Hérefie.

Ce Docteur ne fut pas plûtoft defcendu de la Tribune, que l'Evêque de Novarre y monta, & leût à haute voix un Ecrit, par lequel on déclaroit que cent & trois Docteurs & Licentiez en Theologie, de ceux que les Univerfitez avoient députez à ce Concile, entre lefquels il y avoit plufieurs Prélats, s'étant affemblez par

*Ofée I. II.*

Zz

1409. l'ordre des Cardinaux, pour déliberer sur cette matiere, avoient esté tout d'une voix de l'avis de l'Université de Paris; & il ajoûta, qu'outre les Universitez de France qui étoient dans ce même sentiment, c'étoit aussi l'avis de l'Université de Boulogne; dont on avoit les Lettres, & de celle de Florence, qui l'avoit donné par un Ecrit signé de six-vingts Docteurs. Enfin, aprés qu'on eût fait le rapport dans les séances précedentes de tout ce que les Commissaires avoient trouvé dans l'instruction de ce grand procés; que l'on y eût examiné, avec toute l'exactitude imaginable, les dépositions des témoins interrogez sur les trente-sept articles que l'Avocat du Concile avoit proposez contre les deux prétendans; & que l'on eût gardé toutes les formes Canoniques qui se doivent observer dans une cause de cette nature, elle fut terminée par un Jugement définitif au jour qu'on avoit assigné pour dernier delay.

Act. Concil.
Pis. t. II.
Concil. Ed.
Paris.

Ce fut le Mecredy cinquiéme de Juin, veille de la Feste du Saint Sacrement, qu'aprés qu'on eût fait les Prieres, & les ceremonies accoûtumées, & que les Cardinaux Colonne & de Saint Ange, accompagnez des Archevêques de Genes

Act. Cod.
Commisic.

& de Pise, & des Notaires du Concile, eûrent cité pour la derniere fois les deux prétendans, le Patriarche d'Alexandrie, par l'ordre du Concile, monta sur la Tribune; & s'étant assis, ayant à sa droite le Patriarche d'Antioche, & à sa

gauche celuy de Jerusalem, en presence de tout 1409.
le Sacré Concile, & d'une multitude infinie de
Peuple qui remplissoit la grande Eglise, il leût
la Sentence définitive, par laquelle le Concile
déclare Pierre de Lune & Ange Corario obsti- *Ibid.*
nez Schismatiques & Héretiques, & convaincus *Niem. l. 3.*
de crimes énormes de parjure, d'impieté en vio- *c. 44.*
lant leurs vœux, & de collusion pour tromper
les Fidelles, & pour entretenir le Schisme qui
dechiroit l'Eglise depuis si long-tems ; & comme
tels les prive du Pontificat, dont ils étoient déja
effectivement decheûs ; & défend à tous les Fidelles, sur peine d'excommunication, de les reconnoître, ou de leur prester faveur ; cassant au
reste, & annullant tout ce qu'ils ont fait contre
ceux qui ont procuré l'union, & singuliére-
ment les dernieres promotions de Cardinaux faites par Angelo depuis le troisiéme de May, &
par Pierre de Lune depuis le quinziéme de Juin
de l'année précedente. Aprés quoy l'on chanta
le *Te Deum.*

Pierre de Lune, pour détourner ce terrible
coup qu'il apprehendoit fort, tout intrepide
qu'il paroissoit estre, avoit obtenu de Martin
Roy d'Arragon, son protecteur, qu'il envoyât *Acta Ced.*
des Ambassadeurs à Pise, ausquels il joignit les *Gemmitie.*
siens, pour y faire de nouvelles offres de paix & *Surit. l. 3.*
d'union, qui, selon ses artifices ordinaires, n'abou-
tissoient jamais à rien. Mais comme ils n'arriverent qu'aprés la publication de la Sentence pu-

Zz ij

1409.

bliée contre luy, ils furent contraints, aprés avoir fait leur proposition devant quelques Députez du Concile, de s'en retourner, sans même attendre de réponse. Ainsi, aprés que le Concile eût permis aux Cardinaux, pour cette fois, & sans préjudice des droits du Sacré College, de proceder à l'élection d'un Pape, & qu'ils eûrent tous promis par écrit, que celuy qui seroit élcû continuëroit le Concile, jusques à ce qu'on eût pourvcû à la réformation du Corps de l'Eglise dans les membres, & dans le Chef, ils entrerent le quinziéme de Juin au Conclave, qu'on avoit préparé dans le Palais Archiepiscopal, & dont la garde fut commise à Philibert de Noillac Grand-Maître de Rhodes. Il y avoit alors à Pise vingt-quatre Cardinaux, parce que le Cardinal Frias Espagnol, & le Cardinal de Challant Savoyard, ayant quitté Pierre de Lune, s'étoient depuis peu venu joindre aux autres; & ceux-cy, d'un commun consentement, le Mecrody vingt-neuviéme du même mois, élcûrent Pierre Philargi, dit de Candie, Cardinal de Milan, qui prit le nom d'Alexandre V.

On ne trouvera gueres dans l'Histoire rien de plus surprenant, que la fortune de cét homme, que la Providence Divine semble avoir pris plaisir à tirer du centre de la derniere bassesse, pour le conduire, peu à peu, par tous les degrez de l'Eglise, au plus haut point de sa grandeur & de sa gloire. Il étoit de l'Isle de Candie, né de

13. Iun.
Act. Commit.

Bez. t. 2. f. 4.
Act. Concil.
Pis. t. 1L.
Concil. Ed.
Parif.

Act. Commit.

Niem. l. 3.
c. 51.
Ciacon.
Platin.
Pannin.
Blond.
& alii.

parens si pauvres, & si miserables, qu'ils furent 1409.
contraints de l'abandonner : de-sorte qu'étant
Pape, il disoit qu'il avoit cét avantage pardessus ses prédecesseurs , qu'il ne pouvoit estre
tenté comme eux d'agrandir ses parens, n'ayant
jamais connu ni pere, ni mere, ni frere, ni sœur,
ni neveu, ni sceû s'il y avoit quelqu'un au monde qui luy appartint. Comme il étoit encore
jeune enfant, & qu'il alloit par les ruës de la
Ville de Candie, mendiant son pain de porte
en porte, un Cordelier Italien qui le rencontra
dans ce pitoyable état, touché de sa misere, &
trouvant qu'il y avoit dans sa physionomie quelque chose qui promettoit beaucoup, le mena
au Couvent, pour y servir à l'Eglise, prit soin
de luy enseigner à lire & à écrire, & les premiers principes de la langue Greque & de la Latine : à quoy cét enfant, qui témoignoit avoir
beaucoup d'esprit, réüssit si bien , qu'on luy
donna l'Habit, & qu'il fit Profession quand il en
eût l'âge. Peu de tems aprés, comme son Maître s'en retourna en Italie, il y mena son Disciple, & fit en sorte que, pour cultiver son esprit
dans les plus florissantes Universitez, on l'envoya
premierement dans le Couvent d'Oxford en Angleterre, où il commença ses études, & puis
dans celuy de Paris, où il fit de si grands progrés dans les hautes Sciences, qu'il aquit le Bonnet de Docteur, leût en Theologie dans l'Ecole de Saint Bonaventure, avec grand applaudisse-

1409. ment, & composa, comme ce Saint, de doctes Commentaires sur le Maître des Sentences. Etant ensuite retourné dans sa Province de Lombardie, où il eût les principaux emplois de son Ordre, il fit tant de bruit par ses éloquentes Prédications, & par ses doctes Ecrits, que Jean Galeas Visconti le voulut connoître; & le trouvant aussi habile dans le maniment des affaires, qu'il l'étoit dans les Sciences, il luy donna la premiere place dans son Conseil; le fit créer Evêque de Novarre, & puis Archevêque de Milan; l'envoya en Ambassade vers l'Empereur Wenceslas, duquel il obtint pour son Maître le titre de Duc, & pour soy-même l'illustre qualité de Prince du Saint Empire. Il fut aprés cela promeû au Cardinalat par Innocent VII. qui l'envoya Legat en Lombardie; &s'étant enfin trouvé au Concile avec tous ses Collegues, qui abandonnerent Grégoire comme fauteur du Schisme aussi-bien que Pierre de Lune, il y fut éleû Pape par les suffrages de tous les Cardinaux, qui voulurent, en cette occasion, donner à l'Eglise un Chef, que son mérite reconnu de tout le monde fist juger digne, sans contredit, de cette dignité suprême.

Ciacon.

Blond. l. 10. dec. 2. Alexandro V. divina lux, & sacrarum rérum intelligentiam, & incredibilem

En effet, outre les sciences divines & humaines, & toutes les vertus Chrétiennes qu'il possedoit en un degré tres-éminent, il avoit encore receû de la nature, malgré la bassesse de sa naissance, un fonds admirable de générosité & de

grandeur d'ame, qui étant cultivé par son in-
duftrie, & par une application conftante à son
devoir, produifit dans luy toutes les perfections
qui peuvent concourir à faire un tres-grand
Prince, & fur tout la liberalité dans un degré
tout-à-fait héroïque, particulierement envers
les pauvres, & les perfonnes de mérite, jufqu'à
ne fe rien réferver. Cela luy faifoit dire à fes
amis, avec un plaifir incroyable, qu'ayant efté
riche Archevêque, il étoit devenu pauvre Cardinal, & enfin Pape mendiant, comme s'il luy
eût efté fatal de retourner fur la fin de fes jours
à fon premier état, malgré fon exaltation. C'eft
ce qui a mis en mauvaife humeur le médifant
Thierry de Niem contre luy, parce qu'il répan-
doit liberalement les graces qu'on luy demandoit, & qu'enfuite cét Officier n'y trouvoit
pas fon compte, comme il faifoit auparavant,
en gagnant beaucoup dans l'exercice de fa charge, pour l'expedition des graces, & des Lettres
Apoftoliques.

Or comme ces belles qualitez étoient connuës de tout le monde, on ne peut exprimer la
joye que l'on eût de fon Exaltation, particulierement en France, & fur tout à Paris, où l'on
alla en Proceffion dans les Eglifes remercier Dieu
d'un fi grand bienfait, le Peuple criant par
tout, *Vive le Pape Alexandre.* Et comme on fe
fouvenoit qu'il étoit Docteur de Paris, & qu'il
y avoit enfeigné la Theologie avec une haute

1409.
dederat fan-
ctitatem.
Ægid. Viterb.
in MS. Hift.
20. facu.

Platin.
Ciacon.
Genebrard.
Ægid. Viterb.

Monftrel.l.1.
c. 52.
Hift. Vniu.
t. 5.
Traité de M.
du Puy.

1409.

*Mem. Dionyf.*
*l. 29. t. 1.*

réputation de doctrine & de sainteté de vie, le Roy, comme l'a écrit un Auteur de ce tems-là, eût la même consideration pour luy que s'il eût esté François, & même que s'il fût sorti de l'auguste Maison de France, tant il plût à Dieu d'honorer sur terre la vertu de ce saint homme, qui ne sçachant qui il étoit, comme n'étant que d'une maison obscure & inconnuë, fut en quelque maniere, par un sentiment du Roy si avantageux pour luy, adopté dans celle qui est sans contredit la premiere & la plus auguste Maison du monde.

*Acta Concil.*
*Pif. t. 11.*
*Concil. Ed.*
*Pari.*

Au reste, le nouveau Pape présida au Concile en la prochaine Session du premier de Juillet, sur un Trône fort élevé devant le grand Autel ; & aprés qu'on eût leû le Decret de son élection, il fit un excellent Sermon sur ces paroles, *Erit unum ovile, & unus paftor* ; dans lequel il montra le devoir du Pasteur envers son troupeau, & du troupeau envers Jesus-Christ qui est le bon Pasteur, dont le Pape est le Vicaire en terre. Aprés quoy il ratifia tout ce qui s'étoit fait par les Cardinaux, & par le Concile, & l'union des deux Colleges, afin qu'il n'y eût plus qu'une seule bergerie ; il cassa dans les Sessions suivantes toutes les Sentences, les censures, & les excommunications fulminées depuis le commencement du Schisme par les Papes competiteurs, tant à Rome, qu'à Avignon ; il confirma les Promotions faites en faveur de toutes

les

les personnes qui adhéroient à ce Concile; il remit toutes les dettes, dont les Eglises & les Beneficiers pouvoient estre redevables à la Chambre Apostolique, jusques au jour de son Exaltation; & renonça généreusement pour l'avenir aux réservations des biens, ou à la dépouïlle des Prélats mourans, & aux fruits des Benefices durant qu'ils vaquoient.

Sur ces entrefaites, le Roy de Sicile Louïs d'Anjou, qui avoit fait ligue avec les Florentins & les Sienois, étant arrivé au Concile, il y fut receû avec toute sorte d'honneur, dans la Session du vingt-septiéme de Juillet, dans laquelle le Pape confirma le droit que ce Prince avoit sur le Royaume de Sicile, & le créa Grand Gonfalonnier de l'Eglise, contre Ladiflas, qu'il excommunia comme tyran & usurpateur du Patrimoine de l'Eglise. Enfin, le septiéme d'Aoust que l'on celebra la derniere Session, il déclara que comme on avoit arresté que ce Concile acheveroit de réformer l'Eglise dans les membres, & dans le Chef, ce qu'on ne pouvoit faire alors, à cause des Ambassadeurs & des Prélats qui étoient obligez de s'en retourner, il étoit remis jusques aprés trois ans, qu'il seroit continué au lieu que l'on assigneroit; aprés quoy il permit à tous les Peres de retourner en leurs Eglises jusques à ce terme.

Voilà quel a esté le fameux Concile de Pise, qui n'a pas contenté généralement tout le mon-

*Act. Commit.*
*Niem. l. 3.*
*c. 52.*
*Ciacon. in*
*Alex.*
*Platin.*
*Paul. Æmil.*
*l. 10.*

A A a

1409.

P. 3. tit. 22.
c. 5.

V. Azor. p. 2.
l. 5. c. 17. &
Binium in
Not. ad Conc.
Pif.

de. Car quelques-uns, quoy-que tres-peu, comme Saint Antonin, ne l'ont pas crû legitime; &
quelques autres, aprés le Cardinal Turrecremata,
ont dit que du moins il n'étoit pas asseûré qu'il
le fût, parce qu'il avoit esté celebré sans l'autorité du Pape. Mais d'autre part, les Cardinaux
Gilles de Viterbe, & Dominique Jacobatius, Jean
Gerson, & tous les Docteurs de Paris, & presque tous les autres, & les Espagnols même, le
tiennent pour tres-legitime, parce qu'encore
qu'ils ne doutent point que le Concile ne tire
son autorité du Pape, auquel, quand il y en a
un bien asseûré, il appartient de le convoquer;
ils soûtiennent néanmoins, que dans un Schisme semblable à celuy-cy, où l'on ne peut sçavoir de certitude, qui, d'entre plusieurs prétendans, est le vray Pape, à cause des difficultez in-
surmontables qu'il y a de part & d'autre, sur le
fait, & sur le droit, qui partagent les opinions des
Docteurs: alors l'Eglise a le pouvoir de s'assembler elle-même, ou de trouver bon que les Cardinaux, & même quelques autres l'assemblent, par
la convocation d'un Concile Général, du consentement des Princes Chrétiens, de déposer les
deux Papes douteux, principalement s'ils agissent contre leur serment, & d'en faire élire un
autre, que tous les Fidelles soient obligez de reconnoître. Car enfin, disent ces Docteurs, lors
que dans cét état d'incertitude, on doute qui des
deux competiteurs est le vray Pape, on est com-

me si le Saint Siége étoit vacant. Or qui doute 1409. que si dans une fort longue vacance, comme il s'en est veû de deux ans, tous les Cardinaux venoient à mourir, & qu'il fallût un Concile pour quelque pressante necessité, les Princes Chrétiens ne pûssent convenir d'un lieu où les Prélats & les Docteurs de leurs Etats s'assemblassent sans convocation de Pape; que cette Assemblée ne fût un Concile legitime; & que ce Concile ne pût élire un Pape? Il s'ensuit de là manifestement, que dans l'occasion dont il s'agit, l'Eglise a le même pouvoir, parce qu'autrement Jesus-Christ n'auroit pas pourveû au bien de son Epouse, pour la delivrer d'une infinité de maux que causeroit un Schisme, que deux prétendus Papes, par leur artifice, & leur collusion, pourroient rendre éternel.

Voilà ce qu'ont dit ces Docteurs: à quoy j'espere qu'on trouvera bon, qu'interrompant pour un moment le cours de mon histoire, j'ajoûte deux considerations, qui donneront sans doute beaucoup de lumiere à mon Lecteur, pour luy découvrir une verité, de laquelle il sera bien-aise d'estre éclairci. Et pour le faire avec autant de netteté que de solidité, je veux présupposer d'abord ce qu'on ne me peut contester, à sçavoir qu'il faut distinguer l'Eglise particuliere de Rome de l'Eglise Catholique ou Universelle & Romaine. La premiere, est le Diocese de Rome, qui a ses bornes comme tous les autres ont les leurs; la

1409. feconde, eft un compofé de tous ces Diocéfes, ou de toutes ces Eglifes particulieres, qui étant répanduës par tout le monde, font néanmoins toutes unies fous un feul Chef Superieur à tous les autres, qui eft l'Evêque de Rome, en qualité de Pape, de Pafteur univerfel, & de Vicaire de Jefus-Chrift en terre, pour veiller fur tout fon troupeau. Durant ce Schifme, dont j'écris l'Hiftoire, l'Eglife Univerfelle & Romaine fut miferablement dechirée, parce que les Eglifes particulieres, qui font fes principaux membres, furent divifées les unes des autres ; celles-cy, comme les Eglifes d'Italie, & en particulier celle de Rome, étant de l'obedience d'Urbain, & de fes Succeffeurs ; celles-là, comme les Eglifes de France & d'Efpagne, ayant embraffé l'obedience de Clement, & de Benoift fon fucceffeur ; & quelques-unes fe tenant dans la neutralité, comme nos Eglifes de France, & beaucoup d'autres, aprés qu'on eût fait la fouftraction. Et toutes néanmoins, étant unies en ce qu'elles vouloient toûjours eftre attachées au Saint Siége, étoient dans la bonne foy, nonobftant ce Schifme, parce qu'il y avoit des raifons & des autoritez qui rendant la chofe probable de part & d'autre, pouvoient faire enfuite qu'on s'attachât à l'un ou à l'autre parti, felon qu'on le trouvoit mieux appuyé ; ou que dans le doute qu'elles faifoient naître, on fufpendît fon jugement, jufqu'à ce que la chofe fût décidée par l'autorité fuprême d'un Concile legitime.

Or il s'agit maintenant de sçavoir si celuy 1409. de Pise l'étoit. Sur quoy je dis deux choses, qui font mes deux considerations; la premiere, qu'outre les Eglises de France, d'Angleterre, de Portugal, d'Allemagne, de Boheme, de Hongrie, de Pologne, des Royaumes du Nort, & de la plus grande partie de l'Italie, celle de Rome même l'a tenu pour tres-legitime, parce qu'elle reconnut Alexandre, & son successeur Jean XXIII. pour vrais Papes, en se soûmettant ainsi à l'autorité de ce Concile: d'où il faut conclure que, comme on ne peut reconnoître en même tems deux veritables Papes, du moment qu'elle obéit au Concile, en recevant Alexandre V. pour vray Pape, elle commença à tenir Grégoire XII. pour Antipape, & le même Grégoire, avant sa déposition par le Concile, & tous ses prédecesseurs, en remontant jusqu'à Urbain VI. pour Papes douteux. Il est évident que l'autorité de toutes ces Eglises particulieres, avec celle de Rome, doit prévaloir à l'opinion de Saint Antonin, & de tres-peu d'autres qui l'ont suivi, comme il a suivi luy-même en cela son Maître Jean Dominici, l'un de ces quatre que Grégoire fit Cardinaux contre sa promesse, & qui ne furent jamais reconnus en cette qualité, qu'aprés qu'on les eût créez de nouveau dans le Concile de Constance. L'on peut aussi, ce me semble, inferer de cette verité, que ce n'est pas servir Rome, que

1409. de traiter de Schifmatiques ceux qui n'ont pas
tenu pour Urbain VI. ni pour fes fucceffeurs,
puis que Rome, en fe conformant au Concile
de Pife, les a elle-même abandonnez comme
des Papes douteux, auffi-bien que ceux d'A-
vignon.

La feconde confideration eft, que ce Concile
non feulement fut approuvé par l'Eglife de Rome, mais qu'il l'eft encore de l'Eglife Romaine Catholique & Univerfelle reprefentée par
le Concile de Conftance. Car outre que ce
Concile n'eft à proprement parler que la continuation de celuy de Pife, quand même il en
feroit different, on ne peut nullement difcon-
venir qu'il ne l'ait approuvé, en reconnoiffant
pour vrais Papes Alexandre V. & Jean XXIII.
Et s'il dépofa celuy-cy, ce n'eft pas qu'il ne le
tint pour legitime Pontife ; mais c'eft parce
qu'ayant promis de fe dépouïller du Pontificat pour le bien de la paix, il trompa les Peres,
& s'enfuit : fur quoy, & fur beaucoup d'autres
chefs, le Concile luy fit fon procés, comme
nous verrons, & le dépofa. De tout cecy je ne
feray nulle difficulté de conclure qu'on doit tenir le Concile de Pife pour tres-legitime, comme on l'a toûjours crû en France, & qu'en vertu de fon Decret Angelo Corario, & Pierre de
Lune, qui auparavant étoient Papes douteux
fous les noms de Gregoire & de Benoift, devinrent tres-certainement deux Antipapes, &

Pierre de Candie l'unique & vray Pape Alexandre V. De sorte que l'on se trouva aux mêmes termes où l'on étoit dans tous les Schismes
précedens, lors que le vray Pape étoit reconnu
de l'Eglise Catholique, & l'Antipape soûtenu
par un parti de Schismatiques. Car enfin le
Schisme ne cessa pas, & au lieu de deux Papes
incertains qu'il y avoit auparavant, il y en eût
trois, un veritable, & deux faux, parce que
ces deux Antipapes se moquant du Decret du
Concile, se maintinrent opiniâtrément chacun
dans ce qui lui restoit d'obédience, Pierre de
Lune ayant encore les Royaumes d'Arragon,
de Castille, & d'Ecosse; & Angelo Corario étant
reconnu du Roy Ladislas, & de fort peu de
Villes d'Italie, qui ne tinrent pas long-tems
pour luy. Et quoy que Robert Roy des Romains, offensé de ce qu'Alexandre donnoit cette
qualité à Wenceslas, fît ce qu'il pût pour ramener à Grégoire les Princes d'Allemagne, il ne
pût rien gagner sur eux; ainsi presque tout le
monde Chrétien se soûmit au Pape Alexandre.

Cependant Grégoire, qui pour empescher,
autant qu'il pouvoit, qu'on ne tint le Concile
à Pise, en avoit convoqué un dans le Patriarcat d'Aquilée, l'alla celebrer vers la Pentecoste,
non pas en Austriche, comme l'a écrit M. du
Puy, qui, tout habile homme qu'il étoit, s'est
laissé surprendre à la ressemblance du nom,
mais à Austria ville si proche d'Udine, Capi-

*Niem. l. 5.
c. 36.*

Civitatem
Austriæ, &
Utinum Aqui-

1409.

kienlis Diœ-
cefit, quæ pro-
pter propin-
quitatem &
cohærentiam
pro uno loco
haberi debent,
pro hujufmo-
di celebrando
Conçilio eli-
gimus.
*Epiſt. Gregor.
apud Raynal.
1408. n. 67.
& t. 11. Con-
cil. Ed. Pariſ.*

*Ex Litteris
Gregorii apud
Raynald. &
t. 11. Concil.
Edit. Pariſ.*

*Tom. 11. Con-
cil. Edit. Pa-
riſ.*
*Niem. tract. 6.
n. 40. & l. 3.
c. 44.*

tale du Frioul, qu'on les peut prendre toutes deux pour une feule Ville, comme le dit Grégoire dans fa Bulle, que ce ſçavant Ecrivain n'avoit pas veûë. L'ouverture s'en fit au mois de Juin, le jour même de la Feſte du Tres-Saint Sacrement : mais comme il ne s'y trouva qu'un tres-petit nombre de Prélats, Grégoire fut contraint d'attendre juſques à ce qu'il en vint davantage, particulierement de l'Etat de Veniſe, où il envoya citer les Evêques qui ne voulurent pas luy obéïr, parce que les Venitiens, ſans avoir égard à ce que luy-même étoit Venitien, adhererent au Concile de Piſe, & enſuite au Pape Alexandre. Ainſi tout ce qu'il pût faire dans cette petite Aſſemblée, qu'il appelloit néanmoins le Concile Général, fut qu'en deux autres Seſſions, dont la derniere ſe tint le cinquiéme de Septembre, il fulmina contre Pierre de Lune, & Pierre de Candie, leſquels il excommunia, avec tous leurs adherans, & qu'il publia une Conſtitution, par laquelle il offroit de ſe trouver avec ſes deux concurrens dans un lieu ſeûr, ou dans un Concile des trois obédiences, & là ceder ſon droit, pourveû que les deux autres ſe dépouïllaſſent du Pontificat qu'ils avoient uſurpé. Cela n'étoit qu'aigrir les choſes toûjours davantage, & recommencer en effet à donner lieu à ces artifices, deſquels on s'étoit déja ſervi tant de fois, pour amuſer le monde : ce qui étoit d'autant plus croyable, que pour choiſir un lieu où les trois

trois Papes devroient s'affembler, il nommoit 1409.
l'Empereur Robert, Sigifmond Roy de Hongrie, & le Roy Ladiflas, trois Princes qui étoient
de notorieté publique ennemis mortels l'un
de l'autre, & qui enfuite ne s'accorderoient jamais en ce point.

Mais ce qui luy donnoit bien de la peine,
étoit de fçavoir comment il fe pourroit tirer
du mauvais pas où il s'étoit engagé affez imprudemment, pour un homme à qui l'on n'a-
voit jamais pû donner affez de feûretez à fon
gré, quand on le preffoit de fe rendre à Savonne. Car d'une part il fe défioit des Venitiens,
qui s'étoient déclarez pour Alexandre; & de *Niem. l. 2.*
l'autre, il craignoit fort de tomber entre les *c. 45. 49.*
mains d'Antoine Patriarche d'Aquilée, qu'il avoit
dépofé, parce qu'il étoit du Concile de Pife, &
qui tâchoit de le furprendre. Il eût recours en
cette extrémité à Ladiflas fon Protecteur, qui
envoya deux galeres au Port le plus voifin d'Au-
ftria, où cinquante foldats l'allerent prendre,
pour l'y conduire. Mais comme il fceût que le
Patriarche avoit mis des gens à tous les paffages pour l'arrefter, il fe traveftit en Marchand;
& comme il eût pris le devant tout feul à cheval, fuivi de deux hommes à pied, ceux qui
étoient en embufcade, ne voulant pas fe découvrir pour un feul homme, le laifferent paffer, & fe jetterent peu de rems aprés fur fon
Camerier, qui luy reffembloit fort, & qu'ils pri-

BBb

1409. rent pour luy, d'autant plus facilement, qu'il avoit les veſtemens, & tout l'équipage du Pape; ce qui luy coûta cher, parce que ces ſoldats deſeſperez de ce qu'ils avoient pris le change, déchargerent ſur luy leur chagrin, en le chargeant de mille coups, aprés l'avoir mis en chemiſe. Pour Grégoire, qui fut ſuivi par les gens du Patriarche juſques dans le Comté de Goritz, il n'eût que le tems qu'il luy falloit pour ſe jetter dans une barque ſur la riviére de Lizonzo, vers l'emboucheûre de laquelle il trouva les galeres qui l'attendoient, & qui le menerent dans l'Abruzzo, d'où il alla tenir une fort petite Cour à Gaïéte, que Ladiſlas luy aſſigna pour ſa demeure.

*Act. Concilii Piſan. & Commitit.*

Cependant, le Pape Alexandre, ſelon le Decret du Concile en la derniere Seſſion, envoya des Legats & des Nonces à tous les Rois, & à tous les Princes Chrétiens, pour le faire recevoir, & publier dans leurs Etats, comme on fit

*Mem. Dionyſ. l. 29. c. 5.*

particulierement en France, où le Cardinal Louïs de Bar fut envoyé Legat à cét effet. Ce Prince fut le quatriéme fils de Robert Duc de Bar, &

*Hiſt. General. de la Maiſon de France, l. 8. c. 3.*

de Marie de France, fille du Roy Jean; de ſorte qu'il étoit couſin germain de Charles VI. C'eſt pourquoy le Pape Benoiſt, pour engager toûjours davantage le Roy à prendre ſa protection, avoit fait Louïs Cardinal, douze ans auparavant, lors qu'il étoit déja pourveû de l'Evêché de Langres, d'où il fut transferé quelque tems aprés

à celuy de Chaalons en Champagne, & puis 1409.
encore à celuy de Verdun. Comme il avoit quitté Benoist aussi-bien que les autres, il fut au
Concile de Pise ; & en y allant, accompagné
de Guy de Roye Archevêque de Reims, il courut fortune de la vie, dans une petite Ville de
l'Etat de Genes, où l'Archevêque fut tué, com- *Mon. Dionys.*
me il tâchoit d'appaiser le peuple, qui vouloit *l. 29. c. 1.*
tout massacrer, à cause du meurtre qu'on avoit
fait d'un Artisan dans une querelle particuliere. Mais le Maréchal de Boucicaut, aprés avoir
receû magnifiquement dans Genes le Cardinal,
& fait rendre les derniers devoirs à l'Archevêque, par de superbes funerailles qu'on luy fir,
alla venger cét horrible attentat, en faisant perir, sans misericorde, & sans distinction d'âge
ni de sexe, tout ce qui se trouva avoir eû quelque part à cette fureur populaire. Aprés la création du Pape dans le Concile, Louïs de Bar
fut confirmé Cardinal, comme tous les autres,
par Alexandre, qui leur changea leurs Titres, *Act. Conc.*
comme pour faire une nouvelle création de *Pif.*
tous ces anciens Cardinaux, qui étoient auparavant douteux, aussi-bien que les deux Papes
dont ils étoient les créatures. Et c'est-là la premiere fois qu'on trouve que l'on ait usé de ce
changement, qu'on a depuis fait assez souvent :
de sorte que Louïs, de Cardinal Diacre du Titre
de Sainte Agathe, devint Cardinal Prestre du
Titre des douze Apôtres.

1409.

Ce fut en cette qualité qu'il vint de la part d'Alexandre en France, où, à cause de l'honneur qu'il avoit d'estre si proche parent du Roy, il fut receû avec une pompe extraordinaire, tous

*Mon. Dionys. l. 29. c. 5.*

les Princes du Sang étant allez assez loin au-devant de luy, pour l'accompagner à la magnifique entrée qu'on luy fit dans Paris. Il fit publier le Concile, qui fut receû avec grand applaudissement en France, dans les Duchez de Bar & de Lorraine, & en Allemagne, où ce

*Ciaccon.*

Prince Cardinal fut aussi pour le même effet; & de là à quelques années étant devenu Duc de

*Hist. Geneal. de la Maison de France, l. 8. c. 5. & l. 11. c. 4. & 9.*

Bar, après la mort du Duc Edoûard son frere rué à la bataille d'Azincourt, il fit son heritier René d'Anjou son petit neveu, fils de Loüis II. Roy de Sicile, & d'Ioland d'Arragon, qui étoit fille de la sœur de ce Cardinal Duc. C'est ce René, lequel ayant épousé l'heritiére de Lorraine, unit ces deux Duchez en sa personne, & puis en celle du Duc René son petit-fils; & qui après la mort de Loüis III. son aîné, étant devenu Comte de Provence & Roy de Sicile, déclara son neveu Charles du Mayne son heritier en ce Comté & en ce Royaume, qui, par les droits de succession masculine & de substitution, luy étoient venus de son pere Loüis II. auquel l'ordre de mon Histoire m'oblige maintenant de retourner aprés cette petite digression.

Ce Prince, qui suivant les conditions qu'il avoit faites avec les Florentins & les Siennois

& le Cardinal de Boulogne, contre Ladiflas, étoit *1409.*
venu avec cinq grands Vaiffeaux de guerre char- *Bouche Hiſt.*
gez de bonnes troupes qu'il avoit débarquées *de Proven.*
au port de Ligourne, fe mit en campagne, avec *l. 9. ſect. 4.*
l'armée des Confederez, vers la mi-Septembre;
& aprés avoir repris en tres-peu de tems tout *Niem. l. 1.*
ce que Ladiflas, qui s'entendoit avec les parens *c. 52.*
de Grégoire, avoit ufurpé fur les Florentins dans
la Tofcane, & fur l'Eglife dans les terres du Patrimoine de Saint Pierre, il s'avança jufques à
Rome, dont l'ufurpateur s'étoit emparé, à la réferve du Château Saint Ange. Il en fit réfoudre le fiége, pour avoir la gloire d'y mener le
Pape: mais comme le Comte de Troye, qui y
commandoit avec une puiffante garnifon, étoit
pour s'y défendre affez long-tems, & que ce-
pendant fes troupes, & fur tout fa cavalerie, s'af- *Niem. ibid.*
foibliffoient fort, il laiffa ce qui luy reftoit de
forces aux Confederez fous le commandement
du fameux Tanneguy du Chaftel; & aprés avoir *Mon. Dionyſ.*
conferé avec le Pape, il remonta fur fes Vaif- *l. 30. c. 1.*
feaux, pour aller faire en France une nouvelle armée plus forte que la premiere, afin d'entrer
l'année fuivante dans le Royaume de Naples,
aprés la réduction de Rome, qu'il tenoit pour
infaillible. En effet, elle fut reprife, & même
beaucoup plûtoft qu'il n'avoit efperé : ce qui fe *S. Antonin.*
fit partie par adreffe, & partie par force, en cette *3. par. tit. 22.*
maniere. *c. 5. §. 7.*

Paul des Urfins, qui ayant quitté le fervice de

BBb iij

1409. Ladiſlas pour quelque mécontentement, commandoit les troupes de l'Egliſe, avoit une intelligence dans Rome. Mais le Comte de Troye,
qui étoit le plus vigilant de tous les hommes,
donnoit ſi bon ordre par tout, qu'il n'y avoit
pas moyen de rien faire. C'eſt pourquoy, pour
l'attirer hors de la Ville, le Comte Malateſta Général des Florentins, qui faiſoient la plus grande partie de l'armée, ſe retira à trois ou quatre
lieuës de Rome, du coſté de deçà le Tibre, faiſant ſemblant de vouloir faire quelque autre entrepriſe, pour ne perdre pas tems, tandis que les
autres continuëroient le blocus au-delà du Tibre, pour empeſcher que rien n'entrât par eau
dans la Ville. Ce qu'il avoit préveû ne manqua
pas d'arriver. Le Comte de Troye, qui crût avoir
une belle occaſion de défaire ce reſte d'armée,
en l'abſence des Florentins, paſſe les ponts avec
la meilleure partie de ſa garniſon, & ſe va jetter
ſur le quartier de Paul des Urſins, qui l'attendoit
de pied-ferme, aſſiſté du brave Tanneguy du
Chaſtel, lequel étant venu à ſon ſecours avec
ſes Bretons & ſes Angevins, donna ſi vivement
ſur ces Napolitains, qu'il les mit d'abord en deſordre, en tailla la pluſpart en piéces, & contraignit les autres de regagner leurs ponts, & de ſe
ſauver dans la Ville. Alors, ceux de l'intelligence d'une part criant aux armes contre l'Etranger, & de l'autre les victorieux entrant après les
fuyards, tout ce que pût faire le Comte, fut de

*Mſ: Dionyſ.*
*L. 30. c. 1.*

se sauver de vîtesse par l'autre cofté de la Ville, aprés avoir perdu la plus grande partie des siens, ou tuez, ou pris en cette occasion. Ainsi Rome fut prise glorieusement pour le Pape par les François, qui luy manderent qu'il pouvoit venir, quand il luy plairoit, prendre possession de son Siége, dans cette Ville Capitale du Christianisme, laquelle le reconnoissoit pour son Maître, & pour l'unique veritable Successeur de Saint Pierre. Cependant, ce Pontife, que la peste avoit chassé de Pise, & qui s'étoit retiré à Pistoye, pour y attendre le succés desarmes des Confederez, y travailloit à éteindre l'embrasement de l'Héresie, qui commençoit à se répandre dans la Boheme, & dont il faut que je montre icy briévement l'origine & les premiers progrés.

Ce Gentilhomme de Boheme, que j'ay dit ailleurs avoir porté de l'Université d'Oxford quelques Livres de Jean Wiclef en Bohëme, y fut suivi quelque tems aprés par un Anglois grand Wiclefiste, nommé Pierre Payne, lequel en porta plusieurs autres à Prague, & sur tout celuy qui est intitulé *La Verité*, le plus pernicieux de tous, & dont la lecture répandit peu à peu le venin de l'Héresie dans quelques-uns de l'Université, qui affectoient de se distinguer, en suivant de nouvelles opinions. Le plus apparent de ceux-cy, & qui se mit bientost à la teste de ce nouveau parti, fut un homme de réputation & de credit

Niem. l. 3.
c. 52.

Io. Coch.
Hist. Hussit.
l. 1.
Æn. Syl. Hist.
Bohem. c. 35.
Du Brav.
Hist. Bohem.
l. 19.
Harpsf. Hist.
Wiclef. c. 14.
V. t. s. Hist.
Vniv. p. 208.

1409. dans l'Université, appellé Jean Hus, du nom
d'une Bourgade de Boheme, où il étoit né de
parens chetifs & inconnus. C'étoit pourtant un
homme de beaucoup d'esprit, & que ceux de
sa nation avoient fait leur Chef, ou leur Procureur, dans l'Université de Prague, où il s'é-
toit rendu celebre, aussi-bien que parmi le Peuple, qui l'avoit en grande veneration : car s'é-
tant fait Prêtre, il faisoit publiquement profession d'une vie beaucoup plus exacte & réfor-
mée que celle des autres Ecclesiastiques. Cela
donna beaucoup d'autorité & de poids aux Sermons qu'il faisoit dans Prague, où, comme il
étoit naturellement éloquent, fort disert en sa
Langue, & extrêmement populaire, il se fit suivre, & admirer comme le plus célebre prédicateur de son païs. Ces beaux talens joints à une
apparente sainteté, firent qu'il y eût presse, particulierement parmi les femmes, à qui seroit sous
sa conduite : car il s'appliqua même à confesser, & à ce qu'on appelle direction ; à quoy il
eût la réputation de si bien réüssir, que la Reine Sophie le voulut avoir pour son Confesseur,
& son Directeur. Car pour son mary le Roy
Wenceslas, comme il étoit devenu plus brutal
encore que jamais, & ne songeoit qu'à mener
une vie voluptueuse & dissoluë, il ne se soucioit gueres de direction : mais ayant de la complaisance pour la Reine, le Confesseur de cette
Princesse obtenoit, par son entremise, aisément
de

*Tom. 5. Hist.*
*Univer.*

de luy tout ce qu'il vouloit. Voilà donc quel 1409. étoit Jean Hus, & la posture où il se trouvoit à Prague, lors qu'il entreprit d'y faire valoir une partie de la doctrine de Wiclef, dont le génie revenoit fort au sien, particulierement en ce qu'il avoit grande envie de devenir Chef de parti, sous prétexte de réformation des mœurs, & des abus qui s'étoient glissez dans l'Eglise, & d'anéantir ensuite l'autorité du Pape & des Evêques.

Il trouva néanmoins d'abord un puissant obstacle à son entreprise, dans le zele que témoigna l'Université de Prague, à condamner dés le commencement les erreurs de Wiclef. Car sçachant que plusieurs de ses propositions avoient esté déja censurées en Angleterre, & par l'Université de Paris, qu'elle réveroit comme sa mere; elle en fit choisir quarante-cinq des Livres de cét Héretique, qu'on faisoit courir dans Prague, qui, aprés qu'on les eût examinées dans l'Assemblée générale où se trouva Jean Hus en qualité de Procureur de la Nation de Bohême, *Cochla.* furent condamnées d'un commun consente- *Hartzfel.* ment, sans que Jean Hus même, qui n'osa s'opposer à ce torrent, de peur qu'on ne le retranchât du Corps de l'Université, eût la hardiesse de contredire à ce Decret. Mais comme il étoit adroit, & malin, il imagina le moyen de venir à bout de son dessein, en ruinant ceux qu'il voyoit bien qui s'y opposeroient toûjours; & voicy comment il s'y prit.

CCc

1409.

Cochl.
V. t. 5. Hist.
Univers.

L'Université de Prague, que l'Empereur Charles IV. pere de Wenceslas avoit établie sur le modele de celle de Paris, que luy-même avoit veûë, étoit composée de la Nation de Bohëme, & de la Teutonique, qui en comprenoit trois, à sçavoir, la Polonoise, la Saxone, & la Bavaroise, qui avoient chacune leur voix & leur part dans toutes les élections, dans tous les honneurs & les émolumens: de-sorte que la Nation Teutonique valoit pour trois, & celle de Bohëme pour une. Jean Hus, qui, par le moyen de la Reine sa penitente, avoit beaucoup d'accés & de credit auprés du Roy, luy persuada aisément que, pour l'honneur de la Nation, il falloit faire maintenant tout le contraire de ce que son pere avoit établi dans l'Université, & qu'au lieu que la Nation Teutonique avoit trois suffrages, & celle de Bohëme n'en avoit qu'un; celle-cy, qui, depuis la mort du feu Empereur, étoit devenûë beaucoup plus nombreuse qu'elle n'étoit quand l'Université fut établie, en eût desormais trois, & que la Teutonique n'en eût qu'un; parce, disoit-il, qu'il étoit injuste, & honteux, que les Etrangers, qui avoient pour eux la pluralité des voix, eûssent toutes les Charges & tous les honneurs dont ses Sujets seroient toûjours exclus. Wenceslas, qui ne songeoit qu'à ses plaisirs, & ne se soucioit gueres ni de Sciences, ni d'Université, luy accorda, sans peine, tout ce qu'il voulut; & quoy-que ce changement

causât de tres-grands defordres entre les deux 1409:
Nations, qui en vinrent jufqu'à fe livrer de fanglans combats, qu'il regardoit luy-même avec
plaifir, & quelques remontrances que luy pûffent faire les Teutoniques, pour conferver leur
ancien droit, il fe moqua toûjours d'eux, jufques
à leur dire, que pour les mettre tous d'accord, il
leur donneroit pour Recteur fon Cuifinier.

Cela fut caufe que tous ces Etrangers, furieufement irritez de cét affront, firent un Decret
entre eux, par lequel il fut réfolu qu'ils aban-
donneroient tous l'Univerfité de Prague, pour
fe retirer ailleurs: ce qu'ils firent d'un confentement fi général, que dans huit jours il fortit
de Prague, à ce qu'a écrit un Hiftorien, vingt-
quatre mille Ecoliers Allemans, & Polonois, *Dubrav.*
dont une partie fe retira à l'Univerfité d'Er- *Hift. Bohem.*
ford, qui étoit fondée depuis peu, & l'autre alla *l. 23.*
établir celle de Lipfik. C'étoit-là juftement ce *V. t. s. Hift.*
que demandoit Jean Hus, afin qu'étant maître *Univerf.*
dans l'Univerfité, il y pût établir fes dogmes,
fans que les Etrangers, qui étoient contre luy,
s'y oppofaffent. En effet, on le fit Recteur, aprés
la fortie des Teutons. Ce fut pour lors qu'ayant *Æn. Syl. Hift.*
déja formé un grand parti, particulierement par- *Bohem. c. 31.*
mi les Ecclefiaftiques, il commença à débiter
tout ouvertement fes erreurs, qui furent prefque toutes celles de Wiclef, à la réferve de ce
que cét Hérétique a écrit contre les Sacremens, *Harpsf.*
que celuy-cy retint, & fur tout ceux de l'Eu-

CCc ij

1409. chariftie, où il confeffa la prefence réelle, & la
tranffubftantiation, qu'il n'ofa combatre, la
trouvant trop bien établie; & de la Confeffion,
parce qu'étant Confeffeur de la Reine, il ne
vouloit pas perdre cét employ, duquel il tiroit
tres-grand avantage.

*Æneas Sylv.
Dubrav.
Cochl.
Harpsfel.*

Au refte, il fe fervit particulierement de deux
hommes pour établir fa fecte; l'un fut Jérof-
me de Prague, le plus habile Maître és Arts &
Philofophe qui fût dans l'Univerfité, & qui étoit
à peu prés dans l'Ecole ce que Jean Hus étoit
en Chaire; & l'autre fut un certain Jacobelle de
Mife en Boheme, homme fçavant, & en grande réputation de vertu & de probité, & qui, bien
loin d'abolir le Saint Sacrement de l'Euchariftie,
donna dans l'autre extrémité, fous prétexte de
pieté, voulant qu'il y eût obligation à tous les
Fidelles de recevoir le Corps & le Sang de Jefus-
Chrift fous les deux efpeces; ce qui particulierement a donné lieu au Schifme de Boheme.
Enfin, outre les artifices dont fe fervent ordinairement les Héretiques, pour répandre fubti-
lement le venin de leur hérefie, qui font la cabale, & l'hypocrifie, où Jean Hus étoit grand
maître, il fe fervit particulierement de deux autres, qui luy réüffirent.

*Quoad prin-
cipes quofdam
Viros, ut eo-
rum fibi ftu-
diû atque gra-
tiam adjunge-*

Le premier, comme il étoit fort difert en fa
Langue naturelle, fut d'y traduire élegamment
quelques Livres de Wiclef, qu'il envoyoit magnifiquement reliez, principalement aux perfonnes

de qualité; & le second, de mettre indifferemment entre les mains de tout le monde l'Ecriture Sainte traduite aussi en langue vulgaire, &
de soûtenir qu'il étoit permis à toutes sortes de
personnes, & même aux femmes, de prescher
la parole de Dieu, comme elles la trouveroient
toute claire dans leur Bible : ce qui fut infiniment agréable au peuple, & sur tout aux femmes, qui se voyant par là mises en honneur,
& en état d'exercer le talent que la nature leur
a donné de parler aisément & beaucoup, ne se
lassoient point de prescher, mais dans les Cimetieres, pour ne pas contrevenir directement au
précepte de Saint Paul, qui ne veut pas que les
femmes parlent dans l'Eglise.

On ne peut exprimer le mal que ce grand
desordre causa dans Prague : car la pluspart vouloient ou y prescher, ou y entendre cette nouvelle Doctrine, qu'on appelloit hautement la
Réforme de l'Eglise. C'est pourquoy l'Archevêque, qui par malheur étoit alors assez loin de
Prague, en étant averti, y accourut, pour éteindre ce soudain embrasement avant qu'il fît plus
de ravage. Cét Archevêque étoit Swinco Ha-
scimberg, homme d'une illustre naissance, d'un
rare sçavoir, d'une singuliere prudence, d'un
zele incomparable pour la Foy, & d'un courage à ne rien craindre, quand il s'agissoit du service de Dieu, & des interests de l'Eglise. Aussi-
tost qu'il fut arrivé, il fit assembler son Conseil,

1409.
ret, seque ma-
gis muniret,
transmittebat.
Hagsfeld.
Hist. Widof.
l. 14.

1. Cor. 14.
34. 35.

Æneas Silvius.

& tout ce qu'il y avoit de plus habiles gens dans son Eglise, & parmi les Docteurs qu'il sçavoit n'estre pas encore empoisonnez de ces scandaleuses opinions. Il cite Jean Hus, l'oblige à répondre, le convainc d'estre l'auteur de ces effroyables desordres, fait faire une recherche tres-exacte des Livres qu'il avoit distribuez, en fait brûler publiquement environ deux cens, dont la pluspart, pour les rendre plus agréables, & comme pour faire avaler plus facilement le poison dans l'or; étoient bien lavez, bien dorez, & ornez de magnifiques couvertures enrichies de fermoirs & de plaques d'or & d'argent: & non seulement il fit en sorte que les Laïques, ni les femmes n'oserent plus entreprendre de prescher; mais, sans avoir égard ni à la suite de Jean Hus, ni à la faveur de la Reine, de laquelle il étoit appuyé, il luy défendit de prescher dans tout son Diocese: de sorte qu'il se vit contraint de se retirer dans le lieu de sa naissance, où étant soûtenu du Seigneur de ce Bourg, qui prit hautement sa protection, il se mit à déclamer, avec une extrême fureur, & contre l'Archevêque, & contre la doctrine & les usages de l'Eglise.

Cependant, la Reine Sophie, qui se faisoit un point d'honneur de défendre son Confesseur, employoit tous ses artifices, & tout ce qu'elle avoit de pouvoir auprés du Roy, pour l'engager à proteger Jean Hus, comme si c'étoit une fatalité, que jamais aucune heresie ne se

*Idem. & Dubravius l. 23. Cochl. l. 1. Harpsfeld. Hist. Wiclef. Quorum major pars argenteis atque inauratis fibulis, & pretiosis tegumentis ornabatur. Harpsfeld.*

pût soûtenir sans le secours de la malice où de
l'illusion de quelque femme, & sur tout d'une
Princesse, comme on l'a veû par mille exemples, & principalement dans ceux de Constan-
tia, de Justine, de Melanie, d'Eulogia, de la
Princesse Jeanne mere du Roy Richard, de cette
Reine Sophie, & de plusieurs autres qui pa-
roissent dans mes Histoires à la teste des Hérétiques dont elles furent les protectrices. Mais
enfin Wenceslas, tout brutal & cruel qu'il étoit,
ou n'osa, ou ne voulut pas se commettre avec
un homme qui avoit autant d'autorité que ce
grand Archevêque. Tout ce que la Reine pût
obtenir de ce Prince, fut qu'il envoyast des Ambassadeurs au Pape Alexandre, pour le prier de
tenir Jean Hus pour bon Catholique. Mais ce
Pape, qui fut parfaitement bien informé par
l'Archevêque, luy récrivit sur la fin de cette
année mil quatre cens neuf, qu'il devoit déclarer herétiques tous ceux qui enseignoient publiquement, ou en cachete, la détestable Doctrine de Jean Wiclef, & qu'il luy enjoignoit
de défendre, par autorité Apostolique, de plus
prescher hors des Eglises, dans les maisons, dans
les places, à la campagne, ni même dans les
cimetieres. Mais Jean Hus se moqua de cette
ordonnance, disant qu'il en appelloit du Pape
Alexandre au même Pape, puis qu'elle étoit manifestement contre l'exemple de Jesus-Christ
& de ses Apostres, qui preschoient par tout

1409.

Ex Histor.
Hussit. t. s.
Hist. Univ.

Epist. Alex.
ad Svincen.
ap. Raynald.

Cochl. l. 1.

Il continua donc toûjours dans son Bourg, comme auparavant; & ce qui acheva de tout perdre, fut la mort du grand Archevêque Swinco, qui mourut en chemin, comme il alloit en Hongrie supplier le Roy Sigismond de venir en Boheme, pour y soûtenir la Religion, qui y couroit grand risque de se perdre, par la negligence de Wenceslas son frere, qui enfin pourroit tout abandonner à la discretion des Hérétiques.

On ne vit jamais mieux qu'en cette rencontre, quel bonheur c'est à une grande ville Capitale d'un Royaume d'avoir un Archevêque de la force de ce grand homme. Tout étoit dans le trouble à Prague, où il y avoit guerre ouverte entre les Catholiques, qui combatoient pour l'ancienne Religion, & les Hussites, qui avoient entrepris de la ruiner, en soûtenant les dangereuses nouveautez, les propositions impies, & les erreurs de Jean Wiclef, quoy qu'on les eût déja plus d'une fois solemnellement condamnées. Une partie de l'Université avoit esté corrompuë par Jean Hus, dont le parti y devenoit tous les jours plus puissant; la pluspart des Ecclesiastiques le suivoient contre les Moines & les Ordres Religieux, que cét Hérétique vouloit détruire; plusieurs Laïques se laissoient entraîner au torrent, & les femmes mêmes, qui courent d'ordinaire avec plus d'ardeur que les hommes aprés la nouveauté, sur tout en matiere

tiere de Religion, & dont les Huffites flatoient 1410.
la vanité, fe mefloient de dogmatifer, & de décider hardiment des points de doctrine, par l'E-
criture, qu'elles vouloient interpreter, & qu'elles
n'entendoient point du tout. Enfin, les Huffites
bien loin de rien craindre du cofté de la Cour,
s'en tenoient fort affeûrez, parce qu'ils y avoient
d'une part un Prince lâche, foible, & fans autorité, qui ne fe foucioit nullement des affaires
de la Religion; & de l'autre, une Princeffe, qui,
étant dirigée par Jean Hus, étoit tellement en-
teftée de fa doctrine, qu'elle s'en déclaroit la
protectrice. Et néanmoins auffi-toft que cét Archevêque fut à Prague, il y agit avec tant d'a-
dreffe & de prudence, & tout enfemble avec tant
de vigueur & de fermeté, qu'il y fit ceffer le
defordre, & y remit la paix, en faifant taire les
Huffites, aufquels il interdit la Chaire; en abo-
liffant leurs livres, qu'il fit brufler; en appuyant
les bons Docteurs de l'Univerfité contre les
mutins; & en contraignant Jean Hus même,
malgré qu'il en eût, à faire retraite. Que n'eût-il
donc pas fait, ce digne Prélat, s'il eût efté appuyé de l'autorité d'un grand Roy, qui eût eû
beaucoup de zele pour maintenir la Religion dans
fa pureté, & autant de bonté, de droiture, d'empire, de force, & de majefté qu'on en doit avoir,
pour fe faire aimer des bons, craindre des méchans,
& obéïr de tous fans réfiftance? Voilà le changement que l'Archevêque Swinco fit à Prague.

DDd

Mais auſſi-toſt aprés ſa mort, il s'y en fit un autre tout oppoſé à celuy-cy, par la déteſtable conduite de ſon ſucceſſeur Albicus, homme éle- vé de la pouſſiere à cette haute dignité, par la faveur, ou plûtoſt par le caprice du Roy Wen- ceſlas, & le plus ſordidement avare qui fut ja- mais; juſques-là, qu'il ne voulut avoir pour tout Officier qu'une vieille de la lie du peuple, ni même pas un cheval, parce, diſoit-il, que ces animaux mangent même durant la nuit: de-ſor- te que, comme ce miſerable ne ſongeoit qu'à amaſſer force argent dans ſes coffres, il ne fut pas difficile à Jean Hus, qui étoit retourné à Prague, d'y faire revivre ſes erreurs, & ſon parti, qui devint plus fort que jamais. Et de-là vin- rent bien-toſt ces horribles troubles, ces ſacri- leges, ces ſeditions, ces révoltes, & ces ſanglan- tes guerres, qui ſont les ſuites ordinaires des Hé- reſies, & qu'on peut voir dans les Ecrivains des Hiſtoires de Boheme, & des Huſſites: car je n'en ay dû dire qu'autant qu'il en faut pour marquer les effets du Schiſme, & pour diſpoſer mon Lecteur à la connoiſſance de ce qui ſe fit en l'affaire de Jean Hus au Concile de Conſtan- ce, qui eſt eſſentiel à mon Hiſtoire, & où l'on pourſuivit ce que le Pape Alexandre n'avoit pû faire, étant prévenu de la mort.

Ce Pontife, au lieu de marcher droit à Ro- me, comme le Senat, le Peuple, & le Clergé

Alex. Epiſt.
ap. Reynald.

Romain qui l'envoyerent ſolennellement re-

connoître pour Maître, & pour vray Pape, l'en 1410.
fupplioient tres-humblement, voulut premierement aller à Boulogne; ce qu'il fit à la perfua-
fion du Legat Baltazar Coffa, qui étoit bien- *Niem. in Vit.*
aife d'avoir fa Sainteté dans une Ville où il étoit *Ioan. 23.*
le maître. Mais comme ce bon Vieillard fut
obligé de paffer l'Appennin, avec d'étranges incommoditez, dans le cœur de l'hiver, cela, fi peut-
eftre auffi un petit reméde qu'on luy fit pren- *Venenato*
dre n'y contribua pas un peu, luy avança fa *clyftere.*
mort. Il déceda donc à Boulogne le troifiéme *Apud Anton.*
*t. 2. p. 3. c. 5.*
de May, en la foixante & uniéme année de fon *S. 3.*
*Niem. l. 5.*
âge, auffi faintement qu'il avoit vefcu. Comme *c. 33.*
il fe vit preft de mourir, il fit affembler tous les *Gobellini.*
Cardinaux autour de fon lit, & leur fit, avec
une merveilleufe prefence d'efprit, un tres-beau
difcours en Latin, les exhortant à fe tenir par- *Niem. l. 35.*
faitement unis pour le bien de l'Eglife, qu'ils *c. 33.*
avoient fi heureufement réünie. Il leur dit, comme Jefus-Chrift, qu'il leur laiffoit fa paix; & les *Platin.*
voyant fur cela fondre en larmes, il fe mit à les *Ciacon.*
confoler, en leur difant ces belles paroles du
Fils de Dieu, avec une grande confiance en fes *Mon. Dionyf.*
*l. 30. c. 4.*
mérites infinis, *Je monte vers mon Pere, & vôtre*
*Pere, ne vous attriftez point;* & aprés avoir dit
des chofes tres-édifiantes fur ce beau texte, il
leur recommanda de fe tenir toûjours parfaitement unis avec la France, & avec l'Univerfité
de Paris, qui avoit travaillé avec tant de zele & *Platin.*
de gloire pour l'extirpation du Schifme; & là *Ciacon.*

1410. deſſus il conclut, en proteſtant hautement devant Dieu, auquel il alloit rendre compte de ſes
actions & de ſes paroles, qu'il tenoit pour indubitable, & croyoit fermement que tout ce
qui s'étoit paſſé au Concile de Piſe avoit eſté
fait par l'inſpiration du Saint Eſprit, pour la
gloire de Dieu, & pour le bien de ſon Egliſe.
Aprés quoy leur ayant donné ſa benediction, &
levant les yeux au Ciel, il expira doucement,
comme s'il eût eſté en une haute contempla-
tion. Pour moy, j'avouë de bonne foy, que quand
je ne ſerois pas tres-perſuadé d'ailleurs que le
Concile de Piſe eſt tres-legitime, je n'en pour-
rois douter, aprés ces paroles d'un ſi ſaint homme, qui n'ayant plus d'intereſt en ce monde, a
fait une pareille proteſtation au moment même qu'il alloit paroître devant Dieu.

Il eût eſté à ſouhaiter, qu'en l'état où étoit
l'Egliſe, les Cardinaux qu'il venoit de ſi bien exhorter, luy euſſent donné un Succeſſeur, qui eût
du moins quelque choſe d'approchant de ſes
vertus. Mais, à la recommandation de Louïs Roy
de Sicile, qui étoit déja revenu de France pour
la guerre de Naples, les Cardinaux François, &
les Napolitains, qui faiſoient la plus grande partie des dix-ſept qui étoient entrez au Conclave,
& auſquels preſque tous les autres ſe joignirent,
de peur de ſe faire un puiſſant ennemi, éleûrent, le dix-ſeptiéme de May, le Cardinal Legat
de Boulogne, Baltazar Coſſa, grand ami de ce

Niem. l. 3.
c. 53. & in
Vit. Ioan.
Ciacon. &
alii.

Prince, avec lequel il avoit déja fait la guerre 1410.
contre Ladiſlas. On fut un peu ſurpris, & même mal édifié de ce choix, còmme l'avoüë franchement un Hiſtorien qui l'a fort connu, & qui *Gobellin in*
n'étoit nullement ennemi des Papes. Car ce Car- *Coſm. ſu. 6.*
dinal, qui étoit né Gentilhomme Napolitain, *In cujus ele-*
étoit homme d'eſprit à la verité, & habile dans *ſcandalizati*
le maniment des affaires, mais il avoit mené *ſunt, quia, ut*
juſques alors une vie aſſez licentieuſe, & avoit *xiſſe Bono-*
exercé ſa Legation de Boulogne avec beaucoup *niam, & vitæ*
de violence ; outre qu'il n'avoit nullement l'air *mundanæ de-*
d'un Eccleſiaſtique, étant tout-à-fait du monde, *tur.*
& dans les plaiſirs, & ſur tout adonné aux ar- *Vir quidem in*
mes , & ayant toutes les manieres d'un Cava- *temporalibus*
lier : de-ſorte que, ſelon la voix publique, il *ſpiritualibus*
étoit bien plus propre à eſtre à la teſte, non *ineptus.*
pas d'une armée, car il n'en ſçavoit pas aſſez *Antonin. 3. p.*
pour cela, mais d'une compagnie de chevaux- *t. 22. c. 6.*
legers, que ſur le premier Trône de l'Egliſe. Il *in biſtor.*
fut pourtant intronizé d'un commun conſente-
ment, & adoré ſous le nom de Jean XXIII.
comme Vicaire de Jeſus-Chriſt, parce qu'étant
legitimement établi ſur la Chaire de Saint Pierre, on ſoit obligé de le reconnoître, & de luy
obéïr en cette qualité indépendemment de celle
des mœurs & de la vie. Il faut pourtant avoüer
que l'on vit du changement en ſa conduite, &
qu'il parut beaucoup moins déreglé étant Pape,
qu'il ne l'avoit eſté avant ſon Exaltation. Il eût
auſſi d'abord un grand bonheur : car Robert de

DDd iij

1410.
Gobellin. in
Cofmodr. et.
6. c. 90.
Onuphr.
Niam. in Vit.
Ioan.

Baviere, qui avoit toûjours esté contre le Concile de Pise, étant mort huit jours aprés le Couronnement de ce Pape, les Electeurs, à sa recommandation, éleûrent Empereur en cette même année, Sigifmond Roy de Hongrie, qui se
déclara hautement pour ce Concile, & confequemment pour ce Pontife, qui fut ainsi reconnu généralement par tout l'Empire, en même
tems qu'il prenoit des mesures pour l'estre aussi
au Royaume de Naples, par le moyen du Roy
Louïs d'Anjou, avec lequel il entreprit d'en
chasser Ladiflas, qui en étoit l'usurpateur.

Louïs, qui l'année précedente, aprés avoir repris toutes les Places que Ladiflas, voulant profiter du Schisme, avoit prises dans la Toscane, &
dans le Patrimoine de Saint Pierre, s'en étoit
retourné en France, pour y assembler de nouvelles forces, en avoit ramené par mer de bonnes troupes, dont il laissa une partie sur ses vaisseaux, & vint avec l'autre à Boulogne, pour y
conferer avec le nouveau Pape. Il le trouva encore beaucoup plus disposé à la guerre de Naples que son predecesseur, pour se venger de
Ladiflas, qui protegeoit Grégoire contre luy;
non pas que ce Prince se souciât qu'il fût, ou
ne fût pas vray Pape, cela luy étoit fort indifferent, mais parce qu'il l'avoit trouvé plus propre pour ses interests.

Le Pape donc, & le Roy Louïs, ayant employé le reste de l'année, & le commencement

de la fuivante, à faire leurs préparatifs, pour
une fi grande entreprife, marcherent droit à Rome. Ils y entrerent la veille de Pafques, accompagnez de tous les Cardinaux, & de tous les
principaux Chefs de l'armée, dans une magnifique pompe, parmi les acclamations du Peuple
& du Clergé Romain, qui fouhaitoient, avec
beaucoup de paffion, après avoir fouffert la tyrannie de Ladiflas, de revoir le Pape dans Rome. Le lendemain il célebra Pontificalement la
Meffe dans Saint Pierre, & le jour de Saint Geor-
ge, l'un des Patrons des gens de guerre, il benit
dans la même Bafilique le grand Etendard de
l'Eglife, qu'il mit entre les mains du Roy; &
puis celuy du Senat, & du Peuple Romain, qu'il
donna à Paul des Urfins, qui commandoit les
troupes Ecclefiaftiques fous le Roy déclaré Gé-
néraliffime, & Grand Gonfalonnier de l'Eglife; & auffi-toft après cela, ce Prince ayant receû la Benediction du Pape, fortit de Rome,
accompagné du Cardinal de Saint Ange Legat,
& de tous les Officiers, pour aller joindre fon
armée, qui l'attendoit fur le chemin de Naples.
Elle étoit de douze mille chevaux, avec une belle & nombreufe infanterie, fous le commandement de plufieurs excellens Chefs, dont les principaux entre les Italiens étoient Paul des Urfins, le Grand Sforce de Cotignole, le brave Braccio de Montone fon perpetuel concurrent dans
la gloire des armes, Gentile de Monterano, le

*Ann.*
*1411.*

*Diar. M S.*
*apud Bzov.*

*S. Antonin.*
*p. 3. t. 22. c. 6.*
*Leon. Aretin.*
*in hiftor.*

*Summonts*
*l. 4.*

1411. Comte de Tagliacozze, tous les Seigneurs de l'illuftre Maifon des Sanfeverins, & quelques autres
Barons Napolitains, qui favorifoient le parti Angevin. Entre les François qui accompagnoient
le Roy de Sicile, ceux qui fe diftinguerent par
leur bravoûre, & par leur qualité, furent les Seigneurs Louïs de Loigny, celuy qui à fon retour
fut fait Maréchal de France, du tems qu'il n'y
en avoit encore que deux; Guy de Laval, Henry de Pincqueton, Pierre de Beauvau, le Sire
du Bouchage, & le Senéchal d'Eu.

*Mon. Dionyf.*
*l. 31. c. 1.*

D'autre part, le Roy Ladiflas, qui avoit affemblé fes troupes aux environs de Gaïéte, en
partit prefque en même tems pour aller au-devant de l'ennemi, avec une armée de treize
mille chevaux, & de quatre mille fantaffins, outre les forces que luy amenerent tous les grands
Seigneurs du Royaume, du parti contraire à celuy d'Anjou, qui le vinrent joindre, chacun avec
une belle fuite de fes propres Vaffaux, pour le
fervir avec honneur en une fi belle occafion. Il
y avoit encore en cette armée quelques compagnies de gendarmes, que Grégoire, qui n'en
avoit que faire à Gaïéte, y avoit envoyées avec
un Cardinal Legat: de-forte qu'on voyoit dans
ces deux armées, comme autrefois en celles d'Urbain VI. & de Clement, les Clefs de l'Eglife,
& les Tiares, fe menaçant les unes les autres, fur
les Etendars. Ladiflas eût d'abord grand fujet
de bien efperer du fuccés de cette guerre, par

*Niem. in Vit.*
*Ioan.*

la

la nouvelle qu'il receût, comme il étoit en mar- 1411.
che, de l'avantage que sa Flotte avoit remporté
sur celle de Louïs, par la prise de quatre grands
Vaisseaux, qui, avec quelques autres, attendoient
les Galeres à l'Isle Ponce. Cela donna grand courage à l'armée qui s'avança vers les frontieres du
Royaume, & s'alla camper sous la forteresse de
Rocca Secca, à trois ou quatre lieuës de Cepe-
rano, où l'armée de Louïs étoit campée, le long
du Gariglian, qui separoit les deux armées. La- *Mon. Dionys.*
diflas, qui étoit tout fier de l'heureux succés du *l. 51. c. 1.*
combat de son armée navale, envoya défier
Louïs par un Héraut, que ce généreux Prince
receût de bonne grace, en acceptant, avec joye,
le défi; & luy ordonnant, aprés luy avoir donné
des marques de sa liberalité, de dire à son Maître qu'on luy donneroit satisfaction, quand on
jugeroit qu'il en seroit tems.

Il envoye cependant le fameux Capitaine
Braccio, avec quinze cens chevaux, reconnoître
le camp de l'ennemi, & les avenuës par lesquelles on pourroit aller plus facilement à luy, résolu de le prévenir, & de luy épargner la peine
d'estre le premier à donner la bataille qu'il demandoit. Ladiflas, qui avoit aussi de son costé
le même dessein, avoit commandé, pour la même fin, le Capitaine Tartaglia, avec deux mille
chevaux: de sorte que ces deux braves Chefs,
qui s'étoient rendus fort célebres dans les guerres d'Italie, s'étant inopinément rencontrez à mi-

EEe

1411. chemin des deux camps, il en fallut venir à un combat, qui fut rude, sanglant, & long-tems opiniâtré, mais dont enfin tout l'avantage demeura à Braccio, qui, bien que plus foible de cinq cens hommes, défit tellement le parti de Tartaglia, qu'il luy tua la pluspart de ses gens, en mit plusieurs hors de combat, & tout le reste en fuite, pour aller porter dans leur camp la nouvelle de leur défaite, qui modera la joye que l'on y avoit de la prise des Vaisseaux François.

*Summont. l. 4.* Enfin, comme on craignoit des deux costez que l'armée ne se dissipât faute de vivres, & de paye, si l'on demeuroit plus long-tems sans rien faire; Ladislas d'une part sortant de son camp, s'avança jusques à un mille du Gariglian; & de l'autre, le Capitaine Sforce fit arrester dans le Conseil, qu'on passeroit sur le champ la riviere, pour *Idem. Iov. in Vit. Sfort.* attaquer brusquement l'ennemi, tandis que, ne s'attendant à rien moins, il étoit occupé à se camper.

Ce fut donc le dix-neuviéme de May, sur le soir, que toute l'armée ayant passé le Gariglian, partie à gué, partie sur les pontons, un peu audessus de Ponte-Corvo, petite Ville bastie sur les ruïnes de l'ancienne Fregelles, se remit bien-tost *Mon. Dionys. l. 31. c. 1.* en bataille selon cét ordre. L'avantgarde, qui faisoit la pointe droite, étoit commandée par Louïs de Loigny, qui avoit la meilleure part dans la confidence du Roy, & avoit avec soy le grand Sforce, qui voulut estre à la teste du pre-

mier rang. L'arrieregarde étoit à la gauche avec 1411.
les troupes de l'Eglise, sous le commandement
de leur Général Paul des Ursins; & le Roy con-
duisoit au milieu le corps de bataille, ayant auprés de sa personne Braccio, avec tous les Seigneurs François. Ladiflas, qui vit l'ennemi passé
avant qu'il s'en fût apperceû, remit promptement
ses gens au même ordre qu'ils avoient gardé en
marchant, ayant parmi eux, en divers endroits,
à la teste des escadrons, huit grands Seigneurs,
avec des armes toutes semblables à celles du Roy, *Summonti.*
soit pour tromper les ennemis, soit pour ani- *l. 4.*
mer les soldats, par la veûë du Roy, qu'ils croi- *Cyrius.*
*Collenut.*
roient par tout combatre avec eux. Cela fait, il
s'avance fierement, soit pour attaquer, soit pour
recevoir bravement le premier choq, s'il étoit
prévenu, comme il le fut. Car aussi-tost qu'on
vit qu'il s'ébranloit, le Roy, qui témoignoit
beaucoup d'allegresse, encourageant les siens
par sa contenance asseûrée, fit sonner la charge, & à l'instant même le brave Sforce se dé-
tachant de l'avantgarde, courut la lance en
arrest contre le Comte Nicolas de Campobasse, *Iov. in Vit.*
ayeul de celuy de même nom, qui, soixante- *Sfort. c. 16.*
cinq ans aprés, trahit malheureusement le Duc
Charles de Bourgogne son maître, à la bataille
de Nancy.

Ce Comte superbement monté, & remarquable par ses armes dorées, & par un grand pana-
che, qui du cimier de son heaume flottoit jus-

1411. ques sur ses épaules, paroissoit pardessus tous les autres à la teste de l'aisle gauche. Mais Sforce, qui, sous de simples armes, avoit & un courage, & une force de Heros, luy donna un si grand coup de lance dans sa belle & brillante cuirasse, qu'il le fit disparoître tout-à-coup, l'ayant abbatu, & fait prisonnier. Ce fut-là comme le présage du succés de cette journée : car Loüis de Loigny ayant donné en même tems avec une pareille impetuosité, suivi de toute l'avant-garde, rompit enfin l'aisle gauche des ennemis, qui, aprés une assez longue résistance, fut mise en desordre, & puis en déroute. Le Roy, qui agit ce jour-là en Capitaine, & en soldat, & Paul des Ursins, qui étoit grand homme de guerre, mais trop jaloux de la gloire des autres, eûrent aussi le même succés chacun de son costé ; & quoy que pût faire Ladislas, à qui l'extrême danger où il se voyoit de tout perdre, en perdant cette bataille, redoubloit les forces & le courage, il ne pût empescher, qu'aprés avoir opiniâtré le combat jusques bien avant dans la nuit, & rallié plusieurs fois ses gens qui plioient de tous costez, tout enfin ne se mît en fuite, pour se sauver à la faveur des tenebres, car elles survinrent fort à propos pour les fuyards, & pour luy-même, qui, comme il étoit demeuré des derniers au champ de bataille, ne se sauva qu'à grand' peine, avec tres-peu de suite, dans Rocca Secca.

*Mem. Dionys.*

*Summont.
l. 4.*

Il n'y eût jamais de victoire plus complete **1411.**
que celle-cy. Le champ de bataille, les morts, *Collenut.*
dont toute la campagne étoit couverte, les dra- *Corius.*
*Aretin.*
peaux, les cornettes, le bagage, le camp, les ma- *Antonin.*
*Summont. &*
gnifiques équipages du Roy, des Grands du *alii.*
Royaume, & de tous les Chefs de l'armée, ou- *Niem. in Vit.*
*Ioan.*
tre les prisonniers, entre lesquels étoient la plufpart des Comtes & des Ducs, demeurerent aux
victorieux, qui partagerent entre eux tout le
butin. Pour les Enseignes, elles furent envoyées
sur le champ au Pape, qui ne pût s'empefcher,
en cette rencontre, de faire éclater sa joye, d'une
maniere qui n'est nullement d'un Prince Chrétien, & beaucoup moins d'un Pape. Car aprés *Niem. ibid.*
*Mon. Dionyf.*
avoir fait d'abord arborer ces Enseignes à l'en- *l. 31. c. 1.*
vers sur l'Eglife de Saint Pierre, il voulut qu'en
une Proceffion solennelle, qui se fit par toute
la Ville, & où il fut luy-même accompagné
de tous les Cardinaux & de tous les Prélats de
sa Cour, on traînât dans les ruiffeaux & dans
les boûës les Enseignes de Grégoire & de Ladiflas; où l'on voyoit les armes de ce Prince, &
les Clefs & les Tiares Pontificales traitées avec
tant de honte & d'ignominie. C'étoit-là sans
doute infulter trop inhumainement au malheur
des vaincus. Il les falloit porter en cerémonie
dans la Bafilique de S. Pierre, pour témoigner
hautement par là que c'étoit à Dieu qu'étoit
deû l'honneur de cette victoire. C'est ainfi qu'on
a veû, & qu'on voit encore aujourd'huy cette

EEe iij

1411. grande & magnifique Eglife de Noftre-Dame
de Paris remplie de tous coftez de cette éclatante confufion de Drapeaux qui y ont fuccedé les uns aux autres, n'y pouvant tenir tous
enfemble, aprés un fi grand nombre de victoires que Louïs le Grand a fi glorieufement rem-
portées par mer & par terre, & par tout, en Allemagne, en Flandre, en Hollande, en Efpagne,
en Italie, dans l'Amérique, par fon admirable
conduite, & que le Ciel a pris plaifir de couronner d'un bonheur conftant & perpetuel, parce
que ce Prince victorieux a toûjours voulu que
toute la gloire en revint à Dieu.

C'eft de cette maniere qu'en devoit ufer le
Pape, pour rendre fructueufe une fi memora-
ble victoire, qui peut-eftre, faute de l'avoir fait,
n'eût point de fuite. Car foit qu'on ne pût empefcher que le foldat ne courût au pillage, au
lieu de pourfuivre les ennemis, ou plûtoft que
Paul des Urfins, comme on le crût communé-
ment alors, s'y fût oppofé, fous divers pretex-
tes, parce qu'il n'aimoit pas que la guerre finît
fi-toft, de-peur de perdre fon autorité, outre
qu'il étoit irrité des grandes loûanges que Louïs
avoit données publiquement à Sforce, qui avoit
fait ce jour-là des prodiges : il eft certain qu'on
perdit tout le fruit de la victoire, pour ne l'a-
voir pas pourfuivie, comme on le pouvoit faire fans difficulté, & en même tems achever la
guerre, en inveftiffant Ladiflas dans Rocca Sec-

*Niem. in Vit.
Ioan.*

*Pogg. l. 4.
Summont.
l. 4.*

*Iov. in Vit.
Sfort.*

ca, d'où il luy eût esté impossible de se sauver.
Aussi voyant que l'on avoit manqué ce coup
qui étoit décisif, il reprit cœur, & s'alla promptement jetter dans San-Germano, l'une des meilleures Places du Royaume, peu loin de là, sur la
même frontiere, où, tandis que l'on s'amusoit
à piller son camp, & à partager le butin qu'on
avoit fait, il eût le loisir de ramasser une partie
de ses gens, & d'envoyer prendre, & fortifier
les postes par où il falloit que ses ennemis pas-
sassent, pour entrer plus avant dans le Royaume. Il eût même encore ce bonheur, que par
une fausse générosité, ou plûtost par une veritable avarice de ceux qui avoient fait des prisonniers, on les renvoya tous à San-Germano,
à la charge qu'ils renvoiroient racheter leurs armes & leurs chevaux: ce qu'ils firent avec joye,
Ladislas ayant fait donner pour cela de l'argent
à tous ceux qui n'en avoient point; de sorte
qu'en tres-peu de tems il se trouva hors de danger, avec une nouvelle armée. C'est ce qui luy
fit dire ces paroles qu'on a tant loûées, que si
Louïs eût poursuivi sa pointe aussi-tost aprés
sa victoire, il se fût rendu maître dés le premier
jour & de sa personne & de son Royaume; s'il
eût attendu jusques au second, qu'il eût pû prendre son Royaume, mais non pas sa personne;
& s'il eût differé jusques au troisiéme, qu'il n'eût
eû ni l'un ni l'autre, tout étant déjà en état de
l'arrester, & de l'empescher de passer outre. Quoy

1411.
*Summont.*
*Collenut. &*
*alii.*

*Antonin.*
*Summont.*
*Collenut.*

1411. qu'il en soit, il est certain que comme Louïs
n'usa pas de sa victoire; qu'il falloit du tems
pour forcer les passages, qui étoient gardez; &
que cependant le secours d'argent, & de vivres
qu'il attendoit du Pape, vint à luy manquer : il
fut contraint de se retirer avec honte, aprés un
si heureux commencement, & de s'en retourner
en France, d'où les effroyables desordres que les
deux partis des Orleanois & des Bourguignons

*Mon. Dionyf.* y faisoient alors, l'empescherent bien de tirer
*l. 31. c. 22.* un nouveau secours pour cette entreprise de Naples, qu'il luy fallut abandonner pour servir sa
patrie, & que le Pape Jean tâcha de continuër
d'une autre maniere.

Car voyant d'une part qu'il ne se pouvoit plus
fier à Paul des Ursins, qui avoit empesché qu'on
*Ann.* ne poursuivît la victoire, & que Sforce avec
1412. Braccio, & presque tous les autres Capitaines,
aprés avoir achevé le tems de leur service, s'é-
toient retirez, pour prendre parti ailleurs; & de
l'autre, que Ladiflas, qui n'avoit plus d'ennemi en
teste, revenoit plus fier que jamais, & reprenoit
déja ses anciens & vastes desseins de se rendre
maître de Rome & de toute l'Italie : il eût recours aux armes ordinaires des Papes ses predecesseurs. Et de fait, aprés avoir lancé de nouveau
le foudre de l'anatheme contre ce Prince déclaré
schismatique, rebelle à l'Eglise, & privé de tous
les droits qu'il pourroit encore prétendre sur les
Royaumes de Jerusalem & de Sicile qui appartenoient

tenoient à Louïs d'Anjou, il fit réfoudre dans 1412.
une Affemblée générale des Cardinaux, & de
tous les Prélats qui fe trouverent alors à fa Cour,
qu'on prefcheroit la Croix contre Ladiflas, &
octroya à ceux qui la prendroient, ou qui donneroient de l'argent pour cette guerre, les mêmes Indulgences que fes prédeceffeurs avoient *M S. Vatic.*
octroyées à tous ceux qui la prenoient contre *Regeft. Ioan.*
les Infidelles. Il envoya demander du fecours à *apud Raynal.*
tous les Princes, & faire en même tems publier *Mon. Dionyf.*
cette Croifade en France, en Angleterre, en *l. 31. c. 24.*
Ecoffe, en Italie, en Portugal, en Allemagne, en
Boheme, en Hongrie, en Pruffe, en Pologne, en
Lituanie, en Dannemarc, en Suede, en Norvege, au Royaume de Chypre, & dans les Ifles, en
un mot prefque par toute la Chrétienté, où il
étoit généralement reconnu pour l'unique &
vray Pape.

Ce fut en cette occafion que les Huffites devenus plus infolens qu'auparavant à Prague, par
la foibleffe & par la connivence de l'infame Archevêque Albicus, firent une action du plus
grand fcandale qui fut jamais. Car comme on y
prefchoit ces Indulgences par l'ordre même de
Venceflas, qui tout lâche qu'il étoit à l'égard
des Huffites, leur avoit néanmoins défendu, fur
peine de la vie, de rien dire contre l'autorité du
Pape, ni contre les Indulgences; trois hommes *Æneas Syl.*
de la lie du peuple apoftez par Jean Hus, eû- *Hift. Bohem.*
rent l'effronterie de fe lever en plein Sermon, *c. 25.*
*Cochl. Hift.*
*Huff. l. 1.*

FFf

**1412.** & de démentir tout haut le Prédicateur, en criant de toute leur force, pour estre entendus de toute l'Assemblée, que le Pape étoit le vray Antechrist, qui déclaroit la guerre à Jesus-Christ, en faisant publier la Croix contre des Chrétiens. Le Magistrat les ayant fait saisir, on leur fit sur le champ leur procés, comme à des seditieux & à des rebelles, qui avoient fait ce scandale contre l'Edit du Roy, & ils furent en suite décolez, malgré les cris du petit peuple, qu'on réprima facilement. Alors une prodigieuse multitude de Hussites, Ecclesiastiques, & Laïques, de l'un & de l'autre sexe de toute condition, & de tout âge, excitez par Jean Hus, & sur tout ses dévotes & ses pénitentes, que le Docteur Estienne

*Apud Cochl.*
*ibid.*
Ut non solùm
illorum sic ju-
stè decollato-
rum sangui-
nem linteis
maximè Be-
guinæ tuæ ex-
tergerent, &c.

Paletz qui a écrit contre Jean Hus appelle *ses Beguines*, s'approchant des corps de ces pauvres fous, se mirent à les réverer comme des Saints, à tremper leurs mouchoirs dans leur sang, & même à le lécher. Aprés quoy, les ayant envelopez dans de beaux linges, & couverts de draps d'or, ils les porterent en Procession au travers de la Ville, en chantant l'Antienne des Martyrs, *Isti sunt Sancti, qui pro testamento Dei sua corpora tradiderunt;* puis ils les déposerent avec grande réverence dans l'Eglise nommée Bethléem, où Jean Hus faisoit ordinairement ses Sermons hérétiques & seditieux, & laquelle ils voulurent, en luy changeant son nom, que l'on appellât desormais *Les Trois Saints.* Etrange aveuglement,

ou plûtoſt fureur & manie des Héretiques, qui, 1412.
pour ſatisfaire leur paſſion, mettent tout en
uſage, juſques à ſe détruire eux-mêmes. Car
les Huſſites, qui ne vouloient point du culte
dont l'Egliſe honore les Saints & leurs Reli- *ibid.*
ques, & qui peu de jours avant ce tumulte,
avoient ſacrilegement renverſé par terre celles
qui étoient expoſées dans l'Egliſe des Carmes,
rendoient publiquement aux corps de ces miſerables, qu'ils appelloient les Martyrs de leur
ſecte, l'honneur qu'ils ne pouvoient ſouffrir
qu'on rendît aux ſacrées Reliques des Martyrs
les plus illuſtres de la primitive Egliſe.

Or, quoy-que la publication de cette Croiſade, & de ces Indulgences, fût receûë par tout
ailleurs, & principalement en France, avec beaucoup de reſpect & de dévotion, on ne trouve
pas néanmoins qu'elle ait rien produit pour le
ſecours que le Pape Jean s'en étoit promis; mais
auſſi d'autre part, il eſt certain qu'elle luy fut
tres-utile, pour ſe mettre à couvert des maux
& des inſultes qu'il apprehendoit du coſté de
Ladiſlas. Car ce Roy, qui, l'année précedente,
s'étoit veû dans un extrême danger de tout
perdre, aprés qu'il eût eſté défait par les ſeules
forces du Pape & du Roy Louïs, apprehenda
cette Croiſade, & craignit que les autres Rois
de la Chrétienté, qui reconnoiſſoient Jean
pour vray Pape, ne ſe liguaſſent dans une
guerre ſainte, pour le chaſſer du Royaume de

1412.

*Diar. MS.
Venet. Auth.
ap. Raynald.*

Naples. C'est pourquoy il se résolut de prester l'oreille aux propositions avantageuses que le Pape luy faisoit faire fort secretement, pour s'accorder tous deux, en se sacrifians, par une lâche politique, réciproquement leurs amis. En effet, on conclut enfin le quinziéme de Juin leur Traité, par lequel Ladiflas promettoit de se réduire, avec tout son Royaume, à l'obéïssance de Jean, & d'y ramener Grégoire, à d'honnestes conditions qu'on luy feroit, ou de l'abandonner absolument, & même de s'asseûrer de sa personne; & Jean s'obligeoit aussi de son costé, à reconnoître Ladiflas comme Roy de Naples, à luy donner même l'investiture du Royaume de Trinacrie, ou de l'Isle de Sicile, que le Roy d'Arragon, protecteur de Pierre de Lune, possedoit, & à déclarer que Loüis d'Anjou ne pouvoit prétendre aucun droit sur les Royaumes de Jerusalem & de Naples; de plus, à faire Ladiflas Grand Gonfalonnier de l'Eglise, au lieu de Loüis; à luy entretenir mille chevaux, tandis qu'il feroit la guerre pour la conqueste de l'Isle de Sicile, & à luy payer la somme de deux cens vingt mille écus, pour la seûreté desquels on luy donneroit Benevent, & quelques autres Villes, jusqu'à ce qu'il fût satisfait. Ce Traité conclu de

*Regest. Greg.
l. 4.*

la sorte, le pauvre Grégoire qui en fut averti à Gaïéte, s'enfuit sur deux vaisseaux Marchands, avec ses neveux, & ses Officiers, à Rimini, chez son ancien & fidelle ami Carlo Malatesta, qui

ne l'abandonna jamais dans son adversité ; & 1412,
Ladiflas rendit publiquement, pour soy-même, *Regeft. Ioan.*
& pour tout son Royaume, obéïssance au Pape *l.s.*
Jean XXIII. en la personne du Legat qu'il luy
avoit envoyé pour le recevoir. Ainsi ce Pape,
& ce Roy, s'accorderent d'une maniere tres-
honteuse, en violant, chacun de son costé, la
foy qu'ils avoient solemnellement donnée.

Grégoire, afin d'estre asseûré de la protection
de Ladiflas, luy avoit promis de ne point faire
d'accord avec les François, pour éteindre le Schifme, qu'à condition qu'ils feroient en sorte que
Louïs d'Anjou renonceroit au droit qu'il pourroit prétendre sur Naples. En quoy il est tout
évident qu'il joüoit tout le monde comme faisoit Pierre de Lune, puis qu'il sçavoit fort bien
que les François n'accepteroient jamais une si
injuste & honteuse condition ; & Dieu permit
qu'il en fut puni par la perfidie de Ladiflas même, qui luy avoit promis réciproquement de
le proteger, & qui l'abandonna, non pas pour
satisfaire à sa conscience, en reconnoissant le
vray Pape, mais parce que ce Prince sans Religion étoit toûjours prest de reconnoître en cette qualité celuy duquel il pourroit tirer plus
grand avantage. D'autre part, Jean XXIII. étoit
obligé de son Exaltation au Roy Louïs d'Anjou, qui l'avoit même ramené dans Rome, &
avoit remporté une tres-glorieuse victoire sur
l'ennemi déclaré du Saint Siége ; & néanmoins

FFf iij

1412. quoy-qu'il eût foudroyé plus d'une fois cét ennemi, il luy donne un Royaume dont il prive, fans aucune apparence de raifon, Louïs fon bienfaiteur, qui avoit efté reconnu pour legitime Roy de Naples & de Jerufalem, au Concile de Pife, & auquel il avoit authentiquement confirmé cette qualité. Auffi receût-il de Ladiflas même la punition de cette perfidie bien-toft aprés un Concile de peu de jours, qu'il voulut celebrer à Rome, à la faveur d'une paix fi trompeufe.

On avoit arrefté au Concile de Pife qu'on l'affembleroit de nouveau dans trois ans, pour travailler à la réformation de l'Eglife dans fon Chef & dans fes membres: c'eft pourquoy le Pape voyant que ce terme approchoit, avoit convoqué le Concile à Rome, pour la fin de cette année, que les trois ans s'accompliffoient. Mais comme la guerre avoit empefché la pluspart des Prélats de s'y rendre, il s'y en trouva fi peu que le Pape fut obligé de le remettre à l'année fuivante, fe contentant pour cette heure d'y faire condamner les erreurs de Wiclef & des Huffites, qui faifoient alors de furieux defordres en Boheme. Ce fut à l'occafion de ce Concile que le Roy de France, qui n'en perdoit aucune d'agir fortement pour le bien de l'Eglife univerfelle, & pour le foulagement de celle de fon Royaume, envoya au Pape une célebre Ambaffade, dont les principaux membres furent

Litter. Ioann-
convoc. Conc.
Conft.
Mon. Dionyf.
l. 32. c. 12.
& l. 33. c. p.
L. Iuvenal.
Cochl.
V. t. 11. Con-
cil. Edit. Pa-
ris.

Mon. Dionyf.
loc. cit.

Bernard de Chevenon Evêque d'Amiens, les Abbez de Clairvaux & de Jumieges, & Jean de Mon-
ſtreuïl Secretaire du Roy. Comme il ne ſe faiſoit gueres en ce tems-là d'affaires d'importance,
principalement en ce qui concernoit l'Egliſe,
ou l'Univerſité de Paris n'eût part, le Roy voulut
que l'Ambaſſade fût accompagnée des Députez
des quatre Facultez, pour agir auprés de ſa Sainteté conformément à leurs inſtructions, qui ne
contenoient que ce que l'Univerſité avoit tres-
ſouvent demandé par ſes Remontrances. Les
Ambaſſadeurs eûrent ordre de rendre publiquement au Pape l'obéïſſance filiale que les Rois
Tres-Chrétiens, comme Fils aînez de l'Egliſe, ont toûjours renduë au Saint Siége. Aprés
quoy ils ſe joignirent, ſelon leurs inſtructions,
au Patriarche Simon de Cramaud Archevêque
de Reims, & à l'Evêque de Cambray, le célebre
Pierre d'Ailly, que le Pape avoit fait Cardinaux
l'année précedente, à la recommandation du
Roy; & tous enſemble, avec les Députez de l'U-
niverſité, devoient ſupplier le Pape, de ſoulager
l'Egliſe Gallicane des Décimes, des Services, des
Impoſitions, & des autres charges inſupportables
dont les Papes ſes prédeceſſeurs l'avoient opprimée, particulierement durant le Schiſme. Il n'y
a rien à quoy les Rois doivent plus prendre
garde dans le choix qu'ils font des perſonnes
pour negocier, qu'à découvrir s'ils n'ont point
quelque intereſt particulier à ménager auprés

1412.
L. 33. c. 9.

L. 32. c. 12.

1412. des Princes avec lesquels ils vont traiter. Car ce malheureux interest, qui corrompt la plufpart du monde, l'emporte ordinairement fur le foin que les Ambaffadeurs fur tout font obligez d'avoir du bien public, pour lequel ils font envoyez. Le Pape, qui avoit befoin du Roy, & qui avoit lieu de craindre qu'il ne fe reffentît du honteux traité qu'il venoit de faire avec Ladiflas, au préjudice de Louïs d'Anjou, étoit dans la meilleure difpofition du monde, de luy donner toute la fatisfaction qu'il demandoit. Mais le bon Evêque d'Amiens, Chef de l'Ambaffade, qui avoit un deffein caché pour fon intereft, & qui s'entendoit fous main avec les plus Grands du Royaume, qui avoient auffi chacun le leur, ne voulut jamais qu'on parlât de cette affaire, qu'il avoit ordre de folliciter. Et enfuite il employa tout ce qu'il avoit d'adreffe à négocier, & toutes fes prieres, pour obtenir du Pape, premierement fa tranflation à l'Evêché de Beauvais, qu'il defiroit paffionnément, & puis en faveur du Roy & de ces Seigneurs, pour lefquels il agiffoit, la nomination de plufieurs bons Benefices, dont ils pourroient gratifier leurs ferviteurs. Ainfi, la pauvre Eglife Gallicane, malgré tout ce que pûrent dire les Députez de l'Univerfité, dont cét Evêque d'Amiens ne fe foucioit gueres, fut en cette occafion, lâchement trahie, par ces Ambaffadeurs intereffez, comme quelques-uns d'entre eux l'avoüerent franchement aprés leur retour.

*Mon. Dionyf.*
*l. 33. c. 9.*

Mais

Mais ils n'étoient pas encore fortis de l'Italie, que le Pape, qui croyoit s'eftre fi adroitement conduit, que, fans perdre l'amitié des François, il avoit aquis celle de Ladiflas, apprit qu'on n'avoit fait que l'amufer, & l'endormir, fur la foy d'un Traité, pour le furprendre lors qu'il feroit le moins fur fes gardes. Car le perfide Ladiflas ayant pris fon tems que le Pape, qui croyoit n'avoir plus d'ennemi, étoit fans défenfe dans Rome, fe jetta tout-à-coup fur les terres de l'Eglife, avec une puiffante armée qu'il tenoit toûjours prefte, fous prétexte de la guerre qu'il faifoit femblant de vouloir faire contre les Arragonois pour l'Ifle de Sicile; & s'étant avancé jufques auprés de Rome, comme pour tirer raifon de ce que le Pape n'avoit pas encore accompli tout ce qu'il luy avoit promis par fon Traité, il la furprit la nuit du feptiéme au huitiéme de Juin : car cinq cens de fes gens ayant percé la muraille du cofté qui regarde l'Eglife de Sainte Croix de Jerufalem, fe rendirent maîtres de cét endroit, qui n'étoit pas gardé, & par où il entra le lendemain fans réfiftance avec toute l'armée. Tout ce que pût faire le Pape dans l'horrible confufion où cette furprife mit toute la Ville, fut de monter promptement à cheval, & de fe fauver de vîteffe à Sutri, où il arriva fur le foir, fuivi à la file de la plufpart des Cardinaux, des Prélats, & des Officiers de la Cour de Rome, que les ennemis pourfuivi-

Aut. Chron. MS. Vat. Diar. Venet. ap. Raynald. Niem. Vit. Ioan. Gobell. in Cofmod. c. 9. Leonar. Aret. Hift. Antonin. p. 3. t. 22. c. 6. Summont. l. 4. Pandol. Coll. l. 5.

GGg

rent plus de trois lieuës, tuant, prenant, ou dépouïllant tout ce qu'ils pouvoient attraper: de-forte que le Pape, qui craignit d'eftre invefti dans cette Ville, en fortit la nuit même pour Viterbe, d'où ne fe croyant pas encore en feû-reté, il fe retira à Florence, & y fut jufqu'au mois de Novembre. Et cependant Ladiflas, aprés que fes gens eûrent exercé dans Rome toute forte de violence, comme dans une Ville prife d'affaut, & que le Gouverneur du Château Saint Ange le luy eût lâchement vendu, s'empara, fans beaucoup de réfiftance, de la plufpart des Places de l'Etat Ecclefiaftique dans la Tofcane, & mê-me de Perufe, où il paffa l'hiver, faifant affez connoître par fa maniere de traiter avec les Am-baffadeurs qu'on luy envoyoit de toutes parts, qu'il avoit deffein de pouffer fes conqueftes plus avant, & d'ufurper enfin l'Empire de toute l'I-talie.

*Summont. l. 4.*

*Ant. Diar. Venet. Niem. Vit. Ioan. Platin.*

Cependant, comme l'Empereur Sigifmond, qui étoit en guerre avec les Venitiens pour quel-ques Places de la Dalmatie, venoit de faire une treve de cinq ans dans le Frioul, où il étoit encore, le Pape luy envoya deux Cardinaux, pour luy expofer le miferable état de Rome opprimée par la tyrannie de Ladiflas, & pour convenir avec luy, comme ce Prince l'en avoit prié par fes Lettres, du lieu & du tems auquel on célèbreroit le Concile, que cette guerre, qu'on n'avoit pas préveüë, avoit encore fait remettre.

*Litt. Ioan. de Indict. Conc. Conft.*

On ne vit jamais mieux qu'en cette rencontre, comme la Providence de Dieu renverse souvent tout d'un coup tous les desseins de la prudence humaine, pour faire réüssir les siens. Ce Pape, comme Leonard Aretin son Secretaire, auquel il en fit confidence, nous en asseûre, avoit donné en apparence plein pouvoir à ses Legats de s'accorder avec l'Empereur sur ces deux points, comme ils trouveroient bon : mais parce que d'ailleurs il ne vouloit pas se mettre à la discretion de l'Empereur dans une Ville où ce Prince fût le maître, il avoit marqué dans un papier secret certaines Villes d'Italie, hors desquelles il leur défendoit tres-expressément d'en accepter aucune. Et néanmoins, comme en les congediant, il les exhortoit à se bien aquiter de leur devoir, & qu'il étoit sur le point de leur donner cét écrit, qu'il tenoit entre ses mains, il changea tout-à-coup de sentiment ; & aprés s'estre mis sur leurs loûanges avec de grands transports de tendresse & d'affection, en protestant qu'il avoit une pleine & entiere confiance en leur fidelité, il leur dit que, contre ce qu'il avoit résolu auparavant, il ne vouloit point limiter leur pouvoir, & dechira sur le champ devant eux cét écrit, aprés le leur avoir montré. Il ne fut pas toutefois long-tems sans changer d'avis encore une autre fois : car apprenant que ses Legats avoient enfin consenti, selon le desir de Sigismond, que le Concile Général fût con-

1413.

Apud Antoni, p. 3. t. 22.

GGg ij

voqué pour le premier jour de Novembre de l'année suivante à Constance Ville d'Allemagne, & sujette à l'Empereur, il en pensa desesperer, & en maudit mille fois sa fortune, ou plûtost son imprudence, d'avoir si legerement changé de résolution, & de s'estre ensuite comme livré pieds & points liez à un Prince qui seroit toûjours en état d'exécuter tout ce qu'il plairoit au Concile d'ordonner contre luy. Mais il fallut dissimuler, de-peur de se rendre suspect & odieux à toute la Chrétienté, & de donner lieu de croire qu'il ne vouloit point du tout de Concile, sur tout quand on verroit que ses Legats avoient eû soin de prendre toutes les précautions & toutes les seûretez qu'ils pouvoient raisonnablement souhaiter. Car l'Empereur & le Magistrat de Constance promirent, par un Acte authentique en bonne forme, que le Pape avec toute sa Cour y joûïroit en toute seûreté d'une pleine & entiere liberté; qu'il y recevroit tous les honneurs que l'on doit rendre aux Souverains Pontifes; qu'il y exerceroit sa jurisdiction sur ceux de sa Cour; & qu'il pourroit s'en aller de là quand il luy plairoit.

*Litt. Sigism. in Act. Conc. Const. MS. Bibl. Vatic. apud Raynal.*

Aprés cela, le Pape & l'Empereur se rendirent à Plaisance au jour qu'ils y avoient assigné pour leur entreveûë, & de là ils furent ensemble à Lodi, où ils confererent durant prés d'un mois. Ce fut de là que le Pape écrivit au mois de Décembre les Lettres de la Convo-

*Encyd. Litter. Ioan. s. Id. Decemb.*

cation du Concile à tous les Princes & à tous 1413.
les Prélats de la Chrétienté, & Sigismond y invita aussi de son côté tous les Princes, & principalement le Roy de France, auquel il envoya pour *Mem. Dionys.*
cela des Ambassadeurs. Ils furent receûs magni- *L 33. c. 22.*
fiquement à Paris, & eûrent audiance publique,
en laquelle ils dirent ce qui asseûrément n'étoit
point l'intention du Pape, à sçavoir, que luy
& l'Empereur avoient trouvé bon de convoquer le Concile Général à Constance, pour y
éteindre entierement le Schisme, en détermi-
nant lequel des trois Papes étoit le legitime, &
qu'on prioit le Roy d'approuver cette résolution, & d'envoyer ses Prélats au Concile. Il est
tout évident que c'étoit là révoquer en doute
tout ce qui s'étoit fait au Concile de Pise, &
remettre les choses en pire état qu'auparavant,
parce qu'on étoit toûjours demeuré d'accord,
particulierement en France, que la voye de dif-
cussion étoit la moins pratiquable de toutes, &
la moins propre pour terminer le Schisme. C'est
pourquoy on leur fit cette réponse par ordre
du Roy, qui étoit present à cette action : *Que*
*tout le monde sçavoit ce que le Roy Tres - Chré-*
*tien avoit fait depuis plus de trente ans, avec des*
*peines & des dépenses incroyables, pour extirper*
*le Schisme, & qu'il avoit réüssi dans son entreprise,*
*en procurant la convocation d'un Concile Général à*
*Pise, où l'on avoit déposé canoniquement les deux*
*Papes douteux & contumaces, qui violant tous les*

1413. *fermens qu'ils avoient faits, de ceder volontairement, pour le bien de la paix, s'étoient moqué de toute la Chrétienté, par leurs fourbes, & leurs collusions toutes manifestes, aprés quoy l'on avoit élû, d'un consentement général, le Pape Alexandre: Que le Roy, se conformant au jugement de l'Eglise universelle representée par ce Concile, l'avoit reconnu avec les Rois & les Princes Chrétiens pour veritable & Souverain Pontife, & Vicaire de Jesus-Christ en terre: Qu'il reconnoît en cette même qualité le Pape Jean son legitime successeur, & le reconnoîtra toûjours, si ce n'est qu'il refuse de ceder son droit même incontestable, au cas que le Concile juge qu'il le doive faire, pour donner une paix solide à l'Eglise: Qu'ainsi, comme il veut juger favorablement des desseins de l'Empereur son bien-aimé cousin, lequel il croit avoir de pareils sentimens que luy, il n'empeschera pas que ses Sujets n'aillent, s'ils le veulent, au Concile de Constance.*

*Litt. Sigism. in Act. Conc. MS. Bibl. Vatic. apud Raynald.*

*Quamvis ab extra soli Malatestæ eum venerarentur. Anton. p. 3. t. 22 c. 6. §. 2.*

*Greg. Regeft. ap. Raynald.*

*Perniciofiora fequerentur ex proximâ*

L'Empereur écrivit aussi à Grégoire, pour l'exhorter à venir au Concile, en promettant de luy donner toute sorte de seûreté. Mais comme il se tenoit toûjours pour vray Pape, quoy-qu'il n'eût plus en son obedience que Charles Malatesta, Seigneur de Rimini, & ceux de sa Maison, il ne cessoit point de lancer ses foudres impuissans contre tout le reste du monde, qu'il traitoit de Schismatique, & sur tout le Concile de Pise, & ensuite celuy de Constance, qui n'est qu'une continuation du premier, qu'on n'avoit pû, disoit-il, convoquer sans luy;

proteſtant au reſte qu'il ne peut eſtre ſoumis à
l'autorité ni au jugement d'aucun Concile même legitimement convoqué & univerſel.

Sigiſmond ne fit pas plus d'état de cette proteſtation que l'on en fit depuis au Concile de
Conſtance ; & pourſuivant toûjours ſon entrepriſe, pour diſpoſer toutes choſes à la celebra-
tion du Concile, il fut avec le Pape à Crémone, où ils confererent enſemble des moyens de
s'oppoſer à Ladiſlas, qui pourroit empeſcher
que l'on ne tint cette Aſſemblée, ſi l'on n'ar-
rêtoit ſes progrés. Ce fut là que ces deux grands
Princes coururent le plus grand danger du
monde de perir miſerablement, pour s'eſtre mis
tous deux enſemble fort imprudemment au
pouvoir de Gabrin Funduli, l'un des plus méchans hommes de ſon temps, qui s'étoit fait
Tyran de Crémone, dont il avoit eû le gouvernement. Car ce ſcelerat ayant eſté mis par
ſes gens mêmes entre les mains de Philippe
Marie Viſconti Duc de Milan, qui luy fit
trancher la teſte, dit en deſeſperé aux Religieux
qui l'exhortoient à ſe repentir de ſes crimes,
comme on le traînoit au ſupplice, qu'il ne ſe
repentoit que d'avoir manqué une fois de faire
un beau coup, dont il avoit eû une forte envie, à ſçavoir de précipiter du haut de la grande tour du Palais de Crémone le Pape & l'Empereur, qui y étoient montez tout ſeuls avec
luy, pour y jouïr de la belle veûë qu'on dé-

1413.

Côgregatione
faciendâ Con-
ſtantiæ quæ ad
proſecutionem
diſtæ Congre-
gationis Piſa-
næ faſta eſt, ut
ſcripta de il-
lius ordinatio-
ne manata te-
ſtantur. ibid.
Leonard. rer.
Hiſt. rer. Ital.

Ann.
1414.

1414. couvre de cette tour, car il ne falloit que cela, ajoûta-t-il avec une extrême fureur, pour rendre mon nom immortel. Ce qui apprend aux Rois, qu'il faut qu'ils soient toûjours les maîtres par tout où ils sont. Aprés cette conference, le Pape s'étant separé de l'Empereur, fut à Mantoüë, pour y traiter de la même chose

*Regest. Ioann.* avec le Marquis François de Gonzague; & de là, comme il eût pourveû au gouvernement d'Avignon, qui avoit enfin chassé la garnison de Catalans que Pierre de Lune y tenoit encore, il se rendit à Boulogne, d'où il envoya

*Niem. vit. Ioann.* demander du secours à tous les Princes contre Ladislas, qui menaçoit de l'aller attaquer jusques dans cette ville-là.

Et certes, comme ce Prince, qui s'étoit rendu

*Diar. MS. Ven. ap. Rayn. Anton. loc. cit.* formidable à toute l'Italie, avoit une puissante armée; qu'il s'étoit enfin résolu à conclure la trévé pour six ans avec les Florentins; que le Duc de Milan, & les Vénitiens avoient fait ligue avec luy contre l'Empereur, pour le chasser de l'Italie, & qu'il y avoit trop de troubles en France, pour esperer que le Pape en pût tirer quelque secours, sa perte étoit inévitable, & le Concile ne se pouvoit tenir parmi tant de tumulte, & tant de guerres, lors que Dieu osta tout à coup ce grand obstacle à la paix de l'Eglise, en le retirant de ce monde par une mort

*Diar. Ven. MS. Monstrel.* funeste, qui fut tout ensemble l'effet & la punition de ses débauches. Car on asseûre qu'il fut

empoisonné

empoifonné, d'une fort vilaine maniere par la **1414.**
fille d'un Medecin de Peroufe, de laquelle il *Summont. & alii.*
étoit devenu fort amoureux, & qui crût luy
donner encore plus d'amour, en s'appliquant
une certaine compofition qu'elle avoit receûë
de fon pere, gagné, à ce que l'on dit, par les
Florentins, qui fe défioient toûjours de ce Prin- *Summont. l. 4. Niem. in Vit. Ioann.*
ce fans parole & fans foy. Quoy qu'il en foit,
fe fentant frapé d'un mal inconnu, & tres-vio-
lent, comme il s'avançoit déja vers Boulogne,
il fut contraint de fe faire tranfporter à Rome, & de là par mer à Naples, où il mourut le
fixiéme d'Aouft, en la quarantiéme année de
fon âge, & la vingt-neuviéme de fon Regne.
Prince qui avoit à la verité quelques bonnes
qualitez; car outre qu'il étoit bien fait, on ne *Antonin. Collenut.*
peut nier qu'il n'ait eû de l'efprit, & du cœur, *Summont. & alii.*
autant qu'aucun autre Prince de fon tems; qu'il
n'ait efté grand Capitaine, vigilant, infatigable,
aimant la gloire, jufques à concevoir le deffein *Niem. l. 3. c. 48.*
de fe faire Empereur: mais il en eût tant de
mauvaifes, qu'elles ont effacé dans luy toutes
les bonnes, & ne nous ont laiffé dans la mémoire de fes actions, que l'idée d'un Prince fuperbe, ambitieux, débauché, vindicatif, cruel,
traître, infidelle, perfide, parjure, envieux de la
gloire de tous les grands hommes, qu'il tâcha de
faire perir, pour n'avoir plus perfonne qui pût
s'oppofer à fes ambitieux & vaftes deffeins, &
ne fe fouciant enfin ni de Dieu, ni des hom-

HHh

mes, ni de parole, ni de traité, ni de ferment, ni de tous les droits les plus faints & les plus inviolables de la nature, de la focieté civile, & de la Religion, pourveû qu'il pût fe fatisfaire, foit en ambition, foit en avarice, foit en débauche.

Comme il étoit mort fans enfans, la Princeffe Jeanne fa fœur, venve de Guillaume d'Auftriche Comte de Sterling, fut proclamée Reine, à l'âge de quarante-quatre ans, qui n'avoit pû encore éteindre en elle les ardeurs de fa jeuneffe, qui fut fort déreglée. C'eft cette Jeanne II. qu'on appelle autrement Jeannelle, qui par fes débauches encore plus grandes & plus infames que celles de fon frere, non-feulement deshonora fon Regne, mais auffi fut caufe que fon Royaume, qu'elle abandonnoit à la difcretion de fes Favoris & de fes Galans, paffa enfin, par ufurpation, aux Arragonois, en fortant de l'Augufte Maifon de France, où il avoit efté environ deux cens quatre-vingts ans fous neuf Rois & deux Reines, tous iffus du fang de nos Rois, comme le grand Charles, frere de Saint Louïs. Mais cela n'arriva que vingt-huit, ou trente ans aprés; & cependant les Barons du Royaume, pour arrefter le cours des defordres de leur Princeffe, & peut-eftre auffi pour empefcher que le Roy Louïs d'Anjou ne vint de nouveau pourfuivre fon droit par les armes, firent en forte qu'elle époufa Jacques de

Hift. de la
Maif. de Fran.
l. 11. ch. 4.

Bourbon Comte de la Marche, Prince du Sang *1414.* de France, qui, aprés beaucoup de fâcheux acci- Summont, dens qui luy arriverent, ne pouvant plus fouf- *l. 4.* frir ni les mépris, ni les débauches de sa fem- me, fut contraint de s'en retourner en France, où il abandonna le monde, soit par dévotion, soit par chagrin, & par dépit d'en avoir esté mal traité, & s'alla rendre Cordelier dans le Couvent de Bezançon.

Au reste, si la nouvelle de la mort de Ladiflas donna bien de la joye au Pape, qui se vit deli- vré par là de la crainte d'un si dangereux enne- mi, qui l'alloit affieger dans Boulogne, elle le mit aussi dans une grande perplexité touchant ce qu'il avoit à faire à l'égard du Concile. Car d'une part ses principaux officiers, ses parens, & ses confidens, dont la fortune dépendoit de la sienne, craignant, & même prévoyant déja ce qui luy devoit arriver, le conjuroient de n'y point aller, & de prendre, pour s'en excufer honnestement, le spécieux prétexte qu'il avoit de se servir d'une si favorable occafion de re- couvrer les Places de l'Etat Ecclefiaftique, & fur tout Rome, qui luy tendoient les bras, & n'at- tendoient que sa prefence, & son secours, pour fecoüer le joug des Napolitains, qui même avoient déja quitté la Ville, pour se retrancher dans le Château Saint Ange. Mais d'autre part, *AR. MS.* les Cardinaux qui n'étoient gueres satisfaits de *Vatic. Conc.* *Conftant.* sa conduite, & qui craignoient extrêmement que *ap. Raynald.*

la réformation qu'ils fouhaitoient ne fe fift pas,
s'il n'alloit luy-même au Concile, luy remontroient que fon honneur, le bien de toute l'E-
glife, & le fien en particulier, l'obligeoient à
s'y tranfporter, pour y préfider en perfonne, parce qu'y étant reconnu pour Pape indubitable,
comme il l'étoit fans contredit, aprés tout ce qui
s'étoit fait au Concile de Pife, il n'avoit rien
à craindre ; qu'au contraire, il affermiroit fon
autorité contre les deux Antipapes, qui feroient
enfuite abandonnez de ces miferables reftes d'o-
bedience qu'ils avoient encore. Aprés avoir bien
balancé, il fuivit enfin cét avis, quoy-qu'avec
bien de la peine, & réfolut de s'abandonner à
cette fauffe efperance, dont il fe laiffa vainement
flater. Il prit pourtant encore de nouvelles précautions, en ce qu'il traita fecretement avec Fri-

*Cod. Vié. p. 9.*
*fol. 162. apud*
*Spond.*
deric Duc d'Autriche, qui moyennant unç groffe fomme d'argent, avec promeffe de le déclarer Général de la Sainte Eglife, ce qu'il fit peu
de jours aprés, luy promit auffi réciproquement, comme il étoit puiffant en ce païs-là,
de le défendre dans Conftance même, envers
tous & contre tous, & de l'en faire fortir li-

*Niem. in Vit.*
*Ioan.*
brement quand il luy plairoit : car il avoit déja
réfolu de n'y demeurer que tres-peu de temps ;
& aprés avoir ouvert le Concile, pour s'aqui-
tér de fa promeffe, & difpofé des chofes les
plus importantes felon fa volonté, comme il fe
l'étoit figuré, de s'en retourner à Boulogne,

Cela étant établi de la sorte, il en partit le premier jour d'Octobre avec une belle & nombreuse suite de Cardinaux & de Prélats, & ayant pris son chemin par Vérone, & par Trente, il passa les Alpes, & se rendit à Constance, où il fit son entrée avec toute sorte de magnificence, le Dimanche vingt-huitième du même mois, trois jours avant le terme qu'il avoit marqué pour le Concile, dont il faut que je donne maintenant l'Histoire avec toute l'exactitude & la sincerité possible.

*Ibid.*

*Act. Conc. Const. initio.*

# HISTOIRE
## DU
## GRAND SCHISME
## D'OCCIDENT.

---

## LIVRE CINQUIÉME.

 ONSTANCE Ville Imperiale
est située entre la Suaube & les
Suisses, fur la rive Occidentale
du grand Lac long d'environ
quinze de nos lieuës, & large de
quatre, qui porte aujourd'huy le
*Cruf. antiq.* nom de cette Ville, appellée de la forte du camp
*Suevic.*

que l'Empereur Constantius pere du grand Constantin y fortifia contre les Allemans, qui entreprenoient assez souvent de faire des irruptions dans les Gaules. Elle n'est pas des plus grandes, mais elle est tres-belle, & tres-agreable, dans un païs fertile, & abondant en toutes sortes de biens, ayant de plus un grand Fauxbourg au delà du Rhin qui entre du costé du midy dans le Lac, & aprés en avoir traversé presque toute la longueur, sans y mesler les eaux, en sort prés de la Ville, pour continuer son cours. L'Empereur la choisit entre toutes les autres Villes pour y celebrer le Concile, parce que comme elle est entre la France, l'Allemagne, & l'Italie, qu'elle est environnée d'un tres-grand nombre de Villes & de Bourgs qui sont autour du Lac, & qu'on y déchargeoit alors toutes les marchandises qui venoient de l'Italie, pour les transporter en Allemagne, il la jugea la plus propre de toutes, pour s'y rendre de tous costez, & pour y faire subsister une si nombreuse Assemblée.

Le jour de la Feste de tous les Saints qu'on avoit destiné pour l'ouverture du Concile, le Pape officia Pontificalement dans l'Eglise Cathedrale consacrée à Dieu en l'honneur de Saint Estienne; & le Cardinal de Saint Cosme & de Saint Damien François Zabarella, celebre Jurisconsulte, montant sur la Tribune, déclara, par écrit, que le Tres-Saint Pere Jean XXIII. en continuant le Saint Concile Général de Pise

1414.

Drexer defer.
Vrb German.

Munster l. 5.

Act. Conc.
Constant.
Mon. Dionys.
l. 34. c. 17.
19.

Continuando
sacrum Pisanum Concilium super reformatione status ejusdem Ecclesiæ.

1414

*Ipsum Pisa-
num Conci-
lium rursum
continuatu-
rus, &c.*

pour la réformation de l'Ordre Ecclesiastique,
avoir convoqué de nouveau ce Concile en la
Ville Episcopale de Constance dans la Province de Mayence, & qu'il commenceroit le Samedy suivant troisiéme du mois; ce qui fut
pourtant remis au Lundy cinquiéme, auquel,
aprés une Procession solennelle, on ne fit autre
chose qu'intimer la premiere Session pour le
seiziéme de ce même mois.

Elle fut donc célébrée ce jour-là. Mais parce
que l'Empereur Sigismond n'étoit pas encore arrivé, & que bien qu'il y eût déja un tres-grand
nombre d'Evêques & de Docteurs, on en attendoit beaucoup plus qui étoient en chemin :
le Pape, aprés avoir fait luy-même un beau
Sermon au sujet du Concile, se contenta de faire lire par le même Cardinal Zabarella, dit com-
munément de Florence, la Bulle de la convocation du Concile, & de faire élire les Officiers,
qui furent également choisis des quatre Nations,
dont le Concile étoit composé; à sçavoir, de
l'Italienne, de la Françoise, de la Germanique,
& de l'Angloise. Aprés quoy, on intima au dix-
septiéme de Décembre la Session qui fut depuis remise jusques au premier jour de Mars. Et
cependant, comme les Peres ne laissoient pas de
s'assembler pour disposer les choses aux pro-
chaines Sessions, on travailla durant cét intervalle efficacement, sur tout au point le plus essentiel & le plus important de tous pour la

paix

paix de l'Eglife, à fçavoir, à l'entiere abolition 1414.
du Schifme.

Le Pape, qui étoit venu au Concile, fur ce *Appendix ad Concil. Conft. t. 12. Conc. Ed. Parif.*
qu'il crût qu'on y établiroit puiffamment fon
autorité contre Pierre de Lune, & Angelo Corario, qu'on avoit dépofez à Pife, fit propofer
d'abord par les Italiens, dans une Congrégation
où il n'étoit pas; qu'avant toutes chofes, il étoit
à propos que l'on confirmât tous les Actes du
Concile de Pife, & qu'enfuite on cherchât les
voyes les plus efficaces qu'on pourroit prendre
pour exécuter fes Decrets, & qu'aprés cela l'on
travailleroit à la réformation de l'Eglife. La
propofition étoit extrêmement avantageufe au
Pape, parce que c'étoit-là le confirmer dans fa
dignité, fans qu'il courût aucun danger d'en eftre
dépouillé; & de plus, elle étoit fort plaufible,
parce qu'il eft certain que le Concile, & tous
ceux en particulier qui le compofoient, ne doutant point du tout qu'il ne fût legitimement
affemblé au Saint Efprit, & qu'il ne reprefentât
l'Eglife univerfelle, ils ne pouvoient auffi douter que Jean XXIII. ne fût le vray Pape, &
qu'il ne dût eftre reconnu pour tel de toute la
Chrétienté. Car comme ce Concile avoit efté
convoqué de l'autorité de Jean, pour continuër
celuy de Pife, s'il eût tenu pour incertaine &
douteufe l'autorité de ce Pape, il eft évident
que la fienne l'eût auffi efté; & s'il étoit une continuation du Concile de Pife, il falloit donc

I Li

**1414.** qu'il tint pour Antipapes Grégoire & Benoist,
que ce Concile avoit déclaré Schismatiques &
Hérétiques, en les déposant, & conséquemment
qu'il reconnût pour vrais & indubitables Papes
Alexandre V. & son Successeur: de-sorte que
l'on n'étoit pas icy au même état où l'on fut à
Pise avant la création d'Alexandre. Car là on
ne sçavoit pas de certitude qui étoit le vray
Pape, c'est pourquoy dans ce doute, on déposa
les deux compétiteurs, pour faire un autre Pape: mais à Constance, l'on ne doutoit point que
Jean ne fût le vray Pape, & que les deux qu'on
avoit déposez à Pise, ne fussent Antipapes. Ainsi, il paroissoit fort raisonnable, que, suivant ce
qu'on avoit fait dans les autres Schismes qui
avoient précédé celuy-cy, on s'en tint au vray
Pape, que l'Eglise, représentée par un Concile
Général, reconnoissoit, & qu'on cherchât les
voyes d'exterminer les Antipapes.

Mais d'autre part, il s'en trouva plusieurs, dont
le Chef étoit le sçavant Docteur Pierre d'Ailly, que l'on avoit honoré de la Pourpre, suivi
des Prélats, & des Docteurs François, qui pré-
sentèrent un Ecrit, par lequel ils s'offrirent à
soûtenir en pleine Assemblée, que le Concile de
Pise, l'autorité duquel on ne doit nullement révoquer en doute, & qui se continuë à Constance, s'étant proposé pour sa fin l'unité de l'E-
glise, & l'union de toutes ses parties, laquelle
on voit n'estre pas encore parfaite, il oblige tous

les Prélats, & le Pape même, à chercher tous les moyens raisonnables de faire cette réünion; que non-seulement ce Concile, mais aussi le droit naturel & divin, y obligeoient; & que soûtenir le contraire, seroit favoriser le Schisme. La plûspart des autres Evêques & Docteurs étoient de cét avis, mais ils n'osoient encore se déclarer ouvertement, attendant pour le faire, qu'il y eût plus grand nombre de François & d'Anglois, qu'on ne doutoit pas qui ne dûssent estre du même sentiment: ainsi, le parti du Pape se soûtint encore assez jusques à l'arrivée de l'Empereur.

Ce Prince, qui, aprés avoir arresté le lieu du Concile avec les Legats, étoit allé prendre la premiere Couronne de l'Empire à Aix la Chapelle, où il fut couronné le huitiéme de Novembre, arriva la veille de Noël à Uberlinghen, Ville située sur le Lac, vis-à-vis de Constance; & s'étant embarqué la nuit même avec l'Imperatrice sa femme, accompagnée de quelques Princesses, & le Duc de Saxe, comme il n'y a que la largeur du Lac à traverser, il y aborda un peu avant minuit, & alla de ce pas à la grande Eglise, pour assister à la Messe Pontificale, en laquelle étant revestu de la Dalmatique Imperiale, il chanta l'Evangile, *Exiit Edictum à Cæsare Augusto.*

Cét Empereur, qui avoit alors environ quarante-six ans, étoit un Prince dans qui la nature semble avoir voulu réparer, par de grandes

*Gobell. c. 94.*
*Litt. Sigism.*
*ad Ioan. apud*
*Bzov.*

*Cochl. l. 1.*
*Nauder. Gen.*
*4².*

*Æn. Cuspin.*
*in Sigismund.*

**1414.**

perfections du corps, de l'esprit, & de l'ame, les défauts & les vices qui la deshonorerent dans Wenceslas, fils de l'Empereur Charles I V. & frere aîné de Sigismond. En effet, ce fut l'un des hommes de son tems le mieux fait, & qui par sa haute stature, & son port plein de majesté, par la beauté des traits de son visage, par sa barbe longue, & ses cheveux blonds, qui luy flottoient sur les épaules à grosses boucles naturellement formées, & par un certain air de grandeur digne de l'Empire, s'attiroit le respect de tout le monde, & faisoit avoûër d'abord, en le voyant, qu'il méritoit de commander. Il avoit de l'esprit, & même, nonobstant sa gravité, de l'esprit agréablement tourné, comme il paroît par les choses qu'il a plaisamment dités en diverses rencontres, & par ses reparties ingenieuses, qu'on a ramassées dans un assez gros Livre en Allemand. Il étoit naturellement éloquent, & s'expliquoit aisément, & avec beaucoup de grace en plusieurs langues, & particulierement en Latin, aimant, & honorant les sçavans hommes, qu'il attiroit de toutes parts à sa Cour, par de grandes récompenses, & se moquant de la fastueuse & bizarre ignorance de ceux d'entre la Noblesse qui pensoient sottement se faire honneur en méprisant les lettres : ayant au reste beaucoup de vertus morales & Chrétiennes, & sur tout un grand zele pour la Foy & pour l'union de l'Eglise, contre les Héretiques, & les

*Nam & majestate Regiâ, quam in procero ostentabat corpore, & liberalitate ac munificentiâ, quam multarum linguarum peritia insigniorem reddidit, omnes facilè suæ ætatis Reges antecellebat. Fuit autem Sigismundus Princeps humanissimus, proceræ ac insignis staturæ, pulchra facie, crinibus crispis, barbâ prolixâ, &c. Facetissimus, & ingeniosissimus Princeps de cujus vitâ ac factis liber insignis & grandis, &c. Cuspinian. in Sigism.*

Schifmatiques; ce qu'il fit paroître dans ce Con- cile, quoy qu'à parler fincerement il n'y réüffit pas autant que les Hiftoriens, qui font un peu trop préoccupez en fa faveur, nous l'ont voulu faire accroire, comme on le verra dans cette Hiftoire, par les fauffes démarches qu'on y remarquera dans fa conduite. Outre que pour ne rien diffimuler, il eût bien des défauts & des difgraces qui l'éloignent fort du rang des Heros, principalement fon incontinence, le malheur continuel qu'il eût d'eftre toûjours honteufement batu en toutes les guerres qu'il entreprit, & de fe voir deshonoré par l'Imperatrice Barbe fa feconde femme, qui fut la Meffa- *Cuffinian.* line de fon fiécle. Voilà le vray portrait de ce *ibid.* Sigifmond, qui a tant de part à l'Hiftoire de ce Concile de Conftance.

Le Pape avoit beaucoup contribué auprés des Electeurs à le faire élire Empereur: il avoit tâché de gagner fon amitié par toute forte de témoignages de bonne volonté & d'affection dans les conferences qu'ils avoient eûës en Italie, & il venoit encore tout nouvellement de luy écri- *Litt. Joan. ad* re d'une maniere tres-obligeante, & tres-affe- *Sigifm. in Act.* *Concil.* ctueufe, pour fe réjouïr avec luy de fon couronnement, en luy offrant tout ce qui dépendoit de luy, & le priant de venir au-plûtoft au Concile, où l'on ne vouloit rien conclure d'importance fans luy: de-forte qu'il croyoit avoir tout fujet d'efperer que Sigifmond luy feroit

favorable en toutes choses, & principalement à
maintenir sa dignité. Mais il se trompoit bien;
car cét Empereur, qui n'avoit procuré ce Concile avec tant d'ardeur & de zele, que dans le
dessein qu'il avoit de rendre la paix à l'Eglise,
en éteignant tous les restes du Schisme, étoit
fort résolu de prendre toutes les voyes qu'on
luy feroit voir estre les plus efficaces pour achever une si glorieuse entreprise, de laquelle il se
vouloit faire honneur dans le monde. En effet,
aussi-tost qu'il fut informé du differend qui étoit
entre les Italiens & les François, sur ce dont on
devoit traiter d'abord dans le Concile, il se mit,
sans balancer, du costé de ceux-cy, & appuyant
le sentiment du Cardinal d'Ailly, il dit qu'il
falloit commencer par examiner les moyens
qu'on devoit employer comme les plus propres
pour réünir toute l'Eglise, & puis les mettre
en exécution; qu'autrement le Schisme qui duroit encore, seroit éternel.

Mais ce qui donna lieu à ceux qui étoient
de ce sentiment de s'expliquer encore plus précisément, fut l'arrivée de trois Cardinaux envoyez par Grégoire, & de ceux de Pierre de
Lune, & les propositions qu'ils firent au Concile. Ils arriverent en Février, & l'on souffrit pour
le bien de la paix, à laquelle ils protesterent
que leurs Maîtres étoient tres-disposez, qu'ils
entrassent avec le Chapeau rouge, quoy qu'on
ne les voulût pas admettre avec les autres Car-

Ann.
1415.

Acta Victor.
apud Spond.
Append. ad
Conc. t. 12.
Concil. Ed.
Parif.
Antonin.
Naucler.

dinaux. Ceux de Grégoire se joignirent au Cardinal de Raguse Jean Dominici, qui étoit venu avant eux pour la même fin. Louïs de Baviére frere de la Reine de France, lequel étoit arrivé depuis peu, & tenoit le parti de Grégoire, se mit à leur teste, & tous ensemble, avec quelques Prélats & Docteurs de cette obedience, asseûrerent l'Empereur & tout le Concile, qu'il ne tiendroit pas à Grégoire qu'on ne rendît la paix à l'Eglise, & qu'ils se faisoient fort de le faire effectivement ceder par luy-même ou par Procureur, & qu'ils étoient tout prests de s'unir avec tous les autres, au Concile, en se soûmettant à toutes ses décisions, pourveû que celuy qui se dit le Pape Jean XXIII. n'y présidast pas, & même n'y assistast point. On accepta volontiers leur premiere proposition; mais pour la seconde, on n'y eût aucun égard, parce que comme le Concile reconnoissoit Jean pour vray Pape, il falloit qu'il y présidast, jusques à ce qu'il se fût dépouillé de cette souveraine Dignité. Pour les Cardinaux de Pierre de Lune, ils ne proposerent autre chose, sinon qu'il étoit tout prest de se trouver à Nice en Provence avec l'Empereur & Ferdinand Roy d'Arragon, pour y traiter de l'union, comme ils en étoient déja convenus. Car c'est tout ce qu'en effet Sigismond, qui avoit déja negotié par ses Ambassadeurs avec Pierre de Lune, en avoit pû tirer.

*Appendix ad Concil.*

Cependant les bien intentionnez pour la paix,

voyant que les Envoyez de Grégoire avoient fait l'ouverture de la voye de cession, & que l'Empereur qui l'avoit goûtée, étoit brouillé avec le Pape, prirent delà occasion de faire valoir cette voye, comme on avoit fait en France & en Angleterre avant le Concile de Pise. Le Cardinal de Saint Marc fit sur ce sujet un écrit, où il montre premierement que de toutes les voyes, celle-cy est la plus facile, la plus courte, & la plus efficace : car pour la voye de la discussion du droit de chacun des trois, outre qu'elle est infinie, ce seroit révoquer en doute, si on la prenoit, l'autorité du Concile de Pise ; & pour celle de la réduction des deux rebelles, par force, & par les armes, il faudroit s'engager dans une guerre dont on ne sçait pas quelle pourroit estre l'issuë. Secondement, que Jean XXIII. qui est le vray Pape, est obligé en conscience de prendre cette voye, & de sacrifier sa propre vie, beaucoup plus sa Dignité, pour un aussi grand bien que celuy de l'unité de l'Eglise, puisque le bon Pasteur doit donner sa vie pour ses oüailles. Et pour les deux autres concurrens, comme ils sont déja déposez par la Sentence du Concile, & qu'ils devroient estre punis comme des rebelles & des Schismatiques, c'est une grace qu'on leur fera pour le bien de la paix, que de les admettre à ceder. En troisiéme lieu, que dans la necessité pressante où l'on est de rétablir l'unité de l'Eglise, glife, & d'abolir entierement un Schifme, au-

quel, confideré toutes fes circonftances, il n'y en
eût jamais de femblable, depuis la naiffance du
Chriftianifme, le Concile qui doit préferer le
bien général de toute l'Eglife au bien particulier du Chef, le peut contraindre, fi les autres
cedent, de ceder, au cas qu'il refufe de prendre
une voye fi raifonnable, & fi neceffaire au rétabliffement de l'unité: mais qu'il faut croire que le
Pape Jean, comme vray Vicaire de Jefus-Chrift
le bon Pafteur, aura cette bonté, quand on le
fuppliera tres-humblement d'avoir compaffion
de l'Eglife, & de ne pas fouffrir qu'elle foit miferablement dechirée par un fi-long & fi furieux Schifme.

*Humiliter & devotè exponatur Domino noftro Joanni vero & Summo Pontifici, & gregi Dominici Paftori, quatenus dignetur fua Sanctitas, veri & pii Paftoris, fuprà gregem fuum, oculos aperire, &c.*

Cét Ecrit fut fort approuvé de l'Empereur,
qui abandonna la voye de difcuffion, comme le
Roy l'avoit préveû, lors qu'elle luy fut propofée par les Ambaffadeurs de Sigifmond. On le
fit auffi-toft courir par tout, & l'Empereur le fit
diftribuër aux Affemblées des quatre Nations,
qui en furent tres-fatisfaites. Les partifans du
Pape étonnez de voir que tout alloit à cét avis,
firent auffi de leur cofté plufieurs Ecrits, pour
répondre à celuy-cy: mais ils le firent fi foiblement, qu'ils ne toucherent pas même le point
effentiel de la queftion, à fçavoir, fi celuy qui
eft reconnu pour vray Pape, peut eftre obligé
à ceder dans une conjoncture pareille à celle-
cy. Car ils ne dirent autre chofe, finon qu'en le

KKk

faisant ceder, on feroit voir qu'il n'étoit pas le vray Pontife; ce qui seroit détruire l'autorité du Concile de Pise. A quoy le Cardinal d'Ailly répondit fort amplement, & tres-solidement, en faisant voir qu'on suivoit tres-exactement l'intention & la conduite du Concile de Pise, où, quoy-que chaque obedience tint son Pape pour tres-legitime, on demeura pourtant d'accord de part & d'autre, qu'il falloit que ce Pape cedast pour le bien de la paix, parce qu'une partie du monde ne luy vouloit pas obéïr; ainsi, qu'encore que le Concile reconnoisse Jean pour vray Pape, qu'il le soit en effet, & que tout le monde le doive tenir pour tel; toutefois, parce qu'il y a encore des Rois, des Princes, & des Peuples entiers, qui soûtiennent le contraire, il est obligé, tout vray Pape qu'il est, de ceder, au cas que les deux autres cedent, puis que dans l'état present de l'Eglise, c'est l'unique moyen prompt & efficace de terminer enfin le Schisme, en réünissant tout le monde Chrétien sous un seul Chef.

Voilà ce que produisit ce sçavant Cardinal, pour soûtenir son opinion, qui fut celle du Concile. Mais luy & ses Docteurs, & le Chancelier Jean Gerson, qui arriva peu de jours aprés, & qui l'appuya fortement, comme on le voit dans ses Ouvrages, la pouvoient confirmer encore tres-plausiblement par la doctrine de Saint Augustin, qui décide cette question d'une ma-

*De Auferibil. Papa, &c.*

niere digne de cét admirable Docteur. Durant 1415.
le Schisme des Donatistes, qui avoit divisé toute l'Afrique, il y avoit dans la plufpart des Villes deux Evêques, l'un Catholique, & l'autre
Schifmatique. Or, un peu avant cette celebre
Conference de Carthage, où les Donatistes fu-
rent confondus, en prefence de Marcellin Com- *Augustin. l. de*
miffaire de l'Empereur Honorius, les Evêques *Gest. cum*
Catholiques écrivirent à ce Comte une belle *Emerito Do-*
lettre, où ils difent entre autres chofes, pour *Episcopo t. 7.*
montrer le defir qu'ils ont de la paix, que s'ils *Ed. Parif.*
font vaincus, ils quitteront leurs Evêchez, fans
y plus rien prétendre, & que s'ils demeurent victorieux, & qu'enfuite on ne puiffe douter qu'ils
ne foient les veritables Pafteurs, ils confentent
néanmoins pour le bien de la paix, afin qu'on
ne voye pas deux Evêques dans une même Egli- *Utrique de*
fe, que les uns & les autres cedent, & qu'on en *medio difce-*
faffe un troifiéme dans chaque Eglife, pour en *damus, & Ec-*
eftre uniquement le Chef. Quelque tems aprés *dánatâ Schif-*
cette Conference, Saint Auguftin fe trouvant *matis caus in*
avec plufieurs Evêques à la Ville de Céfarée en *unitate pacifi-*
Mauritanie, y fit lire publiquement cette Lettre *cà constitutis,*
dans une grande Affemblée de Catholiques & *finguli confti-*
de Donatistes, où Emeritus Evêque de ces Schif- *tuantur Epif-*
matiques étoit prefent; & comme on fut à cét *copi.*
endroit de la Lettre, le Saint Docteur interrompant Alipius qui en faifoit hautement la lecture,
raconta une chofe fort édifiante, qui étoit arrivée quelques jours avant la Conference de

1415. Carthage dans une Assemblée de trois cens Evêques Catholiques, où l'on déclara publiquement
que l'avis de quelques-uns d'entre eux étoit, qu'il
falloit ceder pour le bien de la paix, parce que
l'unité de l'Eglise étant le plus grand de tous
les biens, doit estre préferée à toutes choses; &
qu'ainsi les Evêques devoient, ou retenir leurs
Evêchez, ou les quitter, selon qu'en demeurant,
ou en cedant, ils serviroient plus utilement pour
la paix de l'Eglise. On avoit craint auparavant que
cette proposition ne fust pas trop bien receuë,
& que plusieurs ne refusassent de faire un pareil sacrifice : mais on fut agréablement surpris de voir qu'elle fut approuvée avec tant d'ardeur & de zele, que chacun se mit à protester
avec joye, que, pour conserver l'unité, il étoit
prest de renoncer de grand cœur à son Evêché,
& qu'en le quittant de la sorte on ne le perdoit
pas, mais on le mettoit en dépost entre les
mains de Dieu même, qui en rendroit bon
compte. Enfin, de ces trois cens Evêques, il ne
s'en trouva que deux seuls d'un avis contraire,
dont l'un fut un bon vieillard, lequel ayant dévotion de mourir Evêque dit fort nettement
qu'il ne quitteroit point son Evêché, puis qu'il
étoit le vray Pasteur de son Eglise; & l'autre fit
assez paroître, à son visage, qu'il étoit dans la
même résolution. Mais cela dura peu : car le bon
homme eût tant de confusion de se voir accablé d'une infinité de reproches que luy firent

*Marginal notes:*

Quia pro pa-
ce Christi E-
piscopi de-
bent esse aut
non esse.

Sic placuit
omnibus, sic
exarserút om-
nes, ut parati
essent Episco-
patum pro
Christi unita-
te deponere, &
non perdere,
sed Deo tutiùs
commendare.

Sed postea-
quàm illum
senem liberiùs
hoc dicentem
obruit frater-
na correptio,
isto mutante
sententiam,
vultum etiam
ille mutavit.

tous ſes Confreres, qu'il ſe dédit à l'inſtant même; & changeant d'avis, il fit auſſi changer de
viſage & de ſentiment à ſon compagnon.

Aprés cette petite pauſe, Alipius pourſuivit
la lecture de la Lettre, où les Evêques, qui s'of-
frent à ceder leur droit, pour rétablir l'unité de
l'Egliſe, ajoûtent ces belles paroles: *Pourquoy
ferions-nous difficulté d'offrir à noſtre Rédempteur le
ſacrifice de noſtre humilité? Quoy donc il ſera deſcendu du Ciel dans un corps humain, afin que nous ſoyons
ſes membres, & nous aurons de la peine à deſcendre
de nos Trônes, pour empeſcher que ſes membres ne ſoient
dechirez par une cruelle diviſion? Nous n'avons
rien de meilleur à nôtre égard que la qualité de Chrétiens fidelles & obéiſſans à Dieu; gardons-là donc
toûjours: mais quant à celle d'Evêques, nous ne l'a-
vons qu'à l'égard de nos Peuples, puis que c'eſt pour
eux que nous avons eſté faits Evêques; nous en devons donc diſpoſer, ſoit pour la retenir, ou pour la
quitter, comme il ſera le plus expedient pour la paix
du Peuple Chrétien.* Sur quoy Saint Auguſtin s'a-
dreſſant à tous les Aſſiſtans, leur fit encore ce
petit commentaire. *Que devez-vous eſtre? Je parle à chacun en particulier, leur dit-il. Vous devez
eſtre ſans doute Chrétien, fidelle & obéiſſant; voilà
ce que vous eſtes pour vous-même, & c'eſt ce que je ſuis
auſſi pour moy. Il faut donc que vous & moy ſoyions
toûjours ce que nous devons eſtre pour nous-mêmes.
Mais quant à ce que je ſuis à vôtre égard, moy qui
ſuis Evêque pour vous, ſi cela vous eſt utile, que je le*

Quid enim
dubitemus
Redemptori
noſtro ſacrifi-
cium iſtius hu-
militatis offer-
re? An verò
ille de cælis iu
humana mé-
bra deſcendit,
ut membra e-
jus eſſemus, &
nos pe ipſa
ejus membra
crudeli divi-
ſione lanien-
tur, de Cathe-
dris deſcende-
re formida-
mus? Propter
nos nihil ſuf-
ficientius, quàm
ut Chriſtiani
fideles, & obe-
dientes ſimus.
Hoc ergo ſem-
per ſumus; E-
piſcopi autem
propter Chri-
ſtianos popu-
los ordina-
mur. Quod er-
go Chriſtianis
populis ad
Chriſtianam
pacé prodeſt;
hoc de noſtro
Epiſcopatu
faciamus.
Quid debes
eſſe, tu? Cui-
cumque lo-
quor veſtrum
Chriſtianus
fidelis, obe-
diens; hoc ſi

1415

*propter te, hoc & ego propter me. Ergo quod tu propter te, & ego propter me semper esse debemus.*

*Quod autem sum propter te, sim si tibi prodest, non sim si tibi obest.*

*Si servi utiles sumus, cur Domini æternis lucris pro nostris temporalibus sublimitatibus invidemus! Episcopalis dignitas fructuosior nobis erit, si gregem Christi deposita magis collegerit quàm retenta disperserit.*

*Si cùm volo retinere Episcopatû meum, dispergo gregem Christi, quomodo est damnum gregis honor Pastoris?*

*Nam quâ fronte in futuro sæculo promissû à Christo sperabimus honorem, si Christianam in hoc sæculo noster honor impedit unitatem?*

*sois, à la bonne heure; mais si cela vous nuit, il faut que je cesse de l'estre. Voilà ce qu'on vient de vous lire. Ecoutez maintenant ce qui suit.* Alors Alipius poursuivant sa lecture, leût ces paroles. *Si nous sommes de bons serviteurs, pourquoy afin de pouvoir retenir nos dignitez temporelles, empeschons-nous que nôtre Maître ne fasse de grands gains pour l'éternité? Nous disons même que nôtre dignité Episcopale nous sera plus utile, si en y renonçant nous réünissons le Troupeau de Jesus-Christ, que si en nous y voulant maintenir, nous sommes cause que ce Troupeau se ruïne en se divisant.* Sur quoy Saint Augustin ne pût s'empescher d'interrompre encore un coup le Lecteur, & de s'écrier: *Et quoy, si en voulant retenir mon Evêché, je suis cause que les Brebis de mon Maître soient dispersées, faudra-t-il que l'honneur du Pasteur devienne la perte de son Troupeau?* Et en même tems Alipius, comme s'il eût agi de concert avec luy, ajoûta ce qui suit dans cette Lettre qu'il lisoit: *Mais, comment donc oserions-nous esperer l'honneur que Jesus-Christ nous a promis pour l'autre vie, si l'honneur de l'Episcopat que nous voulons retenir, empesche l'unité Chrétienne en ce monde?*

Ainsi, selon Saint Augustin & ses trois cens Evêques Afriquains Catholiques, un Evêque, & consequemment le Pape qui est le premier des Evêques, fût-il le vray Pasteur, comme l'étoient ces Evêques Catholiques, & Jean XXIII. selon tout un Concile général, est obligé de ceder, & de renoncer à l'Episcopat, & au Pon-

tificat, si en le voulant retenir dans des circonftances femblables à celles de ce Schifme,
il empefche la réünion de toute l'Eglife. Il n'y
a rien de plus fort pour montrer que le Concile à eû raifon de vouloir que ce Pape, qu'il
tenoit pour tres-legitime, cedaft, au cas que
fes deux adverfaires fiffent la même chofe, parce
que, comme il y avoit encore des peuples &
des Royaumes entiers qui n'étoient pas pour
luy, on ne pouvoit raifonnablement efperer
de rétablir l'unité par une autre voye.

Au refte, comme je fais profeffion d'une grande fincerité, je me fens obligé d'avoüer en cét
endroit, que fi les Docteurs de Conftance, qui
avoient d'ailleurs de bonnes raifons pour appuyer
leur fentiment, n'eurent pas néanmoins cette lumiere, je ne l'ay pas eûë auffi de moy-même, mais
que je l'ay tirée de Monfeigneur l'Illuftriffime
François de Harlay Archevêque de Paris, dans
une de ces Conferences qu'il a bien voulu que
j'euffe l'honneur d'avoir affez fouvent avec luy,
fur les principaux points de mes Hiftoires Ecclefiaftiques, & defquelles j'ay plus profité que des
Livres. En effet, comme je luy propofois un
jour ce point, qui eft affeûrément tres-delicat,
car ce ne fut point dans le doute, comme on
le dit ordinairement, que le Concile voulut
que Jean fe dépofaft, puifque ce Concile ne
doutoit point qu'il ne fût vray Pape; ce fçavant Prélat m'alla dire fur le champ l'endroit

où Saint Augustin l'avoit décidé. Ce qui m'étonne encore, & qui m'étonnera toûjours, c'est que n'ayant pû nullement prévoir que je luy dusse parler d'une pareille chose, il me cita tout au long les propres paroles de Saint Augustin avec autant de facilité que s'il les eût leûës. Si les Ecrivains qui ont de l'honneur ne manquent gueres de parler honorablement de ceux qui leur ont fourni des memoires : on trouvera, je m'asseûre, que, sans en rien dire, de peur que l'on ne m'en empeschast par trop de modestie, j'ay dû rendre cette justice à celuy qui m'a donné cette lumiere, que j'estime plus que bien des memoires.

Car enfin elle nous fait voir que l'unité dans le Christianisme est un si grand bien, qu'il n'y a rien dans l'Etat & l'Ordre Ecclesiastique, excepté la Foy & la conscience, qu'on ne luy doive sacrifier. Il est certain qu'on ne doit jamais rien faire contre la loy de Dieu, ni souffrir aucunes erreurs ni héresies, pour garder l'unité, & pour estre en société de communion avec des gens qui les soûtiennent, aprés que l'Eglise les a condamnées : mais hors de là, il faut user de beaucoup de condescendance, & supporter avec douceur & charité l'infirmité de nos freres, pour ne pas donner lieu de rompre la paix & le lien qui unit tous les Fidelles dans une même Eglise. Cela est si vray, que le grand Saint Basile, qui a si divinement écrit & parlé de la Divinité

vinité & de la Confubftantialité du Saint Efprit, s'abftint néanmoins durant quelque tems,
de ces mots, fe contentant de prouver cette
verité par des témoignages de l'Ecriture, qui
étoient la même chofe en d'autres termes.Et il
en ufoit de la forte, de-peur que les difciples
de Macedonius, qui n'étoient pas encore condamnez par le Concile de Conftantinople, ne
priffent de là occafion de troubler la paix de
l'Eglife. C'eft de quoy Saint Gregoire de Na-
zianze, qui a fi fortement agi contre ces héretiques, le loûë extrêmement en fon Oraifon
funebre, où il le défend contre certains faux
zelez, qui s'étoient fcandalifez d'une fi fage
conduite, par laquelle il trouva bon, pour le
bien de la paix, de ne fe pas fervir de certains
mots, en difant néanmoins toûjours en d'autres
termes tout ce que les Catholiques difoient.

Et c'eft-là juftement ce que le Roy Loüis
le Grand a fait, pour conferver dans l'Eglife
Gallicane la paix & l'union auffi grande qu'elle eft dans toutes les parties de fon Royaume,
& de fes nouvelles Conqueftes, qui font toutes également unies par le lien d'une parfaite
obéïffance fous fon autorité Royale. Depuis que
l'Eglife a parlé par les Conftitutions des Papes
receûës dans toute la Chrétienté, & fingulierement en France, il a voulu que tout le monde
s'y foûmift, & que les Ecclefiaftiques fignaffent
la condamnation des cinq Propofitions qu'elles

1415.
Gregor. Naz.
Orat. 20. t. 1.
pag.364.Edit.
Parifienf. an.
1609.

LLl

1415. foudroyent, & du Livre de Janfenius dont elles
font tirées : mais auffi en condefcendant à l'infirmité de certaines gens, qui avoient de l'a-
verfion pour quelques termes du formulaire de
cette condamnation ; il a bien voulu qu'on les
changeât pour eux en d'autres qui fignifient la
même chofe. Car, comme difoit Saint Bafile,
*on ne doit pas apprehender qu'il arrive du mal, fi
l'on change un peu les paroles, pourveû qu'on exprime
le même en d'autres termes, parce qu'enfin noftre falut
ne confifte pas dans les mots, mais dans les chofes.*
Et par cette conduite fage, douce, efficace,
charitable, & autorifée du Saint Pere, le Roy
a rétabli l'union qu'il conferve, & confervera
toûjours par la fermeté qu'il a fait paroître à
ne rien fouffrir qui puiffe donner la moindre
atteinte à cette paix. Comme l'unité de l'Eglife eft directement oppofée au Schifme, je ne
crains pas que l'on m'accufe d'avoir pris à fon
occafion ce petit détour, qui en effet n'eft pas
tant une digreffion, qu'un point effentiel à mon
hiftoire, dont il me fera bien aifé de reprendre
le fil.

Cette queftion que l'on agitoit avec tant de
chaleur de part & d'autre, & qu'on voyoit
bien qui tournoit au defavantage du Pape, luy
donnoit un furieux chagrin, & le brouilloit
toûjours de plus en plus avec l'Empereur Sigifmond, qui fe déclaroit hautement pour la voye
de ceffion. Mais il reprit un peu d'efperance,

par l'arrivée de Jean de Naſſau Electeur, & Archevêque de Mayence. Cét Archevêque avoit
fait ſon entrée à Conſtance au mois de Janvier
avec un ſuperbe équipage, & dans un état peu
ſéant à un Prince Eccleſiaſtique, l'épée au coſté,
avec la caſaque de velours rouge ſur ſa cuiraſſe,
accompagné de deux cens hommes d'armes, qui
faiſoient ſix cens chevaux, & faiſant porter devant luy un grand étendard enrichi de ſes ar-
moiries en broderie d'or & d'argent. Il s'entendoit avec Frideric d'Autriche, pour le Pape, contre l'Empereur, craignant qu'il n'aquiſt trop d'autorité, & qu'il ne devint trop puiſſant, aprés
avoir fait au Concile ce qu'il prétendoit, en contraignant le Pape de ſe dépoſer, pour en faire
élire un qui fûtout à ſa dévotion. C'eſt pourquoy il ne manqua pas de ſe joindre à ceux qui
tenoient le parti de ce Pontife; & il prit même ſa protection avec tant de hauteur, qu'il
proteſta un jour publiquement dans une grande Aſſemblée de Prélats, que ſi on faiſoit un
autre Pape, il ne luy rendroit jamais obéïſſance.

Pour Frideric, outre qu'il avoit déja traité
avec le Pape, il étoit encore d'intelligence avec
Jean Duc de Bourgogne ſon allié, qui avoit un
intereſt particulier à maintenir le Pape dans ſa
dignité. Car l'Evêque de Paris Gerard de Montaigu, & les Docteurs de l'Univerſité ſe voyant
delivrez de la domination de ce Duc, durant
laquelle il n'eût pas eſté ſeûr de rien faire dans

*Act. Reg.
Biblioth. apud
Spond.
Naucler. gen.
48.
Hiſt. du Conc.
de Conſt. en
Alleman. à
Aufbourg.
1483.*

*Act. Victor.*

*Naucleri*

1415.

*Mm. Dionyf.*
*l. 35. c. 28.*

Paris qui luy pût déplaire, avoient condamné d'hérefie les horribles propofitions que le Docteur Jean Petit avoit foûtenuës pour la défenfe de l'exécrable parricide commis en la perfonne de Louïs Duc d'Orleans, frere unique du Roy, & dont le Duc de Bourgogne s'étoit hautement

*Hift. Vniv.*
*t. 5.*

déclaré l'auteur. C'eft pourquoy ce Prince craignant que fon défenfeur ne fût encore condamné par le Concile à la pourfuite de l'Univerfité, y avoit envoyé fes Ambaffadeurs, pour y agir par toutes fortes de moyens, en faveur de Jean XXIII. dont il fe tenoit affeûré, parce que ce Pape efperoit auffi beaucoup de fa protection, à laquelle il s'étoit engagé. Ainfi, l'Electeur de Mayence, & les Ambaffadeurs du Duc Frideric, avec ceux du Duc de Bourgogne, s'étant joints à ceux d'entre les Italiens qui étoient créatures du Pape, firent un affez grand parti, qui fit tout fes efforts pour empefcher que l'on ne parlaft plus de ceffion, & pour faire exécuter les Décrets de Pife, contre les deux Antipapes, en confirmant par là l'élection d'Alexandre & de Jean.

*Append. ad*
*Act. Concil.*
*t. 12. Ed. Parif.*

Mais tous leurs efforts furent inutiles : car les trois Nations de France, d'Angleterre, & d'Allemagne, qui vouloient la paix de l'Eglife, par la voye la plus prompte, la plus facile, & la plus efficace, étoient conftamment pour la ceffion. Et parce qu'il y avoit dans la Nation d'Italie un tres-grand nombre de pauvres Prélats, qui dé-

pendoient abfolument du Pape, & qu'on difoit 1415.
qu'il y en avoit plufieurs autres, qui s'étoient
obligez même par ferment à foûtenir toûjours
fes interefts; il fut enfin réfolu, aprés. de grandes conteftations, que, pour garder une parfaite
égalité, on n'opineroit point par tefte, mais par
Nation : de-forte que chacune n'auroit qu'une
voix, qui fe formeroit de la pluralité de fes
fuffrages. Ainfi, les quatre Nations s'étant affem- *Et congrega-*
blées chacune à part, pour déliberer de la voye *verunt fe fe-*
*paratim, &*
qu'il falloit prendre, fi on vouloit terminer en- *finaliter om-*
fin ce malheureux Schifme, il fe trouva que tou- *nes declina-*
*bant ad viam*
tes, & même celle d'Italie, conclurent à la cef- *ceffionis.*
fion. Cela étonna fort le Pape, qui vit bien qu'il
luy feroit impoffible de réfifter à un confentement fi général. Mais ce qui acheva de luy faire prendre la réfolution de s'accorder à ce qu'on
fouhaitoit de luy, fut l'extrême apprehenfion *Niem. in Vit.*
qu'il eût que le Concile ne fe réfolût auffi de *Ioan.*
fon cofté à proceder contre luy, s'il faifoit une
plus longue réfiftance.

Car il eût avis qu'on avoit prefenté contre
luy dans les Affemblées des Nations, une longue
lifte des crimes énormes dont on prétendoit le
convaincre. On trouva même moyen de luy
faire voir une copie de cette lifte, que le Concile
vouloit que l'on tint fort fecrete. Et comme il
fçavoit en fa confcience, & même qu'il avoûoit
parmi fes confidens, qu'en effet il étoit coupable de quelques-uns de ces crimes, quoy-qu'il

1415. proteftaft qu'il y en avoit auſſi d'autres qu'on
luy fuppofoit, cela le fit réſoudre, pour détourner ce grand orage qui le menaçoit, à faire librement, & de bonne grace, ce qu'il avoit peur
qu'on ne luy fift faire par force, en le dépofant
par un Jugement Canonique. C'eft pourquoy,

*Append. ad
Concil. t. 12.
Ed. Parif.*

ayant fait affembler fur le foir du feiziéme de
Fevrier les quatre Nations, en prefence de l'Empereur, il leur dit, que pour faire voir à toute la
terre le defir paffionné qu'il avoit de la paix de
l'Eglife, il étoit preft de luy facrifier même fon
Pontificat, & qu'il leur promettoit d'y renoncer, felon la Formule que le Cardinal de Florence
en drefferoit. Cette promeffe fut receûë avec
grand applaudiffement de toute l'Affemblée:
mais parce que cette Formule, & une autre encore qu'on luy fubftitua pour la réformer, étoient
conceûës en termes équivoques, & qu'elles contenoient certaines chofes qui ne plaifoient pas
au Concile, il en fallut une troifiéme, de laquelle
toutes les Nations convinrent, & que l'Univerfité de Paris eût l'honneur d'avoir dreffée par fes

*Hift. Vniv.
t. 5. p. 277.
Ex M S. Cod.
Viſtor.*

Députez, qui arriverent à Conftance le vingt &
uniéme de Fevrier. Les plus célebres d'entre ceux
de cette Députation étoient les Docteurs Jean
Gerfon Chancelier de l'Univerfité, lequel fut
auffi du nombre des Ambaffadeurs du Roy, Jean
d'Achery, & Jacques Defpars Docteur en la Faculté de Medecine, & Benoift Gentien Religieux
de Saint Denis, l'un des plus doctes & des plus

éloquens hommes de son tems, & que M. le
Laboureur eſtime, ſur d'aſſez bonnes conjectures, eſtre l'Auteur de la Chronique du Moine
anonyme de Saint Denis.

Ils eûrent audiance publique & du Pape, &
de l'Empereur, qui leur rendirent des honneurs
extraordinaires, & éleverent par de grands éloges l'Univerſité pardeſſus toutes celles de l'Europe, particulierement pour avoir contribué avec
le Roy Tres-Chrétien, plus que tout le reſte de
la Chrétienté, à la paix de l'Egliſe. Le Pape
ajoûta qu'il la ſouhaitoit ſi ardemment, qu'il
étoit tout preſt de promettre pour cela de ceder
auſſi-toſt qu'on auroit reglé la Formule, ſelon
laquelle il devoit faire ſolennellement cette promeſſe. Car comme on n'étoit pas ſatisfait de la
Formule qu'il avoit fait preſenter au Concile, il
ne l'étoit pas auſſi de celle que le Concile avoit
fait dreſſer. Sur quoy les Députez, qui n'avoient
garde de manquer d'approuver la voye de ceſſion, puis que l'Univerſité l'avoit propoſée dés
le commencement comme la meilleure de toutes, travaillerent avec tant de ſuccés & tant de
gloire à en faire une, qu'étant trouvée la plus
raiſonnable de toutes, & la plus juſte, elle fut receüë ſans contredit de part & d'autre. Car le
premier jour de May, le Pape, l'Empereur, le Sacré College, & les quatre Nations, s'étant aſſemblez dans la grand' Salle du Palais, le Patriarche d'Antioche Préſident de la Nation Françoi-

1415.

Ut D. noſter
Rex, quem
Chariſſimum
filium, & Re-
gem Chriſtia-
niſſimum no-
minavit, ipſa-
que Univerſi-
tas participes
eſſent in præ-
mio & hono-
re, qui ſuprà
cæteros Reges,
& Univerſita-
tes participes
fuerant in
ſancto labore.
Hiſt. Univ.
t. 5. p. 316.

Cod. M S.
Victor.
Mon. Dyonyſ.
l. 30. c. 20.
Append. ad
Concil. Conſt.
t. 12. Concil.
Ed. Pariſ.
48. Concil.

1415. fe, prefenta de la part du Concile cette Formule au Pape, le fuppliant tres-humblement de la lire, & de l'agréer : ce que le Pape fit, & protefta qu'il accompliroit de bon cœur ce qu'elle contenoît, puis qu'il n'étoit venu à Conftance, que pour procurer une paix entiere à l'Eglife. Et là-deſſus, après qu'il eût receû de grands remercimens de l'Empereur, du Patriarche au nom du Concile, & des Députez de l'Univerfité, il fut arrefté que le lendemain l'on tiendroit la feconde Séance du Concile, pour rendre cét Acte plus authentique.

Act. Concil.
Conft.
Antonin. 3. p.
l. 22. c, 6.
§. 2.
Nauder.
Cochla. Hiff.
Huff. l. 20
Prælati autem
in Concilio
innumerabi-
les congregati
ex omni na-
tione quæ fub
cælo eft.
Antonin.

On célebra donc la feconde Seſſion le fecond jour de Mars dans la grande Eglife, où la pluſpart des Prélats étant arrivez, l'on vit une des plus grandes Aſſemblées qu'on ait jamais veûës dans aucun Concile. Car il fe trouve qu'il y eût dans celuy-cy, quoy-que non pas toûjours en même tems, vingt-neuf Cardinaux, trois cens Archevêques ou Evêques, & une multitude innombrable d'autres Prélats & Docteurs de toutes les Nations de l'Europe, outre un ſi grand nombre de Princes & d'Ambaſſadeurs, qu'on aſſeûre qu'il y avoit à Conftance, & aux environs, trente à quarante mille chevaux, qui étoient de leur fuite. Le Pape qui préfidoit en perſonne au Concile, après avoir célebré Pontificalement la Meſſe du Saint Efprit, s'étant mis ſur ſon Trône, fe tourna vers l'Autel, & leût à haute voix ces paroles : *Nous Jean Pape XXIII.*

pour

pour le repos du Peuple Chrétien, professons, promet- 1415.
tons, voüons, & jurons à Dieu ; en prononçant
ces mots, il s'agenoüilla vers l'Autel, & mettant
ses deux mains sur sa poitrine, il ajoûta, *Et je
promets de garder inviolablement mon vœu.* Puis s'é-
tant remis sur son Trône, il poursuivit: *Voüons,
& jurons à Dieu, à l'Eglise, & à ce Sacré Concile,
librement, & de nôtre plein gré, de donner la paix à
l'Eglise, par la voye d'une simple & pure cession, par
nous, du Souverain Pontificat, & de la faire accomplir effectivement, selon la déliberation du present Concile, toutes fois & quantes que Pierre de Lune & Angelo Corario, qu'on appelle dans leurs Obediences Benoist XIII. & Grégoire XII. renonceront pareillement par eux-mêmes, ou par leurs Procureurs legitimes, au Pontificat, qu'ils prétendent; & nous promet-
tons aussi de faire la même chose, en quelque cas que
ce soit de cession, ou de décès, ou en tout autre, dans
lequel on pourra réünir l'Eglise de Dieu par nôtre
cession, afin d'extirper le present Schisme.* Cela fait,
l'Empereur, qui assistoit en ses habits Imperiaux
à cette Session, s'étant levé de son siege ; parmi les acclamations de toute l'Assemblée, mit
bas sa Couronne, s'alla prosterner en terre devant le Pape, luy baisa les pieds, & le remercia
au nom du Concile, & au sien propre, d'avoir
fait une action si généreuse ; ce que fit aussi le
Patriarche d'Antioche. Et puis l'Empereur, les
Princes, les Ambassadeurs, & tout le Concile *Ass vidm.*
promirent réciproquement au Pape, d'employer

MMm

1415. toutes leurs forces spirituelles & temporelles, pour le maintenir dans sa dignité, contre ses adversaires, au cas qu'ils refusassent de renoncer à leurs droits prétendus. Aprés quoy l'on chanta le *Te Deum*; & le Pape en envoya ses Bulles à tous les Princes Chrétiens, & à tous les Fidelles, en confirmant tout ce qu'il avoit fait, & en les exhortant de faire en sorte que Benoist & Grégoire fissent aussi de leur costé la même chose, afin de procurer au-plûtost une paix seûre & solide à l'Eglise.

*List. Encyd. Ioan. apud Mon. Dionys. loc. cit. & Raynal.*

Cela donna bien de la joye à l'Archevêque de Reims Renaud de Chartres, aux Evêques de Carcassone & d'Evreux, & à l'Archidiacre de Paris, autres Ambassadeurs du Roy, qui arrivèrent à Constance trois jours aprés, avec ordre de procurer la voye de cession, pour extirper tous les restes du Schisme. Ils se devoient joindre au Duc Louïs de Baviere Chef de l'Ambassade, & à Gerson, qui étoient déja à Constance. Ils furent receûs avec des honneurs extraordinaires ; tous les Ambassadeurs, & la plûspart des Archevêques & des Evêques avec les Officiers du Pape, étant allé au-devant d'eux, accompagnez d'environ deux mille chevaux ; & l'on témoigna, en cette superbe entrée, d'autant plus de joye, que l'on tenoit la paix de l'Eglise plus asseûrée, aprés la généreuse résolution que le Pape avoit prise d'embrasser la voye de cession, que la France avoit toûjours proposée com-

*Act. Iacob. Cervet. Mon. Dionys. l. 34. c. 17. Acta Victor. Append. ad Concil.*

me la plus propre à terminer le Schifme. Mais la 1415.
défiance qui se mit auffi-toft aprés entre le Pape
& le Concile, fit naître de nouvelles difficultez,
qui changerent ces belles difpofitions en plaintes réciproques, & aboutirent enfin à une éclatante rupture.

Le Concile ayant la promeffe qu'il avoit fou-
haitée du Pape, en voulut avoir autant de Grégoire & de Benoift, pour achever l'ouvrage de
la paix. Pour Grégoire, on n'y trouva nulle difficulté, parce que fes Ambaffadeurs promirent
qu'il fatisferoit pleinement le Concile, comme
il fit en effet, en donnant, peu de jours aprés,
fa Procuration telle qu'on la pouvoit defirer.
Mais pour Benoift, comme il vouloit toûjours
la Conference que luy & le Roy d'Arragon
avoient propofée, le Concile obtint de l'Empereur que dans tout le mois de Juillet il iroit
à Nice en Provence, pour traiter avec Benoift
& le Roy Ferdinand, qui fe devoient rendre au *Aa. M S.*
même rems à Ville-Franche, felon le Traité *Concil. apud*
qui fe fit entre ces deux Princes pour leur feû- *Raynald.*
reté réciproque. Alors le Pape prenant cette oc- *Append. Conci*
cafion, qu'il croyoit luy eftre favorable, dit qu'il *Conf.*
étoit expedient qu'il y allaft luy-même, afin *Niem. in vit.*
d'achever plûtoft cette grande affaire, qui tire- *Ioan.*
roit trop en longueur, s'il n'y étoit prefent. Mais
ni le Concile, ni l'Empereur, n'y voulurent jamais confentir, craignant une collufion femblable à celle de Grégoire & de Benoift: de

**1415.** forte qu'il fallut que Jean diſſimulaſt, & même

*Litt. Ioan. ad Sigiſm.*

qu'il fiſt expedier les Lettres qu'on luy demanda, pour autoriſer cette Conference.

Cependant le Concile, à qui cette démarche que le Pape venoit de faire, avoit donné de l'ombrage, luy faiſant apprehender qu'il ne cherchaſt les voyes de le diſſoudre, & de ne rien

*Acta MS. Vitor.*

tenir de tout ce qu'il avoit promis, voulut prendre ſes ſeûretez. Pour cét effet, les quatre Nations luy demanderent, *Que le Concile continuaſt toûjours, juſqu'à ce que l'Egliſe fût parfaitement réünie; de plus, qu'on ne le transferaſt point ailleurs; que luy-même ne ſortiſt point de Conſtance, & qu'il donnaſt ſa Procuration pour renoncer en ſon nom au Pontificat; qu'il ne fût permis à perſonne de quitter le Concile, ſinon en cas de maladie, ou faute d'avoir de quoy ſubſiſter; & qu'enfin il donnaſt ſes Bulles ſur tous ces articles, pour les rendre inviolables:* A quoy le Pape répondit, que pour le premier article il l'accordoit tres-volontiers, ne deſirant rien tant que l'union. Mais que pour les autres, il y trouvoit de la difficulté: car il luy ſembloit qu'il étoit plus à propos que l'on transferaſt le Concile en quelque lieu proche de Nice, où ſe devoit faire la Conference entre l'Empereur & Ferdinand Roy d'Arragon & Pierre de Lune; qu'enſuite, il y devoit aller luy-même avec tout le Concile; & que quand il faudroit accomplir ce qu'il avoit promis, & ſe dépoüiller du Pontificat, il luy ſeroit beaucoup plus honorable

de le faire en perfonne, & par luy-même, que 1415.
par Procureur. Cette réponfe ne fit qu'augmenter les foupçons qu'on avoit que fon intention
ne fût pas droite; & l'on fe confirma de plus en
plus dans cette penfée, quand on vit qu'il demeuroit ferme dans fa réfolution, quoy-que les
Ambaffadeurs de Grégoire proteftaffent que leur
Maître, qui ne vouloit point aller à Nice, étoit
tout preft de venir à Conftance, ou de donner fa Procuration, pour renoncer; & que ceux
de Benoift diffent hautement, que ni luy, ni le
Roy d'Arragon ne vouloient point traiter avec
le Concile, ni avec Jean, mais uniquement avec
l'Empereur, vers lequel feul ils étoient envoyez.

Sur ces entrefaites, le Duc Frideric d'Autri- *Antonin. t. 3.*
che, qui étoit allé en Artois, pour y conferer *c 6. §. 2.*
avec le Duc de Bourgogne, & qu'on fçavoit
eftre d'intelligence avec le Pape, arriva à Con- *Niem. in Vit.*
ftance: ce qui fit auffi-toft courir le bruit que ce *Ioan.*
Prince n'étoit venu que pour emmener le Pape,
qui en même tems faifoit le malade, & fe plaignoit à tout le monde de l'air de Conftance,
qu'il difoit luy eftre extrêmement contraire.
Cela mit fort en peine Sigifmond, qui, fur ce
bruit qu'il ne trouvoit pas trop mal fondé, alla
trouver le Pape, & luy offrit de le conduire
dans un de ces lieux de plaifance, qui font aux
environs du Lac, & où l'air eft fort fain, le fuppliant tres-inftamment de ne point quitter le

1415. Concile, qu'il ne fût terminé; ce que le Pape luy promit fans héfiter, & fans qu'il crût rien faire contre fa promeffe, quand il en fortiroit, parce qu'il fe perfuadoit que du moment qu'il auroit quitté le Concile, il feroit diffous, & n'auroit plus d'autorité. Pour le Duc Fridéric, il nia fortement à l'Empereur qu'il eût jamais penfé ce dont on le foupçonnoit, & l'affeûra qu'il n'étoit venu à Conftance, que pour paffer de là dans les Etats qu'il poffedoit aux environs de cette Ville. Car ce Prince, qui n'étoit que le cadet de fa Maifon, & qui, felon la coûtume d'Allemagne, ne laiffoit pas d'avoir le titre de Duc d'Autriche, avoit eû pour fon partage le Brifgau, une partie de la Suaube, & de l'Alface, & ce qui reftoit encore à la Maifon d'Autriche dans la Suiffe.

Aft. Reg.
Biblioth.
Aft. Iacob.
Conftan.
ap. Bzov.

Cependant, comme on fut tres-bien averti que plufieurs avoient fait deffein de fe retirer de Conftance, l'Empereur, à la priere du Concile, fit mettre des Gardes aux portes; & le Cardinal de Saint Ange, faifant femblant de vouloir aller à la promenade, mais en effet, voulant fçavoir s'il y avoit encore liberté de fortir, y fut arrefté. Cela donna lieu au Pape de fe plaindre hautement de l'Empereur, & de protefter qu'on avoit violé la foy publique, en luy oftant la liberté que l'Empereur & le Magiftrat de Conftance luy avoient promife par des actes tres-autentiques. Sigifmond luy-même

en fut étonné, aprés y avoir un peu mieux penfé ; & il eût peur, avec raifon, que fi cela continuoit, le Pape ne déclaraft, fur un prétexte
qui feroit toûjours trouvé tres-plaufible, qu'il
n'y avoit plus de Concile, puis qu'on ne gardoit pas la foy & la parole qu'on luy avoit fi
folennellement donnée. C'eft pourquoy il luy
en alla promptement faire excufe avec toute
forte de foûmiffion. Il l'affeûra qu'on n'en avoit
ufé de la forte, que pour empefcher, comme
luy-même l'avoit fouhaité, que quelques Prélats, que l'on foupçonnoit de travailler à rompre le Concile, ne s'en retiraffent ; mais puis
que Sa Sainteté ne trouvoit pas bon qu'on fe
fervift de ce moyen, qui fembloit donner quelque atteinte à fa liberté, il avoit déja donné
ordre qu'on oftât ces Gardes, qui en effet ne
furent pas un jour entier aux portes, qu'on laiffa
libres comme auparavant. Le Pape parut fatisfait de cette excufe, & ne témoigna plus d'ai-
greur ; mais comme on le preffoit toûjours de
donner fa Procuration pour renoncer, & qu'on
attendoit fur cela une réponfe précife, on fut
bien étonné d'apprendre le vingt & uniéme de
Mars au matin, que le Pape n'étoit plus à Conftance.

*Ad. Victor.*
*Ad. Concil.*
*Append. ad*
*Conc. Conft.*
*Naucler. gen.*
*48.*
*Hift. Vniv.*
*t. 5. p. 278.*
*Hift. Allem.*
*du Concil.*
*Mon. Dionyf.*
*l. 34. c. 21.*
*Ad. Victor.*

Et de fait, ce Pontife croyant, ou faifant
femblant de croire qu'il n'étoit pas libre à
Conftance, aprés avoir concerté la chofe
avec le Duc Frideric & les Ambaffadeurs du

Duc de Bourgogne, fortit de la ville dégui-
fé en Cavalier veftu de gris, fe mit la nuit
du vingtiéme dans une barque que Frideric
avoit fait tenir toute prefte, & defcendant
le Rhin, fe rendit en peu d'heures à Schaffoufe, ville appartenante à ce Duc, à quatre
lieuës d'Allemagne de Conftance. Une nouvelle auffi furprenante que celle-ci, étonna fort
tout le Concile. Mais il fe raffeûra bientoft:
car on receût le même jour un billet écrit de
la propre main du Pape, par lequel il affeûroit
qu'il ne s'étoit pas retiré à Schaffoufe à deffein de ne pas garder la parole qu'il avoit donnée de renoncer au Pontificat pour la paix de
l'Eglife; au contraire, qu'il l'avoit fait, afin qu'é-
tant en pleine liberté, & en feûreté de fa perfonne, comme il y étoit par la grace de Dieu,
il pût faire cette action plus librement, & fans
qu'on pût dire qu'il y avoit efté forcé. Cela
plût extrêmement à tous les Prélats, qui, aprés
avoir protefté en prefence de l'Empereur qu'ils
obéïroient toûjours à Jean, comme au vray
Souverain Pontife, tandis qu'il perfifteroit dans
une fi généreufe réfolution, députerent vers
luy, conjointement avec le Sacré College, les
Cardinaux des Urfins, de Saint Marc, & de
Saluces, pour fçavoir plus précifément ce qu'il
prétendoit faire, & s'il donneroit enfin la
Procuration qu'on luy avoit inftamment demandée.

L'Empereur

Mecredy 20.
de Mars.

Ieudy 21.

Act. MS.
Vatic. apud
Rayn.
Append. ad
Conc. Conft.

L'Empereur ne s'oppofa pas à cette réfolution; & pour raffeûrer les efprits de ceux qui
pouvoient craindre encore que cette retraite du
Pape ne fift enfin diffoudre le Concile, veû
que plufieurs s'étoient déja rendus auprés de
luy, il protefta publiquement qu'il protegeroit
toûjours le Concile, & procureroit l'union de
l'Eglife jufqu'à la mort, & qu'il fçauroit bien
prendre les voyes d'empefcher que cette fuite
du Pape ne rompift un fi beau deffein. Et certes, s'il parla magnifiquement & en Empereur
en cette occafion, pour encourager les Peres
du Concile, il n'agit pas moins fortement aprés
cela pour exécuter ce qu'il promettoit. Car dés
le jour fuivant ayant affemblé ceux d'entre les
Princes de l'Empire qui étoient à Conftance, il
accufa le Duc Frideric d'avoir efté l'auteur de cette fuite, & le cita pour comparoiftre devant fon
Tribunal, dans le Dimanche de Quafimodo : à
quoy n'ayant pas obéï, il le mit au ban de l'Empire, fe faifit de plufieurs places de ce Duc aux
environs de Conftance, & en même tems les
Suiffes rompant la Tréve qu'ils avoient avec
luy, ajoûterent à ce qu'ils avoient déja pris fur
la Maifon d'Autriche, tout le païs d'Argau, dont
ils s'emparerent, & qui fait encore aujourd'huy
une partie de leur République.

Le même jour que l'Empereur fit ce fanglant
Edit contre Frideric, les Ambaffadeurs de France s'affemblerent avec les Députez de l'Uni-

1415.
Act Victor.
Nauclor.

Vendredy 22.

Nauclor. gen.
48.
Polit. Fab.
Hift. Suever.
l. 1. c. 15.

N N n

versité de Paris, & les principaux membres de la Nation Françoise. Aprés avoir examiné ce qu'il falloit faire en cette rencontre, on députa L'Archevêque de Reims au Pape, pour le prier de satisfaire le Concile, touchant ce qu'il avoit promis pour la paix de l'Eglise, & de ne pas augmenter les défiances qu'on pouvoit avoir de la sincerité de ses promesses, s'il differoit plus long-tems à donner la Procuration qu'on luy demandoit. Et parce qu'on vouloit aussi faire comprendre aux Peres qu'ils devoient user de tout leur pouvoir, au cas que le Pape ne voulût pas les satisfaire sur une affaire si importante au bien de toute l'Eglise, on donna ordre au Chancelier Jean Gerson de faire le jour suivant, dans l'Assemblée générale des quatre Nations, une harangue en forme de sermon, pour montrer quelle étoit l'autorité du Concile dans une pareille conjoncture, où il s'agissoit du repos de toute la Chrétienté. Il la fit donc le Samedy vingt-troisiéme, veille du Dimanche des Rameaux, quoy qu'il eût eû si peu de tems pour se préparer à une si grande action; dans laquelle il montra l'autorité de l'Eglise par douze propositions, dont les preuves ne sont pas dans ce Sermon, que l'on peut voir dans la premiere partie de ses ouvrages; mais il les produisit telles qu'il les met dans ses autres Traitez qu'il a faits sur le même sujet. Dans la plufpart de ces Propositions il dit tout ouvertement, selon qu'il le croyoit, que le Concile général representant l'Eglise Universelle, est pardessus le Pape, non pas seulement dans le doute s'il est vray Pape, comme on veut que Gerson l'ait entendu, mais aussi dans l'asseûrance que l'on a qu'il est legitimement éleû, tel que l'on tenoit *Etiam ritè* pour indubitable dans le Concile de Constan- *electi.* ce que l'étoit le Pape Jean XXIII. Et il ajoûte ensuite, que le Pape est obligé d'accepter la voye de cession, quand le Concile le juge nécessaire pour abolir enfin le Schisme. Voilà l'occasion qui fit naistre alors cette fameuse question, qu'on n'a jamais agitée dans l'ancienne Eglise, à sçavoir, si le Concile est pardessus le Pape, ou le Pape pardessus le Concile. Car comme le Sermon du Chancelier de Paris avoit fait grand bruit & à Constance & à Schaffou- se, où plusieurs Cardinaux & autres Peres du Concile s'étoient rendus auprés du Pape, on ne *Acta Concil.* manqua pas de disputer avec beaucoup de cha- *Appendix ad* leur sur ce grand sujet, immediatement aprés *Mon. Dionys.* la troisiéme Session, qui commença le Lundy *l. 34. c 21.* vingt-cinquiéme de Mars, & fut continuée le *XII. Victor.* jour suivant.

Comme la plusart des esprits étoient enco- *Gobell. in* re dans l'incertitude de ce qui devoit arriver de *Cosm.* cette retraite du Pape, & craignoient de se dé- clarer, il n'y eût en cette Session que deux Car- dinaux, à sçavoir le fameux Pierre d'Ailly, qui y présida, & François Zabarella Cardinal de

1415. Florence, environ cinquante Archevêques ou

*Act. Viter.*

Evêques, & vingt-cinq Abbez mitrez; les autres Prélats s'étant absentez sur divers prétextes, attendant quelle seroit l'issuë de l'Ambassade

*Append. ad Concil.*

qu'on avoit envoyée au Pape. Mais il s'y trouva un tres-grand nombre de Docteurs des Universitez de France, d'Italie, d'Angleterre, d'Allemagne, & de Pologne; & l'Empereur accompagné des Ambassadeurs de France, d'Angle-

*Act. Biblioth. Reg. apud Spond.*

terre, de Norvege, de Pologne, de Chypre, & des Princes de l'Empire, y voulut assister en ses habits Imperiaux, comme il fit en toutes les autres Séances, revestu d'une Dalmatique sous le Manteau Imperial, ayant la Couronne en teste, & quatre Princes à ses costez qui portoient le sceptre, la Pomme d'or, l'Epée, & la Couronne quand il la mettoit bas, & deux Cardinaux qui l'assistoient l'un à sa droite, & l'autre à sa gauche, mais par

*Act. Concil. Const.*

ce qu'il n'y en avoit que deux à cette Séance dont l'un présidoit, il ne fut assisté ce jour-là que du Cardinal de Florence, qui après que le Cardinal Président eût célebré la Messe de l'Annonciation de Nostre-Dame, leût à haute voix les Articles & les Decrets qu'on avoit arrestés dans les Assemblées des Nations, à sçavoir, *Que le Concile avoit esté canoniquement convoqué, & tenu jusques alors dans la Ville de Constance; Qu'il n'estoit point dissous par la retraite du Pape, ni des Prélats qui l'avoient suivi; Qu'il retenoit toute son autorité, Qu'il la retiendroit toûjours, jusques à ce qu'il eust esté*

de une entiere paix à l'Eglise, & qu'il fcût refor-
mée dans fon Chef & dans fes membres ; Qu'il ne
pouvoit eftre transferé dans un autre lieu que de fon
avis, & de fon confentement ; & que ceux qui y affi-
ftoient ne s'en pourvoient retirer, que pour une caufe
jugée raifonnable par le Concile. Ce qui fut approuvé d'un commun confentement par un acte
authentique.

Le jour fuivant, qui étoit le Mardy Saint, on
continua la Séance, où les deux Cardinaux protefterent, qu'encore qu'ils eûffent jugé, contre
le fentiment de quelques-uns de leurs Confreres, qu'ils pouvoient affifter à cette Séance qu'on
avoit tenuë avant qu'on eût examiné la réponfe
que le Pape auroit faite à ceux qu'on luy avoit
députez ; ils étoient pourtant de l'avis de ceux
qui avoient dit d'abord qu'au cas que le Pape
perfiftaft dans la réfolution qu'il témoignoit,
par fon Ecrit, avoir prife, d'accomplir tout ce
qu'il avoit promis au Concile, on luy devoit
obéir comme au vray & legitime Souverain Pontife, & qu'ils jugeoient que le Concile devoit
faire la même chofe, comme ils croyoient aufli
que le Pape approuveroit ce qui s'étoit fait dans
cette Séance. Cela fut approuvé de tous les Peres & de l'Empereur, qui en firent dreffer un
Acte. Aprés quoy, le Cardinal de Pife étant arrivé de Schaffoufe avec la réponfe du Pape touchant la Procuration qu'on demandoit, on réfolut que les Préfidens & les Députez des qua-

Append. ad
Concil. Conft.
AB. MS.
Bibl. Vat.
ap. Raynald.

1415. tre Nations l'examineroient, comme ils firent
l'apresdinée du même jour.

Mais on trouva qu'elle n'étoit pas nette, ni
de bonne foy : car il vouloit bien choisir trois
Procureurs entre plusieurs que le Concile luy
presenteroit, & leur donner plein pouvoir de
renoncer au Pontificat, conformément à la promesse qu'il en avoit faite ; mais c'étoit à condition
que l'Empereur & le Concile luy donneroient
de bonnes seûretez qu'il jouïroit toûjours par
tout d'une pleine & entiere liberté ; que les Cardinaux & tous les Prélats & les Officiers de la
Cour Romaine l'auroient aussi toute entiere de
se rendre auprés de luy, en sorte néanmoins
qu'il y auroit toûjours quelques Cardinaux au
Concile comme ses Vicaires, pour y présider en
son nom ; & que cependant l'Empereur ne pourroit rien entreprendre contre le Duc Frede-
ric d'Autriche. On crût que cela ne tendoit
qu'à tirer les affaires en longueur, & à dissoudre
insensiblement le Concile, qui ne fut ainsi nullement satisfait du Pape. Mais il le fut encore
bien moins le jour suivant, lors que six Cardinaux qui venoient d'arriver de Schaffouse, entreprirent en pleine Assemblée où l'Empereur se
trouva, de prouver que le Concile étoit dissous,
parce que Jean XXIII. qui l'avoit abandonné, étant reconnu pour vray Pape par tous ceux
qui y assistoient, étoit pardessus le Concile,
qui ne pouvoit avoir aucune autorité sans luy.

*Niem. in Vit.
Iean.*

*Amplè mul-
tum loquuti
fuerût contra
ipsum Conci-
lium, scilicet
quòd dissolu-
tum esset pro-
pter absen-
tiam & reces-
sum, &c.*

Comme cette proposition ruinoit tout le fondement du Concile, elle fut aussi comme le signal, & la déclaration de la guerre entre le Pape & le Concile. Car alors il se fit un soulevement général dans toute l'Assemblée, & plusieurs d'entre ceux qui y avoient le plus d'autorité & de réputation pour leur dignité & pour leur doctrine, se mirent à les réfuter, & à leur prouver au contraire, conformément à la harangue de Gerson, que le Concile étoit superieur au Pape, qui luy devoit estre soûmis. Et il y eût ensuite une longue & ardente contestation sur ce sujet; ce qui donna lieu au Decret que l'on fit dans la quatriéme Session le Samedy suivant, veille de Pasques, le trentiéme de Mars.

Et eis responsum fuit aleriter per plures de ipso Concilio viros magnæ autoritatis, & scientificos, scilicet quòd Papa non esset supra Concilium, sed sub Concilio, & facta illic contentio magna hinc inde.

Elle fut beaucoup plus célebre que la précedente, parce que la plûpart de ceux qui s'étoient retirez auprès du Pape, voyant que ses affaires tomboient mal; que le Concile agissoit toûjours plus fortement, & que l'armée de l'Empereur executoit le Ban contre le Duc Frideric, retournerent à Constance, de-peur d'estre dépoüillez de leur Dignité: de-sorte qu'avec l'Empereur, les Ambassadeurs des Rois, & les Princes de l'Empire, il se trouva encore onze Cardinaux & deux cens Evêques en cette Session, en laquelle l'Archevêque de Reims, qui étoit retourné d'auprès du Pape, déclara qu'il luy avoit enjoint d'assûrer l'Assemblée, qu'il s'étoit retiré

Anton. loc. cit.
Naucler. gen.
48.

Mon. Dionys.
l. 34. c. 22
Append. ad
Conc. Const.

1415. de Constance, non pas pour aucun soupçon qu'il eût eû que l'Empereur voulût uset de violence contre luy, mais pour l'apprehension de quelques Princes & Seigneurs de sa Cour, dont il se soit justement défié, craignant qu'ils intentassent sur sa liberté. Aprés quoy, comme on eût achevé toutes les ceremonies accoûtumées dans la célebration des Séances, le Cardinal de Florence leût le Decret du Concile en ces mesmes mots:

Act. Concil.
Conft. Seff. 4.

*Au nom de la Tres-Sainte Trinité, Pere, Fils & Saint Esprit. Ce Saint Synode de Constance composant le Concile Général legitimement assemblé à la gloire de Dieu Tout-puissant, pour l'extirpation du présent Schisme, & pour l'union & réformation de l'Eglise de Dieu en son Chef & en ses membres, afin d'exécuter le dessein de cette union & réformation plus seûrement, facilement, librement & amplement, déclare, ordonne, & définit ce qui s'ensuit. Premierement, que ce Synode legitimement assemblé au Saint Esprit, & faisant le Concile Général qui représente l'Eglise Catholique Militante, a receû immediatement de Jesus-Christ un pouvoir, auquel un chacun de quelque qualité & dignité qu'il soit, même Papale, est obligé d'obéir en tout ce qui appartient à la Foy, à l'extirpation de ce Schisme, & à la réformation générale de l'Eglise de Dieu dans le Chef & dans les membres. Puis agissant sur ce principe, il déclare que le Tres-Saint Pere & Seigneur le Pape Jean XXIII. ne peut retirer de Constance sans la*

délibération

déliberation & consentement du Concile, les 1415. Prélats, les Officiers, ou les Ministres de la Cour Romaine, par l'absence desquels le Concile vray-semblablement se romproit, ou du moins souf-friroit beaucoup; que tout ce qu'il pourroit faire pour les obliger par censures, aussi-bien que les autres Prélats & Ecclesiastiques, à sortir de Constance, seroit nul; que cependant il ne pourra faire de nouveaux Cardinaux, & qu'on n'en reconnoîtroit point d'autres, que ceux que l'on reconnoissoit pour veritables Cardinaux lors que le Pape sortit de Constance.

Voilà le fondement de cette grande question, qui depuis le Concile de Constance a esté agi-tée entre de celebres Docteurs, avec bien de la chaleur, & qu'on peut dire qui a fait jusqu'à maintenant dans l'Eglise beaucoup plus de bruit que de fruit: à sçavoir, si depuis qu'un Concile general est legitimement assemblé; soit que le Pape, qui en est sans contredit le Chef, y pré-side par luy-même, ou par ses Legats, soit qu'il n'y assiste ni en l'une ni en l'autre maniere, quoy-qu'il approuve qu'il s'assemble, comme il arriva au second Concile œcumenique de cent cinquante Evêques, & au cinquiéme de cent soi-xante; si, dis-je, ce Concile consideré dans les membres unis ensemble, est pardessus le Pape, en sorte qu'il soit obligé de se soûmettre à ses Décrets & à ses Définitions, encore qu'il ne les veüille pas approuver, ni y consentir. Et

381
553

1415. cela s'entend d'un vray Pape, reconnu pour tel, comme l'étoit Jean XXIII. par le Concile de Constance. Car pour ceux dont on peut raisonnablement douter, les uns & les autres demeurent d'accord que le Concile a sur eux une autorité suprême, jusqu'à les pouvoir déposer, comme fit le Concile de Pise : de-sorte que ce n'est seulement se tirer d'affaire, que de dire, comme plusieurs font tous les jours, que ce Decret du Concile se doit entendre pour le tems d'un Schisme où l'on doute, qui, d'entre plusieurs concurrens, est le vray Pape. Car il est évident, comme je l'ay fait voir ailleurs, que le Concile de Constance tenoit pour indubitable, que Jean, contre lequel il fit son Decret, étoit l'unique legitime Pontife Romain. Cela établi de la sorte, je crois qu'on trouvera bon que je dise que ce n'est point du tout à moy, qui n'agis pas icy en Theologien, de produire mon opinion sur ce grand differend, veû principalement que mon sentiment n'étant d'aucun poids, il importe fort peu à mon siecle, & moins encore à la posterité, de sçavoir quel il est : j'exposeray seulement en Historien, & en tres-peu de mots, l'état de cette controverse, sur laquelle il y a trois partis à prendre.

Le premier est de ceux qui tiennent que le Concile est par-dessus le Pape, se fondant principalement sur ce Decret du Concile de Constance, de l'autorité duquel ils ne croyent pas que

*Turrecrem. l. 2. de Eccles. c. 99. Bell. l. 2. de aut. Concil. Campeg. Sander. & alii.*

*Pet. de Alliac. Card. Tract. de Potest. Eccles. Gerson. de Potest. Pap.*

l'on puiſſe douter. Car ils ſoûtiennent forte-

1415.
& de Auxerib.
Pap. & alib.
Almain. de
author. Eccleſ.
& alii.

ment que l'on ne peut pas dire, comme font
leurs adverſaires, que quand le Concile fit ce Decret, il n'étoit pas encore général, parce que les
Evêques de l'Obedience de Benoiſt, c'eſt à dire,
les Arragonois, & les Caſtillans, & deux ou trois
autres Evêques qui reſtoient peut-eſtre encore
à Grégoire, n'y étoient pas; comme ſi les Eſpagnols, avec tres-peu d'autres, qui tenoient encore opiniâtrément pour un Antipape déclaré
par l'Egliſe, pouvoient empeſcher qu'un Concile legitimement aſſemblé, & compoſé d'un
nombre infini de Prélats & de Docteurs de preſque tous les Royaumes & Etats du monde Chrétien, ne fûr général. Si cela étoit, diſent - ils,
on n'eût jamais pû tenir un Concile univerſel durant tant de Schiſmes qui ont précedé celuy-cy, ſi
ceux qui étoient pour les Antipapes n'euſſent pas
voulu s'y trouver. Le Concile même de Trente ne
ſeroit pas œcumenique & général, comme il l'eſt
ſelon tous les Catholiques ; & tous mes adverſaires luy pourroient juſtement diſputer cette qualité, puis que ceux qui étoient engagez dans le
Schiſme de l'Orient, & dans celuy de l'Occident,
qui ſont d'une étenduë incomparablement plus
grande que n'étoient ces deux miſerables reſtes
d'obedience de Pierre de Lune & d'Angelo Corario, ne s'y trouverent pas. Et puis, ce Concile de
Conſtance étant devenu général ſans contredit,
même ſelon ceux qui parlent de la ſorte, lors

1415.

que les Espagnols, & ce peu qui fuivoient encore Angelo Corario s'y furent joints, confirma
fes Decrets, comme fit auffi le Pape Martin V.
Il faut donc qu'ils avouënt confequemment que
celuy-cy eft émané d'un Concile univerfel dans
une Seffion tres-nombreufe, & aprés que la chofe eût efté auparavant bien difcutée dans les Affemblées particulieres des quatre Nations. Voilà
fur quoy fe fondent ceux qui tiennent cette opinion. Ils y ajoûtent le Decret du Concile de Bafle

*Conc. Bafilee.*
*Seff. 2. Decr.*
*3.*

dans la feconde Seffion, lors qu'il étoit legitimement affemblé, & ce Decret eft entierement
conforme à celuy de Conftance: ils produifent
encore pour eux plufieurs paffages de l'Ecriture
Sainte, & enfin des exemples, & des raifons qu'ils
eftiment tres-fortes.

*Turrecremat.*
*Bellarmin.*
*Campeg. &*
*plerique paf-*
*fim.*

Ceux du fecond parti foûtiennent au contraire, que le Pape, comme Chef de l'Eglife univerfelle, & Vicaire de Jefus-Chrift en terre, eft
Superieur au Concile. Ils fe fondent auffi, comme les autres, fur deux Decrets, l'un du Concile

*Seff. 26. in*
*Bull. union.*

de Florence, & l'autre du Concile de Latran fous
Leon X. où l'on déclare pofitivement que le
Pape a autorité fur tous les Conciles. Ils ont pareillement leurs paffages de l'Ecriture, leurs exemples, & leurs raifons, qu'ils font valoir autant
qu'ils peuvent, en répondant à tout ce que leurs
adverfaires produifent; & ceux-cy réciproquement tâchent de fatisfaire à tout ce qu'ils al-
leguent contre eux, comme on peut voir dans

les Auteurs qui ont écrit sur cette question, & principalement dans l'illustre M. du Val, qui rapporte de bonne foy ce qu'on peut dire de plus fort & de plus plausible de part & d'autre, sans vouloir néanmoins se déclarer pour un des deux partis, luy qui étant Docteur de Sorbonne, & fameux Professeur en Theologie, sembloit avoir quelque obligation de dire, & d'appuyer son sentiment, comme on fait dans l'Ecole. Beaucoup moins, ce me semble, dois-je entreprendre de dire le mien, moy qui ne suis qu'un simple Historien, & qui n'ay ni assez de capacité, ni aussi assez de temerité, pour prétendre à l'honneur du Doctorat.

Je diray donc seulement encore, en poursuivant toûjours à exposer les divers sentimens qu'on a sur cette question, qu'il y en a qui sont un tiers parti, & qui se mettant entre deux, pour accorder les uns & les autres, se tirent d'embarras, & démeslent les choses en cette maniere. Le Concile œcumenique ou universel peut estre pris, disent-ils, ou pour un composé de tous ses membres distinguez du Chef, avec lequel on le compare; ou pour le corps entier, qui comprend & le Chef, & les autres membres, & que l'on peut ensuite considerer par rapport au seul Chef, ou à l'égard de tous les autres membres. Si on le prend au premier sens pour le comparer avec le Pape qui en est le Chef, il faut qu'on regarde quel est ce Pape, car s'il étoit

1415.

Du Val. t. 2.
de Compar.
S. Pontif. &
Concil. p. 4.
qu. 7.

1417. douteux comme dans un Schisme, où l'on ne
sçait lequel des concurrens est le vray Pape, ou
s'il étoit tombé dans l'hérésie, ou qu'enfin quoy-
qu'il fût connu pour vray Pape, on ne pût aisément terminer un Schisme pareil à celuy-cy,
que par la voye de cession, alors le Concile auroit receû immediatement de Jesus-Christ une
souveraine autorité sur ce Pape : de-sorte qu'il
pourroit, ou l'obliger à quitter le Pontificat, ou
s'il le refusoit, le déposer ; autrement Jesus-Christ
n'auroit pas pourveû suffisamment à son Eglise. Hors de ces trois cas qui n'arrivent guéres,
d'une part le Concile ne peut rien définir qui
ait autorité dans toute l'Eglise, sans le consentement du Pape, comme il paroît évidemment
par le Concile de Calcedoine, & comme une infinité de Docteurs Catholiques en tombent d'accord. Mais aussi d'autre part, le Pape tout seul
comme Chef, ne peut rien définir sans le consentement des membres, ou du Concile, quand
il est assemblé : ainsi, ni le Concile n'est pardessus le Pape, ni le Pape pardessus le Concile à
cet égard. Car pour le convoquer, pour y présider, pour le finir, & pour le confirmer, c'est au
Pape, qui en tous ces points est reconnu superieur.

Que si maintenant l'on regarde le Concile
universel comme un corps entier composé du
Chef & des membres qui agissent conjointement, alors il est Superieur au Chef consi-

deré tout seul, & aux membres comme diftin- 1416.
guez du Chef. Et cela ne peut eftre contefté; car
quand un Concile pris de la forte, par exemple, celuy de Nicée, auquel le Pape Saint Silveftre
préfida par fes Legats, a défini d'un commun
confentement, du Chef & des membres, que le
Verbe eft confubftantiel au Pere, c'eft une définition de Foy, à laquelle il faut que le Pape
foit foûmis auffi-bien que le moindre des Chrétiens, fur peine d'hérefie. Et cela même fe doit
dire du Concile de Trente, qui eft le dernier
œcumenique, & de tous les autres qui ont fait
des définitions de Foy.

Voilà les deux partis contraires que l'on a
pris dans cette célebre & fâcheufe contefta-
tion; & le troifiéme, qui tâche de les accorder
tous deux, fans condamner ni l'un ni l'autre
d'hérefie ni d'erreur, comme ont fait quelques-
uns de ces Docteurs, qui ont embraffé l'un ou
l'autre. Car enfin, ce que M. du Val obferve *Du Val. loc cit.*
très-bien, les Decrets des Conciles qu'on pro-
duit ont leur interpretation, & leur réponfe qui
met à couvert les uns & les autres. On répond à
celuy de Conftance, qu'il ne s'entend que de ce
Concile, dans l'état de l'extrême neceffité où fe
trouvoit alors l'Eglife; à celuy de Bafle, qu'il
n'a pas efté approuvé: les autres auffi difent,
pour leur défenfe, que le Decret de Florence
ne dit autre chofe, finon que le Pape a pleine
puiffance pour gouverner l'Eglife univerfelle;

ce que perfonne ne nie, étant certain que fon
autorité s'étend par toutes les Eglifes, dont les
Evêques qui les gouvernent immediatement, luy
font fubordonnez comme à leur Chef. Et pour
l'article du Concile de Latran, ils répondent,
qu'outre que ce Concile n'eft pas univerfel pour
le peu d'Evêques qui s'y trouverent, ce n'eft
pas une définition de foy, comme il paroift,
difent-ils, par les termes dans lefquels il eft
conceû : & de plus, qu'il ne parle que de l'autorité qu'il a fur les Conciles pour les convoquer, pour les transferer, & pour les diffoudre,
ou les terminer ; fi ce n'étoit, ajoûtent-ils, qu'on
fe trouvaft dans une preffante neceffité, femblable à celle où l'on étoit au tems du Concile de
Conftance, qu'il falloit abolir le Schifme. Ainfi
ni l'une ni l'autre de ces deux opinions n'eft
contre la Foy, & chacune, fans tache d'erreur,
a fes partifans, quoy que l'une en ait affeûrément bien plus que l'autre. Et pour moy, fi j'o-
fe dire mon avis, non pas fur le fond de la queftion, mais fur la conduite, je croirois, comme
M. du Val s'en eft expliqué, qu'il vaudroit beaucoup mieux que chacun retint en luy-même
fon fentiment particulier fur un point fi délicat, fans en difputer, ce qui ne fervit, dit-il,
quand on renouvella cette difpute il y a plus
de foixante ans, qu'à exciter beaucoup de troubles, & toutes ces fâcheufes querelles qui font
maintenant affoûpies. Auffi, quand les Ambaffadeurs

deurs de Maurice Electeur de Saxe demanderent
au Concile de Trente, qu'avant toutes choses
l'on déclaraſt que le Concile eſt pardeſſus le Pape, ſelon le Decret du Concile de Conſtance,
les Légats leur ayant répondu que ce Decret ſe
pouvoit interpreter autrement qu'ils ne l'entendoient, n'alleguerent pas auſſi pour le Pape les
Decrets de Florence & de Latran. On ne traita point de cette queſtion, & les Ambaſſadeurs
mêmes, qui comprirent bien que cela ne ſerviroit qu'à faire naiſtre de nouveaux troubles, &
à multiplier les controverſes, trouverent bon,
tout Proteſtans qu'ils étoient, qu'on n'en parlaſt point.

- Cette ſage conduite que M. du Val a ſi fort
approuvée, doit eſtre d'autant mieux receüe,
qu'il ſe trouvera qu'elle eſt parfaitement conforme au ſentiment de feu l'Illuſtriſſime Pierre
de Marca Archevêque de Touloúſe, & puis de
Paris, l'un des plus ſçavans hommes & des plus
éclairez, ſur tout dans la connoiſſance de l'Hiſtoire & du Droit de l'Egliſe, que la France ait
jamais produits. Car dans l'excellent livre qu'il
a fait de l'accord du Sacerdoce & de la Royauté, il dit fort nettement que la paſſion de ceux
qui aiment trop à diſputer, a rendu cette queſtion odieuſe, & que ſans cela ce long & fâcheux differend ſe pouvoit tres-facilement accorder. Et ce grand homme ajoûte, & prouve
tres-bien ce qui eſt extrêmement conſidérable

1415.

*Pallavicin.
Hiſtor. Concil.
Trid.l.12.c.15.*

*Invidioſam
quæſtionem
fecit nimium
partium ſtudium, quod ſi
abeſſet, vexatiſſima illa cōtentio facilè
componi poſſ
ſe videretur.
De Concord.
Sacerd. & Imper.l.3.c.6.*

pour defabufer bien des gens, à fçavoir, que l'opinion qui met le Concile pardeffus le Pape, n'eft point du tout le fondement des Libertez de l'Eglife Gallicane; & que foit que le Pape foit fuperieur au Concile, ou le Concile au Pape; ou qu'ils foient égaux en autorité, cela ne fait rien ni pour établir, ni pour affoiblir ou ruiner nos Libertez. Car il eft tres-certain, dit-il, qu'elles confiftent dans le droit & le pouvoir que nous nous fommes retenus d'examiner les nouveaux Decrets qui nous viennent ou des Papes ou des Conciles, en matiere de réglement de police & de difcipline, & de les rejetter, fi on les trouve contraires aux anciens Canons, au Droit commun, & aux Ufages receûs dans ce Royaume, & dans l'Eglife Gallicane, fi ce n'eft qu'on s'y veuille foûmettre librement, & par autorité publique. Ainfi, felon l'ufage que nous avons fait de ces Libertez, le Concile de Trente n'eft pas encore receû en France, excepté pour les dogmes de la Foy. De forte que l'on dife que le Pape eft pardeffus le Concile, ou le Concile pardeffus le Pape, les Libertez de noftre Eglife fubfiftent toûjours également. Elles ne dépendent point du tout de la fuperiorité du Concile, comme le difent plufieurs foûtenans de l'un & de l'autre parti, par des motifs bien differens, les uns pour les rendre odieufes à Rome, les autres pour fe faire en France un plus grand merite de leur opinion: mais à dire fin-

*Marginal notes (left column):*

Libertates perinde tuemur, fi de Côcilii Generalis novis Decretis, ac fi de Romani Pôtificis Conftitutionibus agatur, &c.

An nova Conftitutio, vel novum Refcriptum rebus Gallicis confulat, aut noeeat, fi receptos Canones, vel receptos mores infringat ullo pacto, ejus ratio non habebitur, nifi confenfu publico accedente. Ibid. n. 1. Vide c. 6. n. 5.

Non eft quòd hæreamus in hac Regula, quæ Romanis ftomachum movet, & quæ rebus noftris non profpicit. Ib. c. 7. n. 1.

Qui Romani Pontificis o-

eerement la verité, ni les uns ni les autres n'ont jamais bien sceû ce que c'est que de nos Libertez, à l'égard desquelles il est fort indifferent, qu'en cette dispute on soit pour le Concile, ou pour le Pape. C'est ainsi que raisonne ce sçavant Archevêque de Paris, qui étoit si zelé pour les Droits de nos Rois & de l'Eglise Gallicane, & duquel j'ay tiré les lumieres dont je me suis servi, pour éclaircir le point de nos Libertez, comme j'ay fait dans les Lettres que je publiay il y a dix ans sous le nom de François Romain, pour la défense des Droits du Pape & du Roy.

Voilà ce que j'ay crû devoir dire à l'occasion de ce Decret du Concile de Constance, où l'on fut bien surpris d'apprendre, presque en même tems, que le Pape n'étoit plus à Schaffouse. En effet, comme il vit que les troupes de l'Empereur s'emparoient des Places du Duc Frideric, il eût peur qu'elles ne le vinssent investir à Schaffouse, qui n'étoit pas pour résister. C'est pourquoy, sans plus rien attendre, il en sortit, avec précipitation, le jour même du Vendredy Saint, par un tres-mauvais tems, durant un furieux orage, qui ne fut pas capable de l'arrester un seul moment, tant il étoit pressé de la crainte qu'il avoit d'estre pris, & s'alla jetter dans Lauffenbourg, ville située sur le Rhin, entre Schaffouse & Basle; & de là, peu de jours aprés, sa peur redoublant, il se travestit encore comme

1415.

dium in has libertates concitant, id præcipuè urgent eas aliâ ratione côstare non posse quàm Apostolicæ Sedis dignitate, in eo maximè imminutâ, quòd Pontifex Concilii generalis auctoritati subjiciatur. Atamen hæc sententia, &c. Ibid.

Si cum bonâ Magistrorum veniâ id quod sentio liberè profiteri liceat, existimo libertates Ecclesiæ Gallicanæ hoc axiomate non niti. Ibid.

Litt. Encycl. Ioann. 23. Litt. Encycl. Concil. Const.

Niem. in Vit. Ioann.

PPp ij

1415. il avoit fait à Conſtance, & s'enfuit luy quatriéme à Fribourg, d'où s'étant un peu raſſeûré,
il ſe retira à Briſac, pour y attendre quelques
troupes, que Jean Duc de Bourgogne, ſous la
protection duquel il s'étoit mis, luy devoit envoyer, pour le tirer de l'Allemagne, & le conduire à Avignon. Et cependant le Pape & le Concile écrivirent des Lettres circulaires l'un contre
l'autre à tous les Princes & à tous les Fidelles,
pour juſtifier leur conduite; comme auſſi l'U-
niverſité de Paris en écrivit de tres-fortes au
Concile, pour le loüer de ſa conſtance à pourſuivre la grande affaire de la paix & de l'union
de l'Egliſe; à la Nation d'Italie, pour la prier
de preſſer le retour du Pape; & au Pape même,
pour l'exhorter à retourner, & à ſe ſoûmettre
au Concile, qui ne laiſſoit pas durant ce tems-
là d'agir toûjours plus fortement contre ce Pape, pour l'obliger enfin à s'aquiter de ce qu'il
avoit promis à Dieu & à ſon Egliſe.

Et de fait, dans la cinquiéme Seſſion, qui fut
célebrée le ſixiéme d'Avril, & à laquelle le Cardinal des Urſins préſida, le Concile ayant confirmé le Decret de la Seſſion précedente, & proteſté que le Pape & tous les Prélats avoient
eſté juſques alors parfaitement libres à Conſtance, déclare & définit que le Pape eſt tenu
de renoncer au Pontificat, non ſeulement dans
les cas contenus dans ſa promeſſe, mais auſſi en
tout autre, où ſa renonciation peut apporter

*Epiſt. Ioann.*
*& Concil. in*
*Cod. MS.*
*Vide ap. Ray-*
*nald. & Spond.*
*Acta Concil.*
*Conſt.*
*Hiſt. Vniverſ.*
*t. 5.*
*Mon. Dionyſ.*
*l. 35. c. 13.*

*Acta Concil.*
*Conſtant.*
*Mon. Dionyſ.*

un grand & évident avantage pour l'union de 1415.
l'Eglise de Dieu, & qu'en cela il est obligé de
se soûmettre au Jugement & à l'Ordonnance
du Concile; & s'il refuse, ou s'il diffère de ceder, quand il en sera requis, & dans le terme
qu'on luy prescrira, qu'il doit estre censé dés-
lors estre déchû du Pontificat, & qu'on pro-
cedera contre luy, comme fauteur du Schisme
& suspect d'héresie : qu'au cas qu'il veuille retourner, & obéïr, on luy donnera toutes les
seûretez qu'il peut souhaiter, avant & aprés sa
renonciation, & asseûrance qu'on pourvoira liberalement à son état, à son entretien, & à
celuy de sa Maison, au jugement de quatre Arbitres qui seront à son choix, & de quatre autres que le Concile choisira. Cela fut confirmé
par l'Empereur, qui protesta qu'il étoit prest
d'exécuter tout ce que le Saint Concile ordonneroit, jusques à aller en personne vers le Pape,
pour le ramener à Constance, malgré le Duc
Frideric d'Autriche, contre lequel il faisoit marcher son armée.

Mais le Concile prit une autre voye. Car dans
la Session suivante, que l'on tint le dix-septiéme
d'Avril, le Cardinal de Viviers y présidant comme le plus ancien, ce qu'il fit depuis à toutes les
autres jusqu'à l'élection d'un nouveau Pape,
aprés qu'on eût leû & approuvé la Formule de
la Procuration qu'on vouloit que le Pape donnast pour renoncer au Pontificat, on nomma

PP d iij

1415.

Act. Conc.
Conf.
Mon. Dionyf.
l. 35. c. 12.

Act. Conc.
p. 83.
Appendix ad
Concil. Conf.
p. 1502. t. 12.
Concil. Ed.
Parif.

Act. MS.
Victor. apud
Spond.

Niem in vit.
Ioan.

Act. Victor.

des Ambaſſadeurs choiſis des quatre Nations pour la luy preſenter. Ils eûrent ordre de le requerir de la part du Concile de nommer pour ſes Procureurs, outre ceux qu'il voudra choiſir, deux que le Concile a nommez d'entre les quatre Nations; de revenir à Conſtance avec toute ſorte de ſeûretez, bu de ſe retirer à Ravenſbourg, à Ulme, ou à Baſle, Villes peu éloignées de Conſtance, & de n'en point ſortir que du conſentement du Concile, juſqu'à ce qu'il ait accompli ce que l'on ſouhaite de luy; & de conſentir, par Bulle expreſſe, que s'il y manque, il ne ſoit plus reconnu pour Pape, luy déclarant au reſte ce qu'on a réſolu dans la Seſſion précedente, au cas qu'il accompliſſe ce qu'on veut de luy, ou qu'il le refuſe. Les Ambaſſadeurs étant arrivez à Briſac, où il étoit encore, eûrent audiance le Mecredy vingt-quatriéme d'Avril. On les remit au lendemain, pour avoir leur réponſe. Mais comme ils croyoient l'aller recevoir, il ſe trouva qu'il n'y avoit plus de Pape à Briſac.

Car ſoit que ce Pontife fût choqué des propoſitions qu'on luy faiſoit, ou qu'il craigniſt qu'on ne le vouluſt amuſer, en attendant que l'Empereur, qui étoit averti de ſon Traité avec le Duc de Bourgogne, l'allaſt ſurprendre: il en étoit ſorti avant le jour, pour ſe retirer à Naümbourg, d'où il fit ſçavoir aux Ambaſſadeurs, qu'ayant receû la nuit précedente un avis cer-

tain de l'extrême danger où il étoit, il avoit esté 1415.
obligé de pourvoir à sa seûreté. On ne laissa
pas néanmoins de negotier, quoy que fort inutilement: car comme les Ambassadeurs, en s'en
retournant à Constance, passoient par Fribourg,
ils y trouverent le Duc Louïs de Baviere Chef
de l'Ambassade de France, qui y traitoit de la
part du Concile avec le Duc Frideric d'Autriche; & ces deux Princes les prierent de s'y arrester, l'asseûrant que le Pape s'y devoit rendre
le jour même. Et de fait, il y vint à la priere
du Duc Frideric, qu'il croyoit estre son grand
Protecteur; & aprés une Conference de trois
jours, ils ne pûrent rien obtenir de luy qu'une autre Procuration qu'il leur donna, pour renoncer.
Mais elle étoit conceûë en des termes si ambi- *Niem. in vit.*
gus, & il y ajoûtoit des demandes si excessives, *Ioan.*
& de si étranges conditions, que le Concile fut
persuadé qu'il ne vouloit que gagner du tems
par de vaines negociations, en attendant que le
Duc de Bourgogne luy envoyast le secours qu'il
luy faisoit esperer, pour le faire sortir de l'Allemagne.

C'est pourquoy, comme on eût résolu de pro- *Acta Concil.*
ceder incessamment contre luy, il fut cité le se- *Const.*
cond jour de May, dans la septiéme Session, à
comparoître dans neuf jours devant le Concile, pour y répondre sur sa fuite, & sur les autres faits qu'on avoit à luy objecter. Et l'on pria
pour cela Sigismond de joindre son sauf-con-

1415. duir à celuy du Concile, afin que le Pape n'eût pas lieu de s'excuser, & qu'il pust venir à Constance, & y demeurer en toute seûreté. Mais ce déplorable Pontife n'en eût pas besoin. Car le Duc Frideric, auquel il se fioit comme à celuy qui avoit esté bien payé pour le proteger, ne l'avoit fait venir à Fribourg, que pour s'asseûrer secretement de sa personne, afin de se pouvoir accommoder à ses dépens avec l'Empereur, qui avoit une armée de quarante mille hommes divisée en six corps, pour l'attaquer tout à la fois de tous costez; & au lieu de faire au moins avertir le Pape de se sauver, comme l'honneur l'y obligeoit, il aima mieux faire sa paix avec un peu plus d'avantage, en le trahissant lâchement, en violant tous les droits de l'hospitalité, & promettant à l'Empereur de le luy remettre entre les mains, & même de demeurer en ôtage à Constance jusqu'à ce qu'il eût accompli une si honteuse promesse. Ainsi le pauvre Pape, qui tout peu reglé qu'il étoit, ne laissoit pas d'estre un objet digne d'une grande compassion, pour la trahison qu'on luy fit, étant abandonné de Frideric, qui de son protecteur se fit son traître, comme parle Saint Antonin, se vit prisonnier dans le Château de Fribourg, c'est à dire, au lieu même où il avoit crû trouver son asile, comme dans une Place que le Duc d'Autriche avoit si bien munie, qu'on ne croyoit pas que Sigismond, avec ses

quarante

*Niem. in vit.*
*Ioan.*

*Acta Concil.*
*Conft.*
*Acta MS. Vatic. ap. Rayn.*
*Acta MS. Victor.*
*Acta Iacobi Cerett.*
*Niem. in Vit. Ioan.*

*De protectore profactus traditor.*
*Part. 3. t. 22. a. 6. §. 3.*

quarante mille hommes oſaſt entreprendre de 1415.
l'attaquer.

C'eſt cette même Place, dont la conqueſte
couronna ſi glorieuſement la derniere campagne du Roy, lors qu'après avoir pris Valen-
ciennes, Cambray, Saint Omer, trois Villes dont
la priſe pouvoit eſtre le fruit de trois heureuſes
campagnes, défait l'armée des Hollandois, obligé celle des Confederez à lever honteuſement
le ſiege de Charle-Roy, haraſſé, batu, affamé,
conſumé par des marches inutiles, & chaſſé de
nos Frontieres les Imperiaux, qui n'y ont paru
que pour nous montrer leur foibleſſe; après
avoir enfin vaincu de tous coſtez, par luy-même, & par ſes Lieutenans, dont toute la gloire
eſt d'avoir bien exécuté ſes ordres, il fit paſſer le Rhin à ſon armée, en donnant le change
à celle de l'ennemi, attaquer, & prendre en cinq
jours cette Capitale d'une Province héreditaire
de l'Empereur, d'où, après que nos troupes victorieuſes auront fait en hyver, ſelon leur coûtume, de nouvelles Conquêtes en Flandre, elles
pourront porter les armes du Roy juſques dans
le cœur de l'Allemagne, ſi les ennemis ne pré-
viennent ce coup fatal, en recevant les conditions raiſonnables qu'on leur offre d'une paix
qui leur eſt ſi neceſſaire.

Ce fut donc en cette Ville, où le Pape, qui
s'y croyoit parfaitement en ſeûreté, ſur la parole, & ſous la protection du Duc Frideric d'Au-

Q Q q

1415. triehe, trouva fa prifon par les ordres mêmes de
ce prétendu protecteur, qui l'y fit arrefter contre toutes les loix de l'honneur, qu'il ne fit point
de fcrupule de violer, afin de pouvoir faire fes
conditions meilleures, en le vendant, & le livrant
à l'Empereur. Tant il eft dangereux de s'affeûrer fur la foy de ces Princes, qui n'en ont qu'autant qu'il plaift à leur intereft, qu'ils tiennent
pour la maxime dominante de leur politique, &
qui regle & gouverne imperieufement toutes
leurs actions, & tous les mouvemens de leur conduite.

Le Pape néanmoins, quoy-que furpris de cette
perfidie de laquelle il ne fe doutoit point du tout,
ne laiffa pas de porter d'abord fa mauvaife fortune avec affez de conftance & de fermeté. Il
receût d'un vifage, où il ne paroiffoit nulle émotion, les Archevêques de Bezançon & de Riga,
qu'on luy envoya pour luy déclarer que le Concile l'avoit cité à comparoître dans le douziéme
ou treiziéme de May. Il répondit qu'il étoit tout
preft d'aller à Conftance; & qu'il n'avoit point
de plus grand regret, que celuy d'avoir abandonné le Concile, en fuivant les pernicieux confeils qu'on luy avoit donnez. Mais il fut un peu
étonné, quand il vit le Prince Frideric Burgrave
de Nuremberg, envoyé par l'Empereur, avec trois
cens hommes d'armes, pour le garder d'une autre
maniere qu'on n'a coûtume de garder les Papes
& les Souverains; & il le fut encore plus, quand

Act. Victor.
Act. Cerret.
Niem. ibid.

au lieu de le conduire à Conſtance, on le mena 1415.
dans Cell, Place forte à deux lieuës de cette Ville; qu'on luy changea tous ſes domeſtiques, à
la réſerve de ſon Cuiſinier; & que l'Evêque de
Toulon, qu'on luy laiſſa avec deux hommes de
chacune des quatre Nations, autant pour eſtre
témoins de ſes actions, que pour le conſoler,
luy redemanda l'Anneau du Peſcheur, de la part
du Concile. Car alors il ſe crût perdu, & jettant
un profond ſoûpir, il témoigna une extrême
douleur, ſoit de ſa conduite paſſée, ſoit de ſon
malheur preſent, ou peut-eſtre de tous les deux.

Quoy qu'il en ſoit, on proceda contre luy dans *Act. Concil.*
les Seſſions ſuivantes, en gardant toutes les for- *Conſtant.*
mes qui furent obſervées à Piſe, quand on dépo-
ſa Grégoire & Benoiſt. On le ſuſpendit d'abord
de l'exercice du Pontificat, pour ſa retraite & ſa
fuite ſcandaleuſe & ſchiſmatique, & pour d'autres
crimes qu'on prétendoit eſtre de notorieté publique; & aprés qu'on eût receû les dépoſitions
des témoins ſur tous ces crimes dont on l'accu-
ſoit, cinq Cardinaux luy en furent porter la liſte *Act. Viłłor.*
à Cell, avec le nom & la qualité des témoins *Act. Bibl.Reg.*
qui avoient dépoſé contre luy. Cette liſte eſt
de cinquante-quatre articles, contenant les cri- *Acta Concil.*
mes dont on l'accuſe, & qui ſe rapportent preſ- *Conſt.*
que tous à cinq ou ſix, qui ſont la ſimonie de
toutes les eſpeces contre le Droit Eccleſiaſtique
& le droit Divin; la diſſipation & l'aliénation
des biens de l'Egliſe; ſon gouvernement tyran-

QQq ij

1415. nïque tandis qu'il étoit Legat de Boulogne; l'oppreffion du Peuple durant fon Pontificat, par
des tailles, par des gabelles & des exactions in-
fupportables, & par fes injuftices; fa fuite du
Concile, de la maniere que nous l'avons dit;
& enfin fa vie tout-à-fait fcandaleufe & diffo-
luë, & fon incorrigibilité, aprés mille avertiffe-
mens, en le fuivant au refte comme pas à pas
depuis fa jeuneffe jufques à fa retraite du Concile, fans luy rien épargner. Car il eft dit dans
le premier article, qu'étant encore jeune, il étoit
de méchant naturel, menteur, impudent, adonné à tous vices, & defobéïffant à fes parens. Dans
le cinquiéme, qu'étant Pape, il négligeoit les
Offices Divins, n'avoit nulle dévotion, ne gardant ni jeunes, ni abftinences, ne difant point
fon Breviaire, ne célebrant que rarement la Sainte Meffe; & que quand il la célebroit, il la difoit trop vifte, & plûtoft en chaffeur, & en cavalier, qu'en prêtre. Et dans le trente-troifiéme,
qu'il ne payoit pas les Profeffeurs des Univerfitez, fur tout de celle de Boulogne, qui en penfa
eftre ruïnée de fond en comble. Je fçay bien
qu'il y a des exemplaires où l'on ajoûte à tout
cecy l'homicide, l'empoifonnement, l'incefte,
& l'hérefie, en ce qu'il ne croyoit point l'im-
mortalité de l'ame, ni les peines & les récompenfes de l'autre vie: mais comme cela ne fe
trouve pas dans la lifte qui fut prefentée au
Concile, qu'il ne s'en parle point dans la Sen-

*Et fi aliquo-*
*ties celebravit,*
*hoc fuit cur-*
*renter, more*
*venatorum, &*
*armigerorum.*

tence qui fut prononcée contre luy, & qu'on 1415.
n'ajoûte à cette accusation aucun témoignage,
comme on fait dans toutes les autres; je croy ou
que ces articles sont supposez, ou qu'ils ont esté
rejettez, comme n'étant appuyez d'aucune preuve, & n'ayant point d'autre fondement que l'insolente liberté que le peuple se donne de mé-
dire horriblement de ses maîtres, quand il est
une fois déchaîné contre eux.

A la verité, je croy que ce Pape, puis qu'il a
esté condámné par un Concile général, menoit
une vie fort peu digne de son caractere; & qu'il
étoit comme ces Pharisiens, qui étant assis sur la
Chaire de Moïse, disoient tout ce qu'il falloit
faire, & faisoient tout ce qu'il ne falloit pas
même dire. Mais aprés tout, comme un Historien est obligé de respecter par tout la verité,
& qu'il ne la doit jamais supprimer, principalement quand elle est à l'avantage d'une personne malheureuse, je ne puis m'empescher de
dire que ce Pape Jean XXIII. tout criminel
qu'il pût estre d'ailleurs, avoit un grand fonds
de bonté dans l'ame, & qu'il fit en cette rencontre une action si Chrétienne, & si héroïque,
& si digne d'un Saint pénitent: que quand il auroit fait encore de plus grands crimes que ceux
qu'on luy a reprochez, & qu'il auroit même re-
nié trois fois Jesus-Christ comme fit S. Pierre,
elle en doit avoir effacé la mémoire, pour le couronner ensuite d'une gloire immortelle. Quand

QQq iij

1415 les Cardinaux luy prefenterent cette lifte, il leur répondit de bouche, & par écrit, avec une grande douceur, & une profonde humilité, qu'il vouloit fe foûmettre en tout aux ordonnances du Concile, & qu'il étoit tout preft, quand il plairoit à cette fainte Affemblée, de fe dépouïller du Pontificat, foit à Conftance, foit en tout autre lieu qu'on trouveroit bon ; qu'il prioit feulement le Concile, & le conjuroit par les entrailles de la mifericorde de Noftre Seigneur, d'avoir quelque égard, en ce jugement, à fon honneur, à fa perfonne, & à fon état, fans toutefois que cela pût préjudicier à la paix & à l'union de l'Eglife.

Il fit plus. Comme, aprés qu'on eût leû dans le Concile la lifte de ces crimes, & qu'on eût jugé qu'ils étoient fuffifamment prouvez, les Commiffaires la luy eûrent portée pour la feconde & la troifiéme fois, en le traitant toûjours avec beaucoup de refpect en vray Pape ; il leur fit, pour toute réponfe, fort paifiblement, la déduction de tout ce qu'il avoit fait pour procurer la paix de l'Eglife, & dans le Concile de Pife, dont il fut le principal Auteur, ayant réüni par fes négotiations les deux Colleges, & dans celuy de Conftance, où il s'étoit engagé à ceder, ce qu'il avoit toûjours protefté qu'il vouloit faire, pourveû qu'il fût en pleine liberté, afin que cét Acte fût plus authentique. Aprés quoy il leur confirma de nouveau tout ce qu'il

1415.
*Acta Concil.
Conft. p. 93.*

avoit dit aux Cardinaux, y ajoûtant que, sans vouloir voir ni charges, ni dépositions, il recevroit avec toute sorte de respect la Sentence qu'on luy disoit que le Concile alloit prononcer contre luy, & qu'il ne vouloit point d'autre défense, & d'autre protection dans ce jugement que celle du Concile même, à la bonté duquel il les prie de le recommander.

C'est à peu prés en ce même sens qu'il écrivit à l'Empereur Sigismond une lettre si touchante, qu'on ne la peut lire, quelque dureté qu'on ait dans l'ame, que l'on ne se sente attendri. Car il luy represente en termes tres-affectueux, & pleins de respect, avec combien de zele il s'est employé auprés des Electeurs, pour luy procurer la Couronne de l'Empire, & avec quelle affection il a fait tout ce qu'il a voulu en toutes choses, sur tout à l'égard du Concile, soit pour le tems, soit pour le lieu, qui luy devoit estre suspect, & où pourtant il s'est rendu même avant luy, sur la pleine & entiere confiance qu'il a prise en son amitié; soit enfin pour s'obliger à la cession, à laquelle il a toûjours esté depuis tres-disposé. Aprés quoy il dit, que ne doutant pas que tant de marques d'une veritable amitié ne luy attirent les effets d'une amitié réciproque de son costé, il a recours à luy comme à son unique refuge, & au seul appuy de son esperance, aprés Dieu, le conjurant, par les entrailles de la misericorde de Jesus-

1415. Chrift, d'imiter fa clemence, d'avoir compaffion d'un homme qui, en quelque état pitoyable qu'il foit réduit, eft néanmoins encore fon
Pere, & fon Paftéur, & d'employer le credit &
l'autorité qu'il a dans le Concile, pour faire en
forte que, fauf toûjours l'union de l'Eglife, on
ait quelque égard à fa perfonne, qu'on luy fau-
ve l'honneur, & que l'on ait foin de pourvoir à
fon état, en fe contentant qu'il renonce au Pontificat.

Nonobftant toutes ces prieres, & cette belle
difpofition du Pape, on ne laiffa pas de paffer
outre; & le vingt-neuviéme de May, dans la
derniere Seffion, on leût, en prefence de l'Empereur, des Princes, & des Ambaffadeurs, la Sentence définitive du Concile, par laquelle il le dé-
pofe du Pontificat, pour les crimes que j'ay
marquez, le met fous la garde de l'Empereur,
pour tenir prifon tout le tems qu'il femblera bon
au Concile, pour le bien & pour l'union de la
Sainte Eglife, fe réfervant cependant à luy impofer d'autres peines, qu'on déclarera en fon
tems. Il déclare enfuite que fans fon confentement l'on ne pourra proceder à l'élection d'un
nouveau Pape, & qu'il ne fera plus permis
d'élire ni Baltazar Coffa cy-devant Jean Pape
XXIII. ni Angelo Corario, ni Pierre de Lune,
nommez dans leurs obediences Grégoire XII.
& Benoift XIII. car c'eft ainfi que le Concile
diftingue Jean, qu'il nomme fimplement Pape,
d'avec

d'avec les deux autres, qu'il dit estre tenus pour tels dans leurs obediences, & qui étoient Papes douteux avant le Concile de Pise, & vrais Antipapes depuis la Sentence de ce Concile, que l'on continuoit alors à Constance.

Quand deux jours aprés on luy porta cette Sentence à Cell, & qu'on luy demanda s'il avoit quelque chose à y opposer, il fit paroître encore plus de force & plus de vertu qu'auparavant. Car aprés l'avoir leûë tout bas, sans témoigner aucune émotion, il pria qu'on le laissast seul pour la considerer un peu plus à loisir. Sur quoy les Députez s'étant retirez, il y fit ses réflexions durant deux heures ; puis les ayant fait rentrer dans sa chambre, il leur dit, avec une incroyable presence d'esprit, qu'aprés avoir bien examiné, & compris tous les articles de cette Sentence, qu'il leûr alors tout haut d'une voix ferme & tres-intelligible, il l'approuvoit, & la ratifioit de certaine science, autant qu'en l'état où il se trouvoit il avoit pouvoir de le faire. Puis mettant la main sur sa poitrine, il jura qu'il ne réclameroit jamais contre cette Sentence, ni ne feroit rien pour s'en relever, & pour rentrer dans le Pontificat ; qu'au contraire, pour plus d'asseûrance, il renonçoit purement, simplement, de son plein gré, & de tout son cœur, à tout le droit qu'il y avoit eû, & qu'il y pouvoit encore avoir ; en signe de quoy il avoit déja fait oster de sa chambre la Croix Pontificale ;

R R r

1415. que s'il avoit un habit à changer, il se dépouïlleroit presentement de celuy de Pape, qu'il portoit encore ; que de tout son cœur il voudroit ne
l'avoir jamais esté, n'ayant jamais eû un seul jour
de bien depuis son Exaltation ; & que bien loin
de prétendre à l'estre encore une fois, il asseû-
roit que quand on le voudroit élire de nouveau,
il ne consentiroit jamais à son élection : qu'au
reste il protestoit en leur presence, que si aprés
tout ce qu'il venoit de faire, on prétendoit encore le poursuivre, & proceder plus outre contre luy, pour le punir plus rigoureusement, alors
il se défendroit autrement qu'il n'avoit voulu
faire jusqu'à cette heure, & répondroit juridiquement devant le Concile même, qu'il voudoit
bien prendre pour Juge, le suppliant tres-humblement, aussi-bien que l'Empereur, de le prendre
en leur protection. Et là-dessus il demanda aux
Protonotaires Apostoliques, qui étoient presens,
qu'ils dressassent un Acte authentique de sa réponse, pour le bien de la paix & de l'union de
la Sainte Eglise.

C'étoit-là sans doute agir en homme de bien,
sage, & généreux : mais on ne laissa pas pour
cela d'exécuter la Sentence, & avec beaucoup
de rigueur. Car l'Empereur l'ayant consigné à
la garde de Louïs Comte Palatin du Rhin, on
le mena prisonnier premierement à Heidelberg,
& puis à Manheim, où il fut plus de trois ans
tres-étroitement gardé, sans aucune consolation.

Platin.
Nauder. gen.
48.
Onuphr.
Ciacon,

parce qu'on luy ofta tous fes domeftiques & fes
ferviteurs Italiens, ne luy laiſſant, pour le fervir,
& pour le garder, que des Allemans, avec lefquels, comme ils n'entendoient pas ni luy l'Allemand, ni eux l'Italien, il ne pouvoit traiter
que par fignes. Sur quoy je ne feindray pas de
dire qu'il y en a qui trouvent que l'Empereur
Sigifmond fe pouvoit bien difpenfer en cette
rencontre d'en ufer avec autant de dureté qu'il
fit. Car enfin, difent-ils, il faifoit profeffion
d'eftre grand ami de ce Pape, auquel il étoit obligé, même de l'Empire. C'eft pourquoy, pourveû qu'il affeûraft la paix de l'Eglife, par la voye
de la ceffion, qui eft la fin qu'il s'étoit propofée,
il femble affeûrément que l'amitié & la reconnoiffance l'obligeoient à faire tout ce qu'il pouvoit en faveur de fon ami & de fon bienfaiteur,
& de luy rendre office auprés des Peres du Concile, pour obtenir d'eux qu'on fe contentaft de
la renonciation que Jean s'offroit à faire en telle
forme qu'on voudroit, & qu'il fit en effet, fans
luy faire fon procés, & le dépofer avec infamie.
Et certes, ajoûtent-ils, cela n'étoit nullement
neceffaire pour éteindre le Schifme, la feule ceffion fuffifant, & même étant beaucoup plus forte & plus efficace pour cette fin. Ainfi l'Empereur, en faifant tout ce qu'il avoit prétendu pour
la paix de l'Eglife, fatisfaifoit en honnefte homme aux devoirs de l'amitié, rendoit la pareille à
fon bienfaiteur, fauvoit l'honneur du Pape &

1415. du Saint Siege, & épargnoit à tous les Papes un
fâcheux exemple, par lequel on voit qu'un
Concile général a fait le procés à un Pape qu'il
tenoit pour tres-legitime, & l'a dépofé pour
d'autres crimes que celuy de l'hérefie; ce qui ne
plaift pas à bien des Docteurs, qui foûtiennent
que ce n'eft qu'en cas d'hérefie que le Concile
a ce pouvoir, & que hors de là le premier Siege ne peut eftre jugé de perfonne.

Voilà le fentiment de ceux qui ont trouvé
quelque chofe à redire en cette conduite de Sigifmond, & dans la condamnation du Pape.
Auffi, quand le Concile, qui en voulut donner
avis à tous les Rois, eût envoyé pour cét effet
en France les Evêques d'Evreux & de Carcaffon-
ne, & les Docteurs Benoift Gentien Religieux
de Saint Denis, & Jacques Defparts, Députez de
l'Univerfité, ils furent mal receûs; & dans l'audiance qu'ils eûrent du Roy en plein Confeil,
en prefence de tous les Princes, où ils rendirent compte du Jugement que le Concile avoit
rendu, le Roy, qui n'avoit prétendu que la ceffion, leur fit répondre, qu'il trouvoit fort étrange qu'on eût entrepris de dépofer de cette forte un Pape reconnu pour legitime. En quoy je
trouve que les Papes font bien obligez à la
France, d'avoir en cette occafion défendu leur
caufe, en témoignant qu'elle ne trouvoit pas
bon que le Concile eût dépofé un Pape, qui, felon le Concile même, n'étoit ni douteux, ni

Mm. Dionyf. l. 35. c. 18.

convaincu, ni même accusé d'héresie. Et comme dans le chagrin qu'on avoit de cette action,
l'Université se fut avisée de faire, à contre-tems,
une grande Députation, pour demander, comme elle faisoit assez souvent, qu'on soulageast le
Peuple des tailles, des imposts, & des subsides,
dont elle disoit qu'il étoit accablé; le Dauphin
Louïs Duc de Guienne fit emprisonner le Docteur Jean de Chastillon, qui portoit la parole, pour avoir répondu un peu brusquement
quand on luy demanda qui l'avoit porté à faire
une pareille remontrance? Et quand il le fit
élargir quelque tems après, il dit aux Députez
qui luy étoient souvent venu demander cette
grace, que ce n'étoit que par pitié, & purement
pour l'amour de Dieu qu'on la leur faisoit, &
nullement à leur consideration. Puis les regar-
dant d'un œil fier, & d'un air méprisant, *Il y a* *Mem. Dionys.*
*long-tems,* ajoûta-t-il, *que vous vous en faites un peu* *ibid.*
*V. la Traduct.*
*trop accroire, en vous donnant la liberté d'entrepren-* *de M. le La-*
*dre des choses qui sont au dessus de vôtre condition; ce* *boureur l. 35.*
*qui a causé bien du desordre dans l'Etat. Mais qui* *c. 18.*
*vous a fait si hardi, que d'avoir osé attaquer le Pa-*
*pe, & luy enlever la Tiare, en le dépouillant de sa*
*Dignité; comme vous avez fait à Constance? Il ne*
*vous reste plus, après cela, que d'entreprendre encore*
*de disposer de la Couronne du Roy Monseigneur, &*
*de l'Etat des Princes de son Sang; mais nous sçau-*
*rons bien vous en empescher.*

A la verité, la réprimande est un peu forte;

1415. mais elle fait voir qu'on ne prétendoit pas en France qu'on en dût venir jusqu'à déposer le Pape, & qu'on croyoit que ce fût assez qu'il cedast. Ce qu'il y a d'un peu fâcheux, est que ces pauvres Docteurs s'en retournerent extrê-mement mortifiez, sans qu'ils osassent repliquer un seul mot. Et c'est depuis ce tems-là que ce grand credit que l'Université de Paris avoit, par-ticulierement sous ce Regne de Charles VI. alla toûjours diminuant, jusques à ce qu'elle s'est enfin trouvé réduite à se tenir paisiblement dans ses anciennes bornes, sans se plus mesler d'au-tres affaires que de celles qui regardent préci-sément la doctrine, & qui concernent l'état & les droits des quatre belles Facultez dont elle est composée. Mais si, selon la destinée de tou-tes les choses du monde, il a fallu qu'elle fût soûmise aux révolutions de la fortune; elle a d'ailleurs grand sujet de se consoler du change-ment qui est arrivé dans la sienne, en ce qu'é-tant heureusement tirée de l'embarras des affai-res d'Etat, qui ne sont ni de sa profession, ni de son génie, elle est en pleine liberté d'em-ployer maintenant toutes ses forces, & de met-tre toute son application, comme elle fait avec tant de succés, à cultiver les Sciences; à confon-dre les Héresies & les dangereuses nouveautez dans la Doctrine; à maintenir par ses Decrets les Droits inviolables de nos Rois, & les Libertez de l'Eglise Gallicane; & à former ces grands

hommes que nous voyons dans toutes les Facultez, & fur tout en celle de Theologie, & dans
l'illuftre Sorbonne, qui n'a jamais efté fi floriffante qu'elle l'eft aujourd'huy.

Cependant, pour juftifier la conduite du Confeil du Roy, & cette forte réprimande que le
Dauphin fit aux Députez du Concile, je croy
qu'il eft à propos que je faffe connoître icy à
mon Lecteur quel fut le fentiment de l'Eglife
Gallicane, environ neuf cens ans auparavant,
dans une femblable occafion, au fujet du Pape
Symmachus, qui fut accufé de crimes horribles
auffi-bien que Jean XXIII. Et je le fais d'autant plus volontiers, que c'eft un des plus beaux
endroits de l'Hiftoire Ecclefiaftique, & que les
Peres de Conftance, dans une de leurs Lettres
circulaires, s'étant fervi de cét exemple à leur
avantage, il eft bon qu'on voye dans la verité
ce qu'on en peut conclure.

Le Pape Anaftafe I. étant mort, il fe fit un
grand Schifme dans l'Eglife, par l'extrême mé-
chanceté de Feftus, l'un des principaux Senateurs
de Rome, & qui avoit efté Conful. Le défunt
Pape l'avoit envoyé avec deux Evêques à Conftantinople, pour tâcher de réduire à l'obéïffance de l'Eglife l'Empereur Anaftafe Heretique Eutichéen: mais bien loin de contribuer
de fa part à la converfion de ce Prince, il fe laiffa
luy-même pervertir, & tellement corrompre,
qu'il luy promit de faire en forte que le Pape

1415.

Act. Victor.
apud Spond.
ad hunc ann.
n. 12.
Cerret. Diar.
apud Baron.

498.
Theodor. Lect.
l. 2. Collect. &
Niceph. l. 6.
c. 36.

.1415.
Henoticon.

signaſt la Formule d'union que l'Empereur Ze-
non avoit fait dreſſer, dans le deſſein impie &
bizarre qu'il conceût de réünir les Héretiques
& les Catholiques, comme ſi l'on pouvoir accorder Jeſus-Chriſt avec Belial, & l'erreur avec
la verité. Sur cette réſolution, Feſtus retourne
à Rome, & y arrive comme le Pape Anaſtaſe
rendoit l'eſprit, & qu'on ſongeoit à luy donner
promptement un Succeſſeur. C'eſt pourquoy,
pour avoir un Pape qui fût tout à ſa dévotion,
& qui dégageaſt la parole qu'il avoit donnée à
l'Empereur, il cabala tellement dans Rome, en
corrompant une partie du Clergé par argent,
que le même jour qu'on fit à Saint Jean de Latran l'élection de Symmachus Diacre de l'Egliſe Romaine, il fit élire par ceux de ſon parti,
dans l'Egliſe de Sainte Marie Major, Laurent Ar-
chipreſtre de Sainte Praxede. Sur cela le Senat,
le Peuple, & le Clergé s'étant partagez, il ſe fit
de furieux deſordres dans Rome, juſques-là
qu'on en vint aux mains, & qu'il y eût bien
du ſang répandu. Enfin, comme le mal croiſſoit,
ſans eſperance de pouvoir terminer dans Rome
ce grand differend par les voyes Canoniques,
les deux partis convinrent qu'on s'en rapporte-
roit au jugement du Roy Theodoric, qui étoit
alors à Ravenne, où les deux Eleûs, par une déplorable ſuite de leur diviſion, furent obligez
d'aller plaider leur cauſe devant le Tribunal d'un
Roy Arien.

Anaſtaſ. in
Symm.
Factâ conten-
tione, hoc
conſtruxerunt
partes, ut am-
bo Ravennam
pergerent, ad
judicium Re-
gis Theodo-
rici, &c.

Cc

Ce Prince, qui tout Arien & tout Got qu'il
étoit, avoit l'ame tres-grande, & l'esprit extrêmement droit, porta un jugement fort équita-
ble en cette occasion. Car aprés avoir bien examiné l'affaire, il déclara que puis que Symmachus avoit esté éleû le premier, & par la plus
grande partie du Clergé, comme on en convenoit, il devoit estre tenu pour vray Pape, & l'autre pour Intrus. A quoy l'on se soûmit d'abord,
& sans replique, personne n'osant s'opposer au
Jugement d'un Prince qui étoit absolu dans son
Royaume d'Italie. De-sorte que Symmachus
demeura seul Pape, & tint un Concile à Rome,
où il fut reconnu de tous en cette qualité, &
même de l'Archipreftre Laurent, qu'il créa Evê-
qué de Nocera, pour le consoler en quelque façon de sa perte.

Il sembloit que le Schisme fût éteint & par
la Déclaration de Theodoric, à laquelle on se
soûmit, & par le Jugement de tout un Concile, où Symmachus, qui y présida, fut reconnû
dés deux partis sans contredit pour legitime
Souverain Pontife. Mais les deux Senateurs Feftus & Probinus, qui s'étoient faits Chefs des
Schismatiques, le firent renaître par une autre
voye, qui fut d'une malice effroyable. Car
voyant qu'aprés l'Arrest du Roy Theodoric ils
ne pouvoient plus contefter à Symmachus la
validité de son élection, ils entreprirent de le
faire déposer, en l'accusant de plusieurs grands

415.

499.
*Concil. R. 1.*
*sub Symm.*
*t. 4. Concil.*
*Edit. Parif.*
*Anaſtaf. in*
*Symmac.*

*Ibid.*

*Respondit*
*præfatus Rex*
*plura ad se de*

SS f

1415.

Papæ Sym-
machi actibus
horrenda fuif-
fe perlata.
Act. Synod.
Rom. 1. fub
Symm. t. 4.
Concil. Edit.
Parif.

Baron.ad ann.
502. n. 52.

Omnique ftu-
dio procuraffe,
ne quavis oc-
cafione, labes
aliqua Summi
totius Eccle-
fiæ Sacerdotis,
publicis Actis
pofteris tradi-
ta poffet ali-
quando repe-
riri, idque ex
majorum præ-
fcripto celare
ftudentiŭ cri-
mina Sacerdo-
tum,ut Orige-
nes, &c.
Ibid.

Vid. Baron. ib.
& Sirmond. in
not. 8. ad En-
nod.

Anaftaf. Bibl.
in Symmac.

crimes, dont ils envoyerent à Theodoric les Informations fignées de quantité de faux témoins,
qu'ils avoient fubornez. Au refte, il faut que je
remarque une chofe qui eft à la verité fort confiderable; à fçavoir, que dans les Actes des Conciles qu'on a tenus à Rome en cette caufe du
Pape Symmachus, il n'y a pas un mot en particulier de ces crimes dont il fut accufé. Sur
quoy le Cardinal Baronius fait une réflexion
tres-judicieufe, quand il dit, *Que ces fages Evêques
voulurent que ces notes d'infamie fuffent enfevelies
dans un éternel oubli, & s'efforcerent de tout leur pouvoir, de faire en forte que la pofterité ne pût rien trouver dans les Actes de ces Conciles, qui, fous quelque
prétexte que ce pût eftre, deshonoraft la memoire des
Souverain Pontife de toute l'Eglife; ce qu'ils firent
fuivant les Ordonnances & la conduite de nos anciens
Peres, qui apportoient grand foin à couvrir autant
qu'ils pouvoient les défauts,& les crimes des Preftres,
comme le rapporte Origene, en parlant de l'Hiftoire de
Sufanne.*

On juge néanmoins, fur d'affez raifonnables
conjectures, & de ce qu'a écrit Ennodius pour
la défenfe de ce Pape, qu'entre autres calomnies
dont ils s'efforcerent de le noircir, ils l'accufe-
rent principalement d'adultere: & pour le faire
fuccomber dans cette accufation, ils s'aviferent
de demander au Roy qu'il luy plût envoyer à
Rome un Vifiteur, c'eft à dire, un Commiffaire,
pour faire le procés au Pape, & prononcer ju-

ridiquement contre luy, s'il le trouvoit coupable des crimes dont on l'accusoit; disant au reste, pour appuyer une demande aussi surprenante que celle-cy, que puis que Symmachus avoit envoyé des Commissaires à des Evêques pour juger de leurs causes criminelles, il étoit juste qu'on fit la même chose à son égard, & qu'il fût soûmis à la loy qu'il avoit fait subir aux autres. Ce qu'ils alleguoient étoit vray; & cela prouve invinciblement, ce me semble, que les Papes en ce tems-là nommoient des Commissaires pour juger des causes criminelles des Evêques: ce qu'ils ont toûjours fait, comme on l'a montré clairement dans les cinq Lettres de François Romain, par des exemples & des faits tres-autorisez, & pris de tous les siecles. Mais ces Schismatiques tiroient de ce veritable principe, une consequence tres-fausse, comme Ennodius le leur reproche, en leur disant, *Que le Prince qui donne des Juges à ses Sujets, n'en peut pas avoir pour cela, qui ayent autorité de le juger, s'il ne la leur donne luy-même, en se dépouillant de la sienne, & en renonçant à ses Droits. Dieu veut,* ajoûte-t-il, *que les causes des autres hommes soient jugées par les hommes, mais pour celles du Pape, il se les est réservées à luy seul. Il a voulu que les Successeurs de Saint Pierre ne fussent obligez qu'au Ciel de la déclaration juridique de leur innocence; & c'est au seul jugement de celuy qui examine tout, & qui pénetre par ses recherches tres-exactes jusques dans les choses*

1415.

Visitatores, inquiunt, & aliis Episcopis dedit ipse; & justum est, ut facti sui lege teneatur. *Ennod. in Apolog.*

Non vos in hoc titulo falsitatis incesso; Dico tamen latorem juris definitionis suæ, nisi velit, terminis non includi. Et nisi Princeps fastigii summa moderetur, frustra ad illud quod diderit jus vocatur. Aliorum forte hominū causas Deus voluit per homines terminare, sed Sedis istius Præsules suo, sine quæstione reservavit arbitrio. Voluit beati Petri Successores, cælo tantùm debere innocentiam, &

1415.
fubtiliffimi
difcufforis in-
dagini, invio-
latam exhibe-
re confcien-
tiam.
*Sirmond. not.
in Ennod.*

les plus cachées, qu'ils doivent expofer leur vie &
leur confcience. Voilà ce que leur dit Ennodius,
l'Ecrit duquel fut tellement approuvé d'un Concile tenu fous Symmachus, qu'on ordonna qu'il
feroit inferé parmi fes Actes; & qu'il auroit la
même autorité que fes Decrets: de-forte que le
fentiment de ce grand homme eft celuy de tout
un Concile.

Cependant, le Roy Theodoric, qui n'étoit
pas encore bien inftruit de cette verité, & qui
étoit bien-aife d'avoir une fi belle occafion d'é-
tendre fon autorité, accorda fans difficulté ce
qu'on luy demandoit, & nomma Commiffaire

*Anaftaf. in
Symm.
Ennod. in
Apol.*

en cette caufe l'Evêque d'Altino, auquel il enjoignit néanmoins de traiter le Pape avec beaucoup de refpect, & de luy aller rendre d'abord
fes devoirs dans le Vatican, avant que d'exercer fa charge. Mais celuy-cy s'étant laiffé gagner aux Schifmatiques, fit tout le contraire, &
commença d'une maniere tres-injufte, & tres-

*Act. Synod.
Palmar.
Faufto Avien.
Cof. Ennod. in
Apologet.*

violente, par l'exécution, en dépoffedant Symmachus, & le dépouillant de tous fes biens: de-
forte que comme fi le Saint Siege eût été va-
quant, les Schifmatiques, qui avoient fait reve-

*Anaftaf. in
Symm.
Et divifus eft
iterum Clerus:
nam alii com-
municaverunt
Symmacho,
alii Laurren-
tio. Anaft.*

nir fecretement l'Archipreftre Laurent de fon
Evêché de Nocera, & qu'ils tenoient tout preft
à cét effet, l'éleûrent de nouveau. Ainfi le Schifme recommença plus furieux qu'auparavant, les
uns tenant pour Symmachus, & les autres pour
Laurent. Ceux-cy avoient pour Chefs Feftus &

Probinus, suivis de la plus grande partie du Senat qu'ils avoient corrompu; & ceux-là étoient
soûtenus du Consulaire Faustus Avienus, homme également illustre pour sa vertu, & pour son
ancienne noblesse, qu'il tiroit du sang des Sci-
pions, dont il faisoit revivre le courage & la
sagesse, qu'il accompagnoit d'un zele tres-ardent
pour la veritable Religion. Ce fut sous la protection de ce grand homme, que les Catholiques s'étant adressez à Theodoric pour remedier
à de si grands desordres, obtinrent de luy, sans
peine, qu'il révoquast la Commission laquelle
il avoit donnée contre les Canons, & qu'il permît qu'on assemblast, selon la coûtume, un
Concile, pour regler les affaires de l'Eglise dans
un si grand trouble.

En effet, ce Prince qui aimoit l'ordre & la
justice, ayant ouï leurs remontrances, se rendit
à la raison, & avoûa de bonne foy, que ce n'é-
toit point à luy, mais aux Evêques, de juger des
affaires Ecclesiastiques. Il fit plus : car prenant
cette occasion de satisfaire les Romains qui desiroient passionnément sa presence, il fut à Rome peu de tems aprés, où il fit de grandes lar-
gesses au Senat & au Peuple, & voulut que pour
rétablir la paix que le Schisme y avoit troublée,
on y célebrast le Concile. Et comme on luy eût
remontré que ce Concile, pour avoir de l'autorité, devoit estre convoqué par le Pape, il traita
luy-même avec Symmachus, en faveur duquel il

S S s iij

1415.

Ennod. Epist.
ad Faust. Cos.

Act. Concilii
Palm.
Fausto Cos.
Ennod. Apol.
Praecept.
Theodor. Reg.
t. 4. Concil.
Ed. Paris.
Sed quia non
nostru judica-
vimus de Ec-
clesiasticis ali-
quid censere
negotiis.
Praecept.
Theodor. t. 4.
Concil. Edit.
Paris. p. 138.
Cassiod. in
Chron.

500.
Memorati Pô-
tifices sugges-

1415.

ferunt ipfum qui dicebatur impetitus, debuiffe Synodum convocare, fcientes quia ejus Sedi primum Petri Apoftoli meritum, deinde fecutâ juffione Domini, &c. Potentiffimus Princeps ipfum quoque Papam in colligendâ Synodo voluntatem fuam literis demonftraffe fignificavit. A manfuetudine ejus, paginæ poftulatæ funt, quas ab eo dictatas conftabat, &c. *Act. Synod. Palm. Fauft. Av. Cof. t. 4. Concil. Edit. Parif. Anaftaf. in Symmach. Vid. Not. Sirm. in Ennod. & in Ep. 2. Aviti.* 50 L. *Act. Synod. Palm. Fauft. Cof. Præcept. Reg. Relat. Epifcop. ad Reg. t. 4 Conc. Edit. Parif. Ennod. in Apolog. Acta Synod. Fauft. Av. Cof.*

avoit prononcé dans le premier Schifme, & il le pria de convoquer à Rome, par fes Lettres, les Evêques de l'Italie. Aprés quoy, étant retourné à Ravenne, il leur écrivit auffi pour la même fin, & leur ordonna de fe rendre à Rome, pour affifter à ce Concile, que le Pape avoit intimé. Il me femble qu'aprés un témoignage fi clair, & fi authentique de l'Antiquité, il feroit affez difficile de foûtenir encore, comme font les Proteftans, que la convocation des Conciles n'appartient pas aux Papes.

Les Evêques donc appellez par le Pape, s'étant rendus à Rome, où ils fe trouverent enfin jufques au nombre de cent & quinze, y tinrent trois ou quatre Affemblées, que les uns diftinguent en autant de Synodes differens, & les autres croyent eftre feulement plufieurs Séances d'un même Concile ; ce qui importe peu. La première fe tint en la Bafilique Julienne, où Symmachus, qui étoit fort affeûré de fon innocence, voulut bien comparoître, felon le defir du Roy Theodoric, en fe foûmettant volontairement au Jugement du Concile, qui s'étoit affemblé pour examiner cette caufe. Il demanda d'abord que, felon que l'ordonnent les Canons, il fût rétabli dans la poffeffion de tout ce qu'on luy avoit ofté par l'injufte Jugement du Vifiteur, & par la violence de fes ennemis. Et quoy qu'on ne l'eût pas fatisfait fur un point fi raifonnable, il ne laiffa pas de vouloir bien encore se presenter dans une seconde Assemblée 415. qui se fit dans la Basilique Sessorienne, qui est l'Eglise de Sainte Croix de Jerusalem hors des murs de Rome. Mais comme il y alloit accom- *Ibid.* pagné de son Clergé, & suivi d'une grande *Ennod. in Apologet.* multitude de Peuple, qui témoignoit par ses soûpirs & par ses larmes la douleur qu'il avoit de voir le Souverain Pontife en un si pitoya- ble état, les Schismatiques, qui voyoient fort bien que leur calomnie seroit découverte, se jet- tent, les armes à la main, sur cette troupe desar- mée; frapent, blessent, renversent indifferem- ment tout ce qu'ils rencontrent, tuënt les Prê- tres qui défendoient le Pape, & le poursuivent à grands coups de pierre, avec tant de fureur, qu'il eût bien de la peine, à l'aide de quelques Officiers du Roy, de se sauver au Vatican.

» Aprés cela, ces furieux qui s'étoient rendus les plus forts, firent durant quelques jours d'hor- *Anastas. in* ribles desordres dans Rome, où il n'y a sorte de *Symmach.* maux qu'ils ne fissent souffrir aux Catholiques, *Act. Synod.* jusqu'à ce que les Gens du Roy, & le généreux *Palm. Fauss.* *Cos.* Faustus Avienus, qui étoit cette année Consul, avec son Collegue Rufus Magnus, eûrent ap- paisé ce tumulte, & rétabli quelque ordre dans la Ville. Alors, le Roy Theodoric, qui étoit à Ravenne, craignant les suites d'une si dange- reuse sedition, écrivit aux Evêques assemblez à *Qualiter vul- tis ordinatè,* Rome, leur ordonnant de terminer au plûtost *sive discussà,* cette affaire par leur Jugement, soit qu'ils vou- *sive indiscussà causà proferre*

1415.

fententiam,
dúmodo hoc
deliberatio ve-
ftra provideat,
ut pax, &c.
*Præcept. Reg.*
*t. 4. Concil.*
*Edit. Parif.*
*p. 1331.*
*Aɫt. Synod.*
*Palmar.*
*Vid. Not. Bin.*
*in hunc loc. &*
*Baron. ad an.*
*502. n. 2.*
*Aɫt. Synod.*
*Palm. Relat.*
*Epifcopor. ad*
*Reg. t.4. Conc.*
*Edit. Parif.*
*V. Not. Sirm.*
*ad Ennod.*
*Apolog.not. 22.*
Nobis quid fa-
cere poffimus
non remanfit,
nec invitum
ad difcepta-
tionem noftrã
adducere pof-
fumus......
Nova res eɫt
Pontificem Se-
dis iftius apud
nos audiri,
nullum con-
ftat exemplũ.
*Relat. Epifc.*
*ad Regem,*
*t. 4. Concil.*
*Edit. Parif.*
*p. 1330. 1331.*
Juftitiæ reni-
tentem non
poffe cõpelli.
*Aɫt. Synod.*
*Fauɫo Caɫ.*
**Præcept. Reg.*
*t. 4. Conc. Ed.*
*Parif. p. 1331.*

luffent examiner ou non les chefs de l'accufation intentée contre Symmachus. Sur cela les
Evêques s'affemblerent pour la troifiéme fois
dans cette partie de la Bafilique de Saint Pierre,
qu'on appelloit *Palmaria;* d'où ce Synode, qui
fut encore affemblé au même endroit l'année
fuivante, fous le Confulat du jeune Avienus, a
toûjours efté depuis appellé *Palmaris.* Là ils citerent jufques à quatre fois le Pape Symmachus, pour comparoître devant le Concile comme il avoit fait auparavant. Mais il répondit
toûjours conftamment, qu'aprés ce qui s'étoit
paffé, il ne vouloit plus ceder fon droit, ni répondre de fa conduite devant ceux qui n'avoient
nulle autorité de le juger, fi luy-même n'y con-
fentoit. Tous les Peres de ce Concile demeurerent d'accord, fans contredit, que Symmachus
avoit raifon, comme ils le firent entendre à
Theodoric, en luy écrivant qu'ils n'avoient aucun droit de juger le Souverain Pontife de l'E-
glife, fi luy-même ne vouloit bien de fon plein
gré fubir ce Jugement; & que c'eft une chofe
fans exemple, que l'Evêque du premier Siége
foit contraint de répondre devant les autres.

\* Quoy que le Roy Theodoric eût fait connoître qu'en fon particulier il eût fouhaité
qu'on examinaft juridiquement la caufe du Pape,
afin de retenir les autres dans le devoir, par la
crainte d'eftre jugez, il foûmit néanmoins fon
fentiment à celuy du Concile, & fit cette belle
Réponfe

Réponse qui doit servir d'oracle à tous les Prin- 1415.
ces, pour apprendre d'un des plus grands Rois,
& des plus habiles Politiques qui fut jamais,
quelle part ils doivent avoir dans les choses qui
font purement Ecclesiastiques. *C'est au Concile,*
*dit-il, d'ordonner, dans une cause de cette nature &*
*de cette importance, quel parti nous devons prendre;* Ad hæc Sere-
*& je reconnois que dans les affaires de l'Eglise, je ne* niffimus Rex
*puis point prétendre d'autre part que celle du respect &* fpitante, ref-
*de la veneration que je dois à tout ce qu'elle nous pref-* pondit, in Sy-
*crit.* C'est pourquoy, les Peres se voyant en plei- quenda præf-
ne liberté d'agir selon le mouvement du Saint cribere, nec
Esprit, terminerent enfin cette grande affaire præter reve-
par leur Decret, qu'ils firent en cette forme. rentiam de Ec-
*Nous ordonnons que le Pape Symmachus Evêque du* gotiis perti-
*Saint Siege Apostolique, soit libre, & déchargé devant* nere.
*les hommes; étant certain par toutes les raisons que* *Acta Synod.*
*vous avons examinées, que la connoissance de cette* *Fauft. Avien.*
*cause doit estre réservée à Dieu seul; & ensuite nous* *Cof.*
*déclarons qu'il doit exercer librement toutes ses fonctions* *Acta Synod.*
*de Pape, sans qu'on luy puisse jamais rien reprocher de* *Cof.*
*tout ce dont il a esté accusé.*

En même tems l'on condamna le prétendu *Anaftaf. in*
Visiteur, & l'Antipape Laurent, que Theodoric *Symmach.*
envoya quelque tems aprés en exil; & comme *Lect.*
le Concile eût exhorté le Senat & le Clergé à
se soûmettre à son Decret, sans plus vouloir
que l'on recherchâst juridiquement ce que Dieu
seul a droit d'examiner, le Pape Symmachus fut
rétabli dans tous ses Droits, du commun con-

1415. fentement de tous les Ordres, à la réferve de peu de Schifmatiques, qui écrivirent contre ce Decret. Mais le fçavant Diacre Ennodius, celuy-là même qui fut aprés Evêque de Pavie, écrivit fon Apologetique pour la défenfe du Pape & de ce Decret, avec tant de force, que le cinquiéme Concile tenu fous Symmachus ordonna qu'il feroit inferé entre le quatriéme Synode appellé *Palmaris*, & ce cinquiéme Concile, & qu'il auroit autant de force & d'autorité que les autres Actes des mêmes Conciles; ce qui fit un fi grand effet, que tous ceux qui s'étoient encore obftinez dans le Schifme, retournerent à l'obéïffance de l'Eglife, qui leur fit grace.

Cependant, comme on fceût en France la perfecution qu'on avoit faite au Pape Symmachus, & que le Concile de Rome avoit entrepris de le juger, nos Evêques en furent fort fcandalifez, quoy-que ce Pape fe fût d'abord foûmis volontairement à ce Jugement. Jamais l'Eglife Gallicane n'avoit efté plus floriffante qu'elle l'étoit en ce tems-là, qui fut celuy de la converfion des François à la Foy de Jefus-Chrift, aprés le Baptême du grand Clovis. La plufpart des Evêques étoient des hommes tres-célebres en doctrine & en fainteté; & néanmoins tous d'un commun confentement jugerent qu'on devoit faire entendre à Rome qu'ils trouvoient tres-mauvais ce procedé, comme étant une entreprife tout-à-fait infoûtenable, contre l'efprit &

*V. Not. Sirm.*
*in Ennod. not.*
*19.*
*Synod. 5. fub*
*Symmach.*
*t. 4. Concil.*
*Edit. Parif.*

*Ep. 2. Aviti*
*Vien. commu-*
*ni Epifc. Gal-*
*lia nomine*
*fcripta. apud*
*Sirmond.*

les loix de l'Eglise, & d'une tres-dangereuse 1415.
consequence. Ce fut Avitus Evêque de Vienne,
homme d'un mérite extraordinaire, d'une tres-
illustre naissance, & d'un rare sçavoir accompagné d'une éloquence tres-forte, qui fut choisi
pour écrire sur ce sujet au nom de tous les Evêques de France. Il le fit avec beaucoup de force & de sainte liberté, en adressant sa Lettre aux
Patrices Faustus & Symmachus, tous deux Con-
sulaires, & qui étoient les plus considerables du
Senat Romain, auquel il écrivit, parce qu'il crût
que les Evêques du Concile se seroient déja retirez dans leurs Dioceses; outre qu'il étoit luy-
même de cét illustre Corps, ayant l'honneur
d'estre Senateur Romain, fils du Patrice Isicius,
& petit-fils de l'Empereur Avitus.

*Quasi Senator ipse Romanus, quasi Christianus Episcopus obtestor.*

Il dit dans cette Lettre, *Que tous les Prélats ont
esté extrémement surpris d'apprendre que le Concile de
Rome avoit entrepris de juger le Pape; Que cette fâcheuse nouvelle leur avoit donné d'autant plus d'inquietude, qu'ils n'ignoroient pas qu'ils recevroient le
même coup qu'on alloit porter à leur Chef, par cette
accusation que l'on prétendoit examiner juridiquement,
& qu'ils se trouveroient enfin tous accablez sous les
ruïnes de son autorité. Qu'on put bien à la verité
corriger les autres Evêques, en les jugeant selon les
Canons, s'il arrive qu'ils s'écartent de leur devoir: mais
que si l'on prétend appeller le Pape en jugement, ce ne
sera plus seulement l'Evêque de Rome, mais tout l'E-
piscopat qui courra risque de tomber.* La raison qu'en

*Dum de causa Romanæ Ecclesiæ anxii nimis, ac trepidi essemus, utpotè nutare statum nostrû in lacessito vertice sentientes, quos omnes una criminatio percusserat, si statum Principis obruisset. In Sacerdotibus cæteris potest, si quid forté nutaverit reformari: at si Papa Urbis vocatur in dubium, Episcopatus*

T T t ij

apporte Ennodius est, parce que le fondement sur lequel, en la personne de Saint Pierre, Jesus-Christ a établi son Eglise, & consequemment l'Episcopat, seroit renversé par la ruïne de son autorité suprême qu'on luy osteroit, en le soûmettant à une autre puissance que la sienne; que la dignité du Souverain Pontife doit estre réverée de toute la terre, puis que tout ce qu'il y a de Fidelles dans le monde luy est soûmis, & qu'il en est le Chef, duquel il semble que le Prophete ait dit, *A qui pourrez-vous recourir, & que deviendra vôtre gloire, si cette souveraine dignité est abbaißée?* Cela est inseré tout au long dans le Decret *, où il est dit par plusieurs Canons que le premier Siége qui juge de tous les autres dans les causes Spirituelles & Ecclesiastiques, ne doit estre jugé de personne. *Au reste,* ajoûte Avitus dans sa Lettre, *comme nous estions dans cette inquietude, on nous a apporté le Decret du Concile de Rome, que nous avons trouvé raisonnable, quoy que nous ne comprenions pas par quelle loy, ni par quelle raison ces Evêques se sont voulu faire les Juges de leur Superieur & de leur Chef.* En effet, le Synode assemblé dans la Basilique de Saint Pierre avoit cité jusques à quatre fois le Pape, pour répondre sur les crimes dont on l'accusoit. *Mais enfin,* poursuit Avitus, *ce Concile s'appercevant que cela n'estoit point de son ressort, a tres-sagement réservé au jugement de Dieu cette cause, laquelle, sauf le respect qu'on luy doit, il avoit presque temerairement entrepris de juger.*

Voilà tout ce qui s'est passé dans l'affaire du
Pape Symmachus, que j'ay dévelopée avec grand
soin, & tirée assez heureusement, ce me semble,
de l'embarras où elle se trouve dans l'Histoire ;
& je l'ay fait pour deux raisons. La premiere,
afin que mon Lecteur juge ( car pour moy
je ne fais qu'exposer les faits) quel avantage
peut tirer de cet exemple celuy qui a composé la Lettre circulaire du Concile de Constance. La seconde & la principale, afin que l'on
soit bien persuadé, que ce fut avec beaucoup de
sagesse & de raison, que le Conseil du Roy
n'approuva pas qu'on eût entrepris de faire le
procés à Jean XXIII. reconnu pour vray Pape par le Concile de Constance qui le déposa. Car enfin, par l'Histoire même de Symmachus, dont on cite l'exemple dans la Lettre circulaire de ce Concile, il est tout évident que
le Concile de Rome, toute l'Eglise Gallicane,
Ennodius, & les Canons rapportez dans le Decret de Gratien, avoient déja décidé plus de neuf
cens ans auparavant, que c'est à Dieu seul qu'on
doit réserver la connoissance & le jugement
des crimes qu'on pourroit imputer aux Papes,
& consequemment qu'il n'y a personne qui ait
droit de les juger, ni de les déposer, si ce n'é-
toit qu'ils fussent Héretiques, car il est certain
qu'en ce cas ils ne seroient plus Papes.

Or quoy que l'on n'approuvast pas en France
la destitution du Pape Jean XXIII. par voye

TTt iij

1419.
nerabilis lau-
dabili con-
stitutione pro-
spiciens cau-
sam, quam
( quod salvâ
ejus reveren-
tiâ dictum sit )
penè temerè
susceperat in-
quirendam,
divino potiùs
servavit exa-
mini.
Ep. 2. Aviti
Vienn.

1415. de jugement: comme néanmoins aprés ce Jugement rendu contre luy, il avoit encore cedé par un Acte authentique, & de son plein gré, puis qu'alors personne ne l'y obligeoit, on ne pouvoit douter que ce ne fût un grand acheminement à la paix. Elle fut encore plus avancée par l'abdication volontaire de Grégoire, laquelle se fit enfin le quatriéme de Juin, en la Session quatorziéme, selon que le Cardinal de Raguse Jean Dominici, qui luy avoit persuadé de la faire, l'avoit solennellement promis de sa part. Il fallut néanmoins negotier assez longtems sur la maniere dont on la feroit, parce que le bon homme qui se tenoit toûjours pour Pape, malgré la Sentence du Concile de Pise, vouloit ceder en cette qualité, que celuy de Constance, qui est la continuation du premier, ne pouvoit, ni ne vouloit nullement reconnoître. Voicy l'expedient qui fut trouvé, pour faire en sorte que le bon Grégoire ensevelist la Synagogue, c'est à dire, sa petite obedience, avec honneur, sans donner aucune atteinte à l'autorité du Concile.

*Act. Concil. Const.*

Les Peres considererent fort sagement, que tout ce que feroit ce venerable vieillard, qui se prétendoit Pape, pourroit servir à quelque chose, & ne pourroit nuire. Il est bien évident qu'il n'avoit pas plus de droit alors, qu'il en avoit avant le Concile de Pise; au contraire, il en avoit moins, parce que le Concile l'avoit déposé. Or avant qu'il le fût, il est certain que c'étoit un Pape douteux, comme les Cardinaux des deux obediences en convinrent, puis que ce fut sur cela seul qu'ils le déposerent aussi-bien que Benoist, pour en faire un troisiéme indubitable, qui fut Alexandre V. outre que cela paroist clairement par le témoignage de ceux-là-mêmes qui sont les plus attachez à Gré-goire. Car ils traitent toûjours Jean XXIII. de Pape douteux, parce, disent-ils, qu'il y en avoit encore qui ne le tenoient pas pour Pape, à sçavoir, ceux des deux autres obediences: mais qui ne voit qu'il s'ensuit de là que Gré-goire étoit encore beaucoup plus douteux, puis que l'obedience de Jean étoit incomparable-ment plus grande non seulement que la sien-ne, mais que toutes les deux ensemble? Gré-goire donc étant du moins Pape incertain, com-me tout le monde en convient, ne pouvoit en cette occasion, à l'égard de toute l'Eglise, faire alors aucun acte de Souverain Pontife qui eût aucune autorité, parce qu'un Pape dans le dou-te & dans l'incertitude est comme s'il ne l'é-toit pas à cét égard. C'est pourquoy le Conci-le, qui vouloit venir à ses fins, & à l'essentiel de cette affaire, qui étoit l'acte de la Cession de la part de Grégoire, résolut, pour le bien de la paix, de luy laisser faire tout ce qu'il vou-droit, sans rien recevoir, ni approuver, excepté ce seul Acte, comme par une certaine surabon-

Odoricus Ray-naldus passim.

Quia abun-dans ad cer-titudinem pro bono cautela nemini nocet, & omnibus prodest. Act. Conc. Conft.

dance de précaution, qui ne peut nuire, & peut servir.

Sur cette résolution, voicy comme la chose fut exécutée. Le Seigneur de Rimini Carlo Malatesta, singulier ami, & l'unique Protecteur de Grégoire, étant envoyé de sa part avec bonne Procuration, pour ceder en son nom, fut reçû à Constance avec toute sorte d'honneur & de magnificence, à l'entrée solennelle qu'il y fit le quinziéme de Juin. Et dans l'Audiance qu'il eût de l'Empereur, il protesta que c'étoit vers luy seul que le Pape Grégoire l'envoyoit, & nullement vers le Concile. Il ne laissa pas néanmoins de visiter toutes les Nations l'une aprés l'autre, comme des Assemblées particulieres; & de leur communiquer son pouvoir.

On célebra cependant la quinziéme Session le même jour contre les Hussites, au sujet de la Communion sous les deux especes; aprés quoy, comme on se fut assemblé pour la quatorziéme, le quatriéme jour de Juillet, l'Empereur revestu des ornemens Imperiaux passa de son Siege ordinaire à un autre qu'on luy avoit élevé devant l'Autel, pour présider à cette Assemblée, qui en cette occasion n'agissoit pas comme Concile; & le Cardinal de Raguse & le Seigneur de Rimini prirent leur place auprés de luy, sur des sieges beaucoup plus bas. Alors, aprés qu'on eût fait la lecture des Bulles de Grégoire données à Rimini le treiziéme de Mars,

le

le Seigneur de Rimini, en vertu du pouvoir que
ces Bulles luy donnoient, commit en sa place
le Cardinal de Raguse, qui déclara par écrit, au
nom du Pape Grégoire, que pour procurer la
paix de l'Eglise, il approuvoit le Concile, comme assemblé par l'Empereur, & non pas comme convoqué par Jean XXIII. & qu'il le confirmoit. Sur quoy l'Empereur reprenant sa premiere place, laissa celle de Président au Cardinal d'Ostie ou de Viviers, & l'on commença la
Session par les ceremonies accoûtumées. Tout
ce qu'on venoit de faire, étoit seulement pour
donner quelque satisfaction au bon homme,
& pour ôter à ceux de son obédience l'unique
prétexte qu'ils pouvoient encore avoir de ne
pas reconnoître le Concile. L'approbation de
Grégoire, comme celle d'un Pape déja déposé,
& pour le moins douteux, sans contredit, ne
luy pouvoit donner aucun nouveau droit; mais
aussi elle ne nuisoit pas; & servoit même à faire en sorte que ceux qui suivoient encore Grégoire, ne pûssent plus douter que le Concile
ne fût legitime.

Cette premiere action s'étant passée de la
sorte, on leût la Procuration du Seigneur de
Rimini; & sur ce qu'il demanda, s'il ne seroit
pas plus expedient d'attendre à faire la renonciation jusques à ce qu'on apprît à la Conference de Nice la derniere résolution de Pierre
de Lune : le Concile, qui ne vouloit point de

V V u

1415. retardement, ordonna qu'elle se fist à Constance, & dans cette même Session. Sur quoy, tandis que ce Seigneur se préparoit à faire cette action, on leût les Decrets, par lesquels le Concile déclaroit l'union des deux obédiences, renouvelloit tout ce qu'il avoit ordonné touchant l'élection d'un nouveau Pape, cassoit toutes les Censures qu'on avoit fulminées de part & d'autre, confirmoit tout ce que Grégoire avoit fait legitimement, admettoit dans le Sacré College les six Cardinaux, & ordonnoit que Pierre de Lune seroit sommé de renoncer au Pontificat, dans dix jours, aprés cette sommation, sur toutes les peines qu'il avoit déja encouruës par la Sentence portée contre luy au Concile de Pise.

Cela fait, le Seigneur de Rimini Carlo Malatesta, qui prenoit la qualité de Général de la Sainte Eglise Romaine, & de Gouverneur de la Romandiole pour nôtre Saint Pere le Pape Grégoire XII. s'étant assis sur un trône fort élevé, comme s'il eût esté preparé pour le Pape même, fit un petit discours plein d'esprit, & tres-éloquent, sur ces paroles de Saint Luc, *Facta est cum Angelo multitudo militiæ celestis.* Il les appliqua fort ingenieusement au Pape, qui par une action heroïque, dont il releva magnifiquement la prix, alloit reprendre son nom d'*Angelo*, & quitter celuy de Grégoire, & de Pape, pour rendre la paix aux hommes de bon-

Platin.

Act. Concil.
Constant.
Appendix ad
Concil.

Luc.2.

ne volonté, en s'uniſſant au Concile repreſen- 1415.
té par cette grande troupe de la milice celeſte,
au ſentiment de laquelle il ſe conformoit. Ce
diſcours fini, il leût majeſtueuſement, comme
s'il eût eſté le Pape même, la Formule de la
renonciation pure & ſimple qu'il faiſoit au
nom de Grégoire, de tout le droit qu'il avoit
au Pontificat; aprés quoy il deſcendit du trône, *Platin.*
celuy qu'il repreſentoit n'étant plus Pape, &
s'alla mettre ſur un autre ſiege. Alors l'Archevêque de Milan monta ſur la Tribune, & leût, *Acta Concil.*
par l'ordre du Cardinal Preſident, cét écrit. *Le* *Conſt.*
*Saint Concile général de Conſtance legitimement aſ-*
*ſemblé au Saint Eſprit, & repreſentant l'Egliſe Uni-*
*verſelle, admet, approuve, & loüe la ceſſion, la re-*
*nonciation, & la réſignation faite de la part du Sei-*
*gneur, qu'on appelloit en ſon obédience Grégoire XII.*
*de tout le droit qu'il a eû, s'il en a eû quelqu'un, au*
*Pontificat; laquelle ceſſion a eſté faite en ſon nom,*
*par le magnifique & puiſſant Seigneur Carlo Mala-*
*teſta, icy preſent, & ſon Procureur irrévocable pour*
*cette fin.* Et là-deſſus on entonna le *Te Deum,*
qui fut chanté par la Muſique du Concile, &
par celle de l'Empereur.

Voilà ce qui ſe fit pour la ceſſion de Gré- *Niem. in Vit.*
goire, laquelle il ratifia franchement, & de bon- *Ioan.*
ne grace. Car auſſi-toſt qu'il eût appris à Rimini ce qui s'étoit fait à Conſtance, il aſſembla en Conſiſtoire ſes Cardinaux, & tout ce
qu'il y avoit encore de Prélats & d'Officiers à

1415. ſa petite Cour; & aprés que s'étant reveſtu de ſes habits Pontificaux, pour la derniere fois, il eût déclaré, approuvé, & loûé ce que Carlo Malateſta ſon Procureur avoit fait en ſon nom au Concile de Conſtance, il mit bas ſa Tiare & toutes les autres marques de la dignité Pontificale, proteſtant qu'il n'entreprendroit jamais de les reprendre, & ſe contentant d'eſtre le premier des Cardinaux, & Legat perpetuel de la Marche d'Ancône, comme il le fut par le Decret du Concile juſqu'à ſa mort, qui arriva deux ans aprés à Recanati. Platine, ſelon la coûtume de ces Ecrivains malins, qui croyent s'aquerir la réputation de gens habiles & ſpirituels, en interpretant tout en mal, veut qu'il ſoit mort de regret de ſe voir décheû du Pontificat, & de ce que le Seigneur de Rimini ſon Procureur n'attendit pas à faire la renonciation, juſqu'à la Conference de Nice, croyant qu'il eût pû profiter du tems, comme il avoit fait juſqu'alors. Mais outre que c'étoit un homme d'un eſprit doux & moderé, qui pecha par l'ambition des ſiens plûtoſt que par la ſienne propre, & qu'un regret ſi violent, s'il l'eût eû, comme dit cét Hiſtorien, n'eût pas attendu deux ans à le mettre dans le tombeau; je crois qu'il ne faut point chercher d'autre cauſe de ſa mort, que l'âge de prés de quatre-vingts-dix ans, qui eſt, ce me ſemble, une maladie dont les Medecins ne gueriſſent gueres. C'eſt ainſi

que se termina heureusement, pour la paix de 1415.
l'Eglise, la Session quatorziéme, qui fut suivie
deux jours aprés de la quinziéme, où l'on conclut deux grandes affaires appartenantes à la Foy,
& sur lesquelles on sera peut-estre bien-aise que
j'éclaircisse mon Lecteur. La premiere est la
condamnation de Jean Hus, & de son disciple
Jérosme de Prague, qui furent les principaux
Auteurs du Schisme & de l'Hérésie de Boheme.

L'Empereur Sigismond voyoit avec une extrême douleur le pitoyable état où ce Royaume étoit réduit par les horribles troubles que
ces Héretiques y avoient excitez, & par la negligence de son frere Wenceslas, qui, aprés
avoir une fois chassé de Prague Jean Hus, avoit
souffert qu'il y revint, & y dogmatisast plus
insolemment que jamais. C'est pourquoy il résolut de faire tout ce qu'il pourroit pour remedier à un si grand mal, à l'occasion du Concile qui étoit convoqué à Constance. Pour cét
effet, il agit efficacement auprés de Wenceslas,
pour l'obliger, par des raisons de Religion &
d'Etat, d'envoyer Jean Hus au Concile. Il écrivit aussi à cét Héresiarque des Lettres fort pressantes, & luy envoya de ses Gens, pour l'exhorter à venir au Concile, afin d'y défendre sa doctrine, en le piquant d'honneur, sur ce qu'il
feroit connoître, pourveû qu'il soûtinst bien sa
cause, qu'il n'étoit pas héretique, & que le
Royaume de Boheme n'étoit point infecté, com-

*Cochl. L. 2.*
*Cochl. Hist.*
*Hussit. l. 2.*
*Nauclev. gen.*
*48.*
*Anonym. Huss.*
*sit. t. 2. Operum*
*L. Hus.*
*Ulrich Reu-*
*chentaler*
*Hist. du Conc.*
*en Allemand,*
*impr. à Auf-*
*bourg 1483.*

VVu iij

1415.

me on le difoit par toute l'Europe, & luy offrant un Saufconduit en bonne forme pour fa
feûreté. Jean Hus, qui d'une part, felon le génie
des Héreſiarques, étant rempli d'une tres-haute
eſtime de luy-même, ne doutoit pas qu'il ne
dût aquerir beaucoup de gloire dans une ſi célebre diſpute, & qui d'autre coſté craignoit de
perdre ſon credit auprés du Peuple, ſi en refuſant cette offre, il faiſoit paroître qu'il ſe défioit de ſa cauſe, accepta l'invitation de l'Empereur, & le combat. Et il le fit avec tant de préſomption, que dés le vingt-ſixiéme du mois
d'Aouſt de l'année mil quatre cens quatorze, on
vit affiché aux portes du Palais, & de la pluſpart
des Egliſes de Prague, un Ecrit en trois Langues,
en celle de ſon Païs, en Latin, & en Allemand,
par lequel il déclaroit qu'il iroit à Conſtance,
pour y rendre compte de ſa Foy, & de tout
ce dont il étoit accuſé par ſes adverſaires; qu'au
reſte, il les ſommoit d'y comparoître en même
rems que luy, pour y produire, en face du Concile, ce qu'ils avoient à dire contre ſa doctrine,
proteſtant que s'ils le pouvoient convaincre de
la moindre erreur contre la Foy, il ne refuſoit
point de ſubir toutes les peines qui ſont deûës
aux Héretiques. Et afin qu'on ne pût ignorer ce
défi ſolennel qu'il donnoit à tous ſes accuſateurs,
il fit encore afficher cét Ecrit dans toutes les principales Villes d'Allemagne; puis ayant laiſſé cou-
ler quelque tems, comme pour donner le loiſir

Alber. Kraut.
in Vandal.
l. 10. c. 23.

Cochl. l. 2.
Act. I. Hus
Bohemic. ap.
Brov. ad an-
num 1414.
Significo toti
Bohemiæ, &
omnibus na-
tionibus, me
velle ſiſti pri-
mo quoque
tépore coram
Côcilio Con-
ſtantienſi, in
celeberrimo
loco, præſente
Papâ, præſidé-
te Papâ, &c.
Eò conferat
pedé quiſquis
ſuſpicionem
de me habue-
rit, quòd alie-
na à Chriſti
fide docuerim,
vel deſederim.
Ité doceat ibi
aſtante Papâ
me ullo un-
quam tempo-
re erroneam
& falſam do-
ctrinâ tenuiſſe,
ſi me de erro-
re aliquo con-
vicerit, &c.

de se préparer à ceux qu'il avoit défiez, il partit de Prague le quinziéme d'Octobre, avec beaucoup d'éclat & de pompe, suivi d'une multitude infinie de ses disciples & de ses amis, qui le conduisirent bien loin par honneur, comme celuy qui croyoit aller à une victoire certaine.

Ce qu'il y a de rare est qu'il apprehendoit si peu l'issuë de son voyage, qu'il partit avant même qu'il eût receû le Saufconduit qu'il avoit demandé à l'Empereur, & qui ne fut expedié que le dix-huitiéme d'Octobre à Spire : de-sorte qu'il vint à Constance sans avoir aucun Saufconduit, comme il l'avoûë luy-même écrivant à ses disciples & à ses amis de Prague.

Il distribua même ses Affiches en Latin & en Allemand par toutes les Villes qu'il trouva sur son passage, qu'il décrit avec beaucoup de complaisance & de vanité, dans une longue Lettre, laquelle il écrivit de Nuremberg à ses dévots & à ses dévotes de Prague, pour leur faire part des honneurs extraordinaires qu'on luy avoit faits par tout ; le Peuple, dit-il, accourant en foule pour le voir, & demandant, avec empressement, où étoit le célebre Maître Jean Hus. Il marque même, & l'on peut connoître par là quel étoit le génie du personnage, qu'il fut admirablement bien receû du Curé de Pernau, & qu'il ne fut pas plûtost entré dans le Poisle, car c'étoit sur la fin d'Octobre, & il commençoit à faire un peu froid, que cét officieux Curé le vint abor-

1415.

non recusabo quascunque hæretici poenas ferre. In proximo generali Concilio Constantiensi vult respondere, & juxta SS. Patrum Decreta, & Canones, suam innocétiam in Christi nomine demonstrare.
*Ex Act. I. Hus Bohemic. scrip. apud Bzov. ad ann. 1414. & ex Anonym. Hussit. t. 2. Op. Ioan. Hus.*

Stamus in Cóstantiâ in plateâ propè hospitium Papæ. Et venimus sine salvo conductu.
*Epist. 5. I. Hus t. 2. Oper. ejus. I. Hus, Ep. 5.*

In omnibus civitatibus benè stetimus, & apposuimus intimationes Latinas & Teutonicas.
*Epist. 6.*
*Epist. 5.*

Populus stabat in plateis, aspicientes, & quærétes quis esset Magister Hus.
*Anon. Hussit.*

1415.
In Pernau civitate, priusquà veni, expectavit me Plebanus cum Vicariis, & dum intravi Stubam, tunc statim propinavit cantharú magnum vini, & valdè charitativè suscepit cum suis sociis omnem doctrinam, & dixit se semper fuisse meá amicum, &c. *Epist. 3. Ioan. Hus, t. 2. Operum.*

der, tenant d'une main un grand pot, & de l'autre un profond hanap tout rempli de vin, qu'il luy presenta, & que pour luy il le prit par bonne amitié, & le vuida tout sans façon. Aprés quoy, comme il étoit alors en belle humeur, il harangua si bien, que le Curé, qui avoit aussi beû à sa santé, son Vicaire, & ses Prestres, qui apparemment en avoient fait autant, embrasserent de tout leur cœur la doctrine qu'il leur prescha, & que de plus, ce bon Curé luy protesta qu'il avoit toûjours esté son ami. Voilà comme il avouë luy-même qu'il dogmatisoit en allant à Constance, où il arriva le troisiéme de Novembre, justement à l'ouverture du Concile, accompagné de plusieurs Gentilshommes de Boheme, qui vouloient voir une si célebre Assemblée.

Le Saúfconduit qu'on luy avoit expedié à Spire, & qu'il n'avoit pas encore, étoit de l'Empereur, *qui recommandoit à tous les Princes Ecclesiastiques & Séculiers, Ducs, Marquis, Comtes, Barons, Gentilshommes, Magistrats, & généralement à tous les Sujets de l'Empire, de bien recevoir; & traiter sur son passage honorable homme Maître Jean Hus Bachelier en Theologie, & Maître és Arts, allant au Concile général de Constance, de luy fournir tout ce qui seroit necessaire pour haster, & pour asseûrer son voyage, tant par eau que par terre, sans rien prendre ni de luy, ni des siens, aux entrées & sorties, pour quelque droit que ce pût estre, & de le laisser librement, &*

Honorabilem Magistrum Ioannem Hus Sacræ Theologiæ Baccalaureum, & Artium Magistrum, præsentium ostensorem, de Regno Bohemiæ ad Concilium generale in civitate Constantiensi celebrándum in proximo transeuntem ....Vobis omnibus, &

*sans*

*sans aucun empeschement, passer, demeurer, s'arrester,*
*& retourner; en le pourvoyant même, s'il en est besoin,*
*de bons & asseurez Passeports, pour l'honneur & la*
*réverence qu'on doit à la Majesté Imperiále, qui le*
*prend en sa protection. Donné à Spire le dix-huitiéme*
*d'Octobre, l'an mil quatre cens quatorze, du Regne de*
*Hongrie le trente-troisiéme; & de celuy des Romains*
*le cinquiéme. Par commandement du Roy. Et plus*
*bas,* MICHEL PACEST, *Chanoine de Breslau.*

Il est tout évident, ce me semble, que ce
Saufconduit qu'on luy expedie environ deux
mois aprés qu'il a fait afficher par tout qu'il
veut aller rendre compte de sa doctrine au Concile général de Constance, & s'y soûmettre à
toutes les peines que mérite un Héretique, s'il
on l'y peut convaincre de la moindre erreur, ne
luy est donné qu'à cette fin pour laquelle il le
demande, & que l'Empereur s'étoit proposée,
pour appaiser les troubles de Boheme; & qu'en
manquant à cét article, qui est le point essentiel sur lequel est fondé ce Saufconduit, il n'a
plus nulle force. Car enfin Jean Hus ne le demande, & l'on ne le luy donne aussi, que pour
aller défendre sa doctrine contre ses adversaires,
en se soûmettant au Concile, qu'il reconnoist
pour Juge, puis qu'il le tient pour un Concile
général, comme il le confesse dans ses Affiches.
C'est pourquoy, comme l'Empereur l'ordonne,
tous les Sujets de l'Empire le doivent laisser passer, demeurer, s'arrester, & retourner librement.

XXx

1415.

veſtrum cuili-
bet pleno re-
cômendamus
affectu, deſi-
rantes quaté-
nus ipſâ, cùm
ad vos perve-
nerit, gratè ſuſ-
cipere.....
omnique pror-
ſus impedi-
mento remoto
tranſire, ſta-
re, morari, &
redite liberè
permittatis, ſi-
bíque, & ſuis,
&c.
*Ex Act. Publ.*
*ap. Bzov. ad.*
*ann. 1414.*
*n. 17.*
*& ex Hiſtoria*
*Huſſit. t. 2.*
*Oper. I. Hus,*
*& ap. Cochl.*
*L. 2.*

1415. & seûrement, bien entendu quand il aura fait ce pour quoy il demande, & on luy expedie son Saufconduit, & sans quoy il ne luy peut servir de rien. Je ne sçay pourquoy les Theologiens & les Controversistes ont esté chercher tant de détours, & de subtilitez, pour justifier Sigismond; voilà la verité toute pure & toute simple, qui le justifie, & qui se soûtient assez d'elle-même, sans autre appuy, & sans même qu'il soit besoin de nous servir de l'autorité d'un excellent Ecrivain, dont la memoire est en benediction dans l'Eglise pour sa doctrine & pour sa pieté, & sur tout pour la glorieuse mort qu'il souffrit à Londres, en défendant, & en signant de son sang la verité de la Foy Catholique. C'est l'illustre Anglois Emond Campian Jesuite, qui dans son admirable petit Livre des dix raisons presentées aux Academiciens d'Angleterre, dit que l'Empereur avoit défendu à Jean Hus, sur peine de la vie, de se retirer de Constance jusqu'à ce qu'il eût satisfait à sa promesse.

*Sed nec in Hussium tamen animadversum fuisset, nisi homo perfidiosus & pestilens, retractus ex fuga quam ei Sigismundus Imperator periculo capitis interdixerat, violatis etiam conditionibus quas scripto pepigerat cu Cæsare, vim omnem illius Diplomatis enervasset.*
*Camp. Rat. 4.*

Voilà tout ce qu'il eût de Saufconduit: car il est certain qu'il n'eh eût point du Concile, & que ni Sigismond, ni luy-même ne s'aviserent jamais de luy en demander comme firent ses disciples les Hussites, qui en demanderent au Concile de Basle, & les Protestans d'Allemagne à celuy de Trente. On le laissa néanmoins vivre fort paisiblement, & librement, dans le logis qu'il avoit loüé à Constance chez une veuve dans la

*Hist. Hussit. ap. Cochl. l. 1.*

Place Saint Paul, jufques à ce qu'on s'apperceût 1415.
qu'il y tenoit des Affemblées, où il dogmatifoit, *Iacob. Cerret.*
& enfeignoit les erreurs de Wiclef, & qu'il avoit *Diar. ap. Bzov.*
même l'audace, quoy - qu'il fût folennellement *Vlric. Rei-*
excommunié du Pape, d'y célebrer la Meffe *chental apud*
avec un grand concours de Peuple, au grand *Cochl. l. 2.*
fcandale & mépris de l'Eglife. Car en même *Liberi fumus*
tems on ne manqua pas de l'avertir fort ferieu- *omnino in*
ment de défifter; & l'Evêque de Conftance, qui *Conftantiâ.*
eût grand fujet de craindre que cét homme per- *Et Magifter*
*quotidie Divi-*
nicieux ne répandift parmi fon Peuple le ve- *na peragit.*
nin de fon héréfie, & qui étoit obligé par tou- *Ep. Plebani de*
tes les loix divines & humaines de l'en empef- *Iaueuftiz apud*
cher, luy défendit de plus dire la Meffe, & à *Bzov. ibid.*
tout fon Peuple de plus avoir aucun commer-
ce de Religion avec un fi dangereux homme.
Enfuite on le fit obferver exactement, & l'on
mit des gens aux environs de fon logis, qui eûrent ordre du Concile, de l'Evêque, & du Magiftrat de prendre bien garde à fes actions.

Ce fut alors qu'il commença à faire des ré- *Cochl. l. 2.*
flexions qui l'épouvanterent. D'un cofté, il con-
fideroit que ce n'étoit plus dans fon Eglife de
Bethléem, où dans le marché de Prague, devant
une populace ignorante, ni dans la Cour de Wenceflas, devant des Courtifans, qui étoient ravis
d'entendre un homme qui leur abandonnoit tous
les biens de l'Eglife, qu'il auroit à parler; mais
que c'étoit en plein Concile, devant les plus fçavans hommes du monde, où il voyoit que fes

XXx ij

1415. adverſaires de l'Univerſité & du Clergé de Pra-
güe, qui ne craignant plus rien de ſa cabale,
étoient tout preſts de diſputer fortement contre
luy, & de l'accuſer d'héréſie, & de tous les deſordres effroyables qu'il avoit cauſez dans la Boheme. D'autre part, il ſçavoit que, malgré les défenſes qu'on luy avoit faites de dire la Meſſe, &
de dogmatiſer dans ſon logis, il n'avoit pas laiſſé de continuer, & qu'il étoit impoſſible qu'on
l'ignoraſt, parce qu'il voyoit bien qu'on l'obſervoit; & il n'étoit pas ſi peu éclairé, qu'il ne con-
nût aſſez que ſon Saufconduit ne luy étoit pas
donné pour dogmatiſer à Conſtance, comme il
avoit fait à Prague, mais ſeulement pour venir
en toute ſeûreté rendre compte au Concile de
ſa doctrine, & pour la défendre, s'il le pouvoit,
contre tous ceux qui prétendoient qu'elle fût hérétique. Toutes ces conſiderations l'effrayerent
ſi fort, que craignant qu'on ne l'arreſtaſt, il réſolut de s'évader, comme il fit le vingt-huitiéme de Novembre, s'étant caché ſous de la paille dans un chariot qu'on menoit à la campagne
pour en rapporter des proviſions. Mais Henry
de Latzenboch Gentilhomme de Boheme, qui
étoit venu avec luy à Conſtance, pour y apprendre ce qu'il falloit croire de ſa doctrine, & qui
enſuite avoit charge de l'obſerver, en ayant eû
avis, en alla promptement avertir le Bourg-
Meſtre; & ce Magiſtrat envoya aprés luy ſes Archers, qui le tirerent de deſſous la paille, dont il

*Nauder. gen.*
*48.*
*Cochl. l. 2.*
*Laurens.*
*Humfred.*
*Theol. Oxon.*
*ap. Becan. t. 1.*
*tract. de fid.*
*hæref. ſerv. c.*
*16. n. 8.*
*Vlric. Reich.*
*Huſſit. apud*
*Cochl.*

estoit couvert, par un assez mauvais présage de ce **1415.**
qui luy devoit arriver, & le ramenerent à Constance, où, par ordre du Pape, il fut retenu prisonnier, premierement dans une chambre du Palais, & puis dans le Couvent des Peres de Saint
Dominique, d'où il fut transporté dans un Château prés de la Ville, pour y estre plus seûrement
gardé.

Cela fit d'abord bien du bruit, parce que
quelques Gentilshommes de Boheme & de Pologne ayant écrit à l'Empereur qu'on avoit violé la foy publique de l'Empire qu'il avoit donnée par son Saufconduit; ce Prince, qui étoit
allé prendre la Couronne Imperiale à Aix, envoya sur cét avis prier le Pape & le Concile
de relâcher Jean Hus, & de luy donner audiance, afin que, suivant sa promesse, & son
Saufconduit, il pût rendre compte de sa doctrine au Concile, à la définition duquel il se
devoit soûmettre, pour corriger ses erreurs, s'il
se trouvoit qu'il en soûtint. Et c'est ce que ces
mêmes Gentilshommes demanderent aussi au
Concile, par leur Requeste qu'ils luy presenterent en Corps, se faisant caution pour luy
qu'il ne s'enfuiroit point, & qu'il demeureroit
toûjours au pouvoir de ses Commissaires jusqu'à la consommation de son affaire. La Réponse des Peres fut, que ces Messieurs étoient
mal informez, & qu'on sçavoit de bonne part
que le Saufconduit qu'on ne nioit pas avoir

*Littera Queri-*
*moniales de*
*injuriâ Papæ*
*t. 2. Operum*
*I. Hus. fol. 76.*
*verf.*

Ut dictus M.
Joannes Hus
publicè audi-
retur, cùm de
fide suâ publi-
cam redderet
rationem, &
si convictus
fuerit pertina-
citer aliquid
contra Scri-
pturam Sacrâ,
& veritatem
asserere, qued
id juxta in-
structionem &
decisionem
Cócilii debeat
emendare.
*Sched. per Nob.*
*Bohem.t.2.Op.*
*I. Hus. fol. 7.*
*verf.*
Fide jubebunt
pro ipso quod
non effugiet de
manibus Com-

1415.
miſſariorum;
uſque ad exi-
tum negotii.
Ibid. fol. 11.
verſ.
Tom. 2. Oper.
I. Huſ, f. 2.
verſ.
Epiſt. 6.

Tom. 2. Oper.
I. Huſ, fol. 2.
verſ.& 10.rect.

eſté expedié à Spire, aprés que Jean Hus fut
parti de Prague pour venir à Conſtance, n'y
avoit eſté apporté que quelques jours aprés ſa
priſe; ce qui s'accorde aſſez avec ce qu'il écrivit luy-même de Conſtance, qu'il ne l'avoit pas,
& avec la Replique de ces Gentilshommes, qui
ne pûrent dire autre choſe à cela, ſinon qu'eux-
mêmes l'avoient fait voir à bien des gens un
ou deux jours aprés ſa priſe.

Mais quand même il l'eût eû avant ſa priſe,
il étoit d'ailleurs bien aiſé de les ſatisfaire. Car
ce qu'ils demandoient par leur Requeſte, en
vertu de ce Saufconduit, c'étoit cela même que
les Peres prétendoient, à ſçavoir, qu'il fût ouï
dans ſes défenſes, comme il le fut cent fois, &
qu'il abjuraſt ſes erreurs, ſi le Concile trouvoit
qu'il en eût; ce qu'il ne voulut jamais faire.
Et quant à ſa détention, on ne s'en peut plaindre raiſonnablement, parce qu'il avoit pris la
fuite; & qu'ayant ainſi manqué le premier à la
parole qu'il avoit donnée de rendre compte au
Concile de ſa doctrine, ce Saufconduit qu'on
n'avoit donné que pour cette fin, ne ſervoit
plus de rien. Et puis on ne le luy avoit pas
donné pour commettre de nouveaux crimes,
en dogmatiſant, comme il avoit fait, dans les
Villes de l'Empire ſur ſon paſſage; & dans Conſtance même, où il étoit libre, & en diſant la
Meſſe ſacrilegement & publiquement, contre
la défenſe expreſſe de l'Evêque. Enfin, on ne

l'avoit arrefté que pour l'obliger à garder la 1415.
parole qu'il avoit donnée ; & par une grace particuliere on vouloit bien encore luy pardonner & fes crimes, & fes erreurs, pourveû qu'il
la gardaft, en fe foûmettant à la définition du
Concile. Au refte, à ce que ces Gentilshom-
mes avoient dit, qu'ils feroient fa caution, on *Tom. 2. Oper.*
répondit qu'en une affaire auffi importante que *I. Huf, fol. 11.*
celle - cy, on ne pouvoit en confcience fe fier *verf.*
à un homme qui avoit manqué de parole ; mais
qu'il auroit la liberté de fe défendre comme il
luy plairoit, & qu'on l'écouteroit avec toute
forte de bienveillance & de douceur. C'en étoit
là fans doute plus qu'il n'en falloit, pour fatisfaire tout homme de bon fens. Auffi l'Empereur étant informé à fon arrivée de tout ce
qui s'étoit paffé en cette affaire, ne trouva rien
à dire à la conduite du Concile ; & bien loin
de fe plaindre qu'on eût violé la foy qu'il avoit *Cochla. ibid.*
donnée, il fe plaignit de ce que Jean Hus vio-
loit la fienne, & protefta qu'il la luy feroit
bien garder, autrement qu'il feroit le premier à
le punir dans toute la rigueur de la juftice.

Cependant on ne peut nier que l'on n'ait
procedé en cette caufe d'une part avec toute
l'exactitude & l'équité poffible, & de l'autre
avec toute la douceur & la charité imaginable
à l'égard de Jean Hus. Car premierement on *Cochla. lib. 2.*
employa plus de fept mois depuis la fin de Novembre jufqu'en Juillet, à examiner cette af-

Il. init. lib. 3.
Acta Concil.
Conft.
Cochla. lib. 2.

faire. On envoya deux Evêques en Boheme, pour informer des propofitions héretiques qu'il y avoit prefchées & enfeignées publiquement, & dont ils firent leur rapport au Concile. On nomma dans la Seffion fixiéme des Commiffaires choifis des quatre Nations, pour recevoir les dépofitions des témoins, & pour examiner les propofitions qu'on avoit tirées de fes Livres.

Anony. Huff.
J. Hut, Ep.11.
16.

Il eût de tres-frequentes audiances & en particulier & en public, où il dit tout ce qu'il voulut. On cita fon principal difciple Jérôme de Prague, qui s'étoit déclaré publiquement fon défenfeur. Car comme il eût appris à Prague que fon Maiftre étoit arrefté, il fe rendit fecretement à Conftance, & afficha la nuit du Samedy au Dimanche de *Quafimodo*, aux portes de la grande Eglife, un écrit, par lequel il proteftoit qu'il étoit preft de défendre Jean Hus & la doctrine de Wiclef, pourveû qu'on luy donnaft la foy publique pour fa feûreté, & fur le champ même il s'enfuit. Sur quoy le Concile, dans l'acte de fa citation, luy donna

Juftitiâ femper
falvâ.
Recepturus
& facturus in
omnibus jufti-
tiæ comple-
mentum.

fon Saufconduit fous cette claufe, *fauf toûjours la Juftice;* c'eft à dire, que s'il fe trouvoit foûtenir quelque Héréfie, il feroit obligé de l'abjurer; ou, qu'en cas de refus, il feroit puni. Mais il ne s'en pût prévaloir: car étant arrivé fur la frontiere de Boheme, à une petite Ville où il logea chez le Curé qui traitoit ce jour-là tous fes Preftres à foûper, il fe mit à dire, aprés avoir

avoir bien beû, tant d'horribles chofes contre 1415.
le Concile, qu'il appelloit la Synagogue de Sa-
tan, & où il difoit avoir confondu tous les
Docteurs & tous les Prélats; que ces bons Preftres, épouvantez de fon impudence, l'allerent
déferer au Magiftrat, qui l'ayant arrefté le lendemain, le fit conduire à Conftance, où l'on
ordonna qu'il fût refferré avec fon Maiftre. Cependant, pour leur donner loifir de fonger à
leur confcience, avant que de proceder plus outre contre eux, on condamna dans la huitiéme *Act. Concil.*
Seffion la doctrine de Wiclef en quarante-cinq *Conft.*
articles, comme l'on avoit déja fait à Oxford, à
Paris, à Prague, & à Rome, & l'on ordonna
que fes os fuffent déterrez, & bruflez; ce qui fe
fit environ trente ans aprés fa mort. On condamna auffi dans la treiziéme Seffion la mémoire, & les erreurs de Pierre de Drefde, & de Ja-
cobel, touchant l'ufage de la coupe.

Durant tout ce temps-là, les Commiffaires *Cochl. Hift.*
qui avoient inftruit le Procés, les Cardinaux, les *Huff. l. 2.*
Evêques, les Docteurs, & fur tout ceux de Paris,
l'Empereur même, dans les Affemblées qui fe tenoient fouvent fur cette affaire, firent tous les
efforts imaginables pour convertir Jean Hus &
Jerofme fon difciple, & les obliger ou à faire
abjuration des erreurs de Wiclef, qu'ils étoient
convaincus d'avoir enfeignées, & qu'ils défen- *Humiliter, in-*
doient encore; & on les preffa d'autant plus, qu'ils *clinato capite*
parurent enfin eftre ébranlez, & qu'on les crût *refpondens, ait*
*fe eò veniffe*
*non ut perti-*

naciter quic-
quam affere-
ret, fed ut à
Concilio in-
formationem
meliorem...
... & non
folùm infor-
mationi, fed
etiam fenten-
tiæ, & corre-
ctioni fe fub-
mitteret.
Huffit. apud
Cochl. l. 2.
Quos etiam
confeffus eft
in fuis libris
& opufculis
contineri.
Sens. defin. in
Act. Concil.
Ylric. Richent.
Hift. Huff.
ap. eund.

dans la difpofition de fe rétracter, particulierement quand on vit un jour que Jean Hus, comme l'affeûre un Ecrivain Huffite, dit avec une
contenance fort humiliée, qu'il étoit réfolu d'o-
béïr, & de fe rétracter, & qu'il n'étoit venu à
Conftance de fon plein gré, que pour fe foûmettre à la Sentence du Concile, avoûant au
refte, que les trente articles qu'on difoit qu'il
avoit foûtenus, étoient dans fes Livres : de-forte
que le bruit s'en étant répandu dans la Ville, on
en eût tant de joye, que l'on fonna toutes les
Cloches, pour rendre graces à Dieu de la converfion de ces deux hommes, d'où dépendoit
celle de la Boheme ; & l'on réfolut de leur donner à chacun une groffe penfion, pour vivre à
leur aife le refte de leurs jours, dans un Monaftere de la Suaube, en promettant de ne plus retourner en Boheme.

Cochl. l. 2.

Mais on reconnut bientoft que tout cela n'é-
toit qu'artifice, principalement du cofté de Jean
Hus. Car quand on le fomma de fa parole, il dit
d'abord, auffi-bien que Jerofme fon difciple,
qu'il vouloit bien fe rétracter, mais à condition
que ce ne fût qu'en particulier, & qu'on n'en
fceût rien en Boheme ; ce qui étoit tout manifeftement fe moquer du Concile. Et comme enfuite il vit qu'on le preffoit plus vivement de
fe foûmettre, comme il l'avoit promis, il ajoûta
qu'il étoit toûjours dans la même difpofition,
pourveû qu'on ne l'obligeaft pas à mentir, en

Se quidem pa-
ratum effe hu-
militer parere
Concilio, fed
rogare, ne co-
gatur mentiri,
ut eos abjuret
articulos de
quibus, tefte
Deo, & fuâ

avoüant ce qui n'étoit pas, c'est à dire, que ces propositions qu'on luy reprochoit, & que l'on avoit condamnées, fussent les siennes. Car ce fut alors que Jean Hus, au lieu de défendre ses propositions qu'il avoit si souvent avancées en chaire dans ses Sermons, & par écrit dans ses Livres, où il avoit même confessé qu'elles se trouvoient, se résolut de payer d'impudence, quoy-que ce fût l'homme de son siécle qui sçavoit le mieux contrefaire le dévot & le mortifié, & de nier le fait, en soûtenant hardiment qu'il ne les avoit jamais ni écrites, ni preschées; & quoy-qu'on le convainquist par la déposition des témoins irreprochables, qui les luy avoient tres-souvent oüi prescher, quoy-qu'on les luy fist voir dans des extraits authentiques de ses Livres, & qu'on luy representast ces Livres mêmes où elles étoient contenuës en termes formels: il persista toûjours, avec une prodigieuse opiniâtreté, à nier ce fait, qui étoit tout évident, & ne voulut jamais abjurer, ni se rétracter, se contentant seulement de dire, que s'il y avoit dans ses Livres quelques erreurs, ce qu'il ne pouvoit croire en sa conscience, il les condamnoit. Cependant, le Concile vouloit toûjours qu'il fist nettement abjuration, selon le formulaire qu'on luy prescrivoit, en joignant ensemble le droit & le fait; & pour cela il exigeoit de luy trois choses, comme les Docteurs de Paris luy dirent en pleine Assemblée; la premiere, qu'il reconnût

1415.

conscientiâ, nihil unquam sciverit: tantum abest, &c. *Anon. Huss. t. 2. Operum L. Hus, & ap. Cochl. l. 2.*

Magno pietatis fuco, & simulatâ ad Christû devotione, in hypocrisi loquens, ac benevolentiam captans, ut custodes, &c.

Reperti fuerunt in ejus libris, & opusculis manu propriâ scriptis. *Sent. defin.* Quicumque ex illis includit aliquem sensum falsû; illum detestor *Act. Concil. p. 142.*

L. Hus, Ep. 18. Proponetur tibi sufficiens, & idonea formula secundum quam eos abjures articulos, &c. *Anon. Hussit. t. 2. Op. L. Hus. Ibid.*

1415.

Anon. Huss.
q. 2. Oper.
J. Hus.

Act. Concil.
Const.

Cochl. l. 2.

Act. Concil.
Const.

agir les Peres selon tout le droit qu'ils avoient de proceder, & que bien loin d'empescher qu'on ne punist un Heretique obstiné, luy-même en feroit la punition, si les autres ne la faisoient; c'est pourquoy dans la quinziéme Session, le sixiéme de Juillet, on porta la Sentence contre luy en cette maniere. Comme on l'eût mené dans la grande Eglise au milieu du Concile, on l'avertit pour la derniere fois d'abjurer ses erreurs, & les quarante-cinq articles de la doctrine de Wiclef si souvent condamnez. A quoy, aprés beaucoup d'excuses & de détours, il répondit enfin qu'il ne pouvoit en conscience les condamner, particulierement ces trois; *Que le Pape Silvestre & l'Empereur Constantin avoient erré, en faisant du bien à l'Eglise; que si le Pape, un Evéque, ou un Prestre est en état de peché mortel, il ne confere pas les Ordres, ni ne consacre, ni ne baptise; & que les Décimes ne sont point deües, n'étant que de simples aumosnes.* Sur quoy l'Evêque de Lodi montant en chaire, fit un Sermon contre les Heretiques, où il montra l'obligation que les Princes seculiers ont d'aider les Prelats à exterminer les Hérésies. Ensuite on leût le Procés contenant, outre ses erreurs, quarante chefs & crimes de rebellion, de sedition, & de mépris de l'autorité de l'Eglise, dont il étoit pleinement convaincu; & puis on prononça la Sentence, par laquelle il est déclaré Heretique obstiné & incorrigible: on le condamne à estre dégradé du Sacerdoce, & l'on

ordonne que ses Livres soient bruslez publiquement, & luy livré à la Justice seculiere, veû que
l'Eglise de Dieu ne peut faire autre chose.

1415.
Attento quòd
Ecclesia Dei
non habeat
ultra quod go-
rere valeat, ju-
dicio seculari
relinquere de-
cernit.
Cochl. l. 2.

Tout cela fut exécuté sur le champ: car il fut
dégradé là-même en plein Concile, par l'Archevêque de Milan assisté de six Evêques. Aprés
quoy l'Empereur ayant ordonné au Duc de Baviere, qui tenoit la Pomme d'or auprés du Trône Imperial, de se saisir de sa personne, ce Prince fit signe en même tems aux Archers qui le
prirent en luy mettant sur la teste un bonnet
de papier avec cét écriteau, *Cét homme est un Hé-*
*resiarque*, & le menerent au lieu du supplice, tandis que l'on brusloit ses Livres dans le Cime-
tiere. Le Prestre auquel il avoit témoigné se
vouloir confesser, luy ayant remontré que le
Sacrement ne luy serviroit de rien, s'il ne ré-
tractoit les erreurs que le Concile avoit condamnées dans ses Livres, il répondit, que n'ayant
point commis de peché mortel, il se pouvoit
passer de Confession. Comme il fut lié au poteau
tout environné de bois & de paille, le Duc de
Baviere & le Comte de Pappenheim s'approchant de luy, l'exhorterent encore à se reconnoître: mais comme bien loin de cela, il voulut
haranguer le Peuple, en protestant toûjours de
son innocence, le Duc commanda aux Execu-
teurs de faire leur devoir.

Vlric. Richen-
Histoire en
Allemand, &
Cochl. l. 2.

Quelques Protestans d'Allemagne en ont voulu faire un Prophete, en luy faisant dire sur son

Cruf. Ann.
Suev. l. 6. p. 5.
c. 20.

1415.

W. Gretser.
lib. de Numis.
ab Huest.

Apud Cochl.
l. 2.

Æneas Silv.
Cochla.

Act. Concil.
Const. Sess. 19.
Cochla. Hist.
Huss. l. 3.

bûcher, *Vous brûlez maintenant un Oye, car c'est ce que signifie Hus en langage de Boheme; mais dans cent ans il sortira de ses cendres un Cigne que vous ne brûlerez pas,* entendant Luther par ce Cigne. Ce n'est-là qu'une fable faite à plaisir; tout ce qu'on peut tirer de l'Historien Hussite qui estoit present à sa mort, c'est qu'il mourut intrépide, & avec une grande apparence de pieté, chantant des Pseaumes, & invoquant le nom de Jesus-Christ, jusqu'à ce qu'un gros tourbillon de flammes poussé par le vent contre son visage, & qui luy entra par la bouche dans le corps, luy osta la voix & la vie.

Pour Jerosme de Prague, qui avoit encore plus d'esprit, de doctrine, & d'éloquence que son Maistre, quoy-qu'il n'eût pas tant d'autorité que luy parmi les Hussites, on voulut bien travailler encore à sa conversion durant prés de trois mois, au bout desquels il se rendit, ou il fit semblant de se rendre. Car étant introduit dans le Concile en la dix-neuviéme Session, le vingt-troisiéme de Septembre, il monta sur la Tribune, & y leût à haute voix l'abjuration qu'il avoit déja faite en particulier des erreurs de Wiclef & de Jean Hus; & fit profession de Foy, en consentant, s'il retomboit jamais dans l'Héresie, d'estre puni selon toute la rigueur des Canons & des Loix civiles; puis il remercia, par un éloquent discours, les Peres du Concile de l'avoir retiré; par leurs saintes instructions, de l'abîme

l'abîme où il étoit tombé par ignorance, protestant de vouloir vivre & mourir dans la créance de l'Eglise Romaine.

Mais il garda mal sa promesse : car voyant
d'une part qu'il étoit tombé dans le mépris de
ceux qui l'adoroient auparavant; & de l'autre,
qu'il étoit encore suspect aux Catholiques, qui
observoient ses actions & ses paroles, il entra
dans un tel desespoir, qu'il s'enfuit de Constance, résolu de se bien remettre avec les Hussites,
en révoquant tout ce qu'il avoit fait, comme
ne l'ayant fait que par force. Il ne fut pas toutefois plus heureux dans sa seconde fuite, qu'il
l'avoit esté dans la premiere : car aprés avoir
pris de grands détours par les Provinces d'Allemagne, pour échaper à ceux qu'il se doutoit
bien qui le poursuivroient, il fut surpris une
seconde fois sur les frontieres de Boheme par les
gens du Duc de Baviere, qui le ramenerent à
Constance. Et là, comme on eût fait inutile- *Conci. l. 5.*
ment tout ce que l'on pût, pour sauver un hom- *Pogg. Florent.*
me qui avoit de fort belles qualitez, mais qui *Ep. ad Leon.*
persista toûjours dans une invincible opiniâtre- *Aret.*
té à professer de nouveau les erreurs de Wiclef
& de Jean Hus, il fut enfin livré au bras secu-
lier, & bruslé tout vif comme relaps, selon la
Sentence qu'il avoit portée contre luy-même
en plein Concile, quand il y abjura son héresie.

Aprés cela, je ne croy pas qu'il soit besoin de
faire icy l'Apologie du Concile & de Sigismond

contre ceux d'entre les Protestans qui leur reprochent d'avoir violé la foy publique, comme ils nous accusent aussi d'enseigner qu'on ne la doit pas garder aux Hérétiques, ce qui est une fausseté toute manifeste, qu'on peut aisément découvrir en lisant nos Theologiens. Elle fut toûjours inviolablement gardée en cette occasion, où j'ay fait voir qu'on ne fit rien contre les Saufconduits. Et cela est si vray, que ni Jerosme de Prague, ni Jean Hus, en parlant à Sigismond, ni les anciens Hussites, à la réserve de ces Gentilshommes qui n'avoient pas examiné la chose, ne s'en plaignirent pas en ce tems-là, où la verité paroissoit trop claire, pour estre obscurcie par une pareille calomnie : ce ne sont que quelques nouveaux, qui ont formé cette plainte long-tems aprés, par malice, ou par ignorance, ne sçachant pas ce que je viens de dire, & d'éclaircir, sur des témoignages si authentiques, que je ne crains plus maintenant qu'on nous accuse de ce qui s'est fait dans cette Session du Concile, laquelle se termina par la condamnation de la damnable proposition de Jean Petit de la maniere qu'il faut que je raconte icy, pour informer mon Lecteur de certaines choses qu'on n'a pas encore bien fait entendre.

Tout le monde sçait que sur la fin de l'année mil quatre cens sept, Jean Duc de Bourgogne fit traîtreusement assassiner Louïs Duc d'Orleans son cousin germain, frere unique du Roy

Vid. Becan.
tract. de Fid.
haret. servan.
Melanum &
alios.
Hist. Hussit.
Cochl. l. 2.

Charles VI. deux jours aprés luy avoir juré amitié & alliance fraternelle devant le faint Autel,
en communiant tous deux enfemble, en figne de
parfaite réconciliation. Comme il fut rentré dans
Paris au mois de Mars de l'année fuivante, au
milieu de huit cens Gentilshommes armez de
toutes pieces à la réferve du cafque, il voulut
foûtenir une fi déteftable action en audiance publique dans la Grand' Salle de l'Hoftel Royal de
Saint Pol, durant la maladie du Roy. Ce fut là,
qu'en prefençe du Dauphin Louïs Duc de Guien- *Mon. Dionyf.*
ne, des Princes du Sang, des Officiers de la Cou- *l. 33.*
ronne, des Seigneurs du Confeil, & des Docteurs *Monſtrelet.*
de l'Univerfité, Mᵉ Jean Petit célebre Profef- *t. 1. c. 113. &*
feur en Theologie, mais homme extrêmement *117.*
vain & intereffé, qui avoit vendu fa langue &
fa plume au Duc de Bourgogne, contre fon honneur & fa confcience, entreprit, aprés avoir dechiré la mémoire du Prince défunt par mille
horribles calomnies, de juftifier cét exécrable
parricide, par un long difcours, dans lequel tout
fe réduit à cette propofition: Qu'il eft permis à
toute perfonne, & même loüable & méritoire, de
tuër de fon autorité particuliere un Tyran; &
qu'on peut employer pour cét effet toutes fortes de voyes, jufqu'aux trahifons & aux flateries,
pour le faire tomber dans les embufches qu'on
luy a préparées, nonobftant toutes les alliances
& tous les fermens qu'on auroit pû faire. Ce
qu'il rendit public dans un Livre qu'il compo-

ZZz ij

1415. ſa ſur ce ſujet, & qui portoit pour titre, *La Juſtification du Duc de Bourgogne.*

Une doctrine ſi abominable, qui tend au bouleverſement de l'Etat, & à la ruïne de la ſocieté civile, fit horreur à tous les gens de bien qui en ſouhaitoient la cenſure : mais on ne pût rien faire, tandis que le Bourguignon étoit le maître dans Paris, & juſqu'à ce qu'il en fut chaſſé, & qu'il fut proſcrit, par autorité du Roy, en l'année mil quatre·cens treize. Car alors, à la pourſuite principalement du Docteur & Chancelier Gerſon, qui avoit réfuté, au nom de l'Univerſité, en preſence du Roy, toutes les parties du diſcours & du livre de Jean Petit déja décedé, l'Evêque de Paris, qui étoit Gerard de Montaigu, aprés avoir fait examiner ce libelle par ſon Conſeil de la Foy, compoſé d'un grand nombre de Docteurs, avec l'Inquiſiteur Dominicain, le condamna, comme contenant, entre autres, neuf propoſitions héretiques, ou erronées, qui ſe peuvent réduire à celle que j'ay rapportée, & qui fut auſſi condamnée, & en ſuite il les fit bruſler publiquement avec le libelle, dans le Parvis de Noſtre-Dame, le vingt-cinquiéme de Fevrier de l'année ſuivante. Comme cette Sentence étoit extrêmement honteuſe au Duc de Bourgogne, la juſtification duquel on bruſloit dans ce Livre, avec un éternel opprobre de ſon nom, ſes Procureurs en appellerent au Saint Siége. Le Duc, pour ſe rendre le Pape favorable,

*Mon. Dionyſ. l. 33. c. 28. Cod. MS. Victor. apud Spond, Hiſt. Univ. t. 5. L. Juvenal.*

*L. Juvenal,*

entreprit de le proteger, agissant pour cela de concert avec le Duc d'Autriche, de la maniere que j'ay dit. Mais comme il sceût qu'on l'avoit *Cod. Victor.* *apud Spond.* arresté à Fribourg avant qu'il pût passer dans le Comté de Bourgogne; il récrivit au Concile, en répondant à l'avis qu'il en avoit receû de la faite du Pape, que ne luy ayant promis sa pro- tection qu'au cas qu'il voulût tenir la parole *Ad. Victor.* qu'il avoit donnée, il étoit résolu maintenant *apud Spond.* de l'abandonner, puis qu'on n'étoit pas satis- fait de sa conduite, & d'adherer en tout au Saint Concile.

Aprés avoir ainsi adroitement disposé les es- prits, il ajoûta, qu'il étoit averti que ses enne- mis avoient entrepris de le diffamer, sous pré- texte de faire condamner par le Concile certai- nes propositions heretiques, qu'on attribuoit au défunt Docteur Jean Petit, qui avoit défendu sa cause en homme de bien; que comme il y alloit de son honneur, il supplioit les Peres, qu'avant que de rien définir sur un point de cette impor- tance, & de condamner le Livre de ce Docteur, on examinast, en presence de ses Ambassadeurs, si en effet ces propositions étoient de luy, ou si elles n'étoient pas fabriquées malicieusement par d'autres, qui tâchoient de les faire condamner sous le nom de ce célebre Professeur, & même sous le sien. Le Concile ordonna pour cela des *T. 5. Hist. Vn.* Commissaires, qui furent les Cardinaux d'Alba- *pag. 299. ex* no, d'Aquilée, de Florence, & d'Ailly. Les Am- *Monstrel.* *l. Iuven.* *Cod. Victor.*

1415. baffadeurs du Duc de Bourgogne, qui avoient
fait, par leurs intrigues, un puiffant parti, &
qui avoient à leur tefte Martin Porrée Evêque
d'Arras, & Docteur en Theologie, récuferent

*Cod. Victor.* d'abord le Cardinal Pierre d'Ailly, comme ayant
efté Maiftre de Jean Gerfon, qu'ils prenoient
pour leur principale partie; & foûtenoient hardiment que ces Propofitions que l'Evêque de
Paris avoit condamnées, comme étant du Docteur Jean Petit, dans fon Livre intitulé, *Juftification du Duc de Bourgogne,* ne s'y trouvoient point
dans les termes qu'on les produifoit; que c'étoit
Jean Gerfon, qui étant envieux de la gloire que
le Docteur Petit s'étoit aquife dans l'Univerfité, les avoit formées à fa fantaifie, pour les tourner en un fens héretique, qu'eux-mêmes condamnoient les premiers; mais que de la maniere dont elles étoient conceûës dans le Livre de
leur Docteur, ils étoient tout prefts de prouver
qu'elles étoient tres-Catholiques.

*L. Juvenal.* D'autre part, le Cardinal d'Ailly qu'on avoit
récufé, fe joignit aux Docteurs Jean Gerfon
& Jourdan Morin, & tous trois proteftoient
*Cod. Victor.* qu'il n'y avoit rien de plus faux que ce que les
Ambaffadeurs de Bourgogne ofoient avancer;
qu'il ne falloit qu'avoir des yeux, fçavoir lire,
& entendre le François, pour voir que ces Propofitions condamnées, & fur tout celle à laquelle on avoit réduit toutes les autres, non
feulement étoient de Jean Petit, mais auffi qu'el-

les contenoient toute la fubftance, & tout le 1415.
précis de fon libelle, où il ne fait autre chofe
que les établir, par fes preuves prétenduës, &
par fes faux raifonnemens. Enfin, aprés de longues conteftations fur ce point, où il s'agiffoit
feulement d'un fait tout manifefte, que les Bourguignons nioient toûjours opiniâtrément, les
trois Cardinaux Commiffaires, qui étoient pour
eux, prirent un tres-mauvais expedient. Car
d'une part, ne pouvant approuver de fi méchantes propofitions, & de l'autre, ne voulant pas
condamner l'Avocat du Duc de Bourgogne, ils
s'aviferent de dire que l'Evêque de Paris étoit
Juge incompetent en cette caufe qui appartenoit au Saint Siege ; & là-deffus ils cafferent fa
Sentence, fans même exprimer leur motif : ce
qui étoit juftement donner lieu de croire que
l'on avoit approuvé au Concile de Conftance
la doctrine de Jean Petit, comme Monftrelet,
partifan déclaré du Duc de Bourgogne, l'a écrit.
C'eft pourquoy Gerfon appella de l'injufte Sentence de ces trois Cardinaux au Concile, croyant
qu'il luy feroit juftice ; & en effet, il la luy fit,
mais non pas toute entiere.

Car on fe garda bien de caffer la Sentence de
l'Evêque de Paris, qui eft le Juge ordinaire &
immediat & de la doctrine & des perfonnes
qui la débitent dans fon Diocefe : mais auffi
d'autre part, foit qu'on n'eût pas à Conftance le libelle de Jean Petit, & qu'on n'en eût

1415. que l'extrait contenant ses Propositions ; ou
que l'ayant, on ne voulût pas l'examiner, pour
ne defobliger perfonne, comme l'Empereur le

*Cod. Victor.* confeilloit ; on fe contenta, fuivant fon avis,
de s'attacher feulement à la doctrine en général,
& de condamner la Propofition fondamentale,
qui contenoit en fubftance toutes les autres ; ce
qu'on fit en ces termes. *On a remontré à ce Saint*
*Concile, qu'on avoit enfeigné certaines propofitions er-*
*ronées & tres-fcandaleufes, tendant au renverfemens*
*de l'état de toute la République, entre lefquelles on luy*

*Acta Concil.* *a prefenté celle-cy. Tout Tyran peut & doit licitement*
*Conft. Seff. 15.* *& meritoirement eftre tué, par qui que ce foit de fes*
*vaffaux, ou de fes fujets, employant même pour cela*
*les embufches, les flateries, & les feintes careffes, non-*
*obftant toute forte de ferment, & quelque alliance qu'on*
*ait faite avec luy, & fans attendre la Sentence ou le*
*commandement de quelque Juge que ce puiffe eftre. Le*
*Saint Concile, pour exterminer cette erreur, déclare &*
*définit, après une meûre déliberation, que cette doctri-*
*ne eft contre la Foy & les bonnes mœurs, & la ré-*
*prouve & condamne comme héretique, fcandaleufe,*
*& donnant lieu aux fraudes, tromperies, menfonges,*
*trahifons, & aux parjures. De plus, il définit & dé-*
*clare, que ceux qui foûtiennent opiniâtrément cette do-*
*ctrine tres-pernicieufe, font heretiques, & que comme*
*tels, ils doivent eftre punis felon l'Ordonnance des Saints*
*Canons.*

Voilà le Decret du Concile, qui pour certaines confiderations, & fur tout pour ne pas
desobliger

defobliger le Duc de Bourgogne, ne voulut pas
en cette caufe joindre le fait avec le droit, comme il le pouvoit faire, à l'exemple de plufieurs
autres Conciles généraux, & fur tout du cinquiéme, où l'on condamna les trois Chapitres,
c'eft à dire, la doctrine contenuë dans certains
écrits de Theodore de Mopfueftie, de Theodo-
ret, & d'Ibas. Mais comme on avoit en France
le libelle de Jean Petit, & qu'il avoit eû cours,
principalement dans Paris, tandis que le Duc de
Bourgogne y dominoit; on crût que ce n'étoit
pas affez de s'arrefter au droit, en condamnant
fimplement la doctrine, mais qu'il y falloit ajoû-
ter le fait, & condamner auffi fon Auteur & le
libelle qui la contenoit, de peur que, fous prétexte qu'on n'avoit pas touché à ce libelle, on
ne voulût encore maintenir une fi damnable
doctrine, qu'on fçavoit y eftre, quoy que les partifans & les fauteurs de cette Hérefie euffent l'impudence & l'effronterie de nier qu'elle y fuft.
C'eft pourquoy, quand on apprit en ce Royaume tout ce qui s'étoit paffé à Conftance fur ce
fujet, on y agit d'une maniere dont il importe que tout le monde foit bien informé, afin
qu'on fçache quel a efté le fentiment de nos
Rois, & de leur Confeil, de nos Evêques, du
Parlement, & de l'Univerfité, touchant la fepa-
ration ou la jonction du droit & du fait dans
la Cenfure qu'on doit faire d'une pernicieufe
doctrine.

1415.

Iean Iuven.
pag. 323. de
l'Impreff. du
Louvre.

Nos Docteurs qui étoient à Conſtance, craignant ce qui arriva, que les Cardinaux Commiſſaires ne favoriſaſſent les Bourguignons, a-
voient écrit à leurs Confreres à Paris, qu'ils fiſſent en ſorte que l'Univerſité ſe joigniſt en cauſe à leur Evêque, pour faire confirmer ſa Sentence contre la doctrine de Jean Petit : mais il
ſe trouva que pluſieurs de ce grand Corps s'é-
tant laiſſé corrompre par le parti de ce Docteur
& du Duc de Bourgogne, firent une ſi grande
cabale contre eux, qu'ils empeſcherent qu'ils
n'obtinſſent ce qu'ils demandoient. Les bons
Docteurs, & principalement ceux de l'illuſtre
Sorbonne & de Navarre, toûjours fortement
attachez au bon parti, que Gerſon défendoit
avec beaucoup de zele & de force, en ayant
fait leur plainte au Roy; Sa Majeſté, pour pur-
ger l'Univerſité de ces eſprits brouïllons qui
troubloient l'Egliſe & l'Etat, envoya faire commandement à plus de quarante des plus mutins
de ſortir de Paris le jour même, ſur peine de
la vie. Ce fut un excellent remede pour empeſcher qu'un ſi grand mal ne paſſaſt plus avant,
& qu'un Corps qui avoit ſervi ſi utilement pour
éteindre le Schiſme général, ne ſe ruinaſt luy-
même, par un Schiſme particulier, que la cabale de ces mal intentionnez alloit former entre
ſes membres. Aprés cela, pour empeſcher que
l'on ne fiſt revivre une ſi abominable doctrine en ſauvant l'écrit qui la contient, Sa Maje-

sté envoya au Parlement sa Déclaration contre
les erreurs contenuës dans le libelle de M. Jean
Petit, intitulé, *La justification du Duc de Bourgo-*
*gne*, avec ordre de lacerer en pleine audiance
tous les exemplaires qu'on en pourra trouver,
& défense à qui que ce soit d'en retenir aucun,
sur peine de confiscation de corps & de biens,
ordonnant que cette Déclaration soit enregistrée avec la Sentence de l'Evêque de Paris,
contenant le droit & le fait joints ensemble,
dans la condamnation des erreurs tres-perni-
cieuses du libelle de M. Jean Petit, intitulé,
*La justification du Duc de Bourgogne*, qui commen-
ce par ces paroles, *Pardevers la tres-noble & la*
*tres-haute Majesté Royale*, & qui a esté exposé
publiquement en vente dans Paris & ailleurs.
Tout cela fut enregistré au Parlement le quatriéme de Juin de l'année mil quatre cens seize ;
& le seiziéme de Septembre de la même année,
il fit, à la requeste de l'Université, un sanglant
Arrest contre tous ceux qui oseroient encore
soûtenir la doctrine de ce détestable libelle, les
déclarant soûmis à toutes les peines qui sont
deûës aux criminels de leze-Majesté.

Aprés cela, c'est à mon Lecteur de juger de
quelle maniere on eût traité en ce tems-là dans
le Conseil du Roy, au Parlement, en Cour d'E-
glise, & à la Sorbonne, un Docteur qui eût
osé dire, que pour ce qui regarde le droit &
la doctrine, il se soûmettoit à une Sentence

1415.
*Hist. Vniverf.*
*t. 5. p. 300.*
Quâ M. Joan-
nes Parvi nun-
cupatus justi-
ficationem Du-
cis Burgundiæ
fecit appellari,
ejus quaternos
& particulas
apud quem-
cumque inve-
niri poterunt,
&c.
Prædicta Pro-
positio M. J.
Parvi in sese,
& in suis asser-
tionibus prin-
cipaliter in-
tentis & in ea
contentis est
abolenda at-
que damnan-
da tanquam in
fide erronea,
&c. & eam sic
abolemus &
damnamus,
&c.
Quam justifi-
cationem D.
Ducis Burgun-
diæ appellavit
complures in
se errores pe-
stiferos conti-
nentem, &
quæ in tantû
in dictis villa
& Diœcesi Pa-
risiensi publi-
cata extitit,
quod vendi-
tioni publicæ
exposita & à
pluribus em-
pta fuerit.
*Pag. 301.*
Publicæ ven-

A A a a ij

1415.
ditioni exposi-
ta, quæ sic in-
cipit, Parle-
vers, &c.
Pag. 302.

autorisée d'une Déclaration du Roy, enregistrée au Parlement, & suivie d'un Arrest donné à la Requeste de l'Université; mais que pour le fait de l'écrit du Docteur Jean Petit, il ne pouvoit souscrire à cette Sentence, & que c'étoit bien assez qu'il gardast sur ce point un silence respectueux. On peut ensuite aisément deviner ce que l'on eût fait encore à plus forte raison, si la Sentence fût émanée du Pape, aussi bien qu'elle l'étoit de l'Evêque de Paris.

Voilà tout ce qui se fit au Concile de Constance en cette Session quinziéme, aprés laquelle, pour réduire l'obédience de Pierre de Lune aux deux autres, & pour réünir ensuite toute l'Eglise, il fallut que l'Empereur fît le voyage auquel il s'étoit obligé, & dont il faut maintenant que je fasse voir le succés & le fruit.

# HISTOIRE

## DU
## GRAND SCHISME
## D'OCCIDENT.

---

### LIVRE SIXIÉME.

 N étoit convenu que le lieu de
la Conference qui se devoit fai-
re entre l'Empereur, le Pape Benoist, & Ferdinand I. Roy d'A-
ragon, seroit Nice en Provence:
mais la maladie de ce Roy, qu'u-
ne fiévre lente alloit consumant peu à peu, fit

*Ann.*
141j.

AAA 2 iij

1415. que Sigifmond voulut bien que ce fût la Ville de Perpignan, qui étoit alors de la Couronne d'Aragon. Le Concile nomma dans la Seffion feiziéme l'Archevêque de Tours, & treize autres Députez, Evêques, Abbez, & Docteurs, pour agir de fa part conjointement avec l'Empereur en cette Conference. Et pour la feûreté de fon voyage, on fit dans la fuivante Seffion un Decret, par lequel on défend à toutes fortes de perfonnes, Ecclefiaftiques & feculieres, de quelque qualité qu'elles foient, aux Princes mêmes & aux Rois, de luy apporter, ni à ceux de fa fuite, aucun empefchement fur leur paffage, & cela fur peine d'excommunication, & de privation de leur dignité. Il faut dire icy franchement la verité. Ce Decret choquoit tous les Souverains, & principalement le Roy de France, fur les Etats duquel il falloit neceffairement qu'on paffaft pour aller à Perpignan. Ce fut donc une entreprife du Concile de Conftance, laquelle eft tout-à-fait infoûtenable; & il en avoit déja fait une pareille en la Seffion quinziéme, où il défend à tous ceux qui font prefens, de quelque qualité qu'ils foient, même Impériale & Royale, d'interrompre ceux qui parlent, & de faire du bruit des mains, ou des pieds, fur peine d'excommunication, & d'eftre deux mois en prifon. Et cela fe fait en prefence de Sigifmond Empereur & Roy des Romains & de Hongrie, féant fur fon Trône, & reveftu des ornemens

Quicunque, cujufcumque ftatus aut conditionis exiftat, etiamfi regalis, &c. euntes, vel redeuntes impediverit, perturbaverit, &c. Sententiam excommunicationis, &c. Et ulterius, omni honore, & dignitate . . . . . ipfo facto fit privatus. Act. Concil. Conft. Seff. 17. Præcipit, & mandat fub pœnâ excommunicationis . . . . & fub pœnâ carceris duorum menfium, ne alifquis, cujufcûque ftatus, autoritatis . . . etiamfi imperiali, regali . . . dignitate præfulgeat, . . . . loquentes perturbet . . . . aut quemcumque ftrepitum vo-

Imperiaux, écoutant fort paifiblement, & avec une extrême bonté une Ordonnance de cette nature: de-forte qu'en vertu de ce Decret , s'il eût fait du bruit, on le pouvoit mener en prifon avec fa Couronne & fon Sceptre & fon Manteau Imperial. Les anciens Conciles, & fur tout les quatre premiers, qui font le modele de tous les autres, & que Säint Grégoire le Grand réveroit comme les quatre Evangeliftes, n'ont jamais rien entrepris de femblable, parce qu'ils fçavoient bien que leur pouvoir ne s'étendoit pas au-delà du fpirituel, & qu'ils n'ont receû de Dieu l'infaillibilité, que pour définir les grandes veritez de la Foy, felon la parole de Dieu, qui veut qu'on luy rende ce qu'on luy doit, & à Céfar ce qui luy appartient, fans toucher à fes droits & à fa puiffance, qui n'eft foûmife pour le temporel qu'à celle de Dieu feul.

Ainfi, que le Pape foit infaillible, ou qu'il ne le foit pas, cela n'étant point de mon fujet, je diray feulement que c'eft tres-mal raifonner de dire, que s'il l'étoit, il pourroit faire croire qu'il a puiffance fur le temporel des Rois, en définiffant cét article. Ceux qui raifonnent de la forte attachent donc cette puiffance à l'infaillibilité ; & enfuite, comme ils avoüent que le Concile général eft infaillible, il faudroit dire, felon leur maxime, qu'il a ce pouvoir. Et c'eft ce que l'on ne doit ni dire, ni çroire, parce qu'il n'a receû du Saint Efprit ce

1415.
ce, vel manibus, aut pedibus faciat.
Act. Concil.
Seff. 11.

1415. beau privilege d'infaillibilité, que pour décider des choſes appartenantes à la Foy, qui ſont toutes ſpirituelles, & entierement détachées du temporel & des intereſts de ce monde, d'où le Royaume de Jeſus-Chriſt & de ſon Egliſe n'eſt pas. J'ay crû que j'étois obligé de faire cette petite remarque, pour avertir ceux qui n'ont pas leû fort exactement tous les Actes du Concile de Conſtance, que ce n'eſt pas en toutes choſes qu'on le doit approuver; que pour eſtre infaillible, on n'a pas pouvoir ſur le temporel, beaucoup moins ſur la dignité & ſur la perſonne des Rois; & qu'on ne ſeroit pas aujourd'huy de l'humeur de Sigiſmond, qui voulut bien ſouffrir qu'on le menaçaſt de la priſon. Mais ſi ce Prince n'eût pas en cette occaſion tout l'égard qu'il devoit avoir pour la majeſté de l'Empire, il eſt d'ailleurs extrêmement loüable d'avoir employé tout ce qu'on pouvoit attendre de luy, juſques à vouloir bien aller luy-même au Royaume d'Aragon, pour tâcher d'y lever l'unique obſtacle qui s'oppoſoit encore à la paix par l'opiniâtreté inſurmontable de Pierre de Lune.

Act. Concil.
Conſtant.

Il partit de Conſtance le dix-huitiéme de Juillet, avec une grande ſuite de Nobleſſe, aprés avoir receû trois jours auparavant, en ceremonie, la Benediction du Concile, dans la Seſſion dix-ſeptiéme, & traverſa toute la largeur de la France juſques à Narbonne, tandis qu'on faiſoit à Conſtance, pour la proſperité de ſon voyage, des
prieres

prieres publiques, & des Proceſſions généra-
les, en la premiere deſquelles, le Dimanche
vingt & uniéme de Juillet, le Chancelier de l'U-
niverſité de Paris Jean Gerſon fit ce celebre
Sermon que nous avons parmi ſes Oeuvres, ſur
le voyage du Roy des Romains, où il enſeigne ſa
doctrine touchant l'autorité ſuprême du Concile
en douze propoſitions, qu'il appelle Directions,
dans la ſeconde deſquelles il ſoûtient comme
une verité inconteſtable, que le Concile général
peut contraindre un Pape, qu'il tient même pour
tres-legitime, & pour homme de bien, d'accepter,
& d'exécuter la voye de ceſſion, quand on le
juge neceſſaire pour le repos & la paix de l'E-
gliſe. Cependant, l'Empereur étant arrivé à Narbonne, fut contraint de s'y arreſter aſſez long-
tems, à cauſe des difficultez que Benoiſt faiſoit
naître, pour empeſcher cette Conference, dont
il prévoyoit que l'iſſuë ne luy ſeroit pas favorable. Mais enfin, le Roy Ferdinand, qui avoit
pour luy de grands égards, fit ſi bien en ma-
niant doucement ſon eſprit par des conſiderations d'honneur & d'intereſt, qu'il l'emmena
de Valence à Perpignan, accompagné de quatre
cens chevaux, & de cinq cens arbaleſtriers, qu'il
avoit levez pour ſa ſeûreté. Là ils trouverent
les Ambaſſadeurs de Caſtille & de Navarre, ceux
du Comte de Foix & du Comte d'Armagnac,
qui étoient de l'obédience de Benoiſt, & les
Ambaſſadeurs de France, qui étoient comme

*Concilium ge-
nerale poteſt
eum quem re-
putat Summũ
Pontificem ne-
dum conſulti-
vè inducere,
ſed autoritati-
vè compellere
ad offerēdum
viam ceſſio-
nis, vel ad ce-
dendum Papa-
tui, etiam ſine
culpâ ſuâ, li-
cèt non ſine
cauſâ.
Gerſ. Serm.
pro viagio
Reg. Rom.
1. par. p. 146.
Acta Villor.
Acta Conci.
apud Brou.
ad hunc ann.*

BBBb

1415. Mediateurs, pour procurer une bonne & folide paix. L'Empereur enfuite partit de Narbonne avec quatre à cinq cens chevaux, mais en affez mauvais équipage, ce qui rehauffa encore l'éclat de la fuperbe & magnifique pompe, avec laquelle il fut receû fur la Frontiere, par Alphonfe Duc de Gironde, fils aîné du Roy Ferdinand, fuivi de la Nobleffe Aragonoife & Catalane, au milieu de laquelle Sigifmond, aprés avoir efté régalé par ce jeune Prince de tres-riches prefens, fit fon entrée à Perpignan le dix-huitiéme de Septembre.

Mon. Dionyf. l. 35. c. 19.

Tout le monde étoit dans l'attente du fucés de cette Conference, où l'on ne pouvoit pas dire bien précifément s'il y avoit plus à efperer du cofté des Princes, qu'on fçavoit defirer la paix, ou plus à craindre de la pair de Benoift, le plus fubtil & le plus obftiné de tous les hommes, comme on l'avoit reconnu tant de fois. En effet, l'Empereur, les Députez du Concile, & Ferdinand même, luy remontroient tout ce qu'il y avoit de plus fort pour le convaincre, & de plus pathetique pour le toucher. *Que la confcience, l'honneur, fes promeffes, & fes fermens l'obligeoient maintenant qu'il n'avoit plus aucune excufe apparente pour s'en défendre, à faire ce que quelques prétextes fpecieux luy avoient peut-eftre auparavant donné fujet de differer jufqu'à un autre tems. Que Grégoire & Jean fes deux adverfaires s'étant dépofez, la condition fous laquelle il avoit juré d'en*

Marian. l. 20. c. 7. Vall. in Vit. Ferdin. Surit. Hift. Arag. l. 12.

faire autant qu'eux, étoit pleinement accomplie. Que 1415.
le repos & la paix des Chrétiens aprés cela dépendoit
uniquement de luy. Qu'aprés trente-huit ans de
Schifme, de trouble, & de defolation, il étoit donc le
feul obftacle qu'il y eût encore à l'union, à la tranquillité, & au bonheur de toute la Chrétienté. Que l'Eglife,
laquelle il difoit luy-même que Dieu luy avoit confiée,
luy tendoit les bras, dans cét abîme de malheurs où
elle étoit plongée, & dont il la pouvoit tirer fi facilement, en quittant volontairement ce qu'on luy ofte-
roit bien-toft par force, fans même que les hommes s'en
meflaffent. Qu'il n'attendift pas que la mort, qui dans
l'extrémité de la vieilleffe où il fe trouvoit alors, n'é-
toit pas loin, luy vint arracher le Pontificat, avec un
opprobre éternel de fon nom, puis qu'il le pouvoit maintenant abandonner pour fi peu de tems, avec une gloire immortelle. Enfin, les deux illuftres Freres Vincent & Boniface Ferrier, l'un Dominicain, &
l'autre Chartreux, qui l'avoient toûjours fuivi
jufques alors, parce qu'ils croyoient, tout Saints
qu'ils étoient, qu'ils pouvoient fuivre, en con-
fience, l'opinion des Docteurs & des Evêques
Efpagnols, quoy-que fans contredit la moins
probable, employerent tout leur efprit, & toute leur éloquence, pour luy perfuader la même
chofe, en l'affeûrant fur tout qu'ils voyoient
bien que toute fon obédience étoit réfolue de
l'abandonner, comme ils feroient enfin eux-mêmes, de-peur de devenir manifeftement Schifmatiques.

1415.   C'eſt une étrange paſſion que celle que l'on
a de dominer, laquelle bien loin de s'affoiblir
avec l'âge, & de s'éteindre avec l'ardeur du ſang
dans la vieilleſſe, devient alors d'autant plus forte & plus ardente, que l'on eſt plus preſt de
perdre en mourant ce que l'on voudroit toûjours retenir. Toutes ces conſiderations ne pûrent ébranler Benoiſt : il demeura ferme comme un rocher, & ne pût enfin ſe reſoudre
à ſe départir de la réſolution qu'il avoit priſe de ne quitter jamais la Tiare Pontificale. Il
ſoûtint toûjours qu'il étoit vray Pape. Que quand
même on en pouvoit raiſonnablement douter, ce n'étoit
plus luy, dans l'état où étoient les choſes, qui entrete-
nois le Schiſme, mais que c'étoit l'Aſſemblée de Conſtance, parce que les deux autres ayants cedé tout le
droit qu'ils pouvoient prétendre au Pontificat, il étoit
ſeul Pape ; qu'ainſi en le reconnoiſſant pour tel, il n'y
auroit plus de Schiſme, n'y ayant plus de concurrent ;
qu'au contraire, en faiſant une nouvelle élection, on
faiſoit renaître le Schiſme, parce qu'il y auroit deux
Papes au lieu d'un, puis qu'il étoit réſolu de l'eſtre toûjours, ne pouvant, en conſcience, diſoit-il, abandonner le Vaiſſeau de Saint Pierre, dont Dieu luy avoit
mis en main le gouvernail. Que plus il étoit vieux,
plus il ſe ſentoit obligé à faire ſon devoir, & à réſiſter de toute ſa force à la tempeſte, de peur de s'attirer l'indignation de Dieu & le mépris des hommes,
en commettant, ſur la fin de ſes jours, une lâcheté indigne de ſon âge. Qu'au reſte, s'il falloit faire un

nouveau *Pape pour le bien de la paix, il n'y avoit* 1415.
*que luy seul qui le pût élire, puis qu'étant l'unique entre tous les Cardinaux qui eût esté promeû avant le Schisme par Grégoire XI. il n'y avoit que luy, selon ses adversaires mêmes, dont la promotion fût bien certaine, & consequemment qui eût un droit incontestable à l'élection d'un Pape, qui seroit toûjours incertain, & tout propre à faire renaître le Schisme, s'il étoit éleû par des Cardinaux, ausquels on pourroit disputer leur qualité. Qu'ainsi le plus seûr, pour le bien & le repos de la Chrétienté, étoit qu'il fût reconnu de tous pour vray Pape.*

Voilà ce que Pierre de Lune soûtenoit en plaidant luy-même sa cause avec tant d'ardeur & d'imperuosité d'esprit, son ambition luy donnant des forces que la nature ne luy pouvoit fournir en son âge de prés de soixante & dix-huit ans; qu'un jour dans l'Assemblée générale des Princes & des Ambassadeurs il harangua sur ce sujet sept heures entieres, sans interruption, au bout desquelles les Assistans n'en pouvant plus, il étoit aussi frais & aussi fort qu'au commencement de son discours. Tant une violente passion a de force pour soûtenir la foiblesse de la nature dans la poursuite ardente de ce qu'elle luy fait vouloir fortement, malgré toutes les difficultez & tous les obstacles qu'on luy oppose.

Enfin, quoy-que l'Empereur, le Roy d'Aragon, & les Ambassadeurs du Concile & des

1415.

autres Princes pûſſent faire par leurs Remontrances & par leurs Requeſtes, pour l'obliger
à s'aquiter de la promeſſe qu'il avoit faite tant
de fois avec tant de ſermens, & à renoncer
au Pontificat par luy-même ou par Procureur,
en la maniere & aux mêmes conditions que
Grégoire XII. l'avoit fait, il proteſta toûjours,
en uſant à ſon ordinaire de mille fauſſes ſubti-
litez, qu'en l'état où étoit l'Egliſe il ne le pouvoit faire en conſcience, ni avoir aucun commerce avec la Congrégation de Conſtance, qui
n'étoit qu'une Aſſemblée de Schiſmatiques, où
il n'y avoit même nulle liberté, & qu'enſuite
celuy qu'on y feroit Pape, ne ſeroit qu'un Intrus & une idole. C'eſt pourquoy l'Empereur
n'eſperant plus rien d'un homme ſi obſtiné,
crût qu'il ſe devoit retirer à Narbonne, d'où il
envoya néanmoins quelques Députez à Perpignan, à la priere de Ferdinand & des Ambaſſadeurs des Princes de l'obédience de Benoiſt,
qui promirent de l'abandonner, s'il ne ſe rendoit aux derniers efforts qu'ils alloient faire
tous enſemble, pour le réduire à la raiſon. Mais
Benoiſt, qui eût peur qu'on ne le preſſaſt un peu
trop, & qu'on ne s'aſſeûraſt de ſa perſonne, ſe
retira avec ſes troupes à Colioure le treiziéme
de Novembre, d'où, aprés avoir répondu, en ſa
maniere, à une ſeconde ſommation en forme
de Requeſte qu'on luy fit dés le jour ſuivant de
la part de tous ces Princes, il s'embarqua avec

AB. MS.
Fr. Card. Bar-
ber. ap. Ray-
nald.
AB. Congreſſ.
Perpini. ap.
Bzov.

quatre Cardinaux, & les Prélats de sa Cour, sur 1415.
quatres galeres qui l'attendoient à ce Port, & *Ep. Arch. Nar-*
s'alla renfermer dans Paniscole, qui étoit une *bon. ad Conf.*
Place tres-forte en ce tems-là, appartenante à *ep. Brev. ad*
la Maison de Lune, dans une Peninsule peu *hunc an.*
loin de Tortose & de l'emboucheûre de l'E-
bre.

Ce fut-là qu'on luy fit, de la part des Princes, une derniere sommation, aprés laquelle le
Roy Ferdinand & les Ambassadeurs des Prin- *Surit. l. 22.*
ces résolurent, par le conseil de Saint Vincent *c. 15.*
Ferrier, de renoncer à l'obédience de Benoist,
& de s'unir au Concile de Constance, à des con- *Acta Concil.*
ditions aussi avantageuses que celles qui furent *Conf.*
accordées à ceux qui avoient suivi Grégoire XII.
aprés le Concile de Pise. L'Empereur & les
Députez de Constance les signerent, & elles
furent ratifiées ensuite par les Peres, qui en exé-
cutant la premiere de ces conditions, convo-
querent les Princes & les Prélats de l'obédience de Benoist, & ceux-cy réciproquement con-
voquerent à Constance ceux des autres obédiences qui y étoient déja; car on voulut bien observer cette cérémonie, pour le bien de la paix,
& pour sauver l'honneur des Espagnols. Au
reste, le Roy Ferdinand se sentant tous les jours
plus pressé de sa maladie, dont il mourut trois *Marian. l. 20.*
mois aprés, laissant le Royaume à son fils Al- *c. 7. 8.*
phonse le Magnanime, ne voulut pas attendre
la ratification du Traité, & fit publier le jour

des Rois l'Edit d'union avec le Saint Concile,
défendant à tous ses Sujets de plus reconnoître
Pierre de Lune. Ce fut Saint Vincent Ferrier qui
en fit la publication à Perpignan, en presence
du Roy, du Prince Alphonse, & de toute la
Cour, dans un excellent Sermon, où il dit que
comme ce jour-là trois Rois d'Orient avoient
fait leurs presens mysterieux à Jesus-Christ;
ainsi trois Rois d'Occident, à sçavoir, le Roy
d'Aragon, celuy de Castille, & celuy de Navarre, s'étoient unis d'un même esprit animé
de celuy de Dieu, pour luy faire les précieux
presens de leur cœur, & de leur parfaite obéïssance, en rendant à l'Eglise ce qu'ils luy doivent par cette bienheureuse paix, après laquelle elle soûpire il y a prés de quarante ans.

En effet, on fit la même chose en Castille,
où néanmoins les Archevêques de Tolede &
de Seville, & quelques autres Prélats tinrent
encore quelque peu de tems pour Benoist, qui
les avoit gagnez, & qui cependant ayant assemblé un miserable Conciliabule à Paniscole, lançoit inutilement de vains foudres d'anathême
contre tous ceux qui l'abandonnoient, & sur
tout contre Ferdinand, qu'il excommunioit ré-
gulierement tous les jours. Le Roy de Navarre & les Comtes de Foix & d'Armagnac se
moquant de ses anathêmes, renoncerent aussi
par acte public à son obédience; & tous ces
Princes envoyerent, quoy qu'en divers tems,
leurs

Suivit l. 12.
c. 6.

leurs Ambaſſadeurs au Concile, auquel ils s'u-
nirent de la part de leurs Maiſtres, & où, aprés
quelques legeres conteſtations, pour le rang que
chacun prétendoit tenir, on déclara par un Decret, que les places que l'on prendroit, ſoit
dans les Aſſemblées, ſoit aux Proceſſions, ſeroient ſans préjudice des prétentions & des droits
d'un chacun.

*Act. Concil.*
*Conſtant.*

*1416.*

En quoy il y eût deux choſes fort remarquables ; l'une, que Jean Gerſon, en qualité d'Am-
baſſadeur du Roy, fut toûjours ſans contredit
le premier à la teſte de tous les autres, ſans
qu'aucun eût jamais la moindre penſée de s'y
oppoſer ; & l'autre, que les Ambaſſadeurs du
Duc de Bourgogne entreprirent de diſputer du
rang, même avec les Evêques de Cordoüë &
de Cuença Ambaſſadeurs du Roy de Caſtille,
comme un Hiſtorien Caſtillan l'a remarqué ; ce
qui pourtant n'eût point d'autre effet, que de
faire éclater l'ambition & les vaſtes prétentions
de ce Prince violent, qui faiſoit bien du deſordre en France en ce tems-là. Ainſi les Eſpagnols
s'étant unis au Concile, y firent une cinquiéme
Nation, qui eût ſon ſuffrage comme les autres
quatre, & l'obédience de Pierre de Lune ſe trouva renfermée dans l'enceinte du rocher, ſur
quoy la petite Ville, & la forteresse de Paniſ-
cole étoit ſituée, & où cét opiniâtre Antipape
prétendit que la vraye Egliſe étoit réduite, y
tenant ferme luy preſque tout ſeul, contre tour

*Gonzales de*
*Avila Hiſtor.*
*Salmant. l. 3.*
*c. 4.*

CCcc

1416. le reste du monde qui l'avoit abandonné. Car en ce même tems l'Ecosse, où le Concile avoit envoyé l'Abbé de Pontigny pour la réduire, quitta le parti de cét Antipape, malgré tous les efforts qu'il fit pour la retenir dans son obédience, par le moyen d'un Cordelier Anglois son Legat, qui fut même contraint de se sauver, pour éviter le châtiment qu'il craignoit, à cause de certaines propositions dangereuses qu'il avoit avancées, & soûtenuës avec opiniâtreté, au scandale du Clergé, qui l'en vouloit punir.

Cependant Sigismond, qui crût, ou plûtost qui fit semblant de croire que pour achever heureusement la grande affaire de la paix de l'Eglise, il falloit réünir le Roy de France & le Roy d'Angleterre qui étoient en guerre, fit accroire qu'il avoit envie de les accorder. En effet, il vint à Paris, où il fut receû durant les réjouïssances du Carnaval, avec des honneurs extraordinaires, & une magnificence Royale, laquelle étonna les Allemans & les Hongrois, qui n'avoient jamais rien veû de pareil dans leur Cour. Il proposa la paix, ou une tréve de quatre ou cinq ans. Il passa la mer, pour en traiter aussi à Londres avec le Roy d'Angleterre. Mais soit qu'il eût trouvé les choses si aigries entre les deux nations, qu'il ne pût surmonter les difficultez qui s'opposoient alors à cette paix, ou plûtost qu'il n'aimast pas les François, ce qu'il avoit déja fait paroître à Constance dans toutes

*Hector. Boet. Hist. Scot.*

*Ran Juven. Monstrelet. I. le Fevre, c. 69.*

*Mon. Dionys. Iean Juven.*

les occasions: il est certain, comme le Roy s'en
plaignit aprés en termes tres-forts dans une de
ses Déclarations, qu'au lieu de faire office de
Mediateur, ou du moins de demeurer neutre,
s'il n'avoit pû réüssir dans sa négotiation, il
embrassa le parti du Roy d'Angleterre, & s'u-
nit tout ouvertement avec luy contre la France; ce qui étoit asseûrément un tres-mauvais
moyen de procurer la paix à l'Eglise, comme
il le prétendoit par ce beau voyage, qui a fait
tant de bruit dans l'Histoire, & qui n'ayant pas
réüssi du costé de l'Espagne pour réduire Pierre de Lune, n'aboutit enfin qu'à faire une ligue avec les Anglois contre celuy de tous les
Rois qui travailloit avec plus d'ardeur & de zele à terminer le Schisme. Voilà ce que les Historiens sans doute n'ont pas sceû, puis qu'ils
n'en ont pas informé le monde; & l'on me
sçaura peut-estre bon gré de l'avoir fait, pour
desabuser ceux qui étant mal instruits par les
Auteurs, prennent encore aujourd'huy Sigismond pour le grand Pacificateur de l'Eglise.
Aprés cela, ce Prince reprit le chemin de Constance, où il arriva au commencement de l'année suivante.

On y faisoit le procés à Pierre de Lune, qui,
aprés que le Concile l'eût encore fait citer par
deux Docteurs de l'Ordre de Clugny, dans son
Château de Paniscole, & que l'on eût exactement gardé toutes les formes de la procedure,

*1416.*
*Déclar. de*
*Charles VI.*
*Hist. Vnivers.*
*t. 5. p. 314. &*
*suiv.*

*Ann.*
*1417.*
*Cod. Victor.*
*& Spondi.*

CCcc ij

1417.

*Acta Concil.*
*Conf.*

*Gobellin.*
*Platin.*

dans les Sessions précedentes, fut encore une fois
déposé du Pontificat, dans la trente - septiéme,
le vingt-sixiéme de Juillet, de la même maniere
qu'il l'avoit esté au Concile de Pise, sans qu'il
parût estre plus ébranlé par cette seconde Sentence qu'il ne l'avoit esté par la premiere. Aprés
cela, l'on fit un Decret, par lequel on obligea
celuy qui seroit Pape, à travailler avec les Députez des Nations à la réformation générale
de l'Eglise, & en particulier de la Cour de Rome, touchant la qualité, le nombre, & le païs
des Cardinaux, les Réservations, les Annates, les
Collations des Benefices, la Simonie, les Com-
mendes, les Décimes, les Indulgences, & les autres points où l'on trouveroit qu'il s'étoit glis-
sé quelques abus. Cela pourtant ne s'exécuta
qu'en partie aprés l'élection du Pape, & l'on remit cette affaire à un autre tems. Mais il fut arresté, que pour obvier aux desordres qui pourroient naître, & pour arrester le cours de ceux
qui se seroient déja insensiblement introduits,
on célebreroit un nouveau Concile général dans
cinq ans, & un second sept ans aprés; & puis
de dix ans en dix ans un autre, au lieu qui seroit
nommé par le Pape, un mois avant la fin de
chaque Concile, du consentement de l'Assemblée, ou qu'elle-même désigneroit au défaut du
Pape, auquel il ne seroit pas permis ni de le changer, ni de prolonger le terme prescrit.

Il ne faut que cela, pour montrer que les Con-

ciles n'ont pas le don d'infaillibilité hors des
choses qui appartiennent à la Foy, & que ses
Ordonnances sont sujettes au changement, selon la diversité des tems & des circonstances.
Car enfin celle-cy ne s'est observée qu'une seule fois, depuis environ deux cens soixante ans,
encore ne s'en trouva-t-on pas trop bien, par le
nouveau Schisme, dont on ne peut nier qu'elle
ne fût du moins l'occasion ; & puis l'experience
a fait voir manifestement, qu'il est moralement
impossible de la garder. Il se trouvera même
des gens qui soûtiendront, que dans l'état où
sont les choses depuis le Concile de Trente, il
ne seroit pas trop expedient qu'on la gardast,
en multipliant les Conciles, qui, aprés tant de
définitions si claires sur tous les points qu'on
pourroit révoquer en doute, & tant de beaux
Réglemens, pour la discipline & la police de
l'Eglise, ne sont pas fort necessaires, étant certain qu'il ne reste plus gueres maintenant qu'à
bien faire observer ce que l'on a bien ordonné.

On peut dire à peu prés la même chose des
moyens qu'on ordonna, pour remedier à un
Schisme à l'avenir, & qui enfin se réduisent
tous à un Concile général. On peut voir clairement dans cette Histoire, que le plus efficace
de tous les moyens qu'on puisse employer pour
cela, est celuy que la France proposa, & dont
elle poursuivit l'exécution avec tant de zele &
de courage, à sçavoir la voye de la cession, sans

CCCc iij

1417. quoy l'on ne peut jamais si bien éteindre le Schisme, qu'il ne reste toûjours des étincelles de ce funeste embrasement, qui rallument bien-tost un nouveau feu: car enfin le Concile de Pise déposa Grégoire & Benoist, qui furent déclarez Antipapes, pour créer un vray Pape, qui fut Alexandre V. & néanmoins parce que ces deux Antipapes, qui auparavant étoient Papés douteux, ne cederent point, le monde se trouva partagé par un plus grand Schisme entre trois obédiences, & il fallut qu'on recommençast à Constance, comme si l'on n'eût rien fait à Pise. Et si Jean XXIII. tout déposé qu'il fut à Constance, n'eût renoncé volontairement au Pontificat, comme il fit par un acte héroïque, qui doit effacer la mémoire de tout ce qu'on luy a reproché, il est certain que le Schisme eût continué, & que plusieurs de son obedience qui n'approuvoient pas qu'on eût procedé contre luy, encore qu'il s'offrist à ceder, eussent prétendu qu'on n'avoit pû le déposer, & qu'il étoit toûjours l'unique vray Pape. En effet, parce que Benoist, tout Antipape qu'il étoit, ne voulut jamais consentir à la cession, le Schisme, comme on le verra bien-tost, ne laissa pas de se rallumer en Espagne, où il dura toûjours, jusques à ce que le successeur de Benoist se démit volontairement : tant il est vray que ce fut la voye que la France choisit, & non pas celle d'un Concile, qui fit entierement cesser le Schisme.

Aprés la ceſſion du Pape Jean & de Grégoi- **1417.**
re, & qu'on eût dépoſé Benoiſt, il fallut proceder à l'élection d'un nouveau Pape, pour donner un Chef à l'Egliſe; & afin qu'elle ſe fiſt en
cette occaſion, d'un conſentement plus certain
& plus général de toute l'Egliſe, le Concile or- *Act. Conſil.*
donna dans la Seſſion quarantiéme, que pour *Conſt.*
*30. Octob.*
cette fois ſeulement, & du conſentement des
Cardinaux, ſix Députez Eccleſiaſtiques de chacune des cinq Nations leur ſeroient adjoints,
pour faire cette élection; & que celuy qui ſeroit éleû par les deux tiers des Cardinaux, & les
deux tiers auſſi des Députez de chaque Nation,
ſeroit tenu pour le vray & indubitable Succeſſeur de Saint Pierre. Sur quoy, aprés que dans
la Seſſion ſuivante on eût leû la Conſtitution
de Clement V I. touchant ce qu'on doit obſerver dans le Conclave, on choiſit les trente Députez des cinq Nations, qui furent le Patriarche de Conſtantinople, cinq Archevêques, douze Evêques, & douze autres Prélats ou Docteurs.
Ces trente Eleûs des Nations, joints à vingt-huit
Cardinaux des trois obediences, & faiſant tous
enſemble cinquante-huit Electeurs, entrerent
le huitiéme de Novembre au Conclave, & trois
jours aprés ils éleûrent tout d'une voix Othon
Colonna Cardinal Diacre, qui, en l'honneur du
Saint au jour de la Feſte duquel il fut éleû, prit
le nom de Martin V.

Il étoit de la tres-illuſtre Maiſon des Colon-

*Platin.*
*Ciacon.*
*Onuphrius.*

nes, qui tient un des premiers rangs parmi les plus grandes & les plus nobles non-seulement de l'Italie, mais aussi de toute l'Europe, pour son antiquité, & par les grands hommes qui en étant sortis, luy ont aquis une gloire immortelle, par celle des belles choses qu'ils ont faites dans les emplois les plus considerables & en paix & en guerre. C'étoit un homme d'environ cinquante ans, extrêmement sage, & qui ayant passé par toutes les plus grandes Charges de la Cour de Rome, y avoit merité la réputation où il étoit d'un excellent Ministre, & d'un parfaitement homme de bien: ce qui obligea Innocent VII. qui fut le plus vertueux des Papes durant le Schisme, de l'honorer de la Pourpre, laquelle il honora réciproquement par toutes sortes de vertus, qu'il fit éclater en toute sa conduite, ayant toûjours paru sur tout treszelé pour le bien public, sans prendre parti dans les divisions qui partagerent souvent les Peres du Concile. Cela fit que s'étant aquis l'estime universelle de tout le monde, on fut d'abord persuadé dans le Conclave, qu'il n'y avoit personne qui pût mieux que luy réparer les pertes que l'Eglise avoit souffertes dans un si long Schisme. Ensuite il fut éleû Pape, avec un si grand applaudissement, & une joye si excessive de la Cour & du Peuple, que Sigismond même, sans avoir aucun égard, en ce transport, à sa dignité Imperiale, s'alla jetter dans le Conclave parmi

parmi la foule de ceux qui y accouroient de 1417.
toutes parts à la nouvelle de cette élection, &
se prosterna le premier aux pieds de l'Eleû, re-
merciant les Electeurs d'avoir donné à l'Eglise
un Pontife & un Pasteur si accompli. Il fut ensuite conduit par cét Empereur, & par tout le
Concile, dans la grande Eglise, où il fut adoré
comme Pape, selon la coûtume; & aprés que le
Cardinal d'Ostie l'eût ordonné Prestre le Samedy vingt & uniéme de Novembre, il fut solennellement couronné le lendemain, & mené en
procession par la Ville, sous un magnifique dais,
l'Empereur d'un costé, & de l'autre Frideric Burgrave de Nuremberg & Electeur de Brandebourg, tenant à pied les resnes de son cheval,
jusques à ce qu'on l'eût reconduit à son Palais.

Il présida depuis aux quatre autres Séances
qu'il y eût encore aprés son élection, durant lesquelles le Cardinal de Saint Eusebe, qu'il envoya *Platin.*
Legat en Aragon, alla sommer encore de sa *Ciacon.*
part Pierre de Lune de quitter les marques du *Surit.*
Souverain Pontificat, & de se soûmettre à celuy
que tout le monde, à la réserve de ce rocher de
Paniscole, reconnoissoit pour le vray Pape. Le
Roy d'Aragon fit aussi pour cela tout ce qu'il
pût de son costé, mais seulement par remontrances & par promesses, sans y mesler la force,
parce qu'il y avoit encore plusieurs Aragonois,
qui, pour avoir esté toûjours persuadez qu'il n'y
avoit point d'autre Pape que Benoist, témoi-

1417. gnoit grande répugnance à le quitter. Ses Cardinaux même pour la plufpart joignirent leurs prieres à celles du Roy, & le conjurerent de ne vouloir plus s'obftiner à tenir luy feul, contre toute l'Eglife, deformais réünie contre luy. Mais tous ces efforts furent inutiles, & ne pûrent jamais ébranler cét homme, qui répondit, en rufant toûjours à fon ordinaire, que cette affaire ne fe pouvoit terminer de la forte; qu'il falloit qu'il en conferaft avec celuy qu'on venoit d'élire à Conftance, lequel il tenoit pour Intrus; & que s'il étoit auffi raifonnable, & auffi homme de bien qu'ils le luy dépeignoient, ils s'accorderoient aifément tous deux à la premiere Conference pour le repos folide de toute l'Eglife. C'eft pourquoy, comme on vit cette invincible obftination dans fon fens, de fix Cardinaux qu'il avoit encore, quatre l'abandonnerent, & s'allerent rendre au nouveau Pape, qui les receût l'année fuivante à bras ouverts, & les confirma fur le champ dans leur dignité; de-forte qu'il n'en demeura plus à Panifeole que deux, à fçavoir Julien Lobna, & Dom Dominique de Bonne Foy Chartreux, tous deux Efpagnols, comme les quatre autres que Pierre avoit créez Cardinaux auffi-toft aprés qu'on l'eût dépofé au Concile de Pife. Cependant, comme il y avoit déja prés de trois ans & demi que le Concile duroit à Conftance, & que la plufpart fouhaitoient ardemment qu'il finift; le Pape, qui le defiroit auffi, pour aller prom-

Ciacon. in Bon. XIII. Acta Legat. Card. ap. Bzov.

Ann. 1418.

ptemént donner ordre aux affaires d'Italie, qui
étoient fort brouïllées, désigna, du consentement des Peres, dans la Session quarante-qua-
triéme, la Ville de Pavie pour le nouveau Concile qu'on devoit célebrer dans cinq ans; & dans
la suivante, qui fut la derniere, le vingt-cinquiéme du mois d'Avril, les Peres furent congediez
avec les céremonies accoûtumées, & chacun reprit avec joye le chémin de son Païs, excepté
l'illustre Jean Gerson, qui, aprés avoir travaillé
avec tant de gloire & tant de succés à la paix
de l'Eglise, ne la pût trouver au sien, & fut enfin contraint de se condamner luy-même à l'e-
xil, où il finit ses jours.

2. Ce grand homme, qui fut sans contredit un *Ex Vit. Joan.*
des plus saints & des plus sçavans de son siecle, *Gers. init.*
étoit d'une Bourgade prés de Retel appellée *Oper. ejus.*
Jarson, ou Gerson; d'où, au lieu de son surnom
naturel de Charlier, il tira celuy de Gerson,
à l'exemple de plusieurs célebres Docteurs, comme entre autres Robert de Sorbonne & Henry
de Gand, qu'on a surnommez du lieu de leur
naissance. Il eût de la nature un corps bien fait,
une complexion robuste, à l'épreuve de toutes
sortes de travaux & d'incommoditez, à la réserve des veilles, dont la capacité de son cerveau
extrêmement humide le rendoit incapable, un
jugement solide, une mémoire tres-heureuse, &
un esprit net, aisé, & pénetrant, qu'il cultiva par
une grande assiduité à l'étude, sous la discipline

1418. du fameux Pierre d'Ailly Docteur de Paris,
qui étoit alors Grand-Maître de Navarre &
Chancelier de l'Université, & qui fut depuis
Confeffeur du Roy Charles le Sage, Threfo-
rier de la Sainte Chappelle de Paris, Evêque de
Cambray, & enfin Cardinal de la Sainte Eglife. Il fucceda à cét excellent Maître, qui eût la
gloire d'avoir fait de fon difciple un aufli grand
Docteur que luy-même, à la charge & dignité
de Chancelier, où, par fes foins & fes travaux,
par fa fage conduite dans les negotiations & le
manîment des affaires, par la profondeur & la
folidité de fa doctrine, & par fon zele à maintenir les droits du Royaume & du Roy Tres-
Chrétien, les Libertez de l'Eglife Gallicane, les
Privileges de l'Université, & la pureté de la Foy
& des bonnes mœurs, il fut comme l'ame de ce
grand corps, qu'il fit agir à fon exemple en ce
malheureux tems du Schifme, avec toute la force imaginable, pour réünir enfin tous les Chrétiens fous un feul Chef.

Au refte, ce qui rehauffe merveilleufement
toutes ces grandes qualitez, c'eft qu'on peut
dire qu'il a efté celuy de tous les Docteurs de
fon tems qui a le mieux entendu l'art de joindre
la Theologie Myftique avec la Scholaftique, &
la pratique avec la fpeculation, par cette pieté
tendre & affectueufe, & cette admirable on-
ction du Saint Efprit, qui de fon cœur qu'elle
embaûmoit, s'eft répanduë dans fes paroles &

dans ses écrits, par de si doux & si dévots 1417.
écoulemens de charité, que la voix commune
luy a long-tems attribué le divin petit Livre de
l'Imitation de Jesus-Christ, qui retient encore
aujourd'huy son nom, quelque effort qu'on ait
fait pour l'attribuer à d'autres Auteurs. Quoy
qu'il en soit, il est certain qu'il avoit la science
des Saints, laquelle éclairant l'esprit, échauffe
la volonté par le feu de la charité envers Dieu
& envers les hommes, & delà vient qu'étant
tres-severe à soy-même, c'est celuy de tous
les Docteurs, qui, dans les cas de conscience qu'il démêle admirablement, est le plus
doux & qui sçait mieux débarrasser une ame, en
l'affranchissant de mille scrupules & vaines ter-
reurs, pour luy faire trouver le joug de Jesus-
Christ & de la loy Evangelique tel qu'il est
en effet, tres-leger & tres-agréable. Enfin, ce
qui doit rendre son nom immortel, c'est qu'é-
tant, comme il le dit luy-même, tres-obligé à
la Maison de Bourgogne, à laquelle il devoit
son avancement, il ne balança pas néanmoins
à se déclarer hautement pour le service du Roy,
contre le Duc Jean; & il le fit avec tant de
force dans ses Sermons, lorsque les Partisans
de ce Prince violent faisoient d'horribles mas-
sacres dans Paris de ceux qu'ils appelloient les
Armagnacs, que ces furieux coururent à son
logis, pour l'égorger; & il fallut, qu'afin qu'il
se pût garantir de leur fureur, il se sauvast sur

DDdd iij

les voûtes de l'Eglise de Nostre-Dame, où il fut contraint de se tenir caché durant quelques jours, tandis qu'ils pilloient sa maison.

Or comme c'étoit luy qui, en gardant une inviolable fidelité au Roy, avoit procuré le plus ardemment de tous la condamnation du pernicieux libelle de Jean Petit contre la cabale des Bourguignons, dont le parti, par la jonction des Anglois qui étoient alors ennemis déclarez de la France, étoit devenu tres-puissant, il fut contraint au sortir de Constance de se bannir luy-même, pour ne pas tomber entre les mains d'un aussi redoutable ennemi que l'étoit le Duc de Bourgogne, qui en effet ayant surpris Paris, y laissa de sanglantes marques de sa vengeance & de sa cruelle haine contre tous ceux dont il se tenoit offensé. Jean Gerson se retira donc premierement en Baviere, & puis à Lyon, où il passa les dix dernieres années de sa vie, vivant de l'aumône que luy faisoit le Chapitre de Saint Paul, & enseignant aux petits enfans les Rudimens & la doctrine Chrétienne, avec tant de charité & de si beaux exemples de toutes les vertus chrétiennes, qu'aprés sa mort son sepulcre fut honoré comme celuy d'un Bienheureux, dont on dit même que Dieu manifesta la sainteté par des miracles. J'ay crû estre obligé de rendre cette justice à la memoire d'un si grand Docteur, qui par l'aimable conduite de la divine Providence, laquelle fait tourner tou-

tes chofes au plus grand bien de ceux qui aiment Dieu, tira du moins de fon exil cét avantage, qu'il ne fe vit pas envelopé comme fes
confreres dans les malheureux engagemens où
ils fe trouverent fous l'injufte domination de
l'étranger, comme il n'eût point auffi de part
à une affez fenfible mortification qu'ils receûrent aprés l'élection du nouveau Pape, à cette
occafion que je vais dire.

Lors que l'on fit en France la fouftraction
générale, avant le Concile de Pife, on réduifit,
par l'Ordonnance du dix-huitiéme Février mil
quatre cens fix, le gouvernement de l'Eglife
Gallicane & la Provifion des Benefices aux
termes de fes anciennes franchifes & libertez,
felon la difpofition du droit commun. De forte
que les Ordinaires conferoient, chacun dans
fon Diocéfe, les Benefices, aufquels auparavant
les Papes pourvoyoient dans tout le Royaume.
Ceux de l'Univerfité, qui avoient efté des plus Hiftor. Vniv. t. 5. p. 309.
ardens pour cét avis, changerent quelque tems
aprés de fentiment, trouvant qu'ils n'en étoient
pas mieux, & fe plaignant fort des Evêques, qui
fans avoir beaucoup d'égard au mérite des Gra-
duez dans la Collation des Benefices, les conferoient aux Gens de la Cour, à leurs parens, à leurs
amis, & à leurs Officiers : de forte que ceux qui
avoient témoigné tant de zele pour les Canons,
& pour le Droit commun, n'y ayant pas trouvé
leur compte, fouhaitoient ardemment alors que

1418. les Papes euffent le pouvoir de difpofer de ces
Benefices, comme ils faifoient avant le Schifme,
& dont Jean XXIII. avoit extrêmement abu-
fé, comme on en étoit convenu même dans le
Concile; car ce fut-là un des principaux chefs
fur lefquels on luy fit fon procés. Au contraire,
le Confeil & le Parlement vouloient qu'on fift
exactement garder cette Ordonnance, qu'ils trouvoient eftre neceffaire pour le bien du Royaume; & le Roy avoit donné ordre à fes Ambaffadeurs de la faire approuver au Concile, comme un des points les plus importans de la réformation: ce que les Cardinaux de Pife, de Chalant, & de Plaifance, qui avoient le plus de credit, & l'Empereur même, qui n'étoit pas fort
ami des François, détournerent toûjours adroitement, quelque inftance que l'on en fift.

Sur ces entrefaites, le Seigneur Louïs de Fiefque vint apporter au Roy la nouvelle de l'é-
lection du Pape Martin: mais comme on vouloit eftre bien informé dans le Confeil de la maniere dont cette élection s'étoit faite, le Dauphin Charles, qui avoit fuccedé depuis peu à
Louïs Duc de Guienne & à Jean Duc de Touraine fes deux freres, envoya faire tres-expreffe défenfe à l'Univerfité de s'affembler, & de rien
déterminer fur ce fujet. Elle ne laiffa pas néanmoins de s'affembler, & de conclure que l'élection étoit bonne & canonique; & paffant plus
outre, elle réfolut même d'envoyer au nouveau
Pape

Traité de M.
du Puy.

Ibid.
Hift. Vniv.
t. 5.

Ibid. p. 305.

Hift. Vniv.
t. 5. p. 305.
ox Regef. Parl.
26. Febr.
Ibid. p. 307.
ox Arch. Vniv.

Pape la lifte de ceux de fon Corps qu'elle luy 1418.
prefentoit pour les Benefices: enfuite on renou- Rotulum
vella dans l'Univerfité les plaintes contre les Evêques, qu'on difoit eftre caufe de ce retardement
d'obedience, pour fe maintenir dans la poffef- Ibid. p. 309.
fion du pouvoir que l'Ordonnance leur don- & feq.
noit de conferer les Benefices; ce que l'Univerfité prétendoit ne devoir durer que pendant le
Schifme.

Cette conduite fut trouvée tres-mauvaife à
la Cour; & fur cela M. le Dauphin, qui gouvernoit durant la maladie du Roy, fut au Parlement le vingt-fixiéme de Fevrier accompagné d'un tres-grand nombre de Prélats & de
Seigneurs. Là, comme on eût fait entrer le Re-
éteur & les Députez de l'Univerfité, le premier
Préfident Robert Maugier leur fit une fevere
réprimande de la part du Dauphin, pour avoir
ofé contrevenir aux ordres exprés du Roy en
une affaire de cette importance, où l'on ne devoit proceder qu'avec tres-grande circonfpe-
ction, fans rien déterminer qu'aprés avoir efté
bien éclairci de la verité du fait, de peur de s'engager encore dans une obedience douteufe &
incertaine. Aprés quoy, il leur fit de nouveau défenfe de la part du Roy, fur de plus grieves peines, de plus rien réfoudre de cette affaire, jufques
à ce que le Roy en eût déliberé dans fon Confeil, & qu'on demandaft leur avis, quand on feroit bien informé du fait.

EEEe

1418. Sur cela, le Docteur Raoul de la Porte, qui portoit la parole pour le Recteur, ayant eû permiſſion de parler, déclama d'une terrible maniere contre les Evêques; & aprés avoir dit qu'ils ne ſongeoient qu'à ſe rendre maîtres des Benefices, dont ils vouloient avoir l'entiere diſpoſition, ce qui étoit la ruïne de l'Univerſité, il proteſta qu'il en appelloit au Pape, & produiſit publiquement l'Acte de ſon appel. Alors, aprés que l'Avocat Général Guillaume le Tur eût remontré, par un diſcours tres-fort, que cét appel étoit un attentat contre l'autorité ſouveraine du Roy, des Ordonnances duquel on ne peut appeller à qui que ce ſoit ſans crime de leze-Majeſté, on arreſta priſonniers le Docteur & le Recteur, & tous ceux d'entre les Députez qui les avoûerent; & il fallut, avant que d'eſtre relâchez, qu'ils déclaraſſent, comme ils firent publiquement, qu'ils n'avoient jamais eû deſſein d'appeller de l'Ordonnance du Roy, mais ſeulement des abus & des injuſtices que les Evêques pourroient commettre dans l'exercice du pouvoir qui leur étoit aquis par l'Ordonnance. Et l'Univerſité paſſant plus outre, deſavoûa même le Recteur, & proteſta qu'elle n'avoit rien ſceû de cét appel, qui n'avoit eſté réſolu que dans une Aſſemblée particuliere des Doyens & des Procureurs des Nations. Quoy qu'il en ſoit, on élargit ſur cette déclaration les priſonniers qui ſe départirent de cét appel, & pro-

mirent de n'en jamais plus faire de femblables.

Enfuite, aprés qu'on eût examiné en plufieurs
Affemblées du Parlement la grande affaire dont
il s'agiffoit touchant l'élection du nouveau Pape & la Provifion des Benefices, il fut arrefté
qu'avant que de rien déclarer fur l'obedience *Ibid.*
du nouvel Eleû, le Roy, comme protecteur des
Canons, rétabliroit l'Eglife Gallicane dans fes
anciennes Libertez, conformément à l'Ordonnance du dix-huitiéme Février de l'année mil
quatre cens fix; & que cependant on feroit au
Seigneur Loüis de Fiefque en fubftance cette
Réponfe, qui fut mife fort au long par écrit:
*Que le Roy, qui avoit fait des chofes extraordinai-* *Ibid. p. 316.*
*res, avec un zele infatigable, & des dépenfes excef-* *& feq.*
*fives, pour abolir le Schifme, ne vouloit pas retom-*
*ber dans le même état où l'on s'étoit trouvé, lors qu'a-*
*prés la prétenduë élection de Berthelemi de Bari, tous*
*les Cardinaux, auffi-toft qu'ils fe virent hors de Rome*
*& en pleine liberté, protefterent qu'elle étoit nulle, com-*
*me ayant efté faite & ratifiée par force. Que Sigif-*
*mond Roy des Romains étant maître de Conftance,*
*fembloit l'eftre auffi du Concile, où il avoit maltraité*
*les François, contre lefquels, aprés avoir receû à Pa-*
*ris toute forte d'honneur & de fatisfaction, il s'étoit*
*lâchement allié avec les Anglois, au lieu de procurer*
*la paix entre les deux Couronnes, comme il faifoit fem-*
*blant de vouloir faire, pour mieux couvrir fa trahi-*
*fon. Qu'ainfi, comme on avoit fujet de craindre qu'un*

*S'eft depuis na-*
*gueres tranf por-*
*té au Royau-*
*me d'Angle-*
*terre, où en dé-*
*monftrant clai-*
*rement la tra-*
*hifon & mau-*
*vaife voulté,*
*par luy pour-*
*penfée contre le*
*Roy, s'eft allié*
*& joint avec*
*ledit Adver-*
*faire d'Angle-*
*terre; & en*
*faveur d'ice-*
*luy, fans quel-*
*conque caufe,*
*a défié & fait*
*défier en fon*
*nom le Roy,*
*que onques ne*
*ne luy méfit.*

1418.

*Et depuis le Roy des Romains estans à Constance, & le Saint College des Cardinaux & Concile général estant en sa puissance, en continuant son mauvais propos & volonté, a fait & dit plusieurs imprecations & menaces, aux Ambassadeurs estant pour le Roy par-delà audit Concile. Réponse du Roy à Mess. Louis de Fiesque, Hist. Univ. t. 5. p. 316.*

*Hist. Univ. t. 5. p. 328.*

Prince de si mauvaise foy, n'eût violenté le Conclave, pour faire élire un Pape qui fût tout à sa dévotion, le Roy avoit déja protesté authentiquement, en presence de Notaire, qu'il ne rendroit obéïssance à qui que ce fût qu'on éliroit Pape à Constance, jusques à ce que ses Ambassadeurs étant de retour, & en pleine liberté, il sceût d'eux que l'élection avoit esté faite librement & canoniquement. Qu'alors il agiroit en Roy Tres-Chrétien, & d'une maniere dont tout le monde auroit sujet d'estre tres-satisfait ; & que cependant il prioit le Cardinal Colonne, soy-disant éleû Pape, & pour la personne duquel il avoit beaucoup d'estime, de prendre en bonne part une réponse si raisonnable. ..

Aprés cela, le Roy fit publier ses Déclarations sur la fin de Mars, & au commencement d'Avril, pour rétablir l'Eglise Gallicane dans ses libertez, selon la disposition du Droit commun, en supprimant les Annates, les réservations, les subventions, & autres semblables charges, dont les Ecclesiastiques, & sur tout ceux de l'Université, avoient si souvent demandé la suppression. Cela fait, comme on eût appris peu de tems aprés par les Ambassadeurs & les Députez retournez du Concile, que tout s'y étoit passé canoniquement & tres-librement dans l'élection du Pape Martin, le Roy, selon qu'il l'avoit promis, luy fit rendre dans tout son Royaume l'obéïssance qui est deûë au legitime successeur de Saint Pierre ; & le Cardinal Jourdain des Ursins son Legat y fut receû avec tous les hon-

*Ibid. p. 332.*

neurs accoûtumez en semblable céremonie. Ainsi, l'on fut tres-bien avec le Pape, & cependant
l'Ordonnance du Roy pour la provision des Benefices & la suppression de ce qu'on exigeoit en
Cour de Rome, fut maintenuë dans toute sa
force.

Mais cette liberté ne dura gueres. Car peu de
jours aprés cela, le Duc de Bourgogne s'étant
rendu maître de Paris, & de la personne du Roy, *Ibid.*
& disposant de toutes choses, selon qu'il plaisoit
à ses passions & à son interest d'en ordonner,
fit révoquer cette Ordonnance & cette suppression, pour gratifier le Pape & les Cardinaux qui
étoient tout à luy, comme il parut dans l'affaire de Jean Petit, jusques-là même qu'on asseû- *Monstrel. c.*
re qu'ils luy envoyerent un Docteur en Droit *c. 172.*
Canon appellé Maître Lievin Nevelin, pour luy *Traité de M.*
*du Puy.*
recommander les interests du Concile, comme *Hist. Univ.*
à celuy auquel devoit appartenir le gouverne- *à. 5. p. 307.*
ment du Royaume pendant la maladie du Roy.
Ainsi durant la guerre contre les Anglois, les
Papes disposerent des Benefices, comme ils faisoient avant l'Ordonnance de mil quatre cens
six, jusques à ce que le Dauphin Charles étant
devenu Roy, & Roy victorieux de l'étranger &
des rebelles, la rétablir, mais en beaucoup meil- *1438.*
leure forme, par la Pragmatique Sanction, qu'il
fit dans l'Assemblée de Bourges durant le Concile de Basle. Et enfin cette Pragmatique, aprés
de grandes instances des Papes, & de tres-fortes

oppositions du Parlement, fut révoquée soixante & dix-sept ans après, pour faire place au
Concordat qui est aujourd'huy la Regle receüë
& confirmée dans le Concile de Latran, selon
laquelle on se gouverne en France, en ce qui
concerne les affaires Ecclesiastiques, & principalement la dispensation des Benefices, & sur
tout des Evêchez. En quoy je puis dire que ce
Concile n'a fait que remettre nos Rois en possession du droit qu'ils avoient, & qu'ils exer-
çoient fort paisiblement dans la premiere race & au commencement de la seconde jusqu'à Louïs le Debonnaire, comme je l'ay fait
voir ailleurs par des preuves incontestables.
Ainsi les Réglemens qui ne sont pas de droit
divin, sont sujets au changement, par la fatalité commune à toutes les choses du monde,
comme ceux-cy qui sont pour la Provision
des Benefices, & qui sous les deux differentes
dominations du Dauphin Charles, & de Jean
Duc de Bourgogne, passerent tout-à-coup d'une
extrémité à l'autre sur la fin du Concile de Constance, & au commencement du Pontificat de
Martin V. dont il faut maintenant reprendre
l'Histoire en ce qui appartient au Schisme.

L'Empereur eût bien souhaité pour sa gloire,
& pour ses interests que le Pape continuast
de demeurer en Allemagne : mais ce Pontife
avoit de puissantes raisons, qui l'obligeoient à
s'en retourner au-plûtost en Italie, pour y réta-

s. Lett. de
Franc. Ro-
main.

Platin in
Mart. s.
Ciacon.

blir les affaires du Saint Siege qui étoient en
tres-mauvais état. Il fallut donc se separer. Sigismond, qui s'entendoit bien mieux à maintenir l'ordre dans un Concile, & à moderer des *Æn. Sylv:*
disputes de Theologiens, qu'à ranger une ar- *Dubrav.l.14.*
mée, & à donner & gagner des batailles, s'alla *Avent. l. 7.*
faire battre, en Hongrie, par les Turcs, & en
Boheme, par les Hussites, sous leur Général Jean
Zizka ou le Borgne, qui luy tailla en pieces
de grandes armées; & Martin repassant les Alpes, s'arresta long-tems à Florence, pour tra- *Ann.*
vailler à la réduction de Perouse, que Braccio *1419.*
de Montone avoit usurpée sur l'Eglise, avec plu- *Antonin.*
sieurs autres Places, après la mort de Ladislas. *Platin.*
Ce fut durant ce séjour qu'il receût les quatre *Onuphr.*
Cardinaux qui avoient abandonné Pierre de Lu- *Ciacon.*
ne, & que le pauvre Baltazar Cossa se vint prosterner à ses pieds, en terminant sa vie par une
action qui merite sans doute beaucoup plus
de gloire, qu'il n'a eû de honte pour avoir esté
déposé du Pontificat.

Il y avoit déja prés de quatre ans qu'on le
detenoit prisonnier, lors que les Florentins,
avec lesquels il s'étoit toûjours tres-bien entendu, supplierent tres-humblement le Pape
d'avoir compassion de sa misere, & de luy procurer la liberté. Or soit que le Pape eût traité *Leonard.*
avec le Comte Palatin pour sa delivrance, croyant *Aret. Hist.*
s'en asseûrer fort aisément quand il l'auroit en *rer. Ital.*
Italie, comme quelques-uns le crûrent alors;

1419. ou plûtost que le prisonnier eût racheté sa liberté pour trente mille écus, comme la pluspart l'ont écrit: il est certain qu'il sortit de prison en ce tems-là, & qu'il s'en vint aux environs de Parme chez quelques-uns de ses anciens amis, où il trouva des gens tout disposez à faire un grand parti pour luy. Car aussi-tost qu'on sceût son arrivée, plusieurs d'entre ceux qui l'avoient servi durant sa Legation de Boulogne & son Pontificat, luy allerent offrir leur service; les uns par amitié, les autres par haine & par envie contre le nouveau Pape, & presque tous par le desir de la nouveauté, & par l'esperance de faire leur condition meilleure en de nouveaux troubles. Ils le solliciterent fortement de reprendre les ornemens Pontificaux, & de se porter hautement pour Pape, en protestant contre la violence & l'injustice qu'on luy avoit faite à Constance. De sorte qu'on se vit dans un danger effroyable, de voir renaître le Schisme plus grand & plus dangereux qu'auparavant, parce que les petits Tyrans qui avoient usurpé les terres de l'Eglise, comme Bentivole dans le Boulonnois, Braccio dans Perouse & dans le Duché de Spolete, & quelques autres dans la Marche d'Ancone & dans le Patrimoine de Saint Pierre, n'eussent pas manqué de se déclarer pour luy, afin qu'en le protegeant ils pussent aussi se maintenir dans leur usurpation, par sa faveur & sous son nom.

Et

Ciacon. & alii.

Et certes la tentation étoit forte, principa- 1419.
lement pour un homme qu'on difoit eftre fi
ambitieux, & fi perdu de confcience, & qu'on
avoit fi mal traité ; & de plus, le prétexte qu'il
pouvoit prendre de contrainte & de violence
en tout ce qu'il avoit fait à Conftance, & dans
fa prifon, étoit extrêmement plaufible. Mais
enfin il parut ou qu'il n'avoit jamais efté fi méchant qu'on le faifoit, ou qu'il étoit changé en
tout un autre homme. Car aprés avoir écouté, &
tres-bien compris tout ce qu'on luy difoit, &
qu'on vouloit faire pour le remettre fur le Trône, il prit tout-à-coup de luy-même fa réfolution, & fans rien dire à ces dangereux amis
qui fembloient eftre fi paffionnez pour fa grandeur, il fe rendit prefque tout feul à Florence
comme un pauvre fugitif, fans prendre même
aucune feûreté pour fa perfonne, & s'alla jetter
en pleine affemblée aux pieds du Pape Martin,
le reconnoiffant, & le réverant comme le Vicaire de Jefus-Chrift, & ratifiant de nouveau tout
ce qui s'étoit fait au Concile à l'égard de l'un
& de l'autre.

Ce fpectacle tira les larmes des yeux de tous
les affiftans, voyant un homme que l'on fçavoit
eftre d'un fort grand cœur, & qu'on avoit veû
adoré de toute la terre, fe trouver maintenant
en un fi pitoyable état, aux pieds de celuy-là
même lequel il avoit veû auparavant profterné
devant luy, lors qu'il étoit élevé fur le même

FFFf

1419. Trône, & qui l'avoit servi & honoré prés de cinq ans comme son Seigneur & son Maître en qualité de Souverain Pontife. Aussi le Pape Martin, qui étoit un Prince extrêmement humain, en fut si vivement touché, qu'aprés l'avoir relevé, & receû avec mille témoignages d'affection & de tendresse, il fit tout ce qu'il pût pour le consoler du changement de sa fortune, en le rapprochant le plus prés qu'il le pouvoit du rang dont il étoit tombé. Car outre qu'il le fit Cardinal & Doyen du Sacré College, il voulut encore que dans toutes les céremonies publiques, des Chappelles, des Consistoires, & des autres Assemblées, il fût toûjours le plus proche de sa personne, & sur un siege plus élevé que ceux de tous les autres, afin qu'on reverast du moins en luy l'ombre de cette majesté Pontificale qui s'étoit éclipsée à son égard. Mais il ne joüit pas même long-tems de cette foible consolation que la bonté du Pape luy donna : car il mourut six mois aprés, plus grand dans son abbaissement & son malheur, par le bon usage qu'il fit de son adversité, qu'il ne l'avoit esté par son bonheur, dans la plus haute élevation des grandeurs du monde. Le vieux Côme de Médicis son intime ami, & le plus riche, comme aussi le plus magnifique particulier qui fût alors non-seulement en Italie, mais dans tout le reste du monde, voulut honorer ses Obseques d'une Pompe funebre presque égale à la majesté du

Ciacon.
viv. in Eleg.

Pontificat, & luy fit ériger dans l'Eglife de
Saint Jean un tres-fuperbe Monument, qui
n'approche pas néanmoins de celuy que ce Pape
nous a laiffé dans cette derniere action qu'il
fit d'une maniere fi héroïque, en fe facrifiant
luy-même, & toute fa fortune & fa grandeur,
à la paix de l'Eglife. J'ay crû devoir ce peu d'é-
loge à la mémoire de cét homme célebre dans
l'une & dans l'autre fortune, que la plufpart
des Ecrivains, & Proteftans & Catholiques, ont
traité avec trop de rigueur, pour ne pas dire
d'injuftice, en expofant, & même en exagerant
d'une part tout le mal qu'il a fait, & peut-eftre
encore celuy qu'il n'a pas fait, & qu'on luy attri-
buë; & de l'autre, en fupprimant les belles & héroïques actions que j'ay montré qu'il avoit faites, contre fes propres interefts, & malgré tous
fes reffentimens, pour rendre la paix à l'Eglife.
Ainfi, comme Jean & Grégoire n'étoient plus en
état de prétendre au Pontificat, & qu'il n'y avoit
plus qu'une Peninfule, ou plûtoft qu'un rocher
dans un coin du Royaume d'Aragon, qui pût
deformais tenir contre tout le refte de la Chrétienté, par l'invincible opiniâtreté de Pierre de
Lune, il fembloit que le Schifme s'en allaft entierement éteint, lors qu'il fe ralluma tout-à-
coup pour des interefts temporels, par des raifons d'Etat, & par des intrigues d'ambition, qu'il
faut maintenant démefler.

Louïs II. Roy de Naples étant mort l'an mil

1419.
Anton. part. 3.
tit. 24. c. 72.

Ex appen. ad
Iuven. apud
Rainald.
ann. 1420.
n. 8.

Summont.
l. 4.

quatre cens dix-sept durant le Concile de Constance, & aprés la fuite du Pape Jean, les Peres
déclarerent par un acte authentique que Louïs
I I I. son fils aîné avoit le même droit que
Louïs I I. avoit eû de la succession de son pere
Louïs I. & par les Bulles des Papes Alexandre
V. & Jean XXIII. ce que le Pape Martin
confirma en cette année mil quatre cens dix-neuf
à Florence, par une Bulle expresse, du consentement de tout le Sacré College. Cela pourtant
n'empescha pas que comme Jeanne étoit en possession du Royaume, il ne la reconnût pour
Reine, & qu'il ne traitast avec elle par l'adresse
d'un homme qui le fit donner dans le piege, &
l'engagea dans un tres-mauvais pas dont il eût
bien de la peine à se tirer. Cét homme étoit
Jean Caracciole Grand-Senéchal de Naples, celuy de tous les favoris de Jeanne, que cette Princesse, qui deshonora son regne par une vie tout-
à-fait scandaleuse, aima le plus tendrement, &
auquel enfin elle abandonna & sa personne &
son Royaume. Quelques-uns des plus Grands
de la Noblesse ne pouvant souffrir ce desordre,
avoient pris cette occasion pour relever le parti
Angevin; & le grand Sforce de Cotignole, qui
avoit alors le plus de credit & de forces dans le
Royaume, & duquel Caracciole se vouloit défaire, s'étant mis à leur teste, avoit déja réduit
la Reine à de grandes extrémitez, lors que Caracciole, qui, tout débauché qu'il étoit, ne lais-

foit pas d'eftre tres-habile homme, fe fit bannir **1419.**
luy-même en l'Ifle de Procida, pour fauver fa
maîtreffe.

Sur cela la paix étant faite, & Sforce déclaré
Général de toutes les troupes du Royaume, la
Reine, qui ne faifoit rien que par l'avis de Jean
Caracciole, fit femblant de le vouloir encore
plus éloigner, fous prétexte de l'envoyer en Ambaffade au nouveau Pape qui étoit à Florence. Il
y fut donc, & fceût fi bien tourner l'efprit de
Martin, en le prenant du cofté de fon intereft,
qu'il conclut une ligue, par laquelle ce Pape
s'obligeoit à proteger la Reine envers tous &
contre tous, & à luy envoyer un Legat pour la
couronner ; & la Reine auffi réciproquement
s'obligeoit à luy rendre le Château Saint Ange,
& les Villes d'Oftie & de Civita-Vecchia, qu'elle
tenoit encore des conqueftes du feu Roy fon
frere, à donner aux Colonnes de grands Etats
dans le Royaume, & à luy envoyer au-plûtoft
un puiffant fecours contre Braccio Tyran de Peroufe ; car cét ufurpateur s'étant révolté de nouveau, aprés avoir fait fa paix par le moyen des
Florentins, étoit devenu fi infolent, qu'il fe van- *Antonin.*
toit de fçavoir le moyen de réduire bien-toft le *p. 3. t. 22.*
Pape aux termes de vivre comme un fimple Prê- *c. 3.*
tre du prix de fes Meffes.

Ce Traité fut exécuté de part & d'autre. Le *Summont.*
Pape envoya le Cardinal de Venife Mauroceno *l. 4.*
Legat à Naples, pour couronner la Reine, à con-

1412. dition qu'elle delivreroit Jacques de Bourbon son mari, qu'elle tenoit encore en prison ; & cette Princesse, suivant le conseil de son Caracciole, ne manqua pas, pour éloigner Sforce sous un si specieux pretexte, de l'envoyer avec une armée au secours du Pape contre Braccio, qui alla au-devant de son ennemi, jusques auprés de Viterbe, où les armées s'entrechoquerent. Sforce, aprés avoir fait en cette occasion tout ce que l'on pouvoit attendre d'un homme de sa réputation & de son mérite, perdit néanmoins la bataille, par la trahison de Nicolas & de Gilbert des Ursins, qui dans l'ardeur du combat passerent avec leurs troupes du costé de l'ennemi, comme ils en étoient convenus ensemble auparavant. Et quoy que pût faire le Pape, pour obtenir de la Reine qu'on envoyast du renfort à Sforce, qui travailloit à remettre son armée, Caracciole qui étoit retourné à Naples, fit en sorte qu'elle l'amusa toûjours de belles promesses, pour faire perir Sforce. C'est pourquoy celuy-cy résolu de s'en venger, reprit le premier dessein des Barons de Naples, & dépescha son Secretaire, du consentement du Pape, en Provence, pour solliciter Loüis III. d'Anjou, jeune Prince de dix-huit ans, de venir au plûtost à la conqueste d'un Royaume qui luy appartenoit par des titres si legitimes.

Ce Prince, qui avoit l'ame trés-grande, ne manqua pas à une si belle occasion, & renvoya sur le champ le Secretaire à Sforce, avec une

Paul. Iov.
Vit. Magn.
Sfort. c. 32.

Ann.
1420.

Summont.
l. 4.

bonne fomme d'argent, pour commencer toûjours la guerre, en attendant qu'il vint avec une
puiffante flotte qu'il faifoit équiper à Marfeille.
Sforce ayant receû ce fecours, & remis fon armée en meilleur état qu'elle n'étoit auparavant,
marche droit à Naples, renvoye fon Bafton de
commandement à Jeanne, déclare qu'ayant achevé le tems de fon fervice, il s'eft mis à la folde du Roy Louïs, fe joint aux Barons qui tenoient le parti Angevin, & fe faifit de toutes
les avenuës de Naples, pour empefcher que rien
n'entre dans cette grande Ville du cofté de la
terre. Le Senéchal, qui vit que fi avant que la flotte arrivât de Provence il n'avoit quelque fecours,
fa perte étoit indubitable, envoye promptement
au Pape, à Florence, Antoine Carafe, Cavalier
extrêmement adroit, & à qui pour cela ceux de
Naples, felon leur maniere de s'exprimer, avoient
donné le furnom de *Malitia*. Celuy-cy s'étant
apperceû que le Pape s'entendoit fous main avec
Sforce, en faveur de Louïs d'Anjou, contre la
Reine, de laquelle il étoit tres-mal fatisfait, &
qu'enfuite il n'y avoit rien à efperer de fon
cofté, s'avifa de negotier fecretement avec l'Ambaffadeur d'Aragon, qui étoit auffi mécontent
que luy pour la raifon que je vais dire.

Alphonfe V. Roy d'Aragon, à qui les Efpagnols ont donné le furnom de Grand, qu'il s'eft
aquis par la grandeur de fon ambition, laquelle
fut affez favorifée de la fortune, s'étoit mis dans

142 01

*Mart. Epist.*
*l.3. ap. Rayn.*
*ann. 1420.*

l'efprit, que pour obtenir du Pape, dans l'occafion, les chofes qu'il luy demanderoit, il falloit
le retenir dans fes interefts par la crainte; &
pour cela, quoy-que ce Pontife eût fait publier
dans l'Efpagne une Croifade contre Pierre de
Lune, qui s'obftinoit toûjours à tenir ferme dans
fon retranchement de Panifcole, il ne voulut jamais fouffrir qu'on l'attaquaft, afin d'avoir toûjours un homme qu'il luy pût mettre en tefte,
pour luy difputer le Pontificat, s'il n'en étoit
pas fatisfait. Cela donna courage à Pierre de Lune, qui n'en avoit déja que trop, & bien du chagrin au Pape; qui enfuite ne fe trouva pas trop
difpofé à fatisfaire l'Ambaffadeur Aragonois fur
les prétentions de fon Maître, qui étoit alors
en Sardaigne avec une bonne armée navale, pour
attaquer l'Ifle de Corfe, qui appartenoit aux Genois. Carafe prenant cette occafion, traite fecretement avec cét Ambaffadeur mécontent, &
luy propofe le fecours de Naples au lieu de l'entreprife de l'Ifle de Corfe, l'affeûrant que la Reine adoptera le Roy fon Maître, & le déclarera
fon fucceffeur, s'il la tire du danger extrême où
elle eft. L'Aragonois qui connoiffoit le génie
de fon Maître, ne balance pas un moment à affeûrer Carafe, que pourveû qu'il eût de la Reine
un plein pouvoir, c'étoit une affaire concluë. Sur
quoy s'étant retirez tous deux à Piombino, Carafe dépefche un Exprés par mer à Naples, d'où
il rapporte dans le feptiéme jour un ample pouvoir,

*Summont.*
*L. 4.*

voir, pour traiter avec Alphonse, qui étoit en- *1420.*
core en Sardaigne, où le Traité se fit avec tant
de chaleur, malgré tout le flegme du Conseil
Royal, qui vouloit qu'on prît plus de seûretez,
qu'aprés que Carafe eût adopté le Roy au nom
de la Reine; ce Prince envoya sur le champ à
Naples seize Galeres bien armées, avec grand
nombre de Vaisseaux, sous le commandement
de Raymond Periglios son Admiral, en attendant,
qu'il le suivist bien-tost avec des forces encore
plus considerables.

Mais cependant, Louïs d'Anjou, qui étoit par- *Ibidem.*
ti de Marseille avec treize Galeres, y compris *Hist. de Prov.*
celles de Gennes, & avec six Vaisseaux de guer-
re, les prévint; & ayant pris terre le trentiéme
d'Aoust à l'emboucheûre du Seber, il se joi- *Fornello, ou*
gnit à l'armée de Sforce, & tous deux ensemble *Fiume della*
presserent si vivement le siege par terre & par *Maddelena.*
mer, que rien ne pouvant plus entrer dans cette *Summont.*
grande Ville, il falloit qu'elle se rendist, lors que *l. 4.*
l'armée Aragonoise qui parut à la veûë de Na-
ples le sixiéme de Septembre, fit changer de face
aux affaires. Car comme elle étoit bien plus forte que celle de Louïs, elle entra dans le port le
même jour, & tint la mer libre: de sorte que la
Ville étant secouruë d'hommes & de vivres, on
fut obligé de lever le siege, pour employer le
reste de l'année, comme on fit, à prendre des
Places dans le Royaume, où la Reine n'avoit
point de forces en campagne. Mais elle en eût

GGGg

Ann.
1421.

bien-toſt; car d'une part le fameux Braccio Tyran de Perouſe, avec lequel elle traita à des conditions tres-avantageuſes pour luy, vint à ſon
ſervice avec ſes troupes victorieuſes, qui défi-
rent d'abord une bonne partie de la Cavalerie de
Sforce, qu'il rencontra ſur ſon paſſage. Cela fâ-
cha extrêmement le Pape, qui ne pouvant ſouffrir que cette Reine ſe ſerviſt de l'ennemi capi-
tal du Saint Siege, qu'elle avoit même fait ſon
Connétable, ſe déclara contre elle plus ouvertement qu'il n'avoit encore fait, & envoya des
troupes ſous le Capitaine Tartaglia au ſecours
de Louïs.

Ibid.
Collenus. l. s.
Antonin. 3.p.
t. 22.
Ep. Mart. l. 3.
apud Rayn.

Ce ſecours pourtant ne fut rien en compa-
raiſon de celuy qui arriva incontinent aprés à
Naples. Car Alphonſe Roy d'Aragon & de Sicile, qui avoit aſſemblé toutes ſes forces à Pa-
lerme, pour ne pas perdre une ſi belle occaſion
de joindre dans ſa Monarchie les Couronnes
des deux Siciles, vint ſur ces entrefaites heureuſement ſurgir au port de Naples, avec une puiſſante flotte de vingt-cinq Galeres & de quantité de Vaiſſeaux de guerre. Il fut receû comme
en triomphe avec une incroyable joye de la Reine, qui, ſelon ſon Traité, le mit d'abord en poſſeſſion du Château Neuf & du Château de l'Oeuf,
confirma ſolennellement ſon adoption, & le déclara Duc de Calabre comme ſon ſucceſſeur.

Summont.
l. 4.

Cependant le Pape, qui d'une part ne vouloit
pas abandonner Louïs d'Anjou, & de l'autre

craignoit extrêmement qu'Alfonse, qui trouvoit 1421.
tres-mauvais qu'il eût donné du secours à ce Prin-
ce, ne se remist sous l'obéïssance de Pierre de *Ep. Mart. l. 4.*
Lune, comme il l'en menaçoit, envoya deux Car- *apud Rayn.*
dinaux Legats, pour tâcher de trouver quelque *Pand. Collen.*
voye d'accord entre ces deux Rois, qui consen- *l. 3.*
tirent enfin à une treve, à condition que Louïs *Summont.*
remettroit toutes ses Places, excepté Aquila, en- *l. 4.*
tre les mains du Pape, jusques à ce qu'on eût veû
s'il se pourroit faire entre eux une bonne paix.
Et sur cela, Louïs alla trouver le Pape, qui s'étoit
rendu de Florence à Rome, & Alphonse se retira
dans Naples. Il n'y fut pas long-tems que, pour
épouvanter le Pape, & pour en tirer ensuite ce
qu'il vouloit, il se servit de noûveau, selon sa
coûtume, de son phantôme de Pierre de Lune,
menaçant hautement de réduire tous ses Etats
sous son obédience. Et en effet, il souffroit dé-
ja qu'on le reconnût en Aragon, & qu'on y pres- *Mari. Ep. l. 3.*
chât contre le Concile de Constance, au grand *apud Rayn.*
scandale de tous les gens de bien: de-sorte que *Mariam. l. 20.*
comme le Pape, pour arrester le cours d'un si *c. 11.*
grand mal, avoit déja esté contraint de consen- *Summont. l. 4.*
tir, malgré qu'il en eût, à son adoption; il se
vit encore obligé, par ces nouvelles menaces, de
remettre entre ses mains, du consentement de *Surit. l. 3.*
Louïs d'Anjou, les Places qu'il avoit en dépost, *ann. c. 3.*
par le Traité que l'on venoit de faire. Aprés *Summont. l. 4.*
quoy, Sforce voyant que tout se déclaroit pour *Collenui. l. 2.*
Jeanne & pour Alphonse, se rendit aux pressan-

GGGg ij

tes follicitations qu'on luy faifoit continuellement de la part de la Reine, & fe remit dans fon
parti.

Ann.
1422.
Platin.

Mais Alphonfe n'en demeura pas là : car voyant
qu'il tiroit tant d'avantage de la peur que le Pape témoignoit avoir qu'il ne rétablift l'obedience de Pierre de Lune, il vouloit encore, en re-
nouvellant fes menaces avec plus de hauteur
qu'auparavant, que Martin luy donnaft le titre
de Roy de Naples, au préjudice de Louïs d'Anjou. Alors ce Pontife, qui vit que cét injufte
Prince abufant de fa patience & de fa trop grande facilité, ne gardoit plus de mefures avec luy,
fe réfolut d'agir avec plus de force & d'autorité qu'il n'avoit fait auparavant, & luy fit dire
enfuite, *Qu'il ne feroit jamais en fa faveur une pareille injuftice. Que Jeanne l'avoit bien pû adopter,
mais non pas luy donner un Royaume, que le Roy Louïs
tenoit de fon pere, à qui les Papes Alexandre V. &
Jean XXIII. l'avoient confirmé. Que pour luy, il
avoit fait la même chofe, en confirmant les Bulles de
ces deux Papes fes prédeceffeurs, & le Décret du Saint
Concile de Conftance. Qu'ainfi, Louïs n'ayant rien
fait contre le Saint Siege qui méritaft qu'on le privaft
de la grace qu'il en avoit receuë, il ne falloit pas croire qu'on dût jamais révoquer une chofe fi folidement
établie, & ofter un Royaume à un Prince, qui, à l'e-
xemple de fes prédeceffeurs, étoit protecteur de l'Eglife,
pour le transporter à celuy qui la perfecutoit, en protegeant encore les reftes du Schifme.*

Cela fut cause qu'Alphonse se déclara ouvertement ennemi du Pape Martin, & fauteur
de Pierre de Lune, qu'il eût fait reconnoître,
non-seulement en Aragon, mais aussi dans le
Royaume de Naples, si Dieu n'eût permis que
l'ambition & l'ingratitude de ce Prince luy fist
perdre tout le pouvoir & le credit qu'il y avoit
par son adoption. Car comme il voulut s'emparer de l'autorité souveraine, & se rendre maître absolu dans le Royaume, indépendemment
de la Reine, qu'il assiégea même dans le Château de la Porte Capuane où elle s'étoit retirée,
ayant découvert qu'il avoit résolu de l'envoyer
en Catalogne, toute la Ville se soûleva contre
luy; & le Grand Sforce qui accourut de Benevent
au secours de la Reine, ayant taillé en pieces
cinq à six mille Aragonois, qui étoient sortis de
Naples pour s'opposer à son passage, le contraignit de se sauver luy-même dans le Château
Neuf, où il courut fortune d'estre pris. Mais
une nouvelle flotte luy étant arrivée fort à propos de Barcelone sur ces entrefaites, sous le commandement de Jean de Cardonne, il rentra dans
la Ville avec de bonnes troupes de vieux soldats Catalans, qui s'étant rendus maîtres de presque tous les quartiers, pied-à-pied, durant l'absence de Sforce, qui étoit allé prendre Averse, firent par tout un desordre effroyable, tuant, pil-
lant, & bruslant tout; & ce ne fut qu'à grand'
peine que Sforce pût arriver à tems, pour tirer la

1422.

Ann.
1423.

Summon.
l. 4.
collenut. &
alii.

G G G g iij

1417. Reine de l'extrême danger où elle étoit, & pour la mettre en seureté, comme il fit, dans Averse.

Ce fut là que cette Princesse, pour punir l'ingratitude d'Alphonse, qu'elle regardoit alors comme son plus grand ennemi, révoqua son adoption, par un acte authentique, qu'elle fit signifier à tous les Princes de l'Europe. Puis considerant qu'elle avoit l'honneur d'estre sortie de l'auguste Maison de France aussi-bien que Louïs d'Anjou, qui avoit de si justes prétentions sur son Royaume, elle se résolut de réünir en sa personne tous les droits de ces deux Maisons d'Anjou & de Duras venuës toutes deux du grand Charles frere de Saint Louïs. Et là-dessus elle adopta Louïs d'Anjou, avec l'applaudissement presque géhéral de tout le Royaume, qui aimoit beaucoup mieux un Prince descendu de tant de Rois de Naples, qu'un Etranger, duquel on étoit déja si cruellement traité. Cette adoption fut receuë avec beaucoup de joye du Pape, qui la confirma par ses Bulles du premier d'Octobre, & donna ce qu'il avoit de troupes à Louïs, qui se rendit incontinent auprés de la Réine à Averse. En même tems le grand Sforce marcha droit à son ancien ennemi Braccio, qui tenoit pour Alphonse, & assiegeoit Aquila, l'unique Place qui restoit encore à Louïs d'Anjou. Ces deux grands Capitaines, les plus célebres de leur tems en Italie, perirent en cette occasion, Sforce s'étant noyé luy seul de toute son armée

au paſſage de la riviere de Peſquaire, & Braccio
ayant eſté tué dans la bataille qu'il perdit, contre
François Sforce fils du Grand Sforce. Louïs de
ſon coſté, fortifié du ſecours des Genois & du
Duc de Milan, ſervit toûjours la Reine, treſ-
utilement, ayant repris tout ce que les Aragonois avoient occupé dans le Royaume, juſques
à ce que dix ans aprés ayant chaſſé de Tarente
Jean Antoine des Urſins, qui tenoit encore
pour Alphonſe, il mourut à Coſence. La Reine, qui eût un extrême regret de cette mort,
ne luy ſurveſquit que de peu, & le ſuivit l'année d'aprés, ayant déclaré par ſon Teſtament,
comme Louïs avoit fait par le ſien, ſon ſucceſſeur au Royaume de Naples, René Duc de
Lorraine & de Bar, frere de Louïs. Et de là vint
la longue guerre qui ſe fit entre les deux partis
des Angevins & des Aragonois, laquelle ayant
eſté enfin favorable à ceux-cy, leur a donné juſques à maintenant la poſſeſſion de ce Royaume,
tout le droit en étant demeuré au Roy René, &
à ſes legitimes heritiers, qui ſont les Rois de France, à l'égard du Comté de Provence, & des Couronnes de Jeruſalem, de Naples, & de Sicile.

Ce fut-là le bonheur d'Alphonſe, qui réüſſit
ſi mal au commencement de ſon entrepriſe. Car
voyant que ſes forces diminuoient tous les jours
à meſure que celles de Louïs croiſſoient, il laiſſa
garniſon dans Naples & dans les Châteaux, ſous
le commandement de Dom Pierre le plus jeune

1423. de ses freres ; & remontant sur sa flotte, avec
tout ce qui luy restoit de Catalans, il reprit la
route d'Espagne, sous prétexte d'aller promptement au secours du Prince Henry son autre frere, qu'on avoit fait prisonnier en Castille. Et
comme il étoit brave, entreprenant, intrepide,
& tres-prompt à l'exécution, il fit sur son passage un coup d'une merveilleuse hardiesse, pour
se venger du Roy Louïs, en prenant tout-à-coup
la résolution d'attaquer Marseille du côté du
Port, où il entre de vive force, avec toute sa
flotte, aprés avoir rompu la chaîne qui le ferme,
descend sur le quay, met le feu aux premieres
maisons, & l'épouvante par toute la Ville, dont
il se rend maître sans beaucoup de résistance, la
pille, la desole, la saccage durant trois jours ; puis
chargé des dépouilles d'une Ville si opulente,
laquelle il ne crût pas pouvoir garder, il poursuit son voyage en Espagne, avec le Corps de
Saint Louïs Archevêque de Toulouse son parent, qui reposoit dans l'Eglise des Religieux de
Saint François, hors des murs de Marseille, &
qu'il fit mettre avec grand honneur dans la Cathedrale de Valence. Aprés cela, comme il étoit
furieusement irrité contre le Pape, qui luy avoit
toûjours constamment refusé l'investiture du
Royaume de Naples, au préjudice de Louïs, dont
il avoit confirmé les droits & l'adoption, il s'en
voulut venger d'une maniere tout-à-fait indigne
d'un Prince Chrétien, en faisant tout ce dont il
pût

pût s'aviser, pour faire renaître le Schifme & 1423.
devant & aprés la mort de Pierre de Lune, qui
mourut enfin peu de jours aprés le retour de ce
Prince en Efpagne.

C'eſt une chofe furprenante, qu'un homme,
qui, parmi tant de traverfes, a tenu fi long-tems
prefque tout feul, contre tout le reſte du mon-
de, ait pû vivre, comme il a fait, jufques à l'âge *Ludovic.*
*Panfan. lib.*
de prés de quatre-vingts-dix ans. Il y en a mê- *de Vit. Bened.*
me qui ont écrit de ce tems-là, qu'il eût vefcu *ap. Marian.*
*l. 20. c. 14.*
encore plus long-tems, fi un méchant Moine,
auquel il fe fioit beaucoup, ne luy eût donné du
poifon dans des confitures qu'il prenoit ordinairement à la fin de fes repas; & ils ajoûtent
que ce parricide ayant confeſſé fon crime, fut
écartelé, & que le Cardinal de Pife, qui étoit Legat en Aragon, & qu'on accufoit d'avoir fubor-
né cét empoifonneur, fut obligé de fe fauver
bien viſte en Italie, de-peur de tomber entre les *Ciacon. in*
*Bened.*
mains de Rodrigue & d'Alvare de Lune neveux
de Benoiſt, qui le pourfuivirent, pour venger fur
luy la mort de leur oncle. Quoy qu'il en foit,
il eſt certain qu'il mourut intrepide, tres-prefent
à foy, & tellement perfuadé qu'il étoit le vray
Pape, qu'il obligea, fur peine de la malédiction
de Dieu, les deux Cardinaux qui reſtoient au-
prés de luy, d'en élire un autre en fa place. Son *Marian. l. 21.*
*c. 2.*
corps fut mis en dépoſt dans la Chapelle du Château de Panifcole, où il déceda, jufques à ce que
fix ans aprés, ayant eſté trouvé tout entier, &

H H H h

1423. avec une odeur agréable, le Comte Jean de Lune, l'un de ses neveux, le fit transporter à Igluera
ville d'Aragon appartenante à la Maison de Lune, où l'on asseûre qu'il est demeuré jusques à
maintenant incorruptible, soit par sa merveilleuse constitution, soit par la force & la vertu des
drogues que peut-estre on employa pour l'em-
baûmer, soit enfin pour quelque autre cause qui
m'est inconnuë.

Je diray seulement, sans me laisser préoccu-
per, à l'exemple de ces Ecrivains passionnez qui
ne se peuvent lasser de le charger de mille injures, que ç'a esté l'un des plus grands hommes de
son siecle en toutes les belles qualitez de l'esprit
& du cœur accompagnées d'une grande integrité de vie, & qu'on ne luy peut gueres reprocher que les fausses subtilitez, & les artifices dont
il usa, pour éviter la voye de la cession, à laquelle il s'estoit engagé, & qu'il sçavoit fort bien,
comme on l'a veû par experience, estre l'unique
qui pût entierement abolir le Schisme : car pour
celle du Concile, comme il estoit fort persuadé
d'une part qu'il estoit vray Pape, luy qui avoit
veû ce qui s'estoit fait au Conclave d'Urbain VI.
& de l'autre, que les Conciles n'ont aucun pouvoir sur les Papes, ce qu'il s'efforça de prouver
dans un Traité qu'il fit sur ce sujet : il ne se crût
pas obligé de déferer à la Sentence portée contre luy par un Concile qu'il ne tenoit pas même
pour legitime, non plus que Saint Vincent Fer-

*Ciacon. in Bened.*

*Nomenclat. Cardin.*

rier, qui le reconnut pour vray Pape neuf ans en- 1413.
core aprés le Concile de Pife, ce qui pourtant n'a
pas empefché qu'il ne fût un grand Saint. Cela
nous doit faire conclure, qu'il nous eft bien
permis de juger en général de ce qui eft bon ou
mauvais, & nous l'appliquer à nous-mêmes, qui
connoiffons ce qui fe paffe dans nôtre efprit,
& dans nôtre cœur; mais pour les autres, que
c'eft à Dieu feul qu'il en faut laiffer le jugement, puis qu'il n'y a que luy feul qui connoiffe
les mouvemens interieurs de l'ame, & par quel
motif elle agit de bonne ou de mauvaife foy.

Et quant à ce que quelques-uns ont voulu dire,
qu'il ne fut jamais vray Pape, parce que fon Pontificat s'eft étendu jufques à la trentiéme année;
outre que cela ne conclut rien, & qu'il eft faux
qu'on dife au Pape dans la ceremonie de fon
couronnement, *Non videbis annos Petri*; ces gens- *Andr'Villani.*
là ne confiderent pas qu'il n'a tenu le Siege que *in Cinom.*
prés de quinze ans avant qu'on l'eût dépofé au
Concile de Pife, & qu'environ vingt-deux avant
qu'on eût fait le même à Conftance; que ce n'eft
que depuis ce tems-là qu'il a efté tenu prefque
par tout pour Antipape; & qu'avant la Sentence de Pife, bien loin qu'on pût fçavoir d'une
certitude infaillible qu'il ne fût pas vray Pape,
il y avoit de puiffantes raifons, & de tres-fortes
conjectures, qui faifoient croire à une grande
partie du monde qu'il l'étoit. Ainfi, felon même *Antonin. 3. p.*
Saint Antonin, qui fut un des plus zelez parti- *tit. 22. c. 2.*

HHHh ij

1423.

Turrecrem.
l. 4. c. 19.
Bellarm. l. 4.
c. 14. de Rom.
Pontif.
Greg. de Val.
p. 3. in D. Th.
In Schifmate
præfenti tam
dubio, teme-
rarium, inju-
riofum, & ſcá-
daloſum eſt,
aſſerere omnes
tenentes illam
partem, vel al-
teram, vel om-
nes neutrales
etiam abſolu-
tos, eſſe uni-
verſaliter ex-
tra ſtatum ſa-
lutis, vel ex-
communica-
tos, vel ratio-
nabiliter de
Schiſmate
ſuſpectos.
Gerſon. t. 1. de
mod. ſe hab.
in Schiſ.

* Odoric. Rayn.

ſans de Grégoire contre luy, ſelon les Cardinaux Turrecremata & Bellarmin, ſelon Grégoire de Valence & tous les plus ſçavans hommes
de toutes les nations, on pouvoit luy obéïr,
comme au vray Souverain Pontife, en ſeûreté de
conſcience; & celuy de tous les Docteurs qu'on
avoüe avoir le plus fortement & le plus utilement
agi pour rétablir l'union dans l'Egliſe, ajoûte
que durant ce Schiſme, où l'on avoit des raiſons
probables de part & d'autre, c'étoit une entrepriſe temeraire, injurieuſe, & ſcandaleuſe, que de
ſoûtenir qu'en ſuivant l'une ou l'autre obédience, ou ſe tenant neutre, on fût hors de la voye
de ſalut, excommunié, ou même raiſonnablement ſuſpect de Schiſme. Il me ſemble qu'il eſt
évident qu'on doit inferer de là que * cét Annaliſte, qui traite par tout les François de Schiſmatiques, pour avoir adheré aux Papes Clement
VII. & Benoiſt XIII. eſt un Ecrivain temeraire, injurieux, ſcandaleux, & il ſouffrira que j'a-
joûte ignorant, qui ne ſçait pas ce que tant de
fameux Docteurs de toutes les obediences ont
décidé ſur ce point-là.

Au reſte, il ſembloit que la mort de Pierre de
Lune dût eſtre la fin de ce déplorable Schiſme
qu'il avoit ſi long-tems entretenu: mais l'injuſte
& violente paſſion d'Alphonſe Roy d'Aragon
le fit revivre, pour oppoſer un nouveau Rival
au Pape Martin, duquel il ſe vouloit venger, à
cauſe qu'il avoit confirmé les droits & l'adoption

de Louïs d'Anjou. En effet, ce Prince vindicatif, & qui ne faisoit nul scrupule de regler sa
Religion selon ses interests, voulut que les deux
seuls Cardinaux qui n'avoient jamais pû se résoudre à abandonner leur Maître, luy donnas-
sent un successeur, comme luy-même le leur
avoit expressément ordonné en mourant. Ils s'en-
fermerent donc tous deux, par une assez plaisan-
te comedie, dans une espece de Conclave, où
il est évident qu'ils ne pouvoient representer le
Sacré College, puis que, selon la maxime receûë de tout le monde, deux hommes ne suffi-
sent pas pour faire un College. D'ailleurs, comme il étoit impossible qu'un des deux fût élû
à la pluralité des voix, s'il ne se donnoit la sienne, ce que la honte l'empeschoit de faire, ils
s'accorderent aisément à élire un Pape hors de
leur prétendu College; & ensuite ils éleûrent un
Chanoine de Barcelone appellé Gilles Mugnos,
Gentilhomme Aragonois, Docteur en Droit
Canon, & qui s'étoit aquis beaucoup d'estime
pour sa doctrine, & pour sa sagesse, laquelle luy
fit refuser d'abord de consentir à une élection
si peu soûtenable. Mais il n'eût pas assez de force pour résister long-tems au commandement
absolu de son Roy, qui le contraignit enfin de
se sacrifier à sa passion: de-sorte qu'il prit les
ornemens Pontificaux à Paniscole, avec le nom
de Clement VIII. & fit aprés cela publiquement toutes les fonctions de Souverain Pon-

*Surit.*
*Marian. l. 24.*
*n 14.*
*Pasquin.*
*cinem.*

HHHh iij

1423. tife; & même, afin d'avoir un juste Confiftoire, il fit encore une promotion de Cardinaux, entre lefquels, pour ne manquer à rien de ce que les Papes ont accoûtumé de faire, il n'oublia pas de créer fon neveu. Ainfi, comme Alphonfe

*Andr. Victorel. ap. Ciacon. ex MS. Mel. Hadrian.*

étoit Roy d'Aragon, de Valence, de Sardaigne, & de l'Ifle de Sicile, il y avoit danger que faifant reconnoître cette Idole dans ces quatre Royaumes où il étoit en état de fe faire obéïr, le Schifme ne reprift de nouvelles forces, & qu'il ne s'étendift, par une funefte contagion, dans les Etats voifins, au premier mécontentement que les Princes & les Républiques recevroient du Pape Martin.

Et certes, il s'en fallut peu qu'il n'arrivaft bien du defordre par les dangereufes intrigues qu'Alphonfe fit contre luy dans le nouveau Concile qu'il fallut célebrer environ ce tems-cy, felon le Decret de celuy de Conftance. Le Pape l'avoit convoqué à Pavie, comme il s'y étoit obli-

*Platin. in Mart. 5. Cod. Victor. MS. apud Spond. Ep. Martini ad Alphonf. apud Raynal.*

gé par ce Decret: mais deux mois aprés qu'il fut commencé, la pefte l'obligea de le transferer à Sienne, en écrivant à tous les Princes Chrétiens, pour les prier d'y envoyer les Evêques & les Docteurs de leurs Etats, pour travailler conjointement à la grande affaire de la réformation que

*Ann.*
*1424.*
*Platin. Marian. l. 20. c. 14.*

l'on n'avoit pû achever à Conftance. Alphonfe fe voulut fervir de cette occafion, pour perdre Martin, s'il l'eût pû. Il y envoya fes Ambaffadeurs, qui fceûrent fi bien cabaler, en gagnant

les uns par argent, les autres par promeſſes, qu'ils 1424.
formerent un dangereux parti contre le Pape, &
cauſerent bien du tumulte, en faiſant propoſer
doux choſes. La premiere, qu'avant que de paſſer
plus outre, il falloit examiner ſi l'élection de
Martin étoit legitime, parce que pluſieurs ſoû-
tenoient que le Pape Benoiſt avoit eſté mal condamné, & qu'on l'avoit dépoſé par une entrepriſe toute évidente contre les Canons. La ſe- *Pogg. apud*
conde, que quand même on ſeroit demeuré d'ac- *Raynal. hoc*
cord qu'il avoit eſté bien éleû, c'étoit par luy- *ann. n. 6.*
même qu'il falloit commencer la réformation,
en déclarant, comme on avoit fait à Conſtance,
que tout vray Pape qu'il étoit, il devoit eſtre
ſoûmis au Concile.

Cela ne ſe pût faire ſans beaucoup de bruit;
& les Ambaſſadeurs Aragonois faiſoient de leur
coſté tous les efforts pour l'augmenter, en diſant mille choſes contre Martin, & tâchoient
ſur tout d'obliger les Peres, en les prenant par
l'intereſt de leur autorité, à prendre du moins
connoiſſance d'une affaire ſi importante, & à
examiner ce qu'on propoſoit contre luy. Mais *Acta Concil.*
enfin, le parti le plus fort, comme étant auſſi le *Senenſ. apud*
meilleur, fut celuy du Pape, qui ſe garda bien de *eund.*
ſortir de Rome, & d'aller à Sienne durant ce tu- *Cod. M S.*
multe; & les Legats, qui étoient l'Archevêque de *Victor.*
Candie, & l'Evêque de Spolete, firent ſi bien,
qu'aprés que l'on eût confirmé ce qu'on avoit
fait à Conſtance contre les Héretiques & les

1424. Schifmatiques, & fur tout contre Pierre de Lune,
on rompit l'Assemblée, felon l'ordre exprés de
Martin, fous prétexte que l'on étoit menacé de
la pefte, mais en effet, de-peur que les Aragonois n'excitaffent de nouveaux troubles ; & pour
la réformation, on laiffa au Pape le foin de la
procurer autant qu'il pourroit par de bons Réglemens, en attendant qu'on y travaillaft de concert au Concile général, qu'il fit déclarer qui fe
tiendroit à Bafle dans fept ans. Mais la mort l'em-
pefcha de s'y trouver ; & l'on y fit en effet pour
cette réformation de fort beaux Decrets, dont
Charles V I I. dans l'Affemblée de Bourges, com-
pofa en partie la Pragmatique Sanction, laquelle
nous a fervi de loy jufques à celle du Concordat, qui en a retenu plufieurs articles neceffaires
pour la confervation des Droits de nos Rois, &
des Libertez de l'Eglife Gallicane.

Cependant, Alphonfe plus irrité qu'auparavant contre le Pape, maintenoit toûjours le Schifme en Efpagne, & menaçoit même de le rétablir en Italie, où il avoit deffein de retourner
avec toutes fes forces, fi-toft qu'il auroit mis
ordre aux affaires qui l'avoient rappellé en Aragon. C'eft pourquoy Martin, qui craignoit les
dangereufes fuites du dépit d'un fi redoutable
ennemi, s'appliqua de toutes fes forces à trouver les moyens de l'appaifer, & envoya pour
cet effet en Aragon le Cardinal de Foix, avec le
plus ample pouvoir qu'aucun Legat ait jamais
eû.

*Act. Concil.*
*Sen.*

*Ann.*
1425.

eû. Ce grand homme étoit frere du Comte de
Foix, & proche parent du Roy d'Aragon : mais
ayant preferé le glorieux opprobre de la Croix
à toutes les grandeurs du monde, il s'étoit con-
sacré à Dieu, dés sa tendre jeunesse, dans l'Ordre
de Saint François, où il s'aquit, en peu de tems,
la réputation d'un des plus sçavans & plus vertueux Religieux de ce Saint Ordre. C'est pourquoy le Pape Benoist, qui, outre qu'il aimoit les
gens de lettres, étoit bien-aise d'obliger le Comte
de Foix, pour le retenir dans son obedience, retira son frere du Monastere, pour le faire premierement Evêque de Lescar, & puis de Com-
minges, en luy laissant l'administration de son
premier Evêché, & enfin Cardinal, en la cinquiéme promotion qu'il fit l'an mil quatre cens
neuf, presque en même tems qu'il fut condamné, & déposé au Concile de Pise. Le nouveau
Cardinal, qui ne tenoit pas ce Concile pour legitime, ne laissa pas d'adherer encore à Benoist,
à l'exemple de Saint Vincent Ferrier; & il le tint
toûjours pour vray Pape, jusques à ce qu'il le
vît déposé par le Concile de Constance, de l'autorité duquel il ne crût pas qu'il luy fût permis de douter. Car alors voyant que quelque
remontrance qu'on fist à Benoist, il étoit résolu
de tenir ferme contre toute l'Eglise, non-seulement il l'abandonna, comme fit enfin Saint Vincent Ferrier, dont il suivit toûjours l'exemple,
mais il ramena encore à l'obéissance de l'Eglise

1425.

*Ciacon. in*
*Bened.*
*Hist. General.*
*de la M. de*
*F. t. 2. l. 28.*
*c. t. l. 30. c. 1.*
*Hist. de Foix.*

*Ciacon*

LI Li

1425. le Comte de Foix son frere, qui l'envoya en
qualité de son Ambassadeur au Concile de Constance, où il fut confirmé Cardinal.

Ce fut donc luy que le Pape choisit pour traiter cette grande affaire de la réduction d'Alphonse, où il eût besoin de toute son adresse, & d'une extrême patience dans sa Legation, qui dura plus de quatre ans avant qu'il y pût réüssir. Car le Roy, qui vouloit profiter de cette occasion pour en tirer de grands avantages, luy envoya dire d'abord, comme il entroit en Languedoc, qu'il ne passast pas plus outre, protestant qu'il ne le pouvoit reconnoître pour Legat, jusques à ce que Martin, duquel il se plaignoit extrêmement, l'eût satisfait sur certaines demandes qui étoient tout-à-fait déraisonnables; & quelque instance que luy fist le Cardinal, pour avoir du moins la permission de le voir, il ne pût jamais l'obtenir, le Roy luy ayant seulement enfin permis d'exercer sa Legation à Balaguier, mais à de si rudes conditions, qu'il ne les voulut pas accepter: de sorte qu'il passa toute l'année sur les terres du Comte son frere, sans avoir pû flechir le Roy.

Mais l'année suivante les choses s'aigrirent encore bien davantage: car comme le Legat luy eût envoyé quelques Prélats de sa suite pour luy faire des propositions, après les avoir long-tems amusez, en les traitant même avec beaucoup de mépris & de dureté, il répondit enfin d'une maniere qui leur fit assez connoître qu'il ne fai-

*Alia. Legat.
Card. Fuxen.
ex Cod. M S.
Vatic. apud
Brou. hoc ann.
& seq.*

*Ann.*
1426.

soit pas trop d'état de l'autorité du Saint Siege, 1426.
& point du tout de celle de Martin; & en même
tems il fit publier un Edit, par lequel il défendoit à ses sujets, & sur tout aux Prélats de ses
Royaumes, sur peine de confiscation de tous
leurs biens, de recevoir aucunes Bulles de Rome,
ni d'avoir commerce avec le Legat; ce qu'il luy
fit signifier. Le Pape aussi de son costé, croyant
ne pouvoir plus dissimuler, en vint jusques à
prononcer solennellement contre luy, comme
fauteur du Schisme, la Sentence d'excommunication, & à interdire tous ses Etats: de sorte qu'il
sembloit que les esprits étant si fort aigris de
part & d'autre, par une rupture si éclatante, &
par des voyes de fait si fâcheuses, il ne fût plus
possible de les réünir.

Mais soit que l'ardeur de la passion d'Alphonse fût un peu ralentie, aprés avoir si maltraité
le Cardinal Legat plus de deux ans, ou qu'il
craignist de se rendre odieux à toute la Chrétienté, en fomentant luy seul un Schisme, dont
tout le monde, & même la pluspart de ses sujets
avoient horreur: il est certain qu'il changea de
conduite, lors qu'on s'y attendoit le moins, &
qu'au lieu qu'il n'avoit jamais voulu accorder *Ann.*
une conference avec le Legat qui la demandoit 1427.
instamment, il l'envoya prier, comme il étoit
encore chez le Comte son frere, de venir à Valence, pour y traiter ensemble du sujet de sa Legation. Le Cardinal surpris d'une si obligeante

1427. prière qu'il n'attendoit pas, la receût avec toute
sorte de respect; & comme la maison de Foix,
l'une des plus illustres du monde, & qui a eû
l'honneur d'estre alliée soit étroitement à celle
de France, a toûjours eû particulierement la
magnificence en partage, il se mit en chemin
avec une belle & grande suite de Prélats & de
Noblesse, & le train le plus superbe & le plus
riche qu'on eût veû de long-tems en Espagne.
Il fut receû le vingt-troisiéme du mois d'Aoust
à Valence avec toutes ces pompeuses ceremonies qu'on a coûtume d'observer aux entrées
solemnelles des Legats, pour honorer en leur personne le Vicaire de Jesus-Christ en terre; & ce
qu'il y eût de particulier, & de tout-à-fait extraordinaire en celle-cy, c'est que le Roy même,
comme n'étant plus cet Alphonse fier & hautain qui vouloit tout voir à ses pieds, fut au-
devant de luy hors de la Ville, & le traita d'une
maniere si respectueuse & si soûmise, qu'il luy
donna la droite, quelque résistance que le Legat
fist pour s'en défendre, & marcha toûjours à
sa gauche teste nuë, tandis que le Legat étoit
couvert de son Chapeau de Cardinal.

Mais Alphonse reprit bien-tôst sa premiere
fierté, pour une action que le Legat, tout sage
qu'il étoit, fit à contre-tems, & qui pensa tout
perdre. Car dés le lendemain de son entrée, il
fit afficher aux portes de la grande Eglise, &
à celles de son Palais, que les Auditeurs, ou

les Juges des causes Ecclésiastiques qu'il avoit 1427.
amenez de Rome, commenceroient dans deux
jours à tenir leur séance, pour rendre justice aux
parties. Le Roy, qui étoit extrêmement délicat, comme le sont ordinairement les Souverains sur le point de l'autorité, duquel en bonne politique ils ne doivent jamais rien relâcher,
prit cette action pour une entreprise toute manifeste sur ses droits; outre que c'estoit-là d'a-
bord décider hautement, par voye de fait, la question de laquelle on devoit traiter, à sçavoir si
l'on reconnoîtroit en Aragon le Pape Martin
pour vray Pape, en renonçant à l'obédience de
Clement VIII. C'est pourquoy, ne pouvant
souffrir cette espece d'insulte qu'il crût luy avoir
esté faite; il fit aussi-tôt publier au son de
trompe une Ordonnance, par laquelle il défendoit, sur de tres-griéves peines, à tous ses sujets
de s'adresser à aucun Juge délegué ou subdéle-
gué du Pape de Rome, ou de son Legat, ni de
leur obéïr. Le Cardinal, qui s'apperceût, mais un
peu tard, de la fausse démarche qu'il venoit de
faire, répara cette faute par une conduite si sage & si soûmise, sans se plaindre de rien, & en
cedant à l'impetuosité du torrent qui l'eût en-
traîné s'il eût voulu s'y opposer, qu'il appaisa
enfin le Roy qu'on pouvoit gagner par soûmission : de sorte qu'aprés plusieurs conferences, on convint que le Legat porteroit luy-même à Rome les conditions qu'on proposoit de

1427. part & d'autre pour la paix, laquelle se pourroit conclure à son retour suivant les réponses du Pape.

Le Legat demandoit au nom de son Maître, *Que le Roy fist en sorte que Gilles Mugnos, & ses Cardinaux renonçassent volontairement à leurs prétenduës dignitez, ou qu'il les mist entre les mains du Pape. Qu'il révoquast tous les Edits qu'il avoit faits contre l'autorité du Pape & du Saint Siege. Qu'il laissast joüir l'Eglise Romaine, & toutes celles de ses Etats, de leurs Droits & de leurs Privileges. Qu'il rétablist tous ceux qui avoient esté chassez, & dépoüillez de leurs biens, pour la querelle du Saint Siege.* Le Roy consentit aisément à toutes ces conditions, à la réserve de quelques bannis, qu'il ne vouloit pas qui fussent rappellez. Mais pour le dernier article qui fut, *Que le Roy n'entreprist plus rien contre le Royaume de Naples, & que pour les prétentions qu'il y avoit, il se submist au jugement de personnes non suspectes qui seroient nommées par le Pape;* Alphonse répondit en biaisant, *Que c'étoit une affaire sur laquelle il falloit un peu plus meûrement déliberer.*

D'autre part, les conditions qu'il demanda furent celles-cy : *Qu'il luy fût permis de retenir le corps de Saint Loüis, qu'il avoit enlevé de Marseille; Qu'on luy quittast tout ce qu'il auroit pris des droits appartenans à la Chambre Apostolique jusques au jour que le traité seroit signé; Qu'on luy remist pour toute sa vie ce qu'il devoit payer tous les ans pour les Royau-*

nes de Sicile & de Sardaigne qu'il tenoit du Saint 1427.
Siege; & qu'il fût seulement obligé de donner de cinq
ans en cinq ans au Pape, par reconnoissance, une
Chape de drap d'or; Qu'on luy payast cent cinquante
mille florins, pour les frais qu'il avoit faits au service de l'Eglise; Qu'on luy cedast la forteresse de
Panissole, que Pierre de Lune avoit donnée à l'E-
glise Romaine, de laquelle il se disoit Chef; Qu'il eût
la nomination de tous les Bénéfices qui vaqueroient
dans ses Etats, jusqu'à la conclusion de la paix; Qu'on
luy donnast deux Chapeaux pour deux sujets que le
Pape pourroit choisir entre les six qui luy seroient nommez; & qu'enfin on luy donnast, comme aussi à tous
ses sujets, l'absolution de toutes les Censures qu'ils pourroient avoir encouruës, & que l'on tirast des Registres
toutes les Sentences qu'on avoit portées contre luy à
Rome, comme étant nulles & subreptices.

C'est ainsi que ce grand Alphonse se joüoit
de la Religion, & qu'il n'avoit fabriqué cette
Idole, qu'on adoroit encore sur un rocher dans
ses Etats, que pour la sacrifier à ses interests,
en trafiquant honteusement de la paix de l'E-
glise, qu'il mettoit à un si haut prix. Le Legat
néanmoins qui vouloit accomplir un ouvrage
si necessaire au bien de toute la Chrétienté, ne
laissa pas de passer par dessus des conditions si
fâcheuses, qu'il espera que le Pape agréroit,
pour éviter un plus grand mal. Il s'embarqua
donc au cœur de l'hiver sur trois galeres du
Roy; & aprés avoir souffert d'horribles tem-

pestes, & couru de tres-grands dangers de perir, & même une fois à la voüe de l'Antipape,
qui le vit des fenestres de sa Forteresse de Paniscole tout prest d'estre englouti des va-
gues, il arriva avec bien de la peine à Rome,
au commencement de l'année suivante, laquelle, à cause de la peste qui avoit écarté le Sacré College, & empeschoit qu'on ne pût souvent s'assembler, fut toute employée à delibe-
rer sur des articles si desavantageux au Saint
Siege. Enfin, comme le Pape les eût presque
tous accordez, avec quelques modifications qui
furent acceptées du Roy, auquel il fallut souvent envoyer durant que l'on deliberoit sur ce
traité, le Legat retourna par terre en Espagne
l'année suivante, qui est la derniere du Schisme.

Il fut receû d'Alphonse & de Jean Roy de
Navarre son frere, à Barcelone, plus magnifiquement encore qu'il ne l'avoit esté à Valence. Mais quand il fallut parler du traité duquel on étoit convenu, le Roy, soit qu'il eût
envie de le rompre tout-à-fait, ou qu'il voulût
encore tirer du Pape quelque chose de plus
qu'il n'avoit fait, differoit toûjours de donner
audiance au Legat; & après l'avoir traîné après
luy de Ville en Ville, sous pretexte des ordres
qu'il falloit donner pour la guerre qu'il alloit
faire au Roy de Castille, il luy dit enfin la
veille de son depart, qu'il ne revoqueroit jamais

Ann.
1428.

Ann.
1429.

1427.

mais les Edits qu'il avoit faits contre la Jurif- 1429.
diction du Pape & des Legats en fes Royaumes, qu'on ne fift auparavant publier une Bulle, par laquelle on excuferoit, & même on approuveroit tout ce qu'il avoit fait durant le Schifme. C'eft à quoy le Legat ne voulut jamais
confentir, difant toûjours qu'on luy pouvoit
bien donner l'abfolution, comme il l'avoit demandé, mais non pas la juftification de fon
Schifme de Panifcole, de laquelle luy - même
n'avoit point parlé en faifant fon traité. Ainfi,
comme le Roy, qui devoit partir le jour fuivant, s'obftina toûjours fur ce point, que le
Legat refufa toûjours conftamment, felon les
ordres qu'il en avoit du Pape, on ne douta
plus que la paix ne fuft entierement defefpe-
rée, & qu'enfuite le Schifme ne recommençaft
à prendre des forces, pour faire de nouveaux
ravages dans l'Eglife. Le Legat voulut néanmoins faire encore un dernier effort, réfolu,
s'il n'obtenoit rien, de porter les chofes à l'extrémité, & d'interdire le Royaume.

Il va donc chez le Roy le lendemain; & il
arrive juftement comme ce Prince déja defcendu dans la cour de fon logis, alloit monter
à cheval, pour fe rendre à fon armée, qui l'attendoit fur la frontiere de Caftille. Voyant approcher le Legat, il s'arrefte un moment, comme pour recevoir d'un Cardinal qui avoit
l'honneur d'eftre fon parent, le dernier com-

KKKk

**1429.** pliment qu'il venoit luy faire, en prenant congé pour s'en retourner : mais ce fut à ce moment même que l'on vit un des plus merveilleux coups de la puissance divine, qui triomphe, quand il luy plaist, des volontez les plus rebelles, en les soûmettant d'une maniere doucement efficace, à l'agréable empire de sa grace, sans leur rien oster de celuy qu'elles ont sur elles-mêmes, par leur liberté, qu'elle leur laisse toute entiere, pour agir noblement, & non pas en esclaves, sous les loix d'une imperieuse necessité. Car comme le Legat eût commencé sa petite harangue, en exposant d'une maniere également pathetique & respectueuse, ce qu'il avoit souffert durant sa Legation : Alphonse, changé tout-à-coup par le souverain pouvoir de celuy qui tient entre ses mains les cœurs des Rois, pour les tourner comme il luy plaist, interrompt le discours, & prenant par la main le Cardinal, *C'est assez,* luy dit-il, *Monsieur le Legat, je sçay toutes les peines que vous avez prises, & tous les maux que vous avez soufferts depuis plus de quatre ans dans une si penible Legation, pour la gloire de Dieu, pour la paix de la Sainte Eglise, & pour mon salut. C'est pourquoy, pour m'aquiter de ce que je dois à Dieu, à l'Eglise, & à moy-même, pour l'amour de vous, Monsieur le Cardinal, & en consideration de vôtre Maison, je vous déclare que je veux ponctuellement executer tout ce que j'ay promis, & signer tout presentement le traité,*

comme il fit fur le champ. Aprés quoy, luy &
la Roy de Navarre fon frere prennent le Legat,
le menent entre eux deux, vont à l'Eglife, &
font chanter le *Te Deum*, en action de graces de
cét heureux accompliffement de la paix, tout
le monde fondant en larmes, pour la joye qu'on
avoit de voir un fi foudain & fi merveilleux
changement du cœur du Roy, qui enfuite donne à deux de fes Confeillers fes ordres pour les
porter à Panifcole; puis ayant receû avec beaucoup de réverence & de pieté la benediction du
Legat, il monte à cheval, & s'en va droit à fon
armée.

D'autre part, le Legat beniffant Dieu qui avoit
beni fes travaux, les couronnant d'une fin fi
heureufe, & fi peu attenduë de fa Legation, fit
un petit voyage en Caftille, pour y jetter les
fondemens de la paix, qu'il acheva depuis fort
heureufement: aprés quóy il revint en Aragon,
attendant toûjours des nouvelles de ce qu'on auroit fait à Panifcole, où le bon homme Gilles
Mugnos qu'on avoit travefti en Pape malgré luy,
ne fit nulle difficulté de faire tout ce qu'on voulut. Car auffi toft qu'il eût appris des deux Commiffaires la volonté du Roy, qui defiroit qu'il fe
dépofaft librement & volontairement du Pontificat, il fit bien voir par la joye qu'il en témoigna,
qu'il n'y avoit jamais efté gueres attaché. Il voulut néanmoins encore enfevelir, fi j'ofe m'exprimer ainfi, fa Synagogue de Panifcole avec hon-

1429. neur, en faisant avec beaucoup de majesté cette
derniere action de son présendu Pontificat, comme s'il eût esté vray Pape. Pour cét effet, comme
il n'avoit plus que deux Cardinaux auprés de sa
personne, car il en tenoit deux autres prisonniers accusez d'avoir voulu faire un nouveau
Schisme contre luy, il résolut d'en créer un troisiéme, à sçavoir François Roüera, fameux Docteur en Droit Canon, qui fut contraint par les
Commissaires du Roy de recevoir le Chapeau
malgré qu'il en eût, parce que Clement protesta
qu'il n'accompliroit point l'acte de sa renonciation qu'il n'eût fait Cardinal un si habile
homme, afin, disoit-il, que l'élection qui se
feroit d'un nouveau Pape, le Siege vacant par
sa renonciation, se fist plus réguliérement par
les bons avis que le nouveau Cardinal donneroit à ses Collegues.

Il fallut donc qu'il receût le Chapeau que
Clement luy donna publiquement avec toutes
ces majestueuses céremonies que l'on observe à
Rome quand on le donne aux Cardinaux. Aprés
quoy, s'étant mis sur son Trône, la Tiare en teste,
& revestu de tous les ornemens Pontificaux comme dans les plus grandes solennitez, ayant à ses
costez ses trois Cardinaux, & les deux Commissaires qu'il traitoit d'Ambassadeurs du Roy, &
plus bas tous ses Officiers semblables à ceux qui
servent en Cour de Rome, toute la Salle où se
tenoit le Consistoire étant remplie d'une infi-

nité de gens accourus des environs, pour affi-
ster à un spectacle qu'on n'avoit jamais veü, il
commença cette action par un acte d'autorité,
& de Souverain Pontife, en disant qu'il révo-
quoit toutes les Sentences d'excommunication,
& de déposition, que luy & Benoist XIII.
son prédecesseur avoient fulminées contre tous
ceux qui avoient refusé de leur obéïr, & particulierement contre Othon Colonna, appellé
dans son obédience Martin V. comme contre
un Schismatique, & un Antipape; qu'il les ré-
habilitoit tous de son propre mouvement; &
sur tout Othon Colonna, qu'il déclaroit pouvoir estre élevé à toutes les charges & dignitez
Ecclesiastiques, & même à celle de Souverain
Pontife. Aprés cela, il fit un petit discours touchant son Exaltation au Pontificat, protestant
qu'il ne l'avoit accepté que pour estre en pouvoir de rétablir un jour l'Eglise de Dieu dans
une pleine & solide paix, par la cession volontaire qu'il alloit faire, & qu'il eût faite bien plus
tost, s'il eût eû la liberté qu'il n'avoit pas, & qu'il
avoit alors, d'exécuter ce moyen d'éteindre le
Schisme par la voye de cession, laquelle il reconnoissoit estre la plus aisée, la plus utile, la plus
sûre, & la plus courte, pour établir une parfaite union dans l'Eglise, sous un seul & indubitable Souverain Pontife. Ensuite, aprés avoir
hautement protesté qu'il étoit en pleine liberté, il déclara de vive voix, & par écrit, qu'a-

Confitens ex-
presse viam
renuntiationis
ejusmodi esse
viam planio-
rem, utiliorem,
securiorem, &
breviorem, ad
consequendá
veram, & in-
dubitatam u-

1429.
aionem Ec-
clefiæ Dei.
Act. Legat.
Card. Fux. ex
Cod. M S.
Vatic. apud
Bzov. hoc
ann.

giſſant par le ſeul motif de la gloire de Dieu, & de la paix de l'Egliſe, qui ſuivroit indubitablement ſon action, il renonçoit de tout ſon cœur au Pontificat; & que le Siege étant vacant, les Cardinaux pouvoient proceder librement & canoniquement à une nouvelle élection.

Sur cela, il deſcend de ſon Trône, met entre les mains des Ambaſſadeurs la Bulle de ſa renonciation en bonne forme pour la rendre au Legat, ſe retire dans une chambre, d'où, aprés s'être dépouillé des habits Pontificaux, il rentre dans la ſalle avec l'habit d'un ſimple Preſtre & Docteur, comme n'étant plus Clement VIII. mais ſeulement le Docteur Gilles Mugnos, auquel le Pape avoit déja deſtiné l'Evêché de Majorque,

Ep. Mart. P.
ad Alph. R.
ap. Raynald.

va prendre place aprés les Cardinaux, & les prie de pourvoir au plûtoſt l'Egliſe d'un bon Paſteur. En même tems ceux-cy ſe levent, & ayant demandé à Simon des Prés, qui ſe diſoit Camerlingue de la Sainte Egliſe Romaine, qu'il leur aſſignaſt un lieu pour le Conclave, celuy-cy les mene en ceremonie, ſuivi de tous les Officiers, dans un appartement qu'il avoit préparé pour cét effet. On les y enferme, on y met des Gardes, on y obſerve tout ce qu'on fait à Rome pour l'élection des Papes. Aprés quoy ces trois Cardinaux repreſentant, comme ils diſoient, tout le Sacré College, éliſent ſur le champ, & comme par la voye du Saint Eſprit, Othon Colonna, qu'on déclare Pape ſous le nom de Martin V. &

l'on en va rendre à Dieu dans l'Eglise de la Ville de solennelles actions de graces, le Docteur Gilles Mugnos suivant la Procession d'une maniere tres-édifiante, aprés tous les Cardinaux & les Officiers, qui tenoient encore leur rang. Ainsi finit cette grande journée de Paniscole le vingt-sixiéme de Juillet, jour de la Feste de Sainte Anne, auquel il n'y eût plus enfin qu'une obédience, & qu'un Pape, & peu de jours aprés il n'y eût plus aussi qu'un seul College.

Car le Legat, sur la nouvelle de cette action, s'étant rendu à la Ville de Saint Mathieu, à trois lieües de Paniscole, Gilles Mugnos, & ceux qui luy avoient obéï sous le nom de Clement VIII. y furent rendre obéïssance en sa personne, au Pape Martin V. & receûrent ensuite l'absolution de toutes les censures qu'ils avoient encouruës. Aprés cela, les trois Cardinaux, & même les deux qui étoient encore prisonniers, & que le Legat fit delivrer, & tous les Officiers de l'ancienne Cour de Benoist & de Clement, se déposerent de leurs dignitez les uns aprés les autres, partie à Saint Mathieu, & partie à Paniscole, par acte authentique, à divers jours, jusques au vingt-quatriéme d'Aoust. Et c'est ce jour-là même, qui à proprement parler fut la fin de ce grand Schisme d'Occident, qui, depuis le vingt & uniéme de Septembre de l'année mil trois cens soixante & dix-huit, que Clement appellé VII. fut éleu à Fondi, jusques au vingt-quatriéme d'Aouft de cette année mil quatre cens vingt-neuf, que les Cardinaux de cét Antipape Clement VIII. acheverent de se dépofer, & de remettre leurs Chapeaux entre les mains du Cardinal Legat, a duré prés de cinquante & un an, fans qu'on l'ait jamais pû éteindre entierement, que par la renonciation volontaire de ceux qui le pouvoient entretenir, ou le faire revivre.

Ainfi l'on aura pû voir clairement, dans tout cét Ouvrage, la verité de ce que j'ay dit dés le commencement, à fçavoir, que non-feulement nos Rois n'ont pas fait naître & fomenté ce Schifme, comme l'a écrit tres-fauffement ce dernier Continuateur des Annales Ecclefiaftiques, Odorit. Reynald. duquel j'ay découvert ou l'ignorance, ou la mauvaife foy, ou plûtoft l'une & l'autre ; mais auffi qu'ils ont eû la gloire d'avoir contribué beaucoup plus que tous les autres, au rétabliffement de la paix & de l'union de l'Eglife, en propofant, & pourfuivant, avec un zele infatigable, & des dépenfes infinies, l'unique voye qui s'eft enfin trouvée efficace, pour terminer un Schifme auffi grand & auffi embaraffant & difficile à démefler, que celuy dont j'ay fidellement écrit l'Hiftoire.

FIN.

TABLE

# TABLE

# DES MATIERES.

# DES MATIERES.

# DES MATIERES.

II

# DES MATIERES.

MMmm

# DES MATIERES.

# TABLE

# DES MATIERES.

# DES MATIERES.

CPSIA information can be obtained at www.ICGtesting.com
Printed in the USA
LVOW091439190613

339335LV00012B/298/P